La fuente de la autoestima

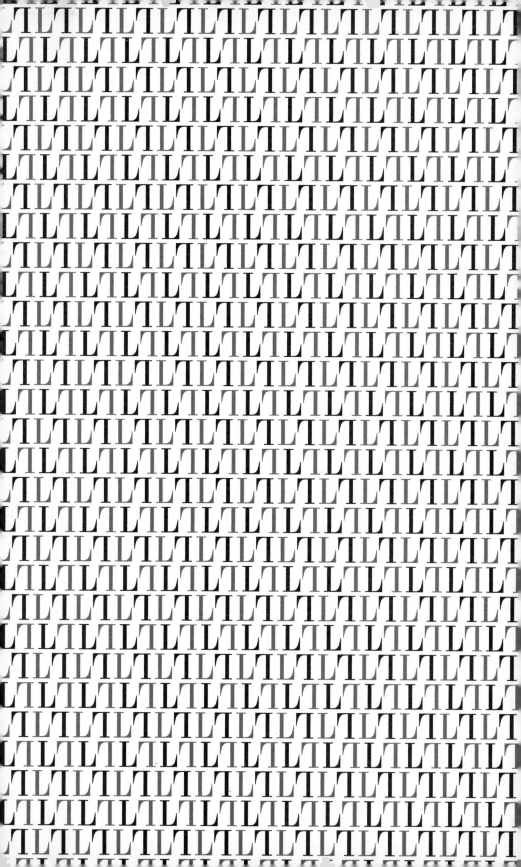

La fuente de la autoestima

Ensayos, discursos y meditaciones

Toni Morrison

Traducción del inglés de
Carlos Mayor

Lumen

ensayo

Papel certificado por el Forest Stewardship Council®

Título original: *The Source of Self-Regard:*
Selected Essays, Speeches, and Meditations

Primera edición: marzo de 2020

Printed in Spain – Impreso en España

ISBN: 978-84-264-0789-4
Depósito legal: B-561-2020

Compuesto en M. I. Maquetación, S. L.
Impreso en Egedsa (Sabadell, Barcelona)

H407894

Penguin
Random House
Grupo Editorial

Índice

PRIMERA PARTE
La patria del forastero

INTERLUDIO
Materia(s) negra(s)

SEGUNDA PARTE
El lenguaje de Dios

Riesgos

Los regímenes autoritarios, los dictadores y los déspotas se caracterizan a menudo, aunque no siempre, por su insensatez, pero ninguno es tan insensato para dar a escritores perspicaces y disidentes carta blanca a fin de que publiquen sus opiniones o sigan sus instintos creativos. Saben que con ello correrían un riesgo. No son tan tontos para ceder el control (manifiesto o artero) de los medios de comunicación. Entre sus métodos están la vigilancia, la censura, la detención e incluso el asesinato de los escritores que informan o agitan a la ciudadanía. Escritores que desestabilizan, que ponen en tela de juicio, que observan de otro modo, con mayor detenimiento. Los escritores (periodistas, ensayistas, blogueros, poetas, dramaturgos) pueden trastornar la opresión social que funciona como una especie de coma en la población, un coma que los déspotas llaman «paz», y restañar la hemorragia de la guerra que excita a halcones y especuladores.

Ese es el riesgo que corren los déspotas.

El nuestro es de otro tipo.

Qué desapacible, invivible e insufrible resulta la existencia cuando se nos priva del arte. Es urgente proteger la vida y la obra de los escritores en situación de riesgo, pero además de esa urgencia tenemos que recordar que su ausencia, el enmudecimiento de la obra de un escritor, su cruel amputación, supone para nosotros un peligro igual de importante. El auxilio que les ofrecemos equivale a ser generosos con nosotros mismos.

Todos hemos oído hablar de países que destacan por la huida de escritores de su territorio. Existen regímenes cuyo miedo a la escritura no sujeta a un control se justifica en el hecho de que la verdad es conflictiva. Es conflictiva para el belicista, el torturador, el ladrón empresarial, el mercenario de la política, el sistema judicial corrupto y para una ciudadanía comatosa. Los escritores que quedan sin perseguir, encarcelar u hostigar son conflictivos para el matón ignorante, el racista taimado y los depredadores que se alimentan de los recursos del planeta. La alarma y la desazón que suscitan los escritores resultan instructivas por ser claras y vulnerables, porque si no se vigilan se vuelven amenazadoras. En consecuencia, la histórica supresión de los escritores es el primer presagio del despojo continuado de otros derechos y libertades que se producirá a continuación. La historia de los escritores perseguidos es tan larga como la de la literatura en sí. Y los intentos de censurarnos, desposeernos, regularnos y aniquilarnos son síntomas claros de que se ha producido algo importante. Las fuerzas culturales y políticas pueden arrasar con todo menos con lo «inofensivo», con todo menos con el arte sancionado por el Estado.

Alguien me dijo en una ocasión que existen dos reacciones humanas frente a la percepción del caos: ponerle un nombre y recurrir a la violencia. Cuando el caos es sencillamente lo desconocido, se le puede poner un nombre sin dificultad: una nueva especie, una nueva estrella, una nueva fórmula, una nueva ecuación, un nuevo pronóstico. También pueden trazarse mapas o inventarse nombres propios cuando elementos geográficos o paisajísticos o poblaciones no los han recibido anteriormente o se les han arrebatado. Si el caos resiste, bien porque se reforma o bien porque se rebela contra el orden impuesto, la violencia se considera la respuesta más frecuente y más racional para enfrentarse a lo desconocido, lo catastrófico, lo salvaje, desenfrenado o incorregible. Las reacciones racionales pueden ser la censura, el encierro en campos de reclusión o cárceles, o la muerte, de forma individual o en una guerra. Existe, no obstante, una tercera respuesta al caos, de la que no he oído hablar: el silencio. Ese silencio puede equivaler a pasividad y estupefacción; o bien a un miedo paralizante. Pero asimismo puede centrarse en el arte. Hay que cuidar y proteger a los escritores que ejercen su oficio cerca o lejos del trono del poder más puro, del poder militar, de la construcción de imperios y de las contadurías, los escritores que construyen significado frente al caos. Y es justo que dicha protección surja de otros escritores. Resulta imprescindible no solo salvar a los escritores asediados, sino salvarnos a nosotros mismos. Si me paro a contemplar, con pavor, la supresión de otras voces, de novelas por escribir, de poemas susurrados o engullidos por miedo a que lleguen a oídos desaconsejados, de lenguas proscritas que perviven en la clandestinidad, de preguntas de ensayistas que cuestionan la autoridad y nunca llegan a plantearse, de obras de teatro que no se montan o de películas que no se ruedan veo ante mí una pesadilla. Como si todo un universo se dibujara con tinta invisible.

Algunos traumas sufridos por determinados pueblos son tan profundos, tan crueles, que, a diferencia del dinero, a diferencia de la venganza, incluso a diferencia de la justicia, o de los derechos, o de la buena voluntad de los demás, solo los escritores logran traducirlos y transformar el dolor en significado para aguzar la imaginación moral.

Para la humanidad, la vida y la obra de un escritor no son un regalo, sino una necesidad.

PRIMERA PARTE

La patria del forastero

Los muertos del 11 de septiembre

Hay quien tiene la palabra de Dios y quien tiene canciones de consuelo para quienes han perdido a un ser querido. A mí, si consigo reunir el valor necesario, me gustaría dirigirme directamente a los muertos, a los muertos de septiembre. A esos hijos de antepasados nacidos en todos los continentes del planeta: Asia, Europa, África, América; nacidos de antepasados que llevaban falda escocesa, obi, sari, guelé, sombrero de paja de ala ancha, kipá, pieles de cabra, calzado de madera, plumas y pañuelos para cubrirse el pelo. Pero no me gustaría decir una sola palabra hasta haber dejado a un lado todo lo que sé o pienso sobre los países, la guerra, los dirigentes, los gobernados y los ingobernables; todo lo que sospecho sobre las corazas y las entrañas. Primero me gustaría refrescar la lengua, abandonar recursos forjados para conocer el mal: gratuito o estudiado; explosivo o siniestro aunque discreto; da igual que surja de un apetito o un hambre saciados; de la venganza o de la mera compulsión que lleva a ponerse en pie antes de derrumbarse. Me gustaría purgar mi lenguaje de hipérboles, de su impaciencia por analizar los niveles de crueldad; por clasificarlos, por calcular su categoría superior o inferior entre otros de su especie.

Hablar con los destrozados y los muertos resulta demasiado difícil con la boca llena de sangre. Es un acto demasiado sagrado para pensamientos impuros. Y es que los muertos son libres, absolutos; no se dejan seducir por el bombardeo.

Para dirigirme a vosotros, a los muertos de septiembre, no debo acogerme a una falsa intimidad ni hacer gala de un corazón tumultuoso, apaciguado justo a tiempo para las cámaras. Debo ser firme y debo ser clara, consciente en todo momento de que no tengo nada que decir: no hay palabras con más garra que el acero que os comprimió contra sí, no hay escrituras más antiguas ni más elegantes que los átomos añejos en que os habéis convertido.

Y tampoco tengo nada que ofrecer, más que este gesto, este hilo tendido entre vuestra humanidad y la mía: quiero abrazaros con todas mis fuerzas y comprender, como comprendisteis vosotros cuando vuestra alma fue expulsada de su receptáculo carnal, la inteligencia de la eternidad: el don de una liberación sin cortapisas que desgarra las tinieblas de su toque de difuntos.

La patria del forastero

Dejando a un lado el momento de máximo apogeo de la trata de esclavos en el siglo XIX, en ningún momento de la historia han sido tan intensos los desplazamientos generalizados de población como en la segunda mitad del siglo XX y el inicio del XXI. Son movimientos de trabajadores, intelectuales, refugiados y ejércitos que cruzan mares y continentes, que llegan por pasos fronterizos o rutas ocultas, y que hablan en lenguajes muy variados de comercio, de intervención política, de persecución, exilio, violencia y pobreza. Cabe poca duda de que la redistribución (voluntaria o involuntaria) de población por todo el planeta figura en primer lugar en el orden del día del Estado, las salas de juntas, los barrios, la calle. Las maniobras políticas para controlar esos desplazamientos no se limitan a la vigilancia de los desposeídos. Mientras que en gran medida ese éxodo puede describirse como el viaje de los colonizados hasta la sede de los colonizadores (como si, por así decirlo, los esclavos se trasladaran de la hacienda a la casa de los hacendados), y en mayor medida aún consiste en la huida de refugiados de guerra, lo cierto es que la reubicación y el traslado de la clase administradora y diplomática a puestos de avanzada de la globalización, así como el despliegue de nuevas unidades y bases militares, desempeñan un papel destacado en los intentos legislativos de controlar el flujo constante de personas.

Inevitablemente, el espectáculo de esos desplazamientos generalizados llama la atención sobre las fronteras, los lugares permeables, los puntos vulnerables donde el concepto de patria se considera amenazado por los forasteros. En gran medida, la alarma que planea sobre las fronteras, las puertas, se atiza, en mi opinión, (1) debido a la amenaza y al mismo tiempo la promesa de la globalización y (2) debido a una relación difícil con nuestra propia condición de forasteros, con un sentimiento de pertenencia que se desmorona a toda velocidad.

Permítanme empezar por la globalización. Tal como la entendemos en la actualidad, no es una versión del modelo imperialista de Gran Bretaña del siglo XIX, si bien la agitación poscolonial refleja y recuerda el dominio que una sola nación ejercía a la sazón sobre la mayoría de las demás. El término «globalización» no encierra la máxima «Trabajadores del mundo, uníos» del viejo internacionalismo, pese a que esa fue precisamente la palabra que el presidente de la Federación Estadounidense del Trabajo-Congreso de Organizaciones Industriales (AFL-CIO, por sus siglas en inglés) empleó en el Consejo Ejecutivo de Presidentes Sindicales. Y tampoco es la globalización el deseo de «un solo mundo» existente en la posguerra mundial, una retórica que dio lugar a la creación de las Naciones Unidas y agitó y hostigó los años cincuenta. Ni es el «universalismo» de los sesenta y los setenta, ya fuera como llamamiento a la paz mundial o como reiteración de la hegemonía cultural. «Imperio», «internacionalismo», «un solo mundo», «universal»: todo eso se antoja más bien una serie de anhelos y no categorías de tendencias históricas. Anhelos de confinar la Tierra en cierta apariencia de unidad y cierto grado de control, de concebir el destino humano del planeta como el fruto de la ideología de una única constelación de naciones. La globalización tiene los mismos deseos y anhelos que sus predecesores. También se considera progresista, perfeccionadora, predestinada, unificadora y utópica desde un punto de vista histórico. En el sentido más limitado del término, aspira a ser equivalente a la circulación instantánea de capitales y a la rápida distribución de datos y productos dentro de un entorno políticamente neutral, determinado por las exigencias de las multinacionales. Sin embargo, sus connotaciones más amplias son menos inocentes, dado que abarcan no solo la demonización de Estados sometidos a embargos o la banalización de los señores de la guerra y los políticos corruptos para luego negociar con ellos, sino también el hundimiento de Estados nación bajo el peso de la economía, el capital y la mano de obra transnacionales; la supremacía de la cultura y la economía occidentales; la americanización del mundo desarrollado y en vías de desarrollo mediante la penetración de la cultura estadounidense en otras culturas, y la comercialización de las del Tercer Mundo en Occidente en forma de moda, escenarios cinematográficos y gastronomía.

La globalización, aclamada con el mismo entusiasmo que en su día el destino manifiesto, el internacionalismo, etcétera, ha alcanzado cierto nivel de grandeza en nuestra imaginación. A pesar de esas pretensiones suyas de fomentar la libertad, sus repartos son dignos de un rey, ya que puede otorgar mucho. En lo relativo al acceso (al cruzar fronteras), en lo referente a la cantidad (de personas afectadas e implicadas) y en términos de riqueza (campos ilimitados que explotar en busca de recursos y servicios que ofrecer). No obstante, por mucho que se adore la globalización como fenómeno casi mesiánico, también se vilipendia en cuanto mal instigador de una peligrosa distopía. Por su menosprecio de las fronteras, de las infraestructuras nacionales, de las burocracias locales, de los censores de internet, de los aranceles, de las leyes y de los idiomas; por su indiferencia ante los márgenes y los marginales que viven en ellos; por sus propiedades extraordinarias y fagocitadoras, que aceleran el borrado, un allanamiento de la diferencia, de la particularidad, con fines comerciales. Una aversión a la diversidad. Nos imaginamos la imposibilidad de distinguir, la eliminación con su avance de las culturas minoritarias, de las lenguas minoritarias. Horrorizados, especulamos sobre lo que podría ser la alteración irrevocable y debilitadora de lenguas y culturas más destacadas ante su paso. Aunque esas funestas consecuencias no se manifiesten por completo, lo cierto es que acaban con las garantías de que la globalización vaya a traer aparejada una vida mejor y suponen advertencias alarmantes frente a una muerte cultural prematura.

Otros peligros que plantea la globalización son la distorsión de lo público y la destrucción de lo privado. Aprehendemos lo que es público principalmente, aunque no de manera exclusiva, de los medios de comunicación. Se nos pide que abandonemos el grueso de lo que era antes privado en aras de los requisitos de recopilación de datos impuestos por necesidades gubernamentales, políticas, comerciales y, ahora, de seguridad. Parte de la ansiedad que genera la división permeable entre los dominios público y privado surge sin duda de un empleo temerario de esos términos. Pensemos en la privatización de las prisiones, esto es, el control por parte de empresas privadas de unas instalaciones públicas. Pensemos en la privatización de los colegios públicos. Y también en el control de la vida privada, que puede cederse libremente en programas televisivos de entrevistas o negociarse en tribunales cuando se trata de personajes famosos, de figuras «públicas», y en casos relacionados con el derecho a la intimidad. Pensemos en un espacio privado (atrios, jardines, etcétera) abierto al público. Y en un espacio público (parques, patios de recreo y playas de algunos vecindarios) limitado al uso privado. Pensemos en el fenómeno especular del «juego» de lo público en nuestras vidas privadas, interiores. De hecho, el interior de nuestra casa parece el espacio de exposición de una tienda (con sus estantes y más estantes de «colecciones») y el espacio de exposición de las tiendas imita el interior de las casas; se dice que la conducta de los jóvenes es un reflejo de lo que ofrece la pantalla; se dice que la pantalla refleja, representa, los intereses y las conductas juveniles, que no los crea. Dado que el espacio en que se viven tanto la vida cívica como la privada ha acabado siendo tan indistinguible de lo de dentro y lo de fuera, del interior/exterior, esos dos ámbitos se han comprimido en algo difuminado y omnipresente, un batiburrillo de nuestra concepción del hogar.

En mi opinión, ese batiburrillo repercute en el segundo punto: el desasosiego provocado por la sensación de ser forasteros, por ese sentimiento de pertenencia que se deshilacha a gran velocidad. ¿A qué debemos mayor lealtad? ¿A nuestra familia, a nuestro grupo lingüístico, a nuestra cultura, a nuestro país, a nuestro sexo? ¿A nuestra religión, a nuestra raza? Y, si nada de eso tiene importancia, ¿somos urbanos o cosmopolitas o simplemente estamos solos? En otras palabras, ¿cómo decidimos esa pertenencia? ¿Qué nos convence de que hemos acertado? O, dicho de otro modo, ¿qué pasa con la condición de forastero?

Me he decantado por comentar una novela escrita en los años cincuenta por un autor guineano para abordar el siguiente dilema: la difuminación del interior/exterior que puede consagrar límites y fronteras reales, metafóricas y psicológicas mientras forcejeamos con las definiciones del nacionalismo, la ciudadanía, la raza, la ideología y el llamado «choque de culturas» en nuestra búsqueda de la pertenencia.

Los escritores africanos y afroamericanos no son los únicos que asumen esos problemas, pero destacan por su historia larga y singular de resistencia ante ellos. De no sentirse en casa en su propia patria, de estar exiliados en el lugar que les corresponde.

Antes de adentrarme en la novela en cuestión, me gustaría contar algo anterior a mis lecturas de literatura africana que forzó mi incursión en lo que dificulta las definiciones contemporáneas de lo extranjero.

Los domingos se pasaban por la iglesia, a modo de cepillo, unas bandejas forradas de terciopelo. La de los últimos bancos era la más pequeña y la que tenía más posibilidades de quedar vacía. Su ubicación y su tamaño reflejaban las expectativas leales pero restringidas que lo caracterizaban prácticamente todo en los años treinta. Las monedas, nunca billetes, que salpicaban aquella bandeja procedían en su mayoría de niños a los que se animaba a entregar uno o cinco centavos para las obras de beneficencia tan necesarias para la redención de África. Si bien aquella palabra, «África», resultaba hermosa, estaba desgarrada por las complejas emociones a las que se la vinculaba. A diferencia de China, donde también se pasaba hambre, África era nuestra a la vez que suya; tenía un vínculo íntimo con nosotros y era profundamente foránea. Era una madre patria enorme y necesitada a la que, según nos decían, pertenecíamos, pero que ninguno de nosotros había visto ni tenía ganas de ver, habitada por gente con la que manteníamos una relación difícil de desconocimiento y desdén mutuos, y con la que compartíamos una mitología de otredad pasiva y traumatizada, cultivada por los libros de texto, el cine, los dibujos animados y los insultos hostiles que los niños aprenden a adorar.

Más adelante, cuando empecé a leer literatura ambientada en África, descubrí que, sin excepción aparente, todos los relatos sucesivos desarrollaban y realzaban la mismísima mitología que acompañaba aquellas bandejas de terciopelo que pasaban flotando entre los bancos. Para Joyce Cary, Elspeth Huxley o H. Rider Haggard, África era precisamente lo que daba a entender la colecta misionera: un continente oscuro con una necesidad desesperada de luz. La de la cristiandad, la civilización, el desarrollo. La luz de la caridad, encendida a golpe de simple generosidad. Era una concepción de África cargada de suposiciones de una intimidad compleja asociada al reconocimiento de un alejamiento sin mediación. El enigma de la propiedad extranjera que alienaba a la población autóctona, del desahucio de los hablantes nativos de su patria y del exilio de los pueblos autóctonos dentro de su propia casa aportaba a esos relatos un aire surrealista e incitaba a los escritores a proyectar un África metafísicamente nula, lista para que alguien la inventara. Con una o dos excepciones, el África literaria era un terreno de juego inagotable para turistas y extranjeros. En las obras de Joseph Conrad, Isak Dinesen, Saul Bellow y Ernest Hemingway, con independencia de que estuvieran imbuidas de la perspectiva convencional de Occidente sobre un África sumida en la ignorancia o de que lucharan contra ella, los protagonistas se encontraban con un continente tan vacío como aquella bandeja forrada de terciopelo; un recipiente a la espera del cobre y la plata que la imaginación tuviera a bien echar en su interior. Como leña para fuegos occidentales, complacientemente muda y convenientemente virgen, África podía moldearse a fin de satisfacer una amplia variedad de exigencias literarias e ideológicas. Podía retirarse para servir de escenario a cualquier hazaña o dar un gran paso adelante y obsesionarse con las tribulaciones de cualquier forastero; podía retorcerse para dar lugar a formas perversas y aterradoras en que los occidentales contemplaran el mal o también postrarse de hinojos y aceptar lecciones elementales de sus superiores. A quienes emprendían ese viaje real o imaginario, el contacto con África les ofrecía oportunidades emocionantes de experimentar la vida en su estado primitivo, en formación, rudimentario, lo cual conducía a conocerse mejor a uno mismo, una sabiduría que confirmaba las ventajas del derecho de propiedad europeo sin la responsabilidad de tener que reunir demasiada información real sobre la cultura africana que estimulaba ese descubrimiento. Era tan grande el corazón de aquella África literaria que bastaba con algo de geografía, mucho de climatología y un puñado de costumbres y anécdotas como lienzo donde pintar el retrato de un yo más sabio, más triste o completamente reconciliado consigo mismo. En las novelas occidentales publicadas antes de los años cincuenta y a lo largo de toda esa década, África fue el extranjero de Camus, siempre ofreciendo una oportunidad de conocimiento, pero manteniendo intacta su naturaleza incognoscible. Y así Marlow la describe como un «espacio en blanco [...] sobre el que un niño podía tejer magníficos sueños», un territorio que se había llenado desde su infancia de «ríos, lagos y nombres [y h]abía dejado de ser un misterioso [y precioso] espacio en blanco. [...] Se había convertido en un lugar de tinieblas».[1] Lo poco que podía saberse era enigmático, repugnante o irremisiblemente contradictorio. El África imaginaria era un cuerno de la abundancia rebosante de imponderables que, como el monstruoso Gréndel de *Beowulf*, se resistía a toda explicación. En consecuencia, esa literatura ofrece una plétora de metáforas incompatibles. Como epicentro original de la raza humana, África es muy antigua, si bien, al estar bajo control colonial, también es infantil. Una especie de feto viejo siempre a la espera de nacer que desconcierta a todas las comadronas. En una novela tras otra, en un cuento tras otro, África es a un tiempo inocente y corrupta, salvaje y pura, irracional y sabia.

En ese contexto literario racialmente cargado, el descubrimiento de *Le Regard du roi* ['La mirada del rey'] de Camara Laye, publicado en inglés con el título de *The Radiance of the King*, resultó sobrecogedor. De repente, alguien reinventaba el viaje estereotipado a las tinieblas africanas de cuento de hadas, ya fuera para llevar luz, ya fuera para buscarla reimaginada. En la novela no solo se recurre a un vocabulario imagista complejo y netamente africano para emprender una negociación discursiva con Occidente, sino que también se explotan las imágenes de desamparo que el conquistador impone a la población autóctona: el desorden de *Míster Johnson* de Joyce Cary, la obsesión por los olores que encontramos en *Los flamboyanes de Thika* de Elspeth Huxley y la fijación europea con el significado de la desnudez que vemos en H. Rider Haggard, en Joseph Conrad o en prácticamente toda la literatura de viajes occidental.

El argumento de la obra de Camara Laye es, en pocas palabras, el siguiente: Clarence, un europeo, se ha trasladado a África por motivos que es incapaz de expresar. Desde su llegada, ha jugado, ha perdido y ha contraído deudas cuantiosas con sus compatriotas blancos. Y se esconde entre la población autóctona en una posada cochambrosa. Ya lo han echado del hotel de los colonialistas y el posadero africano también está a punto de expulsarlo. Entonces Clarence decide que la solución a su miseria es entrar al servicio del rey. Una densa multitud de aldeanos le impide acercarse al monarca y su propósito se recibe con desdén. Conoce a una pareja de granujas adolescentes y a un mendigo astuto que acceden a echarle una mano. Siguiendo sus consejos, se dirige al sur, donde se espera que vuelva a aparecer el rey. Su viaje, que no difiere demasiado de una peregrinación, permite al autor exponer y parodiar las sensibilidades paralelas de Europa y África.

Los tropos literarios de África son réplicas exactas de las percepciones de la condición de forastero: (1) la amenaza, (2) la deprava-

24

ción y (3) la incomprensibilidad. Y resulta fascinante observar el diestro manejo de esas percepciones por parte de Camara Laye.

1. La amenaza. Clarence, su protagonista, está aturdido por el miedo. A pesar de que señala que «las abundantes palmeras» están «destinadas [...] a la industria vinícola», el campo está «magníficamente ordenado» y la gente que vive en él le brinda «un buen recibimiento», ve tan solo inaccesibilidad, «hostilidad compartida». El orden y la claridad del paisaje no casan con la jungla amenazadora que tiene en la cabeza.

2. La depravación. Es Clarence quien sucumbe a la depravación al representar todo el horror de lo que los occidentales se imaginan como «la adopción del modo de vida indígena», el «sopor repugnante» que pone en peligro la masculinidad. Su disfrute flagrante de la cohabitación continuada y la sumisión con que reaccionan las mujeres son un reflejo de los apetitos de Clarence y de su ignorancia deliberada. Cuando los niños mulatos van poblando la aldea, Clarence, el único blanco de la zona, sigue preguntándose de dónde han salido. Se niega a creer lo evidente: que lo han vendido como semental para el harén.

3. La incomprensibilidad. El África de Camara Laye no es tenebrosa, está bañada de luz: la luz verde y acuosa del bosque, los matices rojo rubí de las casas y el terreno, el azul «insoportable» del cielo e incluso las escamas de las mujeres pez, que cabrillean «como túnicas de luna». Comprender los motivos, las sensibilidades diversas de los africanos (tanto los malvados como los benévolos), solo requiere dejar en suspenso la creencia en una diferencia insalvable entre los seres humanos.

La novela, que descifra el lenguaje renqueante de la usurpación de una patria por parte del extranjero, de la deslegitimación del indígena, de la inversión de demandas de pertenencia, nos permite vivir la experiencia de un blanco que emigra a África, solo, sin trabajo, sin autoridad, sin recursos e incluso sin apellido. No obstante, Clarence cuenta con una baza que siempre surte efecto en los países del Tercer Mundo, que no puede dejar de surtir efecto. Es blanco, dice, y, en consecuencia, válido por algún motivo inefable para ser consejero del rey, al que jamás ha visto, en un país que no conoce, entre gente a la que ni comprende ni desea comprender. Lo que empieza como la búsqueda de una posición de autoridad, como la huida del desdén de sus compatriotas, acaba siendo un intenso proceso de reeducación. Entre esos africanos, lo que se considera inteligencia no es el prejuicio, sino la sagacidad y la capacidad y la voluntad de ver, de suponer. El rechazo del europeo a reflexionar de manera coherente sobre hecho alguno, a excepción de los que atañen a su bienestar o su supervivencia, lo condena. Cuando por fin aflora la comprensión, lo deja destrozado. Esa investigación ficticia nos permite asistir a la desracialización de un occidental que vive la experiencia de África sin apoyo, protección ni consignas de Europa. Nos permite redescubrir o imaginar de nuevo lo que supone ser marginal, ninguneado, superfluo, extranjero; jamás oír pronunciar el propio nombre; verse despojado de historia o representación; ser mano de obra vendida o explotada para beneficio de una familia dominante, un empresario astuto, un régimen local.

Es un encuentro perturbador que puede ayudarnos a afrontar las presiones y fuerzas desestabilizadoras del recorrido de los pueblos por todo el planeta; presiones que pueden hacer que nos aferremos a otras culturas, a otras lenguas, o que las despreciemos; que clasifiquemos el mal según la moda del momento; que legislemos, expulsemos, adecuemos, depuremos y juremos lealtad a fantasmas y fantasías. Y, sobre todo, esas presiones pueden empujarnos a negar al forastero que llevamos dentro y a oponer una férrea resistencia a la condición universal de la humanidad.

Después de muchas tribulaciones, la luz acaba por aflorar poco a poco en el occidental de Camara Laye. Clarence hace realidad el deseo de conocer al rey, pero a esas alturas tanto él como su objetivo han cambiado. En contra del consejo de la gente del lugar, se arrastra desnudo hasta el trono. Cuando por fin ve al soberano, que no es más que un niño cubierto de oro, el «vacío aterrador» que hay en su interior, el vacío que lo ha protegido de la revelación, se abre para recibir la mirada real. Y esa apertura, ese desmoronamiento del blindaje cultural mantenido por miedo, ese acto de valor sin precedentes, es el principio de la salvación de Clarence, su éxtasis y su libertad. Envuelto en el abrazo del niño rey, sintiendo el latido de su joven corazón, Clarence lo oye murmurar estas exquisitas palabras de auténtica pertenencia, palabras que le dan la bienvenida a la raza humana: «¿Acaso no sabías que te esperaba?».

El racismo y el fascismo

No debemos olvidar que, antes de que haya una solución final, tiene que haber una primera, una segunda e incluso una tercera. El proceso que lleva a una solución final no es un salto. Hace falta un paso, después otro y luego otro. Algo, tal vez, como esto:

1. Construir un enemigo interno que sirva para focalizar la atención y de distracción.
2. Aislar y demonizar a ese enemigo lanzando y defendiendo el empleo de insultos e improperios explícitos o velados. Utilizar ataques personales a modo de acusaciones legítimas contra dicho enemigo.
3. Buscar y crear fuentes y distribuidores de información dispuestos a reafirmar el proceso demonizador porque resulta rentable, otorga poder y funciona.
4. Contener toda expresión artística; controlar, desacreditar o expulsar a quienes cuestionen o desestabilicen los procesos de demonización y deificación.
5. Minar y difamar a todos los representantes o simpatizantes del enemigo creado.
6. Reclutar entre el enemigo a colaboradores que aprueben el proceso de desposeimiento y puedan hacerle un lavado de cara.
7. Conferir un carácter patológico al enemigo en ambientes académicos y medios de masas; por ejemplo, reciclar el ra-

cismo científico y los mitos de la superioridad racial con el objetivo de dar carta de naturaleza a esa patología.

8. Criminalizar al enemigo. A continuación, preparar, presupuestar y racionalizar la construcción de espacios de confinamiento para el enemigo, en especial los hombres y a toda costa los niños.

9. Premiar la simpleza y la apatía con espectáculos monumentalizados y con pequeños placeres, breves seducciones: unos cuantos minutos en la televisión, unas pocas líneas en la prensa; cierto seudoéxito; la ilusión de poder e influencia; un poco de diversión, un poco de estilo, un poco de trascendencia.

10. Mantener el silencio a toda costa.

En 1995 el racismo puede ponerse un traje nuevo, comprarse unas botas nuevas, pero ni él ni su súcubo gemelo, el fascismo, son nuevos ni capaces de nada nuevo. Solo puede reproducir el entorno que respalda su propia condición: el miedo, el rechazo y una atmósfera en que sus víctimas han perdido las ganas de luchar.

Las fuerzas interesadas en soluciones fascistas a los problemas nacionales no se encuentran en un partido político u otro, ni en ninguna facción concreta de uno de esos partidos. Los demócratas no tienen un historial inmaculado en lo que al igualitarismo respecta. Y tampoco pueden los liberales alardear de no haber buscado la dominación. Entre los republicanos ha habido tanto abolicionistas como supremacistas blancos. Conservadores, moderados liberales; derecha, izquierda, extrema izquierda, extrema derecha; religiosos, laicos, socialistas: no debemos dejar que tales etiquetas al estilo Pepsi-Cola y Coca-Cola nos engañen, ya que la genialidad del fascismo consiste en que cualquier estructura política es capaz de albergar su virus y casi cualquier país desarrollado puede ser un terreno abonado. El fascismo habla de ideología, pero en realidad no es más que marketing, marketing en busca de poder.

Se reconoce por su necesidad de purgar, por las estrategias que emplea para conseguirlo y por su horror a los planteamientos realmente democráticos. Se reconoce por su empeño en transformar todos los servicios públicos en sociedades privadas, en instigar el ánimo de lucro en todas las organizaciones que no lo tienen, de modo que desaparezca la fosa estrecha pero protectora entre gobierno y empresa. Convierte a los ciudadanos en contribuyentes, con lo que los individuos se enfurecen con solo oír hablar del bien común. Convierte a los vecinos en consumidores, con lo que la medida de nuestro valor como seres humanos no estriba en nuestra humanidad, nuestra compasión o nuestra generosidad, sino en lo que poseemos. Convierte la paternidad en pánico, con lo que votamos contra los intereses de nuestros hijos; contra su propia asistencia sanitaria, su propia educación y su propia seguridad frente a las armas. Y al efectuar esas transformaciones, engendra al capitalista perfecto, dispuesto a matar a un ser humano por un producto (unas deportivas, una chaqueta, un coche) o a generaciones enteras por el control de determinados productos (el petróleo, la droga, la fruta, el oro).

Cuando nuestros miedos estén prácticamente serializados, nuestra creatividad censurada, nuestras ideas comercializadas, nuestros derechos vendidos, nuestra inteligencia transformada en eslóganes, nuestra fuerza reducida, nuestra intimidad subastada; cuando la teatralización, el valor en términos de espectáculo y la mercantilización de la vida se hayan completado, nos descubriremos viviendo no en un país, sino en un consorcio de industrias que nos resultará del todo ininteligible, excepto lo que veamos por una pantalla, oscuramente.

La patria

El año pasado, una colega me preguntó dónde había ido al colegio de niña. Le contesté que en Lorain, en el estado de Ohio.

—¿Y en aquellos colegios ya se había abolido la segregación? —me dijo entonces.

—¿Cómo, disculpa? En los años treinta y cuarenta no estaban segregados, no hacía falta abolir nada —le respondí—. Además, teníamos un instituto y cuatro centros de secundaria.

Entonces me di cuenta de que, en realidad, ella tendría unos cuarenta años cuando se hablaba de manera generalizada de la abolición de la segregación. Me di cuenta de que había vivido en una burbuja y de que la temprana diversidad de la población donde me había criado no era habitual en el resto del país. Antes de marcharme de Lorain para ir a Washington, DC, luego a Texas, después a Ithaca y más tarde a Nueva York, tenía la impresión de que todos los sitios eran más o menos así y solo cambiaba el tamaño. No podría haber estado más equivocada. Fuera como fuese, las preguntas de mi colega me llevaron a pensar de nuevo en esta parte de Ohio y en lo que recordaba de mi lugar de origen, en cierto sentido de mi patria. Esta zona (Lorain, Elyria, Oberlin) no es igual que cuando yo vivía allí, pero de algún modo da igual, porque la patria es el recuerdo y los compañeros o amigos que comparten ese recuerdo. Y tan importantes como el recuerdo, el lugar y la gente del lugar de origen de cada cual es el concepto de patria en sí. ¿A qué no referimos cuando hablamos de «patria»?

La pregunta es relativa, puesto que el destino del siglo XXI estará determinado por la viabilidad o el fracaso de un mundo compartible. La cuestión del apartheid cultural o la integración cultural es crucial para todos los gobiernos y determina nuestra percepción de las distintas formas en que la intervención política y la cultura provocan el éxodo de poblaciones enteras (voluntario o impuesto); asimismo, plantea complejas cuestiones relativas al desposeimiento, la recuperación y el refuerzo de mentalidades de asedio. ¿Cómo pueden los individuos ser opositores o cómplices del proceso de alienación que supone la demonización de los demás, un proceso que puede infectar el santuario geográfico del forastero con la xenofobia del país? Acogiendo a inmigrantes o importando esclavos por motivos económicos y relegando a sus hijos a una versión moderna de los «muertos vivientes». O dejando a toda una población autóctona, en algunos casos con una historia de cientos o incluso miles de años, reducida a forasteros despreciados en su propio país. O aplicando la indiferencia privilegiada de un gobierno mientras una inundación de proporciones casi bíblicas destruye una ciudad entera, ya que sus habitantes constituían un excedente de negros o pobres sin medios de transporte, agua, alimentos o ayuda, abandonados a su propia suerte y obligados a nadar, caminar trabajosamente o morir en aguas fétidas o en desvanes, hospitales, cárceles, avenidas y centros de confinamiento. Esas son las consecuencias de una demonización constante; esa es la cosecha de la vergüenza.

Sin duda, el desplazamiento de poblaciones amenazadas que implica recorrer y cruzar fronteras no es nada nuevo. El éxodo forzado o entusiasta a un territorio extraño (psicológico o geográfico) está grabado a fuego en la historia de todos los cuadrantes del mundo conocido, desde las expediciones de africanos por China y Australia hasta las intervenciones militares de romanos, otomanos y pueblos de otras partes de Europa, pasando por incursiones comerciales para satisfacer los deseos de toda una serie de regímenes, monarquías y repúblicas. De Venecia a Virginia, de Liverpool a Hong Kong. Todos ellos y otros muchos trasladaron las riquezas y el arte que encontraron a otros territorios. Y todos ellos dejaron ese suelo extranjero manchado con su sangre o la trasplantaron a las venas de los conquistados, o ambas cosas. Asimismo, a su paso, las lenguas de conquistados y conquistadores fueron llenándose de palabras de condena mutua.

La reconfiguración de alianzas políticas y económicas y la redistribución casi instantánea de los Estados nación fomentan o impiden la reubicación de grandes poblaciones. Dejando a un lado el momento de máximo apogeo del comercio de esclavos, en ningún momento de la historia han sido tan intensos como ahora los desplazamientos generalizados de población. Implican la reubicación de trabajadores, intelectuales, refugiados, comerciantes, inmigrantes y ejércitos que cruzan mares y continentes, que llegan por pasos fronterizos o rutas ocultas, con historias muy variadas contadas en lenguajes muy variados de comercio, de intervención militar, persecución política, exilio, violencia, pobreza, muerte y humillación. Cabe poca duda de que la redistribución voluntaria o involuntaria de población por todo el planeta figura en primer lugar en el orden del día del Estado, las salas de juntas, los barrios, las calles. Las maniobras políticas para controlar esos desplazamientos no se limitan a la vigilancia de los desposeídos. El traslado de la clase administradora y diplomática a puestos de avanzada de la globalización, así como el despliegue de unidades y bases militares, desempeñan un papel destacado en los intentos legislativos de ejercer autoridad ante el flujo constante de personas. Esa avalancha humana ha transfigurado el concepto de ciudadanía y alterado la percepción que tenemos del espacio tanto público como privado. La tensión se ha hecho evidente en toda una serie de designaciones híbridas de la identidad nacional. En las descripciones de la prensa, el lugar de origen ha acabado siendo más revelador que la nacionalidad, y se identifica a alguien como «ciudadano alemán de origen tal y tal» o «ciudadano británico de origen tal y tal». Y eso mientras se ensalza un nuevo cosmopolitismo, una especie de ciudadanía cultural muy estratificada. La reubicación de poblaciones ha exacerbado y perturbado el concepto de la patria y ampliado el espectro de la identidad más allá de las definiciones de la ciudadanía para incluir aclaraciones sobre la condición de forastero. La pregunta «¿Quién es el forastero?» nos conduce a percibir una amenaza implícita e intensificada dentro de «la diferencia». Lo constatamos en la defensa del autóctono frente al forastero, en la incomodidad ante la sensación personal de ser de un lugar o de otro («¿Soy yo el forastero en mi propia casa?»), en la intimidad no deseada en vez de la distancia de seguridad. Quizá la característica más definitoria de nuestra época sea que los muros y las armas vuelven a tener una presencia tan destacada como en la Edad Media. Las fronteras permeables se consideran en determinados ambientes zonas de amenaza y de cierto caos, de modo que, se trate de algo real o imaginario, la separación forzosa se postula como la solución. Los muros y la munición funcionan, en efecto. Durante un tiempo. Pero al final acaban siendo fracasos estrepitosos, y los ocupantes de tumbas improvisadas o sin nombre y de fosas comunes son un recordatorio constante de ello a lo largo de toda la historia de la humanidad.

Analicemos otra consecuencia de la utilización flagrante y violenta de la condición de forastero: la limpieza étnica. No solo seríamos negligentes, sino irrelevantes, si no abordáramos la condena a la que se enfrentan en la actualidad millones de personas reducidas a la categoría de animal, insecto o elemento contaminador por parte de países con un poder absoluto e impenitente para decidir quién es forastero y si vive o muere en su patria o lejos de ella. Ya he mencionado que la expulsión y la matanza de «enemigos» son tan viejas como la historia, pero hay algo nuevo y desmoralizador en el siglo pasado y en este. En ningún otro período histórico hemos sido testigos de tal profusión de agresiones contra gente designada «distinta a nosotros». Ahora, como han visto en los dos últimos años, la pregunta política fundamental es: «¿Quién o qué es un estadounidense?».

Por lo que he deducido del trabajo de quienes han estudiado la historia del genocidio (su definición y su aplicación), parece existir un patrón. Los Estados nación, los gobiernos en busca de legitimidad e identidad, por lo visto son capaces de y están decididos a definirse mediante la destrucción de un «otro» colectivo. Cuando los países europeos estaban sometidos al fortalecimiento del poder real, podían consumar esa matanza en otros territorios, ya fuera en África, América del Sur o Asia. Australia y Estados Unidos, que se autoproclamaron repúblicas, tuvieron que recurrir a la aniquilación de todos los pueblos autóctonos, o a la usurpación de sus tierras, para crear nuevos Estados democráticos. La caída del comunismo dio lugar a un amplio abanico de países nuevos o reinventados que establecieron su condición de Estados mediante la «limpieza» de comunidades. Daba exactamente igual que sus objetivos pertenecieran a otra religión, raza o cultura: se encontraban motivos primero para demonizarlos y luego para expulsarlos o asesinarlos. En aras de una supuesta seguridad, de la hegemonía o de la simple apropiación de tierras, se concibió a los forasteros como la suma total de los males del país putativo. Si los expertos están en lo cierto, vamos a asistir a oleadas bélicas más frecuentes y más ilógicas, concebidas por los dirigentes de los países en cuestión para afianzar su control. Las leyes no pueden detenerlos y tampoco cantidad alguna de oro. Las intervenciones solo sirven para provocar.

El lenguaje bélico

Al intentar aprehender las ventajas y dificultades que plantea la globalización, se ha hecho necesario reconocer que el término se resiente de su propia historia. No es lo mismo que el imperialismo, ni que el internacionalismo, ni tampoco que el universalismo. Sin duda, una distinción fundamental entre la globalización y sus predecesores es que en gran medida se caracteriza por su velocidad: pensemos en la rápida reconfiguración de las alianzas políticas y económicas, así como en la recomposición casi instantánea de Estados nación. Esas dos redefiniciones fomentan o impiden la reubicación de grandes cantidades de personas. Dejando a un lado el momento de máximo apogeo de la trata de esclavos, en ningún momento de la historia han sido tan intensos como ahora los desplazamientos generalizados de población. Implican la distribución de trabajadores, intelectuales, refugiados, comerciantes, inmigrantes y ejércitos que cruzan mares y continentes, que llegan por pasos fronterizos o rutas ocultas, y que hablan en lenguajes muy variados de comercio, de intervención política, de persecución, exilio, violencia y pobreza. Cabe poca duda de que el desplazamiento voluntario o involuntario de población por todo el planeta figura en primer lugar en el orden del día del Estado, las salas de juntas, los barrios, las calles. Las maniobras políticas para controlar esos desplazamientos no se limitan a la vigilancia de los desposeídos. El traslado de las clases administradoras y diplomáticas al puesto de avanzada de la globalización, así como el despliegue de nuevas unidades y bases militares, desempeñan un papel destacado en los intentos legislativos de ejercer autoridad sobre el flujo constante de personas.

Esa avalancha humana a escala planetaria ha alterado y transfigurado el concepto de ciudadanía. La tensión se ha hecho evidente en toda una serie de designaciones híbridas de la identidad nacional aparecidas en Estados Unidos, en descripciones de la prensa en que el lugar de origen es más significativo que la nacionalidad. Se describe a alguien como «ciudadano alemán de tal origen» o «ciudadano británico de tal origen», y todo eso mientras se ensalza un nuevo cosmopolitismo, una especie de ciudadanía cultural. La reubicación de poblaciones exacerbada por la globalización ha perturbado y «mancillado» el concepto de la patria y ampliado el espectro de la identidad más allá de las definiciones de la ciudadanía para incluir aclaraciones sobre la condición de forastero. La pregunta «¿Quién es el forastero?» nos lleva a percibir una amenaza implícita dentro de «la diferencia». Sin embargo, los intereses de los mercados internacionales pueden absorber todas esas preguntas y, de hecho, prosperan gracias a una gran variedad de diferencias, cuanto más sutiles y excepcionales, mejor, dado que cada «diferencia» equivale a un segmento de consumidores más específico e identificable. Esos mercados pueden reconstituirse hasta la saciedad en función de cualquier definición ampliada de la ciudadanía, de identidades proliferantes y cada vez más reducidas, y también de las perturbaciones de una guerra planetaria. No obstante, el desasosiego se cuela sigilosamente en el debate sobre esa beneficiosa capacidad de transformación cuando se aborda la otra cara de la moneda de la ciudadanía. La naturaleza camaleónica de la economía internacional provoca la defensa de lo local y plantea nuevas preguntas con respecto a la condición de forastero, una condición que en este caso hace pensar en la intimidad, más que en la distancia («¿Es mi vecino?») y provoca una profunda incomodidad personal con la propia sensación de ser de un lugar o de otro («¿Es de los nuestros? ¿Soy yo el forastero?»). Esas preguntas complican el concepto de pertenencia, de patria, y son reveladoras de la alarma evidente en muchos lugares ante las lenguas oficiales, prohibidas, no controladas, protegidas y subversivas.

Hay cierta consternación ante lo que han hecho o pueden llegar a hacer los norteafricanos con el francés, ante lo que han hecho con el alemán los turcos o ante la negativa de algunos catalanohablantes a leer o incluso hablar en español. Ante el empeño en enseñar el gaélico en los colegios, el estudio universitario del ojibwa, la evolución poética del nuyorriqueño. Incluso ante algunos intentos endebles (y en mi opinión mal orientados) de organizar algo denominado «inglés afroestadounidense».

Cuanto más acaba la globalización con las diferencias entre las lenguas (al pasarlas por alto, al pervertirlas o al fagocitarlas), más apasionadas se vuelven esas protecciones y esas usurpaciones. Y es que la lengua (la lengua en la que soñamos) es la patria.

Considero que en las humanidades, y en concreto en la rama de la literatura, esos antagonismos se convierten en terreno fértil para la creatividad, y con ello mejoran el clima entre culturas y pueblos itinerantes. Los escritores son fundamentales para ese proceso por toda una serie de razones, entre las que destaca su talento para retorcer el lenguaje, para extraer de sus variedades, de su léxico poroso y de los jeroglíficos de la pantalla electrónica un mayor significado, más intimidad y, lo que no es baladí, más belleza. Esa labor no es nueva para los escritores, pero sí lo son las dificultades, dado que todas las lenguas, mayoritarias y dominantes o minoritarias y protegidas, se tambalean ante las imposiciones de la globalización.

A pesar de todo, el efecto de la globalización en la lengua no siempre es perjudicial. También puede dar lugar a circunstancias peculiares y fortuitas en las que una creatividad profunda brote de la necesidad. Permítanme apuntar a modo de ejemplo un caso en el que ya se han producido cambios sustanciales en el discurso público a medida que la comunicación anega prácticamente todos los terrenos. Históricamente, el lenguaje de la guerra ha sido noble, evocando la calidad enriquecedora del discurso guerrero: la elocuencia del lamento por los muertos; el valor y el honor de la venganza. Ese lenguaje heroico, plasmado en epopeyas por Homero o Shakespeare, así como por los estadistas, solo tiene rival en cuanto a fuerza y belleza en el lenguaje religioso, con el que a menudo se funde. En ese despliegue de lenguaje bélico, desde antes de Cristo hasta el siglo XX, ha habido altibajos. Nada más concluir la Primera Guerra Mundial se produjo un momento de desconfianza y desprecio hacia ese lenguaje, cuando escritores como Ernest Hemingway y Wilfred Owen, entre otros, sacaron a la palestra las carencias de términos como «honor», «gloria», «valentía» o «valor» a la hora de describir la realidad de la contienda; la indecencia de esas palabras se relacionaba con la carnicería de 1914-1918.

«Siempre me han avergonzado las palabras "sagrado", "glorioso" y "sacrificio" y la expresión "en vano". Las habíamos oído, a veces bajo la lluvia, casi inaudibles. [...] [Y]o no había visto nada sagrado, las cosas que antes eran gloriosas ahora carecían de gloria y los sacrificios eran como los de los mataderos de Chicago, aunque la carne solo servía para enterrarla. Había muchas palabras que no soportaba oír y al final solo los nombres de los sitios conservaban su dignidad.»[2]

Sin embargo, los hechos de 1938 acallaron esas opiniones, y en la Segunda Guerra Mundial el lenguaje bélico estuvo de nuevo a la altura de las circunstancias. Las imágenes rebosantes de prestigio que tenemos de Roosevelt, Churchill y otros estadistas, debidas en parte a sus discursos conmovedores, atestiguan la fuerza de la oratoria militar. Sin embargo, tras la contienda sucedió algo interesante. A finales de los años cincuenta y en los sesenta, las guerras continuaron, por descontado (calientes y frías, septentrionales y meridionales, grandes y pequeñas), cada vez más cataclísmicas, cada vez más desgarradoras por ser tan innecesarias; tan castigadoras por ser tan salvajes con los civiles inocentes que la única reacción posible era postrarse de hinojos por el pesar. No obstante, el lenguaje que ha acompañado a esas guerras recientes se ha empobrecido de un modo extraño. La menguante persuasiva del discurso combativo quizá se haya debido a los escasos requisitos de los medios de comunicación comerciales: por el aborrecimiento de las frases complejas y las metáforas poco conocidas, por el dominio de lo visual sobre lo lingüístico. O tal vez lo haya provocado el hecho de que todas esas guerras han sido hijas mudas y furiosas de otras anteriores. Sea cual sea el motivo, lo cierto es que el discurso guerrero se ha infantilizado. Es endeble. Apenas prepúber. Detrás de las alocuciones, los boletines, las opiniones expertas y los textos analíticos se aprecia sin duda el quejido del patio de colegio: «Me ha pegado», «Que no», «Que sí»; «Es mío», «Mentira», «Verdad»; «Te odio», «Y yo a ti».

Ese declive, ese eco de la adolescencia apasionada, afecta en mi opinión al máximo nivel del discurso guerrero contemporáneo y recuerda al del cómic o el cine de acción: «¡Combato por la libertad!», «¡Debemos salvar el mundo!», «Houston, tenemos un problema». Han surgido diatribas necias y endebles para abordar problemas políticos y económicos de gran complejidad. Lo fascinante es que precisamente el hundimiento de ese lenguaje hasta lo más mediocre coincidió en el tiempo con la evolución de otro: el de la no violencia, la resistencia pacífica y la negociación. El lenguaje de Gandhi, de Martin Luther King, Jr., de Nelson Mandela, de Václav Havel. Un lenguaje convincente, enérgico, conmovedor, sutil, enriquecedor, inteligente, complejo. A medida que las consecuencias de la guerra resultaban cada vez más funestas, el lenguaje bélico iba volviéndose menos creíble, más infantil dentro de su pánico. Y ese cambio se hizo evidente justo en el momento en que el lenguaje de la resolución, de la diplomacia, adquiría forma propia para ser un lenguaje moral digno de la inteligencia humana, por fin libre del manto de debilidad y de aquiescencia que históricamente lo había envuelto.

No creo que ese cambio sea casual. Considero que representa una transformación fundamental del concepto de la guerra, un convencimiento no demasiado secreto y de hecho extendido entre poblaciones diversas y variadas, tanto oprimidas como privilegiadas, de que la guerra se ha quedado, por fin, anticuada; de que es simple y llanamente el método más ineficaz para conseguir objetivos (a largo plazo). Dejemos a un lado los desfiles pagados, los aplausos forzados, los disturbios instigados, las protestas (a favor o en contra) organizadas, la censura infligida por uno mismo o por el Estado, la propaganda; dejemos a un lado las formidables oportunidades de obtener réditos y beneficios; dejemos a un lado la historia de la injusticia: en el fondo, es imposible acallar la sospecha de que cuanto más modernas son las armas bélicas, más anticuada es la idea de la guerra en sí. Cuanto más transparente es la usurpación de poder, más sacrosanta es la justificación; cuanto más arrogantes son las pretensiones, cuanto más bárbaras, más desacreditado queda hoy el lenguaje bélico. Los dirigentes que ven en la guerra la solución única e inevitable para el desacuerdo, el desplazamiento, la agresión, la injusticia y la pobreza degradante no solo parecen absolutamente retrógrados, sino también deficientes desde un punto de vista intelectual, igual que el lenguaje exagerado propio de los cómics con el que se expresan.

Soy consciente de que mis observaciones pueden antojarse desfasadas a estas alturas, en el año 2002, cuando las cámaras legislativas, los revolucionarios y los enardecidos ya no «declaran» la guerra, sino que se limitan a hacerla. Sin embargo, estoy convencida de que el lenguaje con mayor fuerza y necesitado de más agudeza, talento, elegancia, genialidad y, en efecto, belleza, no puede aparecer, no puede volver a encontrarse en panegíricos a mayor gloria de la guerra, ni en gritos de batalla eróticos y arengadores. El poder de ese lenguaje alternativo no emana del arte de la guerra, tedioso y derrochador, sino del de la paz, magnífico y exigente.

La guerra contra el error

Acepté esta invitación para hablar ante Amnistía Internacional de inmediato y con regocijo. Dije que sí con los ojos cerrados a la oportunidad de dirigirme a un colectivo extraordinario de dinámicos activistas humanitarios cuya labor admiro profundamente. El honor supuso una alegría y un reto, y me imaginé que resultaría bastante fácil encontrar algo trascendente que decirles. Sin embargo, con el paso de los meses empecé a albergar serias reservas ante aquel entusiasmo temprano e inconsciente. Embotada por noticias sobre el estallido del caos, sobre recuentos de muertos, hambrunas provocadas y guerras a la carta contra países desarmados, me quedé prácticamente estupefacta; sumida por el estupor en una incredulidad muda; incapacitada por lo que consideraba la ecuanimidad de congresos e inertes parlamentos ocupados con el negocio de los negocios. La irrelevancia y el sensacionalismo de los grandes medios de comunicación, su sorprendente pasividad ante asuntos trascendentales y su publicidad disfrazada de periodismo cumplían su objetivo y retorcían mis pensamientos en un amasijo malhadado, impotente e inefable.

Si bien me planteé recurrir para esta ocasión a un argumento incuestionable, una enumeración de congratulaciones y cumplidos dedicados a Amnistía Internacional, al final comprendí que la hora de los cumplidos ya ha pasado, por mucho que me fascine la solidísima resistencia de su organización. Llegué a la conclusión de que no es momento para felicitarse, a pesar de que haya motivos; motivos para recordar y admirar los logros conseguidos por Amnistía Internacional, su influencia en la vida de los olvidados y su éxito al deslustrar los oropeles de los poderosos.

Amnistía Internacional, una organización no alineada que hace gala de un noble intervencionismo, no tolerada por los países y los partidos políticos, los intereses privados y la apatía pública, declara que los Estados, los muros y las fronteras son irrelevantes para sus objetivos humanitarios, aunque perjudiciales para su cometido, llama a la responsabilidad y se niega a aceptar el relato que de su propio proceder hace un gobierno miope.

Puedo compartir la furia de millones de personas, pero no basta. La rabia tiene una utilidad limitada y graves defectos. Deja a un lado la razón y desplaza la acción constructiva en beneficio de un teatro insensato. Además, asumir las mentiras y las falsedades, ya sean evidentes o veladas, de los gobiernos (con una hipocresía tan refinada que ni siquiera se preocupan por ocultar) puede implicar el riesgo de agotar y confundir la mente.

Vivimos en un mundo en el que la justicia es sinónimo de venganza. En el que los beneficios privados impulsan las políticas públicas. En el que el grueso de las libertades civiles, logradas célula a célula, hueso a hueso, por los valientes y los muertos se marchita bajo el sol ardiente de la guerra total y constante y en el que, ante la perspectiva de esa conflagración eterna, el respeto e incluso el interés por las soluciones humanitarias pueden menguar. Por mucho que por fin se esté poniendo en tela de juicio la convicción de que la seguridad de todos los demás países del mundo debe subordinarse al bienestar de Estados Unidos, los derechos humanos y las soluciones humanitarias se ven pisoteados de forma constante por los imperativos de esa convicción.

Permítanme describir un poco lo que está sucediendo en mi país.

Los defensores de la pena de muerte están cada vez más atrincherados, al tiempo que en Texas se ven obligados a revisar miles de ejecuciones previstas debido a errores flagrantes cometidos en laboratorios de análisis de ADN.

Una llamada «Ley de Cielos Limpios», concebida para sustituir a la Ley de Aire Limpio, tiene justo el efecto contrario del que proclama. Ahora las grandes empresas, las sociedades mineras y las fábricas pueden pasar por alto o retrasar todas las medidas de protección del medio ambiente puestas en marcha por el anterior gobierno y convertir en oro la llamada «muerte por respiración».

Los derechos constitucionales se enfrentan a la degeneración y la aniquilación mientras la historia más importante y menos contada de Estados Unidos es la inminente privación del derecho al voto del electorado. Al parecer, las nuevas máquinas de voto electrónico, amparadas en la ley de 2002 conocida como «Ayudemos a Estados Unidos a Votar», son incapaces de hacer lo que hacen los cajeros automáticos y los dependientes de las tiendas, esto es, aportar un comprobante físico que refleje la decisión del votante; y eso mientras cualquier pirata informático espabilado es capaz de acceder a esas nuevas máquinas y su principal fabricante tiene la capacidad de calcular (y tal vez controlar) los resultados desde su casa.

Abandono de tratados, aplicación preferente de leyes federales, desmantelamientos, detenciones en masa sin acusaciones ni abogados; jueces con órdenes del Departamento de Justicia de imponer las penas máximas; despidos de quienes denuncian situaciones ilícitas; censura draconiana: esas situaciones se están produciendo en una atmósfera de agresión, pánico, avaricia y malicia que recuerda la arquitectura política opresora que creíamos haber derribado. Pero todo eso ya lo saben. El historial de las actuaciones de Amnistía Internacional permite documentar tales artimañas a la vez que ver cómo se ha intervenido contra ellas.

Tengo la impresión de que, entre las distintas guerras abiertas por todo el planeta, una es primordial y supera en urgencia a todas las demás. Se trata de la guerra contra el error.

El concepto de «guerra contra el error» se creó para referirse a los intentos emprendidos en los siglos XV y XVI por las religiones institucionales para corregir a quienes tenían otras creencias. En una época y un lugar donde la religión estatal era la norma, la apostasía era sinónimo de traición. Nuestro mundo moderno ha «heredado una maquinaria de persecución perfectamente desarrollada y una tradición intelectual que justificaba matar en nombre de Dios». El propio santo Tomás de Aquino escribió que el castigo a los apóstatas debía consistir en «segarlos del mundo mediante la muerte». En esa guerra medieval, la clave no estaba en la maldad inherente a los infieles, sino en su negativa a reconocer su error. La moraleja quedaba clara: aceptación o muerte. Una dura educación en un colegio difícil cuyas puertas siguen entornadas. Con libertad, con reverencia, fuerzan su apertura tanto los no creyentes como los fieles, tanto los políticos como Enron, Halliburton y WorldCom.

Una vez queda abierto de nuevo ese colegio medieval, se revisa el antiguo plan de estudios. Los gobiernos se apresuran a impartir las lecciones y pierden el control, dan tumbos entre el oportunismo del escolar tramposo y la violencia del zoquete; entre asignaturas sobre el fundamentalismo del imperio y seminarios sobre el dominio teocrático. Y las naciones y los seudoestados atesoran poderes que harían sonreír a Calígula mientras educan a sus pupilos en la purga, la limpieza y la matanza. Se celebran fiestas de graduación allí donde la explotación, amparada en el seductor disfraz de la globalización, baila con todo el que quiera ser su pareja. Con ese afán, las grandes empresas se instalan en cualquier rincón del planeta para vender «democracia» como si fuera una marca de dentífrico cuya patente controlaran en exclusiva.

Creo que ha llegado el momento de entablar una moderna guerra contra el error. Una batalla exacerbada de un modo deliberado contra la ignorancia cultivada, el silencio forzoso y las mentiras generadoras de metástasis. Una guerra de mayor alcance que combaten a diario las organizaciones en defensa de los derechos humanos en revistas, informes, indicadores, visitas peligrosas y encuentros con fuerzas opresoras y malignas. Una batalla intensificada y nutrida por una amplísima financiación cuyo objetivo sea rescatar a los desposeídos de la violencia que los engulle.

Debemos plantearnos si en lo psicológico, científico, intelectual y afectivo hemos avanzado desde 1492, cuando España se purgó de judíos, hasta 2004, cuando Sudán bloquea la llegada de alimentos y contempla con satisfacción la lenta muerte por inanición de su pueblo; si hemos avanzado desde 1572, cuando Francia fue testigo de la matanza de diez mil personas la noche de San Bartolomé, hasta 2001, cuando varios miles de individuos acabaron reducidos a jirones en Nueva York; si hemos avanzado desde 1692, cuando Salem quemó a sus propias hijas, esposas y madres, hasta 2004, cuando los turistas sexuales atestan ciudades enteras para explotar los cuerpos de jovencitos de ambos sexos. Y es que, a pesar de nuestros nuevos y relucientes juguetitos de comunicaciones, de nuestras magníficas fotos de Saturno y de nuestros complejos trasplantes de órganos, seguimos pegados al mismo plan de estudios de siempre, que malgasta las vidas que no logra destruir. Recurrimos a la brujería: invocamos a todo un surtido de forasteros, enemigos, demonios y «causas» que desvían y aplacan inquietudes hacia puertas que los bárbaros traspasan tranquilamente; inquietudes referentes a la propia lengua en boca de los demás, al trasvase de la autoridad a manos de desconocidos. El deseo, el mantra, la consigna de ese sistema educativo ancestral es que la civilización se quede en punto muerto y luego se pare en seco. Y todo aquel que opine otra cosa es un ingenuo, pues existe en el mundo un peligro real. Por descontado. Precisamente por eso es necesaria una corrección: un nuevo plan de estudios que contemple un planteamiento elocuente y visionario sobre las posibilidades de funcionamiento de la mentalidad moral y de un espíritu libre y floreciente en un contexto cada vez más peligroso para su salud.

No puede haber más disculpas por un corazón herido cuando lo contrario es prescindir por completo del corazón. El peligro de perder nuestra humanidad debe afrontarse con más humanidad. De otro modo, nos quedamos sumisos detrás de Eris, sostenemos la capa de Némesis y hacemos una genuflexión a los pies de Tánatos.

Contar con la labor de Amnistía Internacional es hoy más decisivo que nunca, porque el mundo está más desesperado; porque nos topamos con órganos rectores más obstaculizados, más indiferentes, más distraídos, más ineptos, más privados de estrategias y recursos creativos; porque los medios de comunicación son, cada vez más, alegres peones del mercado bursátil, cortesanos al servicio de grandes empresas sin intereses ni lealtades nacionales, sin compromiso con servicio público alguno.

Para mí, lo que concatena esas perversiones sociales son errores profundos; no solo los de datos cuestionables y sin cuestionar, de documentos «oficiales» distorsionados, de la censura y la manipulación de la prensa, sino también y sobre todo los fallos incrustados en lo más profundo de la imaginación. Un ejemplo excelente es la falta de capacidad o de voluntad para imaginar el futuro del futuro. La falta de capacidad o de voluntad para contemplar un futuro que no sea ni la vida después de la muerte ni la perduración de nuestros nietos. El tiempo mismo parece no tener un futuro capaz de igualar la longitud, la amplitud, la extensión o siquiera la fascinación del pasado. El infinito es ahora, al parecer, dominio del pasado. Y el futuro se transforma en espacio por descubrir, en espacio sideral, lo que equivale en realidad al descubrimiento del pasado. De miles de millones de años de pasado. Esporádicas manifestaciones de «findelmundismo» y anhelos apocalípticos persistentes sugieren que el futuro ya ha concluido.

Por extraño que parezca, en Occidente (cuyos rasgos definitorios han sido el avance, el progreso y el cambio) es donde más endeble se presenta hoy la confianza en un futuro perdurable. Desde 1945, el mundo sin fin ha sido objeto de un serio debate. Incluso las etiquetas que damos al presente llevan prefijos que apuntan hacia lo anterior: posmodernismo, postestructuralismo, poscolonialismo, posguerra fría. Nuestros profetas contemporáneos echan la vista atrás, a su espalda, a lo ya sucedido.

Hay claras razones para adentrarse de forma precipitada en el pasado en busca de todas las respuestas a los problemas contemporáneos. En primer lugar, está la felicidad que dan la exploración, la revisión, la deconstrucción de ese pasado. Una razón tiene que ver con la secularización de la cultura, otra con la teocratización de la cultura. En el primer caso no existe el Mesías y la vida después de la muerte se considera un absurdo desde el punto de vista médico. En el segundo, la única existencia que importa es la que sigue a la muerte. En ambos, el mantenimiento de la existencia humana en este planeta quinientos millones de años más supera nuestra capacidad imaginativa. Se nos advierte del lujo que supone tal meditación, en parte porque recae en lo desconocido, pero sobre todo porque puede postergar y desplazar los problemas contemporáneos, como los misioneros a los que se acusaba de desviar la atención de los conversos: de la pobreza en la vida a las recompensas tras la muerte.

No pretendo dar la impresión de que todo el discurso actual esté orientado incesantemente hacia el pasado y se muestre indiferente ante el futuro. Las ciencias sociales y naturales se hallan repletas de promesas y advertencias que nos afectarán durante períodos muy largos. Las aplicaciones científicas están listas para erradicar el hambre, aniquilar el dolor y alargar la expectativa de vida individual produciendo personas resistentes a la enfermedad y plantas resistentes a las plagas. La tecnología de las comunicaciones se encarga de que casi la totalidad de los habitantes del mundo pueda «interactuar» entre sí y al mismo tiempo entretenerse e incluso educarse. Se nos advierte de un cambio planetario de la tierra y el clima que altera radicalmente el entorno humano; se nos advierte de las consecuencias de la distribución desigual de los recursos para la supervivencia humana y también de las consecuencias de la excesiva distribución de personas para los recursos naturales. Invertimos en las promesas y en ocasiones actuamos con inteligencia ante las advertencias. Sin embargo, las promesas nos importunan con problemas éticos y el pavor a jugar a ser Dios a ciegas, mientras que las advertencias nos han creado mayor inseguridad respecto al cómo, al cuál y al porqué. Las profecías que se ganan nuestra atención son las que tienen cuentas corrientes lo bastante saneadas o una fotogenia lo bastante sensacional para forzar el debate y perfilar una intervención correctiva, de modo que podamos decidir qué guerra, qué debacle política o qué crisis medioambiental es lo bastante intolerable; qué enfermedad, qué desastre natural, qué institución, qué planta, qué animal, pájaro o pez necesita de mayor atención por nuestra parte. Se trata sin duda de preocupaciones serias. Lo destacable de las promesas y advertencias es que, aparte de productos y un poquito más de tiempo personal gracias a la mejora de la salud, y más recursos en forma de ocio y dinero para consumir dichos productos y servicios, el futuro no tiene nada que ofrecer. Se nos seduce para que aceptemos versiones truncadas, efímeras, versiones de consejero delegado de la raza completamente humana de este mundo.

Las voces más enérgicas alientan a quienes viven ya en un temor cotidiano a pensar en el futuro en términos militares, como causa y expresión de guerra. Nos intimidan para que entendamos el proyecto humano como un concurso de hombría en el que mujeres y niños son los elementos colaterales más dispensables.

Si el lenguaje científico propone una vida individual más larga a cambio de la vida ética; si la prioridad política es la protección xenófoba de unas pocas de nuestras familias contra el otro catastrófico; si el lenguaje religioso se desacredita por su desprecio hacia lo no religioso; si el lenguaje laico se coarta por miedo a lo sagrado; si el lenguaje mercantil es meramente una excusa para instigar a la avaricia; si el futuro del conocimiento no es la sabiduría, sino la modernización, ¿dónde buscar el futuro de la humanidad en sí? ¿No es razonable concluir que proyectar la vida humana en la Tierra hacia el futuro remoto tal vez no equivalga a esa película de catástrofes que ha acabado gustándonos, sino a una reconfiguración del objetivo de nuestra existencia? ¿A aliviar el sufrimiento, a decir la verdad, a subir el listón? ¿A quedar a un paso de la oportunidad, como el artista que anima a reflexionar, que atiza la imaginación, consciente del largo camino, y se juega la vida para concebir su obra en un mundo merecedor de vida?

Ante un futuro que tal vez solo los jóvenes serán capaces de concebir entera y puramente, esta nueva guerra contra el error no tiene garantía de victoria. La vida dotada de conciencia es original y muy compleja. Hace poco, un alumno de unos veinte años me regaló una obra de arte en la que se leían las siguientes frases impresas, recortadas y pegadas:

> Nadie me había contado que fuera así.
> No es más que materia impregnada de imaginación pura.
> [Así pues,] alzaos, pequeñas almas, sumaos al ejército condenado para buscar el sentido del cambio.
> Luchad. [...] Luchad. [...] Librad el combate que no puede ganarse.

Él parece preparado. Y también lo estamos los demás, ¿verdad? Gracias.

La mención de una raza
La prensa en acción

La enormidad y la omnipresencia de la prensa puede eclipsar con facilidad nuestra dependencia mutua: la que se da entre los profesionales de la prensa y las personas ajenas a ese mundo. No existen, que yo sepa, otras entidades comparables a la prensa «libre»; y, por mucho que en este caso haya puesto «libre» entre comillas, la presencia o ausencia de ese signo de ambivalencia también ha sido objeto de debate en la propia prensa, lo que no podría haber ocurrido en un sistema en el que ese tipo de debate estuviera vedado.

De todos modos, no he venido a hacerles perder el tiempo halagándolos, a pintar con colores aún más vivos un retrato que los represente como cima y condición de la libertad democrática, sino a discurrir sobre lo que sé que consideran graves problemas del funcionamiento de la prensa como mediadora entre la experiencia de la vida en el mundo y su representación narrativa y visual.

Los críticos más severos tildan a la prensa o los medios de «mundo de espectáculo de circuito cerrado sin otro objetivo que su yo espectacular». Basándose, igual que un político, solo en intereses personales para criticar y defender sus actividades, la prensa alienta a sus propios profesionales a explicar y lamentar la culpabilidad de sus propias faltas; esos críticos se horrorizan al ver a periodistas comportarse como expertos independientes dentro del espectáculo que ellos mismos han creado y que tienen interés en mantener, fingiendo hablar en nombre de un público que está tan alejado de su vida que solo los sondeos podrían revelar en parte su naturaleza y defendiéndose de las críticas con justificaciones incoherentes pero eficaces como «Lo hacemos mejor que antes», «De este asunto seguirá hablándose», «Mostramos las dos caras de los temas».

Si bien no puedo aceptar una condena tan radical, es cierto que la claustrofobia que se siente entre los brazos protectores de la prensa a menudo parece permanente y conspiratoria. A pesar de la promesa de más opciones y más canales (revistas dirigidas a un sector concreto y diseñadas por los consumidores, cantidades casi ilimitadas de cadenas por cable), el miedo a quedar asfixiados por un contenido efímero de forma eterna, un contenido repuesto eternamente, es real; lo mismo que el miedo a la absoluta incapacidad de un público para entablar un coloquio público. Este último miedo, el cierre de las puertas del debate público, es palpable, dado que no hay forma de responder a las distorsiones sistémicas de la prensa de un modo oportuno y eficaz, y dado que la definición de «público» ha cambiado ya de forma tan radical. El problema de las personas sin hogar y el de la delincuencia se han recalificado y reestructurado de manera que el «espacio público» se considera cada vez más un coto protegido, abierto en exclusiva a quienes respetan las leyes y tienen trabajo o, mejor dicho, a quienes lo aparentan. El problema de las personas sin hogar se ha redefinido como «el problema de la gente sin calles». No es que se prive a los pobres de tener casa, sino que se priva a los que la tienen de disfrutar de sus calles. La delincuencia, por su parte, se interpreta como un fenómeno en esencia negro. Ninguna de esas construcciones es nueva, pero, igual que ambas afectan al espacio público, ambas afectan al discurso público.

Para toda persona interesada en ello, resulta evidente que si el término «público» se ha incautado como espacio regulado solo para un segmento de la sociedad y si los «pobres» no tienen partido político que represente sus intereses, el concepto de servicio público (que es su cometido, el cometido de una prensa «libre») también queda alterado. Y así ha sido. El interés público de las minorías, de los agricultores, de los obreros, de las mujeres, etcétera, se ha transformado, según el lenguaje político a menudo común, en «intereses específicos». El «nosotros, el pueblo» con el que empieza nuestra Constitución se ha quedado en «ellos, el pueblo».

Introduzco los términos «público», «delincuencia», «personas sin hogar» o «desempleo» (es decir, pobreza) al principio de estas observaciones porque nos permitirán pasar a las reflexiones sobre la raza. Si bien existen otros asuntos igual de importantes para los directores de los medios, el tratamiento de la raza me parece sintomático del recelo, la ira y la fatiga intelectual que sigue provocando la prensa en un sector muy amplio de este país.

Me gustaría empezar planteando dos preguntas. En primer lugar, ¿por qué tiene importancia alguna la identidad racial en la prensa escrita y en los informativos? Y, en segundo lugar, si es necesario incluir tal identidad, ¿por qué se disfraza y se distorsiona con tanta frecuencia en el momento mismo en que se menciona?

En un principio, los afroamericanos alentábamos e incluso exigíamos la identificación racial como garantía de la representación de nuestra existencia y nuestro punto de vista. Con ello se daba por sentado que teníamos un punto de vista distinto al dominante y, sin duda, una experiencia de la vida en Estados Unidos diferente a la vida tan bien conocida que la prensa presentaba; que, con independencia de que fuera diferente o coincidente, el punto de vista afroamericano no debía quedar enterrado bajo planteamientos dominantes ni subestimarse. En teoría, era una idea estupenda, pero en la práctica lo que sucedió fue bastante distinto, pues produjo una alterización que adquirió dos formas: (1) la codificación de la raza con el fin de perpetuar estereotipos muy antiguos, por mucho que al mismo tiempo en el imaginario colectivo ya estuvieran desmontándose, y (2) la insistencia en hacer hincapié en la diferencia racial justo en los momentos en que carecía de importancia. Por ejemplo, en junio pasado un periodista de *The New York Times* se enfrentó heroicamente, en un artículo sobre la inmigración en Florida, a una doble exigencia: ser fiel a la verdad y, al mismo tiempo, teatralizar la raza. El titular rezaba: «La presencia de los hispanos crece en paralelo a la rabia de los negros». ¿Quiénes podían ser exactamente «los negros» en esa formulación más que, según el código comúnmente aceptado, los pobres, los trabajadores pobres o los marginados económicamente? Podríamos dar por sentado que los hispanos en cuestión también son pobres, tampoco tienen trabajo ni casa, etcétera, pero sería un error, dado que se trata de cubanos que huyen del castrismo a una ciudad ya de por sí con una amplia población cubana de clase media, de modo que, a diferencia de los haitianos, cuentan con una serie de servicios sociales desplegados a sus pies a modo de acogedor felpudo. De todos modos, sean quienes sean, está claro que compiten con el resto de la población para encontrar trabajo y vivienda. La cuestión es: ¿por qué se destaca a los negros?, ¿por qué no se los llama «ciudadanos de Miami» o «población local»? (¿«La presencia de los hispanos crece en paralelo a la rabia de los ciudadanos»?) Salvo cuando se trata de soldados, los negros nunca somos ciudadanos estadounidenses. ¿Por qué? Porque, en el lenguaje de los medios de comunicación, nunca formamos parte de la población en general: somos esa gente cuya estabilidad económica es precaria, esa gente cuyas reacciones son coléricas («rabia», no «preocupación»). Si el lector conoce el código, el empleo en ese titular de la palabra «ciudadanos» (estadounidenses con dificultades económicas) podría hacer referencia perfectamente a los trabajadores pobres de raza blanca de Miami. Sin embargo, eso se descarta de inmediato, ya que la connotación ya codificada de «lo negro contra lo que sea» es lo que, según nos han enseñado, constituye la historia real, vital, incendiaria. No puede imprimirse ningún sinónimo de «pobre» que no haga referencia a la raza. En consecuencia, con el pretexto de representar los intereses de la población negra se mantienen las oposiciones estereotípicas convencionales y por el camino se sacrifica una información útil.

La tarea de aquel periodista resultó muy dificultosa. Fijémonos en los necesarios retorcimientos a los que se somete el lenguaje a fin de describir las consecuencias de la reciente inmigración de personas de habla hispana de Miami para la población de habla inglesa, lo cual es, o debería ser, el meollo del artículo. Estas son las etiquetas que aparecen: «cubanos de ambos colores», «blancos no hispanos», «negros no hispanos»; «negros autóctonos de habla inglesa», «blancos hispanos», «negros haitianos o de otras partes del Caribe». ¿Qué son los «negros no hispanos»? ¿Africanos? No. ¿Qué son los «negros haitianos o de otras partes del Caribe»? ¿Cubanos? No. Piensen en lo claro que podría haber sido el artículo si la nacionalidad y la lengua hubieran servido para marcar las diferencias. Nos habría dicho que los ciudadanos estadounidenses estaban nerviosos ante la ola de inmigrantes que casi no hablaban inglés y pretendían quitarles el trabajo. No obstante, en el texto la claridad ocupa un segundo plano detrás del color de la piel y la raza se pone por delante de la lengua. El resultado: todo acaba siendo confuso menos la identidad racial. «Los patrones de inmigración dan lugar a la desbandada de los blancos», reza un titular. Los negros de clase media quedan al margen.

Incluso dentro del ámbito de la raza, donde las diferencias de origen nacional sí son información relevante, como en los disturbios de Crown Heights, un lugar cuya población está compuesta sobre todo por caribeños que no han vivido la historia de las relaciones entre los negros y los judíos estadounidenses, esa distinción se diluye en una negritud de carácter general.

Las consecuencias de la insistencia en la raza son tan confusas que llevaron a un reportero de la CNN a preguntarse con gran preocupación si podría encontrarse a alguien que hablara «haitiano» para ayudar a un piloto de Haití que había secuestrado un avión y había aterrizado en Miami. No se le ocurrió pensar en el francés.

A continuación me gustaría añadir otra pregunta a las anteriores. Dado que en cierto modo parece importante representar a los negros, tenemos que plantearnos cómo se nos representa y por qué. ¿Cómo puede animarse a la prensa a representar un punto de vista cualquiera (de los blancos, de los negros, de ninguno de los dos grupos, de ambos) que no haga pensar en un seudomundo de felicidad mercantilizada y convenio generalizado sobre qué o quién es el enemigo? Ese «enemigo» parece ser o bien un criminal difuso, prolijo y vagamente negro o bien los pobres furiosos y desamparados (que también son negros).

Al abordar la forma de representar a los negros (excepción hecha de los casos satisfactorios en que se suprimen los prejuicios raciales y de algunos reportajes de extraordinaria calidad sobre asuntos raciales, como el caso de Hunter-Gault y los zulúes) y los efectos sumamente cambiantes que la representación tendenciosa desde el punto de vista racial surte en el público, quizá sería interesante rastrear sus orígenes, ya que, a pesar de ser algo histórico, el prejuicio racial no es ni absoluto, ni inevitable, ni inmutable. Tiene un principio, un desarrollo, una historia que puede estudiarse. Y puede tener un final. Muy a menudo se señala que la popularización del racismo, su nacionalización, por así decirlo, no fue obra de la prensa (por muy cómplices que fueran los periódicos del siglo XIX), sino del teatro, del espectáculo. De los *minstrels*. Esos espectáculos musicales itinerantes en los que actores blancos se pintaban la cara de negro, llegaban a todas las clases y las regiones, a todas las ciudades, los pueblos y las granjas. Su función indiscutible era entretener a la población, pero cumplían otra menos evidente: enmascarar y desenmascarar problemas sociales. Lo que debemos recordar es que los *minstrels* no tenían casi nada que ver con la verdadera realidad de los negros; eran una construcción puramente blanca. A los artistas negros que quería trabajar en un *minstrel* los echaban a patadas del escenario o los obligaban a pintar de negro sus negras caras. El género funcionaba literal y exclusivamente como una fachada negra para los blancos: blancos con la cara pintada. La máscara negra les permitía decir en público cosas ilícitas en el ámbito sexual, ilegales y poco ortodoxas. En resumen, era una especie de pornografía pública, cuyos principales temas eran la rebelión sexual, el libertinaje, la pobreza y la criminalidad; esto es, todos los miedos y las ambivalencias de los blancos que en cualquier otro caso se excluían del discurso público podían expresarse por boca de un negro que ya se consideraba al margen de la ley y, en consecuencia, utilizable. De ese modo, la máscara negra garantizaba libertad de expresión y creaba un espacio para un debate público, un debate nacional. En el caso de los blancos, por descontado. Por otro lado, la máscara ocultaba más de lo que revelaba. Ocultaba la verdad de la humanidad negra, sus opiniones y su inteligencia, y, lo que es más importante: ocultaba las verdaderas causas del conflicto social al trasladarlo a una población negra. Sin entrar en el desarrollo, la transformación y la desaparición de los *minstrels* (una desaparición que supuso sencillamente un avance y una traslación a otro medio como el cine), baste decir que su estrategia sigue siendo útil y sus residuos están por todas partes. El espectáculo de una diferencia negra y reveladora, mostrada a un público blanco iletrado (mediante los *minstrels*) acabó arraigando en un público letrado mediante la prensa. Era una manera de transformar una ignorancia natural en un error manufacturado, de modo que la representación política de los intereses de los blancos pobres fuera y siguiera siendo innecesaria. Dichos intereses no merecían una consideración seria, tan solo un respaldo retórico. Lo que quiero decir es que se sigue utilizando a los afroamericanos de igual forma: para hacer desaparecer a los blancos pobres y unificar todas las clases y regiones, con lo que se borran los verdaderos confines del conflicto.

Las justificaciones de la esclavitud pasaron a ser muestras de sabiduría aceptadas y toda una raza quedó criminalizada. Esa criminalización tiene una historia tan larga como nuestra república y surge, entre otras cosas, del estatuto extrajurídico impuesto a los esclavos, así como de la deshonra que emana de la esclavitud. Su formación moderna es el residuo, la suposición automática de la criminalidad por el color de la piel. Quienes dicen que eso no es así, que existe un porcentaje desproporcionado de delitos cometidos por negros, pasan por alto una cosa: el tratamiento inadmisible, inmoral y peligroso de los negros por parte del sistema judicial y de la prensa. Es inadmisible porque se basa en desinformación racista. Así, por ejemplo, si no puede usarse de manera inteligente la frase «crímenes de blancos contra blancos», tampoco puede hablarse de «crímenes de negros contra negros». No tiene ningún sentido y su única utilidad es presentar a los negros como algo exótico, aislar la violencia ejercida entre sí por los negros a fin de crear una especie de racismo antropológico decimonónico en el que el «continente oscuro» se entendía como un lugar violento, vacío, sin poblar (sus habitantes se comparaban con la naturaleza), el escenario fácilmente accesible de *El corazón de las tinieblas* de Conrad, al que los blancos acudían para realizarse, descubrirse y saquear. ¿Hablamos de crímenes de blancos contra blancos en Irlanda del Norte? ¿En Bosnia? ¿En la Segunda Guerra Mundial? (Dan Rather en Somalia.) En esa construcción mítica no debería sorprendernos (como sí me sorprendió a mí) que la única supuesta víctima de una violación cuyo rostro ha llegado a mostrarse en los periódicos y la televisión, por lo que yo sé, fuera una menor negra. Nunca he visto a otra. ¿Por qué? Porque las mujeres negras que denuncian un mal comportamiento sexual o protestan contra él no se merecen ni honor ni intimidad, como corroboran las recientes deliberaciones del Senado sobre el caso de Clarence Thomas.

Ese tratamiento es inmoral porque resulta de la corrupción: de la corrupción de la exactitud, de la información e incluso de la verdad en interés del sensacionalismo y las ventas. Y es peligroso porque no tiene nada que ver con el mundo real de los blancos ni de los negros. Y sí muchísimo que ver con deformar el mundo, con transformarlo en algo incomprensible y con garantizar la insolubilidad de sus verdaderos problemas, como la reducción de la atracción por el delito y de la facilidad para cometerlo, o el acceso al trabajo y a la educación de «ellos, el pueblo», o el desarme doméstico o la salud de nuestras comunidades.

Cuando esa deformación de la vida cotidiana se lleve a término, no quedará en las noticias nada nuevo ni contemporáneo. A pesar de su capacidad de actualizarse al minuto, serán tan arcaicas, agónicas e irreales como lo es una pluma de ganso, quedarán rezagadas con respecto al futuro para consagrar la privación: harán de la ausencia de mercancías, de la pobreza, la única desesperación que valdrá la pena tratar. Si la pobreza y la criminalidad pueden asignárseles a los negros, la ilusión de satisfacción y la excitación de la caza bastarán para mantener al público callado y obediente. Pero ¿durante cuánto tiempo? ¿Durante cuánto tiempo pueden funcionar las noticias como paliativo de la desesperación y como mostrador de productos? Es muy frustrante y muy triste abrir el periódico y encontrarse con las noticias, literalmente, en los márgenes, como el dobladillo bordado en torno al tema principal, que es la publicidad.

El espectáculo mediático no debe seguir concentrándose en la manufactura del consentimiento, sino en el debate con más de dos partes; no debe seguir concentrándose en el refuerzo de falsedades y en el análisis de nuevos productos que comprar. De lo contrario, no se quedará sin comercio, sino directamente sin lectores. Cuando el espectáculo se vuelve «público» en el sentido más limitado de la palabra (es decir, cuando se ofrece en el mercado), el mundo podrá comprarles a ustedes, pero no podrá permitírselo.

Me he dirigido a ustedes como si formaran un único organismo que adoptara su forma y creciera según una ley natural inmutable ajena a las decisiones humanas, es cierto, cuando en realidad son personas, individuos humanos a los que les interesa seguir siéndolo. Tienen espíritu cívico y sueñan con una democracia garantizada, pero también tienen prejuicios que impregnan y determinan los instrumentos a su alcance. Los consejos de administración, los propietarios y los responsables editoriales son personas que tratan de obtener beneficios, de mantenerlos y de aumentarlos. Debe de ser arduo. Sin embargo, si su sector pierde toda relevancia desde el punto de vista social, resultará imposible.

Sospecho que una prensa no racista, no machista y educadora es igual de rentable que una que sea lo contrario. Sospecho que la aclaración de asuntos complejos es igual de entretenida que su encubrimiento y su mitigación. No obstante, hará falta algo más que la mera fuerza de voluntad para que esa prensa sea rentable; hará falta imaginación, inventiva y un marcado sentido de la responsabilidad. Sin ustedes, a nosotros, por nuestra cuenta y riesgo, nos queda solo extraer datos en bruto de un ordenador, tratarlos, hablar entre nosotros, cuestionarnos, discutir, equivocarnos, aceptar. Reinventar el espacio público, en otras palabras, y el debate público que puede producirse en él. Las generaciones de alumnos a las que doy clase (y mis propios hijos, de hecho) lo hacen constantemente.

Sin embargo, con independencia de los CompuServes, nodos, tablones de anuncios o Lexus de internet (todo lo que haga funcionar la autopista de la información), hay algo que la prensa puede hacer con el lenguaje y una sociedad no. Ya lo han hecho antes. Acérquennos a la democracia participativa; ayúdennos a distinguir entre una seudoexperiencia y una experiencia viva, entre un encuentro y un compromiso, entre el tema y la vida. Ayúdennos a intentar averiguar qué significa ser humanos en el siglo XXI.

Habitantes morales

En *The Historical Statistics of the United States, Colonial Times to 1957* ['Estadísticas históricas de Estados Unidos, de la época colonial a 1957'], los seres humanos aparecen, siguiendo el orden alfabético inglés, en la ese, justo después de *rice* ['arroz'] y antes de *tar* ['brea'] y *turpentine* ['trementina']. En ese volumen, el arroz se mide por libras; la pez, la brea y la trementina, por barriles de peso. No había forma de medir por libras, toneladas o barriles el peso de las personas: el recuento de cabezas hacía las veces de sistema de medición. Esa obra de referencia está repleta de información fascinante, entre la que destaca la contenida en la serie Z (281-303), que documenta, por orden cronológico y lugar de destino, la importación y exportación de seres humanos en Estados Unidos entre 1619 y 1773. No parecen haberse escatimado esfuerzos para garantizar la precisión de las tablas. Bajo las cuidadas columnas de cifras, las notas a pie de página dan la impresión de pedir disculpas por la ocasional carencia de información exhaustiva. «Sentimos —parece decir la Oficina del Censo— que no se mantuvieran archivos más exactos o no haber dado con ellos. Nuestro país aún estaba en proceso de construcción, de modo que es comprensible que la eficacia brillara por su ausencia.»

Las páginas rezuman racionalidad y atestación caballeresca por los cuatro costados, pero se trata de una racionalidad sin la más mínima esperanza de éxito, puesto que el lenguaje en sí se resquebraja bajo el peso de sus propias implicaciones. En la nota 3, por ejemplo, se aclara la ambigüedad de la referencia utilizada en la categoría «Esclavos» con las siguientes palabras: «En la fuente aparecen asimismo 72 esclavos indios importados; 231 esclavos muertos y 103 retirados para su exportación». «Muertos», «retirados»: términos extraños y violentos que jamás podrían utilizarse para referirse al arroz, la brea o la trementina. La nota 5, con mucho la que presenta con mayor frialdad su civilizada precisión, dice así: «Número de negros embarcados, no de negros llegados a su destino». Existía una diferencia, al parecer, entre la cantidad embarcada y la cantidad que llegaba a su destino. La mente avanza a galope tendido hasta la primera pregunta sin respuesta: ¿cuántos? ¿Cuántos se embarcaron? ¿Cuántos no llegaron? Y de ahí pasa al siguiente interrogante, esa duda vital que deja en un segundo plano todas las demás: ¿quién? ¿Quién faltaba en el recuento final? ¿Estaba una muchacha de diecisiete años con una cicatriz en forma de árbol en la rodilla? ¿Y cómo se llamaba?

No sé por qué resulta tan difícil imaginar y, en consecuencia, instaurar una sociedad genuinamente humanitaria, no importa que las soluciones dependan de las ciencias naturales, las sociales, la teología, la filosofía o incluso las bellas letras. Sea como sea, lo cierto es que *The Historical Statistics of the United States* recuerda mucho a la situación actual (que es la misma de siempre) de la periferia del academicismo: se identifica a los seres humanos con mercancías, se los sitúa por orden alfabético incluso cuando la terminología utilizada para describir los actos en cuestión se doblega y se rompe bajo el gran peso de esa responsabilidad ajena. Esas almas nobles, esos entregados funcionarios de la Oficina del Censo, no crean los hechos, simplemente los constatan. Sin embargo, su labor refleja, en mi opinión, la carencia que pone trabas a un sistema educativo imaginativo y humanitario y a la instauración de una sociedad humanitaria. Ese sistema educativo debería impulsarse hacia la creación de miembros de una sociedad que puedan tomar decisiones humanitarias. Y las tomen. Debe ser un sistema educativo que se niegue a seguir engendrando generación tras generación de alumnos formados para hacer distinciones entre pobres dignos e indignos, pero no entre el arroz y los seres humanos. Para hacer distinciones entre una vida prescindible y otra indispensable, pero no entre los esclavos y la trementina. Alumnos formados para determinar quién debe prosperar y quién marchitarse, pero no para diferenciar entre el peso de un barril y el carácter sagrado de una cabeza humana, la unidad utilizada en el recuento.

Por descontado, las catalogaciones son así. No reflejan la dispersión en abanico del arroz al reventar un saco de yute. Ni el estruendo de los barriles de trementina al bajar rodando sobre un tablón. Ni a una muchacha de diecisiete años con una cicatriz en forma de árbol en la rodilla... y un nombre. La historia se basa en los percentiles, en los pensamientos de grandes hombres y en la descripción de las eras. ¿Está al tanto la muchacha de que si murió en el mar o en una sentina de seis metros de profundidad en un barco llamado *Jesus* fue porque así era su época? ¿O de que unos grandes hombres decidieron su suerte sin consultarle como parte de un porcentaje de crecimiento nacional, o de una expansión territorial, o de un destino manifiesto, o de la colonización de un nuevo mundo? Resulta embarazoso disentir de un gran hombre, pero Tolstói se equivocaba. Los reyes no son esclavos de la historia. La historia es esclava de los reyes.

La matriz de la que nacen esas decisiones trascendentales se llama unas veces «racismo», otras «clasismo», otras «machismo». Todos son términos acertados, sin duda, pero también engañosos. El origen es una incapacidad deplorable de proyectar, de ponerse en la piel del otro, de imaginarlo. Se trata de una carencia intelectual, una insuficiencia de la imaginación, y revela una ignorancia de proporciones monstruosas, así como una falta de curiosidad verdaderamente ridícula. Por descontado, los historiadores no pueden estudiar el arroz grano a grano; tienen que abordarlo en bloque. Sin embargo, la dependencia de esa regla no debe ser tanta para llevarnos a hacer lo mismo con las relaciones humanas. Al fin y al cabo, una de las principales señales de inteligencia es la capacidad de establecer distinciones, pequeñas distinciones. Juzgamos un intelecto por la facilidad con la que diferencia una molécula y otra, una célula y otra, un Burdeos de 1957 y otro de 1968, una malva de una orquídea, las palabras «arrebatar» y «curiosear», el requesón y el suero de mantequilla, el Chanel Nº 5 y el Chanel Nº 19. En consecuencia, parecería que seguir considerando a cualquier raza humana como una única personalidad delata una ignorancia tan vasta, una percepción tan embotada, una imaginación tan desoladora que no podría captar ningún matiz, ninguna sutileza, ninguna diferencia. Con la excepción de las grandes diferencias, claro: quién debe prosperar y quién marchitarse, quién merece ayudas públicas y quién no. Y eso podría explicar por qué en 1977 seguimos básicamente con el mismo equipamiento mental que en 1776. Una inteligencia tan dañada que es capaz de preguntar, como preguntó un profesor universitario blanco a W. E. B. du Bois en 1905, si «la gente de color derrama lágrimas» está también lo bastante dañada para estudiar las influencias «genéticas» en la inteligencia de una raza tan variopinta que cualquier estudio experimental de ese tipo realizado en ratones fracasaría desde un buen principio.

Si la educación consiste en cualquier cosa que no sea obtener la capacidad de ganar más dinero (y puede que no consista en nada más), esas otras cosas son la resolución inteligente de problemas y el mantenimiento de relaciones humanas constructivas para todas las partes. No obstante, las instituciones educativas y algunos de nuestros académicos más distinguidos han considerado que la cooperación entre los seres humanos y los objetivos constructivos para todos son preocupaciones de cuarta y quinta categoría, si es que merecen consideración alguna. La historia de Estados Unidos es la única prueba que hace falta para demostrarlo.

Por supuesto, nadie puede criticar al conquistador por escribir la historia según la ve, y desde luego tampoco por reconocer los acontecimientos humanos y descubrir sus patrones de acuerdo con su propio punto de vista, pero sí podemos criticarlo por no reconocer que ese sea su punto de vista. Podría resultar un ejercicio útil, en ese sentido, considerar algunas de las cosas que llegaron a decir nuestros conquistadores (nuestros antepasados), los hombres con visión de futuro y con poder de Estados Unidos.

ANDREW JACKSON, 3 de diciembre de 1833:

Los indios no tienen ni la inteligencia, ni la diligencia, ni las costumbres morales, ni el deseo de superación fundamentales para cualquier cambio favorable de su condición. Rodeados de otra raza superior a ellos, e incapaces de aprehender las causas de su inferioridad o de tratar de controlarlas, deberán sucumbir necesariamente a la fuerza de las circunstancias y acabarán por desaparecer en poco tiempo.

THEODORE ROOSEVELT (a Owen Wister), 1901:

Coincido por completo con usted en que como raza y en su conjunto los [negros] son completamente inferiores a los blancos.

Supongo que debería avergonzarme confesar que sobre los indios adopto la opinión predominante en el Oeste. No llego a pensar que los únicos indios buenos sean los indios muertos, pero sí creo que es cierto en nueve de cada diez casos, y no me gustaría tener que indagar en exceso respecto al décimo. El vaquero más despiadado tiene más principios morales que el indio medio.

GENERAL ULYSSES S. GRANT:

General Webster
La Grange (Tennessee)
10 de noviembre de 1862
Dé órdenes a todos los revisores desplazados de que no se permita a ningún judío viajar en el ferrocarril en dirección sur en ningún mo-

mento. Pueden ir hacia el norte y se les puede alentar a ello, pero son un engorro tan insoportable que hay que purgar el departamento de su presencia.

Holly Springs (Mississippi)
8 de diciembre de 1862
Orden general
Debido a la escasez de provisiones, todos aquellos que especulen con el algodón, los judíos y demás vagabundos sin otra fuente de ingresos más que la explotación de la miseria del país.

SAM HOUSTON, Senado de Estados Unidos, 1848:

Los anglosajones [deben] extenderse por todo el extremo meridional de este vasto continente. [...] [Los] mexicanos no son mejores que los indios y no veo ningún motivo por el que no debamos apropiarnos de sus tierras.

ORESTES BROWNSON, *The Freeman's Journal*, 4 de marzo de 1848:

Nuestro objetivo es demostrar, una vez más, que el protestantismo está agotado, es impotente, se extingue importunado únicamente por sus propias gangrenas, consciente de que ha llegado su último momento cuando se enfrenta equitativamente, cara a cara, con la verdad católica.

RICHARD PIKE, Boston, 1854:

El catolicismo es y ha sido siempre una religión intolerante, perseguidora y supersticiosa. No existe crimen en el repertorio de la infamia del que no haya sido culpable. No existe pecado contra la humanidad que no haya cometido. No existe blasfemia contra Dios que no haya sancionado. Es un poder que jamás vacila en quebrantar esa fe que con tanta solemnidad proclama siempre que sus intereses parecen requerirlo, que no tiene conciencia, que desdeña el control de la opinión pública y que se entromete entre las naciones de la cristiandad, empapado de las crueldades de millones de asesinatos y macilento por las depravaciones de un millar de años, siempre ambicioso, siempre sanguinario y siempre falso.

New York Tribune, 1854

Los chinos son poco civilizados, impuros y mugrientos hasta lo indecible, carentes de cualquier relación doméstica o social elevada; lascivos y sensuales por temperamento; todas las mujeres son prostitutas de la peor calaña.

GENERAL WILLIAM SHERMAN:

Debemos actuar con implacable severidad contra los siux, hasta llegar incluso a exterminarlos, a hombres, mujeres y niños. No hay ninguna otra forma de ir al fondo de la cuestión. Cuantos más podamos matar este año, menos habrá que matar en la próxima guerra, pues, cuanto más conozco a estos indios, más me convenzo de que habrá que matarlos a todos o mantenerlos como una especie de indigentes.

BENJAMIN FRANKLIN:

¿Por qué multiplicar a los hijos de África trayéndolos a América, donde tenemos una oportunidad tan buena, excluyendo a todos los negros y amarronados, de que aumenten los hermosos blancos y rojos?

Diario de WILLIAM BYRD, Virginia, 1709-1712

8/2/09: Jenny y Eugene azotados.

17/4/09: Anaka azotada.

13/5/09: La señora Byrd ha azotado a la nodriza.

23/5/09: Moll azotada.

10/6/09: Eugene [un niño] azotado por escaparse; se le coloca el freno.

3/9/09: Apaleo a Jenny.

16/9/09: Jenny azotada.

19/9/09: Apaleo a Anama.

30/11/09: Eugene y Jenny azotados.

16/12/09: Eugene azotado ayer por no hacer nada. (En abril me dediqué, en el desempeño de mi función oficial, a colaborar en la investigación de algunos esclavos «procesados por alta traición»; ahorcaron a dos.)

1/7/10: La negra ha vuelto a escaparse con el freno puesto.

8/7/10: Encontrada la negra y atada posteriormente, pero por la noche ha vuelto a escaparse.

15/7/10: En contra de mi voluntad, mi mujer ha hecho que se quemara a la pequeña Jenny con una plancha caliente.

22/8/10: He tenido una fuerte riña con la pequeña Jenny y la he apaleado en exceso, de lo que me arrepiento.

31/8/10: Eugene y Jenny apaleados.

8/10/10: He azotado a tres esclavas.

6/11/10: La negra ha vuelto a escaparse.

Los editores del *Diario* lo describen como «el caballero más refinado y elegante de Virginia, [...] un amo bondadoso [que] en algunas de sus cartas lanzaba invectivas contra los brutos que maltratan a sus esclavos».

Esos son el lenguaje, las opiniones, el recuerdo que hemos recibido como legado en esta sociedad». Estos personajes decían otras cosas y hacían también otras cosas, algunas de ellas buenas. Pero también decían y, lo que es más importante, pensaban estas.

Nuestro pasado es siniestro. Nuestro futuro, sombrío. Pero no soy razonable. El hombre razonable se adapta a su entorno. Y el irrazonable no. Así pues, todo progreso depende del hombre irrazonable. Prefiero no adaptarme al entorno. Rechazo la prisión del «yo» y elijo los espacios abiertos del «nosotros».

Con un pasado así no podemos ser optimistas ante la posibilidad de que una sociedad humanitaria, en la que la toma de decisiones humanitarias sea el principal objetivo de los educadores, llegue a imaginarse un día y en consecuencia a hacerse realidad. No podemos ser optimistas, pero sí claros. Podemos identificar al enemigo. Podemos empezar por preguntarnos qué es lo justo y no qué es lo conveniente. Distinguir entre la fiebre y la enfermedad. Entre el racismo y la avaricia. Podemos ser claros y precavidos. Precavidos ante el encarcelamiento de la mente, del espíritu y de la voluntad, de los nuestros y de los de la gente entre la que vivimos. Precavidos ante la tolerancia de objetivos de segunda categoría e ideas de segunda mano.

Somos seres humanos. Seres humanos que a estas alturas ya deben de saber que «cualquier niño de tres años vería lo insatisfactorio y torpe que resulta todo este asunto de reproducirse y morir por miles de millones». Somos seres humanos, no arroz, y en consecuencia «todavía no hemos encontrado a ningún dios que sea tan misericordioso como un hombre que le da la vuelta a un escarabajo para ponerlo patas abajo. No hay pueblo en el mundo que se comporte tan mal como las mantis religiosas».[3] Somos los habitantes morales de este planeta. Negarlo, dejando a un lado nuestros intentos poco convincentes de estar a la altura de las circunstancias, es encerrarse en una cárcel. Existe la crueldad, por supuesto. «La crueldad es un misterio [...]. Pero si describimos un mundo que se limite a eso, un mundo que no sea más que un juego largo y brutal, nos topamos con otro misterio: el influjo del poder y la luz, el canario que canta sobre el cráneo. A menos que los seres humanos de todas las edades y razas hayan sido engañados [...], parece que la belleza existe, una gracia completamente gratuita»,[4] una armonía, todo ello completamente gratuito y al alcance de la mano.

El precio de la riqueza, el coste de la asistencia

Me gustaría hablar de un tema que nos afecta y, en muchos casos, nos angustia a todos. Un tema que acompaña a todos los graduados y que está presente en todas las universidades y en todas las comunidades de Estados Unidos y, de hecho, de todo el mundo. Un tema que resulta adecuado como hilo conductor de un discurso dirigido a estudiantes en esta época incierta y estimulante.

Ese tema es el dinero.

Da igual que tengamos la obligación de proteger y consolidar lo que ya poseemos y, tal vez, incrementarlo, o que nos enfrentemos a la tarea de reducir nuestra deuda solo para llevar una vida productiva y mínimamente desahogada, o que nuestro objetivo sea ganar cuanto sea posible: da igual nuestra situación, el dinero es esa amante no demasiado secreta que todos tenemos. Y como sucede con todas las amantes, sin duda lo sabréis, si no nos ha seducido todavía seguro que ya pensamos en ella. Ninguno de nosotros es capaz de leer un periódico, ver un programa de televisión o seguir un debate político sin verse avasallado por el tema de la riqueza. El debate sobre la inmigración, el despliegue de la sanidad, la Seguridad Social, las perspectivas de empleo: casi todos los problemas personales y las políticas públicas giran y se enroscan en torno al dinero. El relato sobre la disponibilidad, el movimiento o la desaparición de la riqueza impregna y arrolla estados, regímenes, medios de comunicación y leyes. De qué manera su ausencia y mala administración hunde países, en el peor de los casos, los distorsiona y los manipula, y de qué manera su presencia los mantiene a salvo. ¿Austeridad o estímulo? ¿Guerra o paz? ¿Una vida ociosa o una vida productiva?

Las disciplinas que se estudian en esta universidad (arte, ciencia, historia, economía, medicina, derecho) se ven en gran medida limitadas o exoneradas por el dinero, a pesar de que ninguno de esos ámbitos del saber tiene como objetivo el dinero en sí, sino el conocimiento y sus beneficios para una vida provechosa. Los artistas desean revelar y exponer la verdad y fingen estar por encima del dinero; los científicos quieren descubrir cómo funciona el mundo, pero dependen de las limitaciones o el apoyo de los recursos financieros, lo mismo que los historiadores y los economistas, que requieren financiación para sus proyectos e investigaciones; la medicina pretende salvar vidas o al menos hacerlas vivibles, pero no puede lograrlo sin la riqueza de terceros.

Todo eso es evidente, pero, por si lo olvidamos, me parece de utilidad recordar algo sobre el precio de la riqueza, sobre su historia. Los orígenes de su acumulación son sangrientos y profundamente crueles, y están relacionados de forma invariable con la guerra. Raro ha sido el imperio que ha llegado a serlo por otra vía que la de una violencia sobrecogedora. El Imperio español se salvó del hundimiento y la irrelevancia con el robo del oro de América del Sur, para lo cual recurrió a las matanzas y la esclavitud. El Imperio romano nació y sobrevivió durante siglos gracias a la conquista de tierras, a la apropiación de sus tesoros y a la mano de obra esclavizada. Más guerras y agresiones se emplearon en expoliar los recursos de África, que sirvieron para mantener y enriquecer a un amplio abanico de países. Así, por ejemplo, en un país que era literalmente propiedad privada de Leopoldo II de Bélgica (de ahí el nombre de Congo Belga con el que se conocía) se explotaba el caucho. El azúcar, el té, las especias, el agua, el petróleo, el opio, los territorios, los víveres y los minerales sustentaban el poder de países como el Reino Unido, como los Países Bajos, como el nuestro. Aquí, en América del Norte, la matanza de millones de bisontes para sustituirlos por ganado requirió la práctica exterminación de los nativos. Y una nación agrícola apenas constituida pasó con rapidez a la etapa industrial gracias a la importación de esclavos. Los imperios chinos aniquilaron a legiones de monjes a fin de hacerse con el oro y la plata que utilizaban para decorar los templos y las representaciones de dioses. Todos esos robos se perpetraron mediante la guerra, que, por cierto, es en sí misma una gran industria creadora de riqueza, con independencia de que acabe en victoria o en derrota.

Históricamente, el precio de la riqueza ha sido sangre, aniquilación, muerte y desesperación.

Sin embargo, en paralelo a todo eso, a finales del siglo XVII y principios del XVIII empezó a producirse un fenómeno interesante y decisivo. Empezó a utilizarse la expresión de origen francés «nobleza obliga», que sirvió para aplacar a la nobleza y, sobre todo en el sentido que le damos en este país, apuntaba la posibilidad de que la generosidad no solo fuera honorable, sino beneficiosa, lo cual, aunado tal vez a las creencias religiosas de los nobles, dio lugar a la convicción de que la riqueza no podía constituir su propia razón de ser. Había surgido cierto impedimento moral para el efecto Midas, para el gen Gatsby, cierta vergüenza vinculada a la idea de que se es más por poseer más, de que los caprichos vanidosos pudieran disfrazarse de compromisos genuinos por mejorar la vida pública.

Esos cambios resultaron aún más provechosos en Estados Unidos gracias a la legislación fiscal y, en algunos casos, a las huelgas y las organizaciones de trabajadores. En lugar de construir ferrocarriles transcontinentales con esclavos chinos, en lugar de producir azúcar para el ron mediante la importación constante de más esclavos (una renovación necesaria dado el rápido fallecimiento de muchos de ellos), en lugar de eso descubrimos la forma de disfrutar de electricidad, carreteras, hospitales públicos, universidades, etcétera, sin recurrir a una brutalidad arrasadora.

Los ciudadanos empezaron a darse cuenta de que el coste de la asistencia era una buena inversión. Las fundaciones, las ayudas pú blicas, las donaciones individuales y las organizaciones humanitarias crecieron de manera exponencial para mejorar la vida de los ciudadanos. Como bien sabéis, ya que conocéis la historia de la creación de esta universidad, las donaciones para crear instituciones, atender a los indigentes o albergar obras y arte y libros destinados al público son tan solo unos pocos de los proyectos en los que el coste de la asistencia se asume sin ningún problema. Las consecuencias de ese coste son muy variadas, por descontado (algunas han sido leves, otras funestas), pero la posibilidad de que no existan servicios básicos ha llegado a ser inconcebible. Abrir la puerta a la compasión en los planes de una institución o en los propósitos de un académico es más que productivo, más que civilizado, más que ético, más que humanitario; es humanizador.

Ese enérgico compromiso con la asistencia, con independencia de su coste, se ve hoy amenazado por una fuerza casi tan cruel como los orígenes de la riqueza: esa fuerza es el movimiento de poblaciones expuestas a la violencia por estar cerca de o cruzar fronteras. En ningún momento de la historia había habido desplazamientos de población tan intensos como los de hoy, que implican muchos costes: para defenderse de estos flujos, para darles cabida, para contenerlos, para protegerlos, para controlarlos y atenderlos. Implican la reubicación de trabajadores, intelectuales, intermediarios, refugiados, comerciantes, inmigrantes, diplomáticos y ejércitos que cruzan mares y continentes, que llegan por pasos fronterizos o rutas ocultas, con historias muy variadas contadas en lenguajes muy variados de comercio, de intervención militar, persecución política, rescate, exilio, violencia, pobreza, muerte y humillación. No cabe ninguna duda de que la redistribución voluntaria o involuntaria de población por todo el planeta figura en primer lugar en el orden del día del Estado, las salas de juntas, las comunidades, las calles. Las maniobras políticas para controlar esos desplazamientos no se limitan a la vigilancia de los desposeídos. El traslado de las clases administradoras y diplomáticas a puestos de avanzada de la globalización, así como el despliegue de unidades y bases militares, desempeñan un papel destacado en los intentos legislativos de ejercer autoridad ante el flujo constante de personas. Esa avalancha humana ha transfigurado el concepto de ciudadanía y alterado la percepción que tenemos del espacio: lo público y lo privado, los muros y las fronteras. Quizá la característica definitoria de nuestra época sea que los muros y las armas vuelven a tener una presencia tan destacada como en la Edad Media. Las fronteras permeables se consideran en según qué ambientes zonas de amenaza y han acabado convirtiéndose en lugares de caos.

Todo eso sucede cuando la tecnología ha reducido las distancias entre pueblos y países. La tecnología ha hecho posible ver a los demás, hablar con ellos, ayudarlos u hostigarlos con independencia del rincón del mundo en el que habiten. Sin embargo, el miedo a la desposesión, a la pérdida de ciudadanía, sigue ahí. Lo vemos en la proliferación de designaciones híbridas de la identidad nacional. En las descripciones que aparecen en la prensa y en los documentos, el lugar de nacimiento ha acabado siendo más revelador que la nacionalidad, y se identifica a alguien como «ciudadano alemán de origen turco» o «ciudadano británico de origen africano», e identificar a alguien como musulmán (al menos en Occidente) tiene más relevancia que señalar su país de origen. Al mismo tiempo el cosmopolitismo, una especie de ciudadanía cultural muy estratificada, se celebra con reverencia como algo sofisticado, superior. Es evidente que la «diferencia» se considera cada vez más una amenaza. Lo vemos en la defensa del autóctono frente al forastero, en la intimidad no deseada en lugar de la distancia de seguridad.

Cuando las personas sin hogar siguen siendo extranjeros sospechosos, cuando los atemorizados y desamparados se apiñan en ciudades campamento asediadas y llenas de basura en tierras que no les pertenecen, cuando la «identidad» se convierte en la esencia misma de la persona, se hacen necesarias las estrategias recurrentes de la construcción política. Cuando la incompetencia y la irracionalidad pisotean la decencia y siguen poniendo en peligro las vidas «inferiores», podemos prever un fuerte incremento del coste de la asistencia. Un coste que debemos asumir si apreciamos la civilización.

La ética de la opulencia hace hincapié en los deberes cívicos y cuando asumimos tales deberes revelamos no solo nuestra buena voluntad individual, sino nuestra dependencia de los demás. Vosotros, todos nosotros, nos esforzamos por transformar esos datos en información, que pasa a ser conocimiento y, al menos eso esperamos, más tarde sabiduría. En ese proceso se lo debemos todo a los demás. Les debemos la lengua, la historia, el arte, la supervivencia, el barrio, las relaciones con la familia y los compañeros de trabajo, la capacidad de plantar cara a las convenciones sociales y también la capacidad de defendernos. Todo eso lo hemos aprendido de los demás. Ninguno de nosotros está solo; todos dependemos de los demás, algunos para conservar la vida misma. Y por esta última razón he decidido compartir los generosos honorarios de esta conferencia con Médicos Sin Fronteras, organización ganadora del Premio Nobel por los riesgos que corre, la ayuda médica directa que ofrece y el denuedo que demuestra en su labor en los lugares más peligrosos del planeta y entre la gente más castigada.

Tenéis unas perspectivas formidables, exigentes y cruciales aquí y fuera de este recinto universitario. Estáis mucho más capacitados que las generaciones anteriores; no porque seáis más listos (aunque podríais serlo) o porque contéis con instrumentos de los que carecían vuestros predecesores, sino porque disponéis de tiempo. El tiempo juega a vuestro favor, tenéis la oportunidad de crear un futuro extraordinario. Saboreadla. Aprovechadla. Gozadla.

Soy escritora y mi fe en el mundo del arte es sustancial, pero no irracional ni cándida. El arte nos invita a emprender un viaje más allá del dinero, más allá de los costes, para ser testigos del mundo tal como es y tal como debería ser. El arte nos invita a conocer la belleza y a exigirla incluso en las circunstancias más trágicas. El arte nos recuerda que este es nuestro sitio. Y si ayudamos, perduramos. Mi fe en el arte supera mi admiración por cualquier otro planteamiento. El diálogo del arte con el público y el diálogo entre sus distintas disciplinas es decisivo para comprender qué significa estar muy pendiente de los demás y ser plenamente humano. Y yo creo.

El hábito del arte

ArtTable ha dicho mucho de sí misma al elegir a la ganadora de este año. A pesar de su gran prestigio, el esplendor de este premio no deja de residir en sus elecciones. Distinguir a Toby Lewis es de nuevo una gran decisión que habla de la propia ArtTable, del compromiso de la galardonada con muchísimas formas del arte creativo y su especial dedicación a las artes plásticas.

Es precisamente su labor en este último campo, las artes plásticas, lo que más me impresiona de ella. Su colección en la sede de la compañía de seguros Progressive: allí vi por mí misma el fruto de su ardua y apasionada labor. Vi cómo, al situar obras plásticas variopintas, intensas, hermosas, provocadoras y reflexivas en un entorno laboral, donde los trabajadores se las encontraban en todas las esquinas, durante todo el día, y respondían con duras críticas o una admiración impetuosa, los animaba a empezar a crear por sí mismos sus propias obras de arte en su espacio de trabajo. La intimidad en la que hacían hincapié Peter Lewis y ella me ha llevado a comprender lo que ellos ya sabían: que el arte no es un mero entretenimiento, simple decoración, sino que tiene un significado, y que deseamos y al mismo tiempo necesitamos desentrañar ese significado, en vez de reaccionar con miedo o indiferencia o con las respuestas superficiales que nos dicten las autoridades. Era una manifestación de lo que considero cierto y comprobable: el impulso de crear arte y venerarlo es una necesidad ancestral; sirviéndonos de las paredes de una cueva, del propio cuerpo, de una catedral o de un rito religioso, anhelamos descubrir un modo de explicar quiénes somos y qué sentido tenemos.

Sobre el tema del acceso al arte se ha hablado mucho, se ha pontificado mucho. Tanto los artistas como sus defensores ven una brecha entre la concepción elitista y popular del arte «elevado» y «hallado» y tratan de salvarla o explorarla. Existen numerosos instrumentos para acercar el arte a poblaciones cada vez más amplias y variopintas: un empleo cada vez más creativo de la financiación, representaciones gratuitas, becas individuales, etcétera. La percepción de que esa sima persiste podría ser fruto de un paisaje imaginario hecho realidad por las restricciones de los recursos disponibles o por decisiones arbitrarias. Es una percepción inadmisible, casi inmoral.

Quiero contarles una historia que me refirió una joven escritora de gran talento.

En Haití, durante los años de la dictadura, las paramilitares al servicio del Gobierno, conocidos como Tontons Macoutes, rondaban por la isla y mataban a su antojo a disidentes, así como a gente común y corriente, gente inocente. No contentos con segar la vida de una persona, fuera cual fuera el motivo, instituyeron una práctica especialmente cruel: nadie podía retirar los cadáveres que quedaran en las calles, en los parques o a las puertas de las casas. Si un hermano, un padre o un hijo, incluso un vecino, se arriesgaba a intentarlo, pretendía enterrar al muerto o a la muerta, rendirle tributo, también lo abatían a tiros. Los cuerpos quedaban allí donde habían caído hasta que llegaba un camión de la basura para llevárselos, lo que reforzaba la relación entre los seres humanos desechados y los desperdicios. Imagínense el horror, la desolación y el trauma que esa práctica provocaba entre los ciudadanos. Entonces un día un maestro reunió a un grupo de vecinos de un barrio y montó una obra de teatro en un garaje. Repetían la misma función todas las noches. Cuando un paramilitar asistía, el asesino solo veía a un grupo de personas inofensivas entregadas a una práctica teatral igual de inofensiva. Sin embargo, la obra que representaban era *Antígona*, la tragedia clásica griega sobre las funestas consecuencias morales de deshonrar a los muertos sin enterrar.

«Hay que tenerlo muy claro —decía la joven escritora—: el arte es feroz.»

Hay otra historia que me gustaría contarles. En un congreso celebrado en Estrasburgo tuve oportunidad de conversar con una escritora de un país del norte de África. Ella conocía mi obra; yo desconocía la suya. Nos pusimos a charlar afablemente y luego de repente se me acercó y me susurró al oído:

—Ayúdenos. Tiene que ayudarnos.

Me quedé desconcertada.

—¿A quién? ¿Qué sucede? —le pregunté.

—Nos matan a tiros por las calles —me dijo—. A las escritoras. Nos asesinan.

¿Por qué? Porque las mujeres que se dedicaban al arte moderno eran una amenaza para el régimen.

Lo que ilustran esos dos apuntes es el factor curativo y el peligro que encierra el arte, ya sea clásico o contemporáneo.

Además, el objetivo de estas historias espeluznantes es persuadirlos de que lo que Toby Lewis lleva haciendo toda una vida, lo que están ustedes homenajeando hoy aquí, no es baladí.

Me gustaría decir unas palabras sobre la necesidad de que existan organizaciones como esta. Vivimos en un mundo en el que la justicia es sinónimo de venganza. En que los beneficios privados impulsan las políticas públicas, en que el grueso de las libertades civiles, conquistadas célula a célula, hueso a hueso, por los valientes y los muertos se marchita bajo el sol ardiente de la guerra total y constante y en que el respeto al arte de calidad, e incluso el interés apasionado, pueden empequeñecerse y quedar reducidos a una lista de precios. Podemos plantearnos si en lo psicológico, intelectual y emocional hemos avanzado desde 1492, cuando España se purgó de judíos, hasta 2004, cuando Sudán bloquea la llegada de alimentos y medicamentos y contempla con satisfacción la lenta muerte por inanición de su pueblo. Si hemos avanzado desde 1572, cuando Francia fue testigo de la matanza de diez mil personas la noche de San Bartolomé, hasta 2001, cuando varios miles de individuos acabaron reducidos a jirones en Nueva York. Si hemos avanzado desde 1692, cuando Salem quemó a sus propias hijas, esposas y madres, hasta 2007, cuando los turistas sexuales atestan ciudades enteras para explotar los cuerpos de jovencitos de ambos sexos. Podemos plantearnos si, a pesar del progreso técnico y científico, estamos recurriendo a la brujería: invocamos a todo un surtido de forasteros, enemigos, demonios y «causas» que desvían y aplacan inquietudes hacia puertas que los bárbaros traspasan tranquilamente; inquietudes referentes a la propia lengua en boca de los demás, al trasvase de la autoridad a manos de desconocidos. La civilización se sume en una violencia paralizadora, se detiene en seco. No me malinterpreten. Existe un peligro real en el mundo. Y precisamente por eso es necesaria una corrección: un nuevo plan de estudios que contemple un planteamiento elocuente y visionario sobre las posibilidades de funcionamiento de la mentalidad moral y de un espíritu libre y floreciente en un contexto cada vez más peligroso para su salud. No obstante, si el lenguaje científico propone una vida individual más larga a cambio de la ética; si la prioridad política es la protección xenófoba de unas pocas de nuestras familias contra la catástrofe que representa el otro; si el lenguaje laico se coarta por miedo a lo sagrado; si el futuro del conocimiento no es la sabiduría, sino la modernización, ¿dónde podemos buscar el futuro de la humanidad en sí? ¿No es razonable concluir que proyectar la vida humana en la Tierra hacia el futuro remoto tal vez no equivalga a la película de catástrofes que se nos invita constantemente a disfrutar, sino a una reconfiguración del objetivo de nuestra existencia? ¿A aliviar el sufrimiento, a conocer la verdad y decirla, a subir el listón de las expectativas humanas? Tal vez deberíamos quedarnos a un paso de la oportunidad junto al artista que anima a reflexionar, que atiza la imaginación, consciente del largo camino, y se juega la vida (en Haití o en el Norte de África) para hacer el trabajo de un mundo merecedor de vida.

Esa ha sido, en resumen, la misión de ArtTable.

En una ocasión, uno de mis alumnos me regaló un cuadro, una especie de collage con material impreso, recortado y pegado. Incluía estas frases:

Nadie me había contado que fuera así.

No es más que materia impregnada de imaginación pura.

[Así pues,] alzaos, pequeñas almas, sumaos al ejército condenado para buscar el sentido del cambio.

Luchad. [...] Luchad. [...] Librad el combate que no puede ganarse.

El artista original

Debería resultar relativamente fácil describir las tribulaciones del artista original y la importancia de una baza de ese calibre para este país, así como la naturaleza del compromiso establecido con esa figura en los objetivos del Fondo Nacional para las Artes. Sin embargo, en realidad no es tan sencillo, ya que el concepto en sí del artista original evoca todo tipo de imágenes románticas, representaciones y paradigmas de un sujeto atormentado y solitario, enfrentado a los filisteos lo quiera o no, que de algún modo logra romper las barreras de la ignorancia y el prejuicio para obtener la aceptación, tal vez, de un puñado de críticos en vida o para lograr fama, o incluso prestigio, a título póstumo, cuando ya no le sirve de nada. Y nos encanta regodearnos en esa representación, pero es una especie de lecho de Procusto, una trampa intelectual, pues se trata de un retrato tan atractivo que fomenta lo que debería eliminarse. De algún modo, es como si serráramos los miembros del artista original para encajarlo en nuestro corto lecho y le atribuyéramos penurias y sacrificios, además de asignarle el concepto del reconocimiento póstumo. Tanto nos fascina la idea del artista que lucha por abrirse camino que enaltecemos no al artista, sino su lucha. Hacemos hincapié en eso. Nuestra concepción de la calidad lo exige en ocasiones. Es cierto, y creo que en eso estamos todos de acuerdo, que la calidad equivale/se refiere/apunta a lo excepcional y difícil de lograr. Sin embargo, en ocasiones «poco común» significa «apreciado únicamente por unas cuantas personas» y a veces «difícil de lograr» significa «que implica sufrimiento».

Creo que nuestra percepción de la calidad individual y del artista original adolece de cierta ambivalencia. Por un lado, podemos identificarla precisamente porque es poco común y su atractivo queda limitado a escasas personas. Sabemos lo difícil que es lograr la brillantez en el arte (aunque estoy convencida de que, para el verdadero genio, las cosas que nos parecen complicadas son sencillas y naturales). Por otro lado, sin embargo, y a pesar de que reconocemos la calidad por ser poco común, nos lamentamos constantemente de la ausencia de calidad en el sentimiento y la mentalidad de las masas. Hablamos de una crisis de la capacidad de lectura y escritura; el arte pop nos perturba e inquieta; hablamos de esculturas de aeropuerto; nos desconcierta, y es legítimo que sea así, el juego efectista frente al sensible. Todos y cada uno de nosotros tenemos un conjunto de expresiones que en nuestra opinión definen la mediocridad en las formas artísticas.

A veces me pregunto si de verdad lo decimos en serio, si estamos convencidos. ¿Realmente creemos que el mundo es más pobre porque muy poca gente aprecia lo más refinado? Imaginémonos que viviéramos, en efecto, en un mundo en el que la gente hablara sobre Descartes, Kant y Lichtenstein en un McDonald's. Supongamos que *Noche de Reyes* estuviera en la lista de libros más vendidos. ¿Estaríamos contentos? ¿O tal vez concluiríamos que si todo el mundo aprecia esas cosas, quizá no tienen ninguna calidad? O si el artista no se ha visto obligado a mendigar para sobrevivir (si no ha mendigado y no ha luchado contra la pobreza, incluso hasta llegar a morir en ello), podríamos deducir que su arte no vale nada. Determinados sectores parecen haberse alegrado sobremanera (por lo que he leído y he oído) de que, cuando miles y miles de personas hicieron cola para ver la exposición de Picasso, solo un cuatro o un cinco por ciento de los asistentes comprendieran de verdad lo que estaban viendo.

Una primera novela no debería ser un éxito, lo lógico es que la lean unos pocos. No debería ser lucrativa, sino tener un alcance limitado. Si una primera novela triunfa, se desatan las sospechas sobre su calidad. En este entorno y este clima de ambivalencia, al artista minoritario se le exige que o bien abandone ese carácter minoritario y se sume a los criterios imperantes, o bien defienda, defienda y defienda hasta la saciedad su derecho a escuchar y a amar un ritmo distinto. Eso encaja en el romanticismo que se aferra a la idea del artista original, del artista mendigo. De ese modo se lo mantiene mendigando y, cuando logra el éxito, debe sentirse culpable e incluso deshacerse en disculpas.

Existe en el ejercicio del artista un peligro inherente y constante: el peligro de fracasar, el peligro de ser malinterpretado. Por otra parte, hoy se dan nuevos peligros que no son inherentes, sino que se imponen. Les ruego un momento de paciencia mientras me refiero a uno que me resulta de particular interés en el campo de la literatura. En estos momentos, hay en curso un enfrentamiento apasionante, una batalla pública, en la Universidad de Cambridge: se trata de una disputa entre los críticos tradicionales y los posmodernos o estructuralistas. Eso da pie a un fantástico espectáculo pirotécnico en las páginas de *The Times Literary Supplement*, al tiempo que los debates académicos prosiguen a toda máquina. No voy a entrar en detalles sobre la naturaleza de esa disputa, pero sí les diré, en términos muy simplificados, que por un lado existe un núcleo de tradicionalistas que considera que la crítica pragmática centrada en «la literatura y la vida» es la forma adecuada de enseñar a la gente a leer las grandes obras, mientras que por el otro tenemos a un grupo más reciente, más joven, al que los británicos llama en ocasiones «los pluralistas», que ataca y ningunea la crítica británica tradicional. A ese nuevo grupo se le acusa de ser difícil y poco claro, de tener una concepción restrictiva de la crítica.

Lo que me resulta interesante de esa disputa es que en ella el escritor no tiene cabida. Los estructuralistas, los defensores de la semiótica y los defensores de la deconstrucción entienden la obra escrita como un fenómeno, pero no como algo fundamental para el acto de la crítica o la «lectura». Es interesante que ese enfrentamiento se desarrolle en el ámbito de la literatura, y no en el de la teología, la filosofía u otras disciplinas a las que pertenece, aunque me parece que existe una explicación. En el mundo contemporáneo del arte y la universidad, creo que la literatura es la única disciplina en la que los académicos no producen lo que critican. Los químicos, los especialistas en ciencias sociales, los historiadores o los filósofos sí producen lo que enseñan, producen lo que cuestionan, producen lo que cambian. En el terreno de la crítica literaria, el crítico produce hoy la crítica que enseña; produce la disciplina, y el asunto de esa disciplina (esto es, el texto) es algo secundario en el debate. Quizá sea cierto, como apuntó alguien, que los profesores de lengua inglesa siempre hayan tenido celos de los matemáticos (por todas esas formulitas que escriben en la pizarra) y que les gustaría disponer de una serie de fórmulas con las que hacer lo mismo. Sin embargo, allí donde la crítica en sí se convierte en la expresión artística (lo cual no quiere decir que no pueda serlo), allí donde menosprecia a las fuentes, surge una amenaza auténtica a la preeminencia de los artistas creadores. Y eso es significativo y acaba alcanzando a los propios artistas, algunos de los cuales quedan completamente aislados de los críticos de un modo antes impensable. Hubo un tiempo, en la Alemania del siglo XIV, en la Italia del siglo XI, en que los grandes traductores eran los poetas, en que los grandes críticos eran los escritores; hacían ambas cosas. Ahora van por separado: el artista creador toma una dirección y el crítico, otra.

Dado que los artistas originales no gestionan ni controlan lo que se enseña, al menos en el campo de la literatura (ni siquiera lo que se produce y lo que se decide enseñar), el Fondo Nacional para las Artes desempeña un papel incomparable en su vida. Gracias a un organismo como este existen un lugar y una vía para que los artistas creativos aúnen esfuerzos y decidan lo que debería fomentarse, lo que debería valorarse y lo que debería apoyarse. Es posible que el artista no tenga ese derecho en las universidades; desde luego no lo tiene en las empresas editoriales; probablemente no lo tenga en los medios de comunicación que existen a su alrededor, pero sí lo tiene en una confederación, en una fraternidad y en una sororidad, en la estructura ofrecida por las comisiones y los programas del Fondo Nacional para las Artes. El Fondo mitiga la culpa de la persona de talento que tiene la «desgracia» de hacer algo extraordinariamente bien a la primera. Le dice bien alto y con dinero contante y sonante: «Tus necesidades pueden satisfacerse. Tu primera obra puede ser digna de atención, aunque sea pronto, aunque aún no hayas dado el máximo de ti, aunque este no sea el momento de tu gran descubrimiento». Le dice: «Ahora vamos a ayudarte un poco. Tus problemas de difusión, tus problemas de distribución, tus problemas de alquiler, de tiempo, de espacio y de datos no son un absoluto; no son inmutables. Tienen solución o, al menos, pueden aliviarse».

Mediante sus comisiones y sus programas, el Fondo Nacional para las Artes dice, bien alto y con dinero contante y sonante, que la estética étnica del artista no tiene que verse cuestionada por gente que no sabe nada de ella. Dice que las diferencias culturales no deben verse menospreciadas, sobre todo por gente ajena a la cultura. Dice que el origen proletario de un artista no debe impedirle la plena expresión de su arte. Porque, entre otros motivos, este es un país fundado por obreros, agricultores, pequeños empresarios, presidiarios, empleados y piratas, así que sabemos lo que es el origen proletario del artista, porque de ahí venimos también.

La mitad de las categorías de financiación prevén la ayuda directa y el apoyo guiado de esa especie amenazada, inculpada y frustrada que son los artistas originales, a los que quizá sin pretenderlo hemos relegado a la necesidad de sufrir dolor y tribulaciones.

Por naturaleza, el artista original cuestiona y critica; es su cometido. Y con frecuencia entra en conflicto con el *statu quo*. Pero no puede evitarlo; si quiere preservar un ápice de integridad en su arte, no ha de poder evitarlo. El Fondo Nacional para las Artes no lo penaliza por la polémica que su producción pueda suscitar, puesto que en este organismo es, o debería ser, axiomático que lo último que nos interesa fomentar es el arte que no corra riesgos, a los artistas que no corran riesgos. Así pues, el Fondo se arriesga; se arriesga por sí mismo y en consecuencia subraya y legitima la necesidad de arriesgarse, la necesidad de innovar y criticar. En ese clima es donde se desarrollan los artistas originales.

Recuerdo una ocasión, hace años, en la que formé parte de una comisión literaria; el principal problema era conseguir que los escritores presentaran solicitudes. No querían; creían que los censurarían; creían que el Gobierno se entrometería en sus libros; creían que no podrían decir determinadas cosas. La aceptación de subvenciones y becas directas comportaba una mácula, y solo con mucha perseverancia se consiguió superar dicha resistencia. Gracias a esa perseverancia, las comisiones del Fondo Nacional para las Artes han llegado a ser el hermano Theo del pequeño Vincent van Gogh. Han llegado a ser un amigo del jovencito James Joyce. Son una plataforma para el extravagante, escandaloso y polémico George Bernard Shaw. Y además son la manutención, el alquiler y la asistencia médica para la arrogante y peleona de Zora Neale Hurston, que en sus últimos días no tuvo ninguna de esas cosas. Podemos ser el público de una actuación de Scott Joplin, que al final de su vida no tuvo espectadores. Lo que hacemos no es baladí; es la primera de las cuatro o, tal vez, cinco patas sobre las que descansa el Fondo Nacional para las Artes. Y cualquier puntapié propinado a esa pata, cualquier fractura, resulta insoportable, porque el Fondo no puede aguantarse en pie sin ella.

Y ahora me gustaría hacer un apunte muy personal. No quiero llegar a la tercera edad sin asistencia social, pero puedo permitírmelo; no quiero llegar a la tercera edad sin formar parte del programa de sanidad pública Medicare, pero puedo permitírmelo, lo soportaré; no me gusta la idea de no contar con todo un ejército para defenderme, pero puedo soportarlo. Lo que no puedo soportar es vivir sin mi arte. Como muchos de los que están hoy aquí, cada uno con una trayectoria distinta, procedo de un colectivo que siempre se ha negado a vivir así. En las plantaciones no podíamos vivir sin él. Encadenados no podíamos vivir sin él... E históricamente vivíamos en este país sin nada, pero no sin nuestra música, nuestro arte. Y dimos lugar a gigantes. Los miembros del Consejo Nacional de las Artes, los miembros del Fondo, somos los baluartes; vamos a hacer posible que la gente original de este país, que los artistas de este país, vivan y prosperen.

La defensa de las artes

Siempre que alguien se pone a pensar en el apoyo a las artes, de inmediato surge un obstáculo complejo: los artistas tienen la pésima costumbre de ser resistentes, y esa resistencia nos engaña y nos lleva a creer que, en líneas generales, el mejor arte llega a hacerse realidad de todos modos, y que de entre ese gran arte lo sublime perdura de todos modos. La impresión pública e incluso académica es que nada, ni siquiera la catástrofe social o personal, impide el avance y la producción de obras de arte intensas y maravillosas.

Chaucer escribió en plena peste negra.

James Joyce y Edvard Munch siguieron trabajando con un ojo ciego y un ojo dañado, respectivamente.

Los escritores franceses se distinguieron en una época que llegaron a definir, la de la ocupación nazi a principios de los años cuarenta.

El mayor compositor del mundo siguió creando tras quedarse sordo.

Los artistas se han enfrentado a la locura, la mala salud, la indigencia y la humillación del exilio (político, cultural, religioso) para seguir adelante con su obra.

Acostumbrados a sus desdichas, a su firme determinación para soportarlas y a su asombroso tesón para seguir adelante, a veces nos olvidamos de que lo que logran lo logran a pesar de su sufrimiento, no debido a él.

El año pasado tuve oportunidad de hablar con un artista de enorme talento y muy asentado que me contó que había vetado un subsidio para otro artista porque consideraba que tener tanto dinero debilitaría al interesado (perjudicaría su trabajo), que además era «demasiado bueno para recibir tal suma caída del cielo». Para mí, lo escandaloso de esa revelación es que en algunos ambientes no resulte escandalosa en absoluto. Y es que incluso cuando nos preocupamos por los apuros de un artista concediéndole un modesto subsidio, se hace evidente al mismo tiempo un problema de percepción: ¿qué constituye un entorno hospitalario y qué principios determinan que lo ofrezcamos o lo deneguemos?

Eso nos lleva, como siempre, a la cuestión de si el apoyo a las artes debe ser sistemático o no, y hasta qué punto. ¿Debería dicho apoyo imitar el carácter aventurado de la actividad artística y ser también imprevisible, azaroso? ¿Debería analizarse la vida de los artistas, observar el dolor que en muchos casos la caracteriza e incentivar su presencia, enalteciéndolo, incluso reproduciéndolo, como en la anécdota que he contado, por el bien del artista? ¿Deberían incorporarse el sufrimiento y la miseria al mecenazgo artístico, de modo que las mercancías comercializables creadas en esas circunstancias restrictivas se agregaran a la ecuación para calcular el valor de la obra en el mercado en años y eras futuros?*

Cuando no se les ha prestado ninguna atención, los artistas siempre han demostrado la suficiente locura para salir adelante; así pues, ¿a qué viene tanto aspaviento? ¿No pueden depender de la filantropía ilustrada cuando exista... y buscar en algún otro lado cuando no? ¿No pueden depender del mercado (esto es, concebir el arte pensando en el mercado) y esperar que el blanco no se mueva antes de que hayan terminado su obra? ¿Y no pueden contar con las ayudas públicas y confiar al azar o a la ley de la probabilidad el que su trabajo valga como mínimo la misma cantidad invertida en ellos?

* ¿O debería dedicarse la misma atención al porqué, al cuánto y al durante cuánto tiempo? (*Todas las notas indicadas con asterisco son de la autora.*)

Esas son algunas de las preguntas que plantea la defensa de las artes, y son fundamentales, en gran medida por la decadencia (cuando no por la catástrofe) de la economía y por la astucia política. Y son preguntas que piden a gritos una respuesta, estrategias de los organismos artísticos públicos, las instituciones académicas, los museos, las fundaciones, los grupos de comunidades y vecindarios, etcétera. Lo que todos sabemos, ustedes y yo, es que la situación es más que alarmante: es peligrosa.

Todo el arte del pasado puede quedar destruido en cuestión de minutos debido a las políticas zafias o las escaramuzas bélicas, o a ambas cosas. También es cierto que buena parte del arte del futuro quizá jamás vea la luz debido a la despreocupación, el capricho y el desdén de los que subvencionan y los que consumen el arte. Los requisitos a nivel nacional pueden barrerlo todo o flaquear; materializarse o fluir. Ha habido momentos en que el apoyo al arte nuevo y emergente ha sido una auténtica marea equiparable al apoyo a las instituciones tradicionales; otras veces, como ahora, ese apoyo ha sufrido una sequía. La incertidumbre puede llevarse por delante a generaciones enteras de artistas y causar daños irrevocables a un país. En algunos países ya ha sucedido. Vamos a necesitar buenas dosis de inteligencia y previsión para no sumarnos a esa lista, para no acabar siendo uno de los países que dependen de la pasión de artistas muertos hace mucho tiempo, que se apropian de esa pasión, de ese empeño, mientras animan a los artistas contemporáneos a buscarse la vida por su cuenta. O uno de los países que pueden definirse por la cantidad de artistas que lo han abandonado. Si juzgamos una civilización, y creo que así debe ser, no por el altruismo con el que contempla el arte, sino por la seriedad con la que el arte contempla la civilización, va siendo hora de que empecemos a abordar de nuevo, y con tenacidad, determinados problemas que siguen disparando las alarmas.

La percepción pública del artista está con frecuencia tan en desacuerdo con la percepción del mundo del arte que apenas pueden dialogar. Sin embargo, nunca se insistirá lo suficiente en la necesidad de que eso suceda, de que existan conversaciones sin actitud de superioridad entre los profesionales de las artes y el público, entre los artistas y los espectadores. También es posible y necesario fomentar diálogos en que el artista no suplique y el defensor de las artes no aplique. Es posible contar con un foro en el que el ciudadano y el estudiante se sientan bienvenidos no solo por la compra de una entrada o el aplauso. Es importante incluir a los estudiantes y a los ciudadanos en esos proyectos, incluso fomentar esa relación; insistir en el debate de los problemas que parecen dominar el mundo del arte en general y que nos acosan a todos, a los patrocinadores, a las instituciones, a los artistas, a los profesores y a los organizadores.

Discurso de graduación de la Universidad Sarah Lawrence

Es para mí un inmenso placer tener la oportunidad de hablar en un acto muy especial. Rendir homenaje a la comunidad de profesores-académicos, profesores-administradores, padres, miembros del consejo y alumnos de una institución extraordinaria. Les presento mis respetos. Estos últimos años no deben de haber sido fáciles. A los padres y demás familiares de los graduados les doy también mi enhorabuena. Que su hijo, su hija o su familiar se haya graduado es motivo de enorme celebración. En silencio o con fuegos artificiales, festéjenlo hoy, porque dentro de muy poco volverán a sentir ansiedad ante el próximo paso que vaya a dar para adentrarse un poco más en el mundo adulto que ustedes ya conocen bien, y precisamente porque lo conocen bien sin duda sentirán cierta aprensión. Yo no puedo tranquilizarlos, pero sí recordarles que la juventud carece de tacto: generación tras generación, logra no solo sobrevivirnos y sustituirnos, sino también, en esencia, vencernos.

Pero a vosotros, a los que hoy os graduáis, me gustaría expresaros algo más que mi estima y mi enhorabuena. Me gustaría provocaros. A juzgar por la reputación del profesorado y de los antiguos alumnos de esta universidad, me hago a la idea de que vuestra educación no ha sido vana ni irrelevante; ha sido seria. Me gustaría que mis palabras abordaran la seriedad de vuestro paso por esta institución.

Así pues, ¿qué puedo decir a la promoción de 1988 de la Universidad Sarah Lawrence? La última vez que me vi en esta situación fue, creo, en 1984, un año cargado del simbolismo y la tensión que en él había proyectado el señor Orwell. Para ser sincera, no sé qué podría tener interés para una promoción que se gradúa cuatro años después de 1984.

Evidentemente, tendría que hacer alguna referencia al futuro, a lo maravilloso que puede ser... si es que llega a existir; si la posibilidad de llegar a «matar» el tiempo no fuera real, real porque, si queremos que sea así, podemos encargarnos de que no quede nadie para imaginar ni recordar esa invención humana: el tiempo. Su ausencia (la ausencia de tiempo) ha sido concebible a lo largo de toda vuestra vida. Os hablaría del futuro si fuera una alfombra enrollada a la que solo hubiera que dar una patada para verla desplegarse hasta el infinito ante vuestros pies.

Por descontado, debo hacer referencia en algún momento a la responsabilidad. Al fin y al cabo, me dirijo a estudiantes brillantes, diligentes y preparados que están a punto de echarse sobre los hombros el peso considerable de la condición de adultos educados. Por consiguiente, sí, hay que mencionar en algún momento la responsabilidad: la necesidad y el peligro de asumir la carga de la propia vida y, con ello, el cuidado de la vida de otros (un hijo, un amigo, un colega, un padre, un conocido o incluso, tal vez, un desconocido).

¿Y no debería abordar también el bien? ¿Las decisiones éticas? Debería, sí, dado que hacer el bien no solo es mejor para el individuo, sino también más interesante, más complejo, más exigente, menos previsible y más apasionante que su contrario. El mal, en realidad, es aburrido. Tal vez espectacular, pero no interesante. Una actividad poco ambiciosa que requiere de masas, de singularidad, de chillidos o de titulares alarmistas para llamar la atención, mientras que el bien no necesita nada.

¿Y cómo puedo olvidarme de la felicidad? ¿Cómo voy a omitir los ingredientes secretos, cuya combinación deberá impulsarla, cuando no garantizarla? Un poco de lucidez, algo de audacia, una pizca de suerte y una buena dosis de amor propio. Con eso la vida será benévola y una recibirá amor y será digna de él.

El futuro, la responsabilidad, el bien: me encantaría hablaros de todo eso, pero no de lo último, la felicidad. Hace que me sienta incómoda. Violenta. Vuestra felicidad no me interesa. No estoy segura de que la felicidad se merezca su buena fama. Sé, por descontado, que su búsqueda (cuando no su consecución) es un derecho legal recogido en la Declaración de Independencia. Sé que se han creado sectores industriales enteros para ayudarnos a identificarla, alcanzarla y sentirla. Una prenda de ropa más, el mejor teléfono del mundo, el barco más alabado, una cámara con atemporalidad instantánea que saca cientos de fotografías de nada para la posteridad, la dieta más rápida, el helado perfecto con todo el placer del azúcar y la nata y ninguno de sus peligros. Sé, también, que la felicidad ha sido el objetivo verdadero, aunque encubierto, del esfuerzo que habéis hecho aquí, de vuestra elección de compañeros, quizá de la profesión que vayáis a emprender. Y quiero que alcancéis la felicidad, desde luego; es evidente que os la merecéis. Como todo el mundo. Y espero que prosiga, o que llegue, con facilidad, con rapidez, siempre. Sin embargo, no me interesa. Ni la vuestra, ni la mía, ni la de nadie. Creo que ya no podemos permitírnosla. Creo que no cumple lo prometido. Y lo que es más importante: se inmiscuye en todo lo que vale la pena hacer. Hubo una época, en realidad la mayor parte de la historia de la raza humana, en que plantearse la felicidad y esforzarse por alcanzarla era fundamental, una actividad absorbente por necesidad. No obstante, estoy convencida de que la obsesión por conseguirla se nos ha ido de las manos. Ha acabado siendo un concepto vacuo con un vocabulario aterrador: dinero, bienes, protección, control, velocidad, etcétera.

Me gustaría sustituir su búsqueda por otra cosa. Algo urgente, algo sin lo cual ni el mundo ni vosotros podéis seguir adelante. Doy por sentado que os han enseñado a pensar, a plantear de un modo inteligente la resolución de los problemas. Sin duda, es lo que se os va a pedir. Sin embargo, yo quiero hablaros del paso previo. Del preámbulo a la resolución de los problemas. Quiero hablaros de la actividad contra la que siempre os han advertido porque era improductiva, impráctica, inútil. Quiero hablaros de los sueños. No me refiero a la actividad del cerebro dormido, sino a la actividad de la persona despierta, alerta. No a la especulación ociosa e ilusoria, sino a la visión diurna, implicada y centrada. A la entrada en el espacio de los demás, en la situación del otro, en su esfera. A la proyección, si lo preferís. Cuando sueña, el individuo se permite una intimidad con el otro sin el riesgo de ser el otro. Y esa intimidad surgida de la imaginación deliberada debe ser el preámbulo de nuestras decisiones, de nuestra búsqueda de causas, de nuestra acción. ¿Sabéis una cosa? Estamos metidos en un lío del que tenemos que salir, y solo nos salvará la definición arcaica de la palabra «soñar»: «Concebir una serie de imágenes de intensidad, claridad, orden y trascendencia fuera de lo común». Claridad, orden, trascendencia, intensidad, fuera de lo común. Al emprender ese tipo de sueños evitamos complicar lo sencillo o simplificar lo complejo, ensuciar en lugar de resolver, destrozar lo que debería admirarse. Evitamos sustituir conceptos como la inteligencia nacional y la sensibilidad nacional por la «voluntad nacional». ¿Voluntad nacional? ¿De qué tipo? ¿Bien informada? ¿Mal informada? ¿La terca voluntad nacional surafricana? ¿La voluntad nacional de la Alemania de 1940? ¿Seguir aferrados a tesis destructivas sencillamente porque se idearon hace medio siglo? Son soluciones propias del cómic para problemas bíblicos de la era nuclear. Tenemos que hacer cuanto esté en nuestra mano para imaginarnos a los demás antes de suponernos aptos para resolver los problemas que nos plantean el trabajo y la vida.

Soñad el mundo como debería ser, imaginaos cómo sería no vivir en un mundo repleto de armas capaces de acabar con la vida, controladas por personas dispuestas a lanzarlas, idearlas o almacenarlas por dinero, por poder, por información, pero nunca por vuestra vida o la mía. ¿Cómo sería vivir en un mundo donde la solución de la gente seria e instruida para casi todos los problemas de gravedad no fuera matar a alguien? ¿El tráfico de estupefacientes? ¿A quién tenemos que matar... o encerrar? ¿Las enfermedades? ¿A quién tenemos que dejar morir... o encerrar? ¿El autogobierno de un país vecino (o incluso lejano)? ¿A quién tenemos que asesinar? ¿Una hambruna? ¿Cuál es la tasa de mortandad aceptable? ¿El desempleo? ¿El problema de las personas sin hogar? ¿Cuál es la tasa de muerte por inanición tolerable? ¿Hay demasiados niños hijos de mujeres que no deberían tenerlos? ¿Hay demasiada gente que vive demasiado? Hasta nuestra beneficencia está formulada para matar. Se nos pide que donemos millones de dólares a una organización sin ánimo de lucro como Feed the Children, pero una vez que esos niños a los que hemos ayudado cumplen catorce años nos vemos obligados a pagar miles de millones para saltarles la tapa de los sesos si plantean exigencias en su propio interés y no el nuestro. ¿No nos resulta su muerte de lo más oportuno? Total, todos acabarán muriendo, igual que nosotros. Todos los bebés, todos los ancianos, todos los encadenados y los oprimidos, los enfermos, los improductivos, igual que nosotros. Puede que después, antes o incluso por causa de nosotros mismos, pero al final acabaremos todos juntos.

Si esa es la consecuencia de nuestro complejo pensamiento, de nuestra experta resolución de problemas, tenemos que dar un paso atrás y refinar el proceso precedente: una visión mental amplia, íntima y experimental que no se avergüence de soñar, de visualizar al otro.

Imaginaos, concebid lo que sería saber que nuestra comodidad, nuestra diversión y nuestra seguridad no se basan en las privaciones de los demás. Es posible. Pero no si nos entregamos a paradigmas anticuados, a una forma de pensar moribunda que no haya ido precedida por los sueños, que no esté veteada por los sueños. Es posible y, ahora, necesario. Necesario porque si no dais de comer a los hambrientos acabarán devorándoos, y sus formas de devorar son tan variadas como feroces. Devorarán vuestras casas, vuestros barrios, vuestras ciudades; dormirán en vuestros vestíbulos, vuestras calles, vuestros jardines, vuestros cruces. Devorarán vuestros ingresos, porque nunca habrá cárceles, pabellones, hospitales o centros de acogida suficientes para alojarlos. Y, en su búsqueda de una felicidad similar a la vuestra, devorarán a vuestros hijos, los dejarán estupefactos y aterrados, desesperados por alcanzar la vida letárgica que pueden ofrecer los narcóticos. Quizá hayamos sacrificado ya la inteligencia creativa de dos tercios de una nueva generación ante ese sueño envenenado y violento: un sopor tan brutal que no osan despertar por miedo a recordarlo; un sueño de una imprudencia tan anestesiada que transforma nuestro desvelo en pavor.

Es posible vivir sin defender la propiedad ni cederla, pero jamás viviremos así a no ser que nuestra forma de pensar se impregne de sueños. Y ahora es necesario porque, si no dais a quienes no la tienen la mejor educación de que dispongáis, si no les ofrecéis la ayuda, la atención y el respeto que os han dispensado a vosotros al recibir vuestra educación, la buscarán por su cuenta, y lo que enseñarán y lo que aprenderán desestabilizará todo lo que sabéis. Y al hablar de educación no me refiero a poner trabas a la mente, sino a liberarla; al hablar de educación no me refiero a transmitir monólogos, sino a entablar diálogos. Escuchar, pensar a veces que yo también tengo una historia, una lengua, un planteamiento, una idea, una particularidad. Pensar que lo que sé puede ser útil, puede ampliar lo que sabes tú, puede desarrollarlo o completarlo. Mi memoria es tan necesaria para la tuya como la tuya para la mía. Antes de buscar un «pasado utilizable» tendríamos que conocer absolutamente todo el pasado. Antes de empezar a «recuperar un legado», tendríamos que saber con exactitud en qué consiste ese legado, de principio a fin, y de dónde ha salido. En cuestión de educación no hay minorías, solo formas de pensar menores. Y es que si la educación implica instrucción pero no significado, si no está enfocada más que a una carrera profesional, si no habla más que de definir y administrar la belleza o aislar bienes y garantizar que el enriquecimiento sea el privilegio de unos pocos, puede darse por finalizada en sexto de primaria, o en el siglo VI, cuando eso ya se dominaba. Lo demás es refuerzo. La función de la educación en el siglo XXI debe ser dar lugar a seres humanos con conciencia humanitaria. Rechazar que prosiga la producción generación tras generación de personas formadas para tomar decisiones oportunas en lugar de decisiones humanitarias.

Ay, ¿cómo sería el mundo sin el odio putrefactivo que nos han dicho y enseñado que era inevitable entre los seres humanos? ¿Inevitable? ¿Natural? ¿Después de cinco millones de años? ¿Después de cuatro mil años no hemos concebido nada mejor? ¿Quién de nosotros nació así? ¿Quién de nosotros prefiere que las cosas sean así? ¿Que odiemos, arrebatemos, despreciemos? El racismo es una ocupación culta y siempre lo ha sido. No es como la fuerza de la gravedad o las mareas. Es una invención de nuestros pensadores menores, de nuestros líderes menores, de nuestros académicos menores y nuestros empresarios mayores. Puede desinventarse, deconstruirse, y su aniquilación empieza al visualizar su ausencia, renunciando a él; o, si no puede renunciarse a él de inmediato o con la sola afirmación de la voluntad, entonces comportándonos como si, en efecto, nuestra vida en libertad dependiera de él, porque así es. Si me paso la vida despreciándote debido a tu raza, tu clase social o tu religión, me convierto en tu esclava. Si tú te pasas la tuya odiándome por motivos similares es porque eres mi esclavo. Soy propietaria de tu energía, de tu miedo, de tu intelecto. Decido dónde vives, cómo vives, cuál es tu trabajo, tu definición de la brillantez, y pongo límites a tu capacidad de amar. Llego a determinar tu vida. Ese es el regalo de tu odio; eres mío.

Bueno, ahora quizá os preguntéis: «¿Qué es todo esto? ¿No puedo salvar el mundo? ¿Y mi vida? Yo no he pedido venir hasta aquí. No he pedido nacer». Ah, ¿no? Yo os digo que sí. No solo habéis pedido nacer, habéis insistido en llevar la vida que lleváis. Por eso estáis aquí. No por otro motivo. Lo contrario era facilísimo. Ahora que estáis aquí, tenéis que hacer algo que sea digno de vuestro respeto, ¿verdad? Vuestros padres no os han soñado, os habéis soñado vosotros mismos. Yo simplemente os animo a seguir con ese sueño que habéis empezado. Porque soñar no es una irresponsabilidad; es una actividad humana de primer orden. No es entretenimiento; es trabajo. Cuando Martin Luther King, Jr. dijo: «Tengo un sueño», no estaba bromeando; hablaba en serio. Cuando lo imaginó, lo concibió, lo creó en su mente, empezó a existir, y también nosotros debemos tener ese sueño para darle el empaque, el alcance y la longevidad que se merece. No dejéis que nadie, nadie, os convenza de que como el mundo es así tiene que quedarse así. El mundo tiene que ser lo mejor posible. El pleno empleo es posible. Plantear una fuerza laboral de entre el veinte y el treinta por ciento de la población del futuro encierra una profunda avaricia, no un principio económico inevitable.

Todos los colegios públicos pueden ser espacios de aprendizaje acogedores, gratos y sin riesgos. Absolutamente nadie, ni los profesores ni los alumnos, prefiere la estupidez, y en algunos lugares ya se han creado ambientes de ese tipo.

El anhelo de autodestrucción puede erradicarse. Absolutamente nadie quiere ser drogadicto ni suicida.

Los enemigos, las razas y los países pueden convivir. Yo misma he visto, en los últimos cuarenta años, que países enemistados a muerte pasaban a ser buenos amigos que se apoyaban mutuamente, y cuatro países amigos se convertían en enemigos. Y no hacen falta cuarenta años para ser testigo de eso. Todo el que tenga más de ocho ha comprobado la naturaleza utilitaria, comercial y casi voluble en que se fundan las amistades entre países. He visto que se destinaban recursos a los oprimidos, los marginados y los desafortunados, pero antes de que pudiéramos ver sus frutos, antes de que la legislación aprobada diera resultados (¿en cuestión de veinte años?), se desmanteló todo. Sería como si en 1796 se hubiese anulado la unión porque había problemas. O como construir un puente a medias y decir que no sirve para cruzar de un lado a otro.

Es necesario volver a soñar, reconsiderar y reactivar ese compromiso decidido, y nos toca hacerlo a mí y a vosotros. De otro modo, mientras el nacionalismo y los racismos se asientan, mientras las costas y los pueblos siguen siendo focos de alboroto y disputa, mientras las águilas y las palomas planean sobre las pocas fuentes de recursos brutos que quedan en esta tierra, mientras las armas, el oro y la cocaína superan a los cereales, la tecnología y la medicina en la carrera por el primer puesto del comercio mundial, acabaremos con un mundo que no valdrá la pena compartir ni soñar.

Somos nosotros los que hemos elegido la vida, los seres humanos, y por lo que sabemos no hay nadie más. Somos nosotros los habitantes morales de la galaxia. ¿Por qué tirar por la borda esa sublime obligación tras habernos esforzado tanto en el vientre materno para asumirla? Vais a ocupar puestos de relevancia, puestos desde los que podréis decidir la naturaleza y la calidad de vidas ajenas. Vuestros errores podrían ser irrevocables. Así pues, cuando entréis en esos ambientes de confianza, de poder, soñad un poco antes de pensar, de modo que vuestras ideas, vuestras soluciones, vuestras direcciones y vuestras decisiones (quién vive y quién no, quién prospera y quién no) estén a la altura de esta vida tan sagrada que habéis elegido vivir. No estáis indefensos. No sois insensibles. Y tenéis tiempo.

El cuerpo esclavo y el cuerpo negro

En 1988, el mismo año en que James Cameron inauguró el Museo del Holocausto Negro de Estados Unidos aquí en Milwaukee, contesté a una pregunta determinada de una entrevistadora. Dado que había publicado una novela en la que analizaba la vida de una familia nacida en la esclavitud, me preguntaba por la necesidad, el sentido, de contar esa parte atroz de la historia de nuestro país. La necesidad de recordar a los hombres, las mujeres y los niños que sobrevivieron o no llegaron a sobrevivir a los casi trescientos años de comercio internacional en los que su cuerpo, su mente, su talento, sus hijos y su trabajo se adjudicaron a cambio de dinero, un dinero que ellos no podían reclamar. Como el argumento a favor de rehuir los malos recuerdos, o sublimarlos, tenía tanta fuerza, y en algunos ambientes se consideraba no solo progresista sino además saludable, ¿por qué tenía que ir yo a hurgar en las cicatrices, en los queloides, que la guerra de Secesión, la batalla por los derechos civiles que el propio tiempo había sepultado? El cuerpo esclavo estaba muerto, ¿verdad? El cuerpo negro estaba vivo, ¿verdad? No solo andaba y hablaba y trabajaba y se reproducía, sino que prosperaba, disfrutaba de las ventajas de la plena ciudadanía y del fruto de su esfuerzo. Aquella pregunta parecía sugerir que, con independencia de la calidad de la obra, en poco podía beneficiar la escritura de un libro que se dedicaba a desprender las capas de tejido cicatrizal que había ido creando el cuerpo negro para ocultar, cuando no aniquilar, el cuerpo esclavo que quedaba debajo.

Mi respuesta fue de carácter personal. Surgió de una especie de agotamiento sobrevenido tras la conclusión de la novela. Una irritabilidad. Una tristeza.

«No existe ningún lugar —contesté— al que usted o yo podamos ir para pensar o no pensar en los esclavos, para invocar su presencia o rememorar su ausencia; nada que nos recuerde a quienes acabaron el viaje y a quienes no sobrevivieron. No existe ningún monumento conmemorativo, ninguna placa, ninguna corona de flores, ningún muro, parque o vestíbulo de rascacielos que cumpla esa función. No existe ninguna torre de cien metros de altura. No existe ningún banquito junto a un camino. No existe siquiera una muesca en un árbol, una inicial que usted o yo podamos visitar en Charleston, en Savannah, en Nueva York, en Providence o, mejor aún, a orillas del Mississippi.»

»Alguien me contó una vez —continué— que en Washington un señor se gana la vida llevando a grandes grupos en autobús a visitar los monumentos de la ciudad. Y se queja de que nunca puede enseñar nada que tenga que ver con los negros. No sabría explicarle por qué lo considero importante, pero no me cabe ninguna duda de que lo es. Creo que refrescaría la memoria. Y no solo eso, y no solo la de los negros. Serviría también para recordar la lucidez moral de aquellos blancos que dieron lo mejor de sí, que arriesgaron sin tener por qué, cuando podrían haber decidido quedarse callados; para ellos tampoco hay ningún monumento.» Excepción hecha de los nombres de instituciones que rinden homenaje a la implicación o la generosidad de un blanco: Spingarn, el general Howard, Spelman, etcétera. «No estoy pensando en ningún modelo —aseguré— ni en ninguna persona, ni siquiera en una disciplina artística. Anhelo un lugar permanente, sin más. No tiene que ser un gigantesco rostro monumental tallado en la ladera de una montaña. Puede ser algo pequeño, un lugar donde ponerse cómodo. Puede ser un árbol. No hace falta que sea una estatua de la libertad.»

Como pueden apreciar, cuando hice esos comentarios me sentía bastante desamparada.

Cuando empleo el concepto de «cuerpo esclavo» para distinguirlo del «cuerpo negro», quiero hacer hincapié en el hecho de que la esclavitud y el racismo son dos fenómenos independientes. Los orígenes de la esclavitud no son necesariamente (ni siquiera comúnmente) racistas. La venta y la posesión de personas es un comercio que viene de antiguo. Es probable que en este auditorio no haya nadie entre cuyos antepasados no haya habido esclavos, en cuya tribu no haya habido esclavos. Si son cristianos, entre los suyos ha habido esclavos; si son judíos, entre los suyos ha habido esclavos; si son musulmanes, entre los suyos ha habido gente esclavizada. Si sus antepasados son europeos, vivieron bajo la servidumbre de la gleba de la Europa Oriental o el arriendo del feudalismo en Inglaterra, o en la Europa vikinga, en la España visigoda, en la Venecia, la Génova o la Florencia de los siglos XV o XVI... Lo mismo sucedía con la mayor parte de la población de la antigua Roma y la antigua Grecia: eran sociedades basadas deliberadamente en la esclavitud. Pensemos en la Ghana medieval, el Malí de los songháis, el reino de Dahomey y el de los asantes. La esclavitud era fundamental en el mundo del islam y sistemática en Oriente, donde solo en Corea se practicó durante mil años. Todos estamos implicados en esa institución. Los colonos del Nuevo Mundo, que fundamentaban su economía en aquellas sociedades anteriores o contemporáneas basadas en el trabajo gratuito o forzado, trataron de esclavizar a las poblaciones autóctonas y habrían estado dispuestos a importar a cualquier grupo forastero disponible, capaz y con posibilidades de sobrevivir. Y encontraron uno. Estaba disponible porque reinos africanos sumamente organizados podían suministrar trabajadores a los europeos; era capaz porque estaba formado por personas inteligentes, fuertes y adaptables, y tenía posibilidades de sobrevivir porque sus miembros demostraban imaginación, espiritualidad y una firme entrega a sus hijos: los forasteros de África encajaban a la perfección.

La esclavitud no solo no es siempre racista en sus orígenes, sino que tampoco lo es en sus consecuencias. Lo «peculiar» de la esclavitud del Nuevo Mundo no es su existencia, sino su conversión en la tenacidad del racismo. El deshonor vinculado a haber estado esclavizado no condena de forma inevitable a los herederos del esclavo al vilipendio, a la demonización o a la crucifixión. Lo que sostiene todo eso es el racismo. Lo que en gran medida hizo excepcional la esclavitud del Nuevo Mundo fueron los rasgos raciales fácilmente identificables de su población, a la que el color de piel (en gran medida, aunque no en exclusiva) impidió en las siguientes generaciones mezclarse con la población no esclava. No tenían prácticamente ninguna posibilidad de ocultarse, disfrazarse o zafarse de la condición de antiguos esclavos, ya que una marcada visibilidad imponía la división entre antiguo esclavo y no esclavo (si bien la historia rebate esa distinción) y reforzaba la jerarquía racial. En consecuencia, la facilidad de pasar del deshonor vinculado al cuerpo esclavo al desdén dirigido al cuerpo negro liberado era casi absoluta, ya que entretanto, en los años de la Ilustración, se había producido un maridaje de estética y ciencia y un acercamiento a una blancura trascendente. En ese racismo, el cuerpo esclavo desaparece, pero el cuerpo negro permanece y se transforma en sinónimo de pobreza, en sinónimo de delincuencia y en punto crítico de las políticas públicas. De hecho, no existe planteamiento en el ámbito de la economía, de la educación, de la vivienda, de la religión, de la sanidad, del espectáculo, del sistema penal, de la asistencia social, de la política laboral, ni en definitiva en ninguno de los debates nacionales que siguen desconcertándonos, en que el cuerpo negro no sea el gran tabú, el fantasma de la máquina, el objeto (por no decir el tema) de las negociaciones.

Los proyectos de este museo tienen enormes poderes. El primero es el poder de conmemorar. El impulso de conmemorar determinados hechos, personas y poblaciones surge en momentos específicos. Cuando lo que ha sucedido se comprende por fin o cuando puede dar lugar a una clara reivindicación de orgullo cívico o personal, se erigen tumbas y palacios, se acumulan flores, se levantan estatuas, se construyen archivos, hospitales, parques y museos. Al ser el tiempo un factor tan importante en esos procesos, la mayor parte de los participantes en los hechos que se conmemoran no llegan a verlos. Sin embargo, el crecimiento de este país en los siglos XVI, XVII y XVIII, fundamentado en gran medida en la disponibilidad de mano de obra gratuita, es un asunto complejo y excepcional. Excepcional debido a su larga duración y al cautiverio que implicaba; complejo debido a su intrincada relación con el desarrollo cultural, económico e intelectual del territorio. Eso es lo que hay que recordar. Además, estos proyectos tienen otro poder: concienciarnos sobre las formas siempre flexibles, adaptables y escurridizas del racismo moderno, en que el cuerpo esclavo se reconstruye y vuelve a penetrar en el cuerpo negro como encarnación nacional de la limpieza étnica, por la que se mete de manera concienzuda a una tremenda cantidad de hombres y mujeres negros en la cárcel, donde de nuevo pasan a ser mano de obra gratuita; de nuevo emprenden un cautiverio lucrativo. No nos equivoquemos: la privatización de las cárceles no tiene tanto el objetivo de aliviar al contribuyente como de ofrecer a comunidades en bancarrota una fuente de ingresos y, sobre todo, suministrar a grandes empresas una población cautiva disponible como mano de obra no remunerada.

El tercer poder de los proyectos de este museo, y tal vez el más importante, sin duda el más gratificante, es la luz que ha arrojado sobre los aspectos meliorativos y triunfales de la historia de nuestra república, en blanco y negro. Esta es mi impresión: a pesar de todas las estrategias comerciales y políticas para separarnos, dividirnos y distorsionarnos, los jóvenes parecen en verdad hartos del control del racismo sobre sus vidas. La comunidad artística está exhausta debido a las limitaciones que impone y se rebela contra ellas. Los ciudadanos con ingresos bajos, que descubren hasta qué punto su control económico y divisor los aplasta y somete, lo detestan. Los académicos que no se dejan intimidar por sus garras están desmontándolo. Somos cada vez más diligentes al presentar exactitud, otras perspectivas y otros discursos en lugar de historias quiméricas, políticas contaminadas y manipulaciones mediáticas.

Me alegra que mi intervención coincida con la exposición de artistas afroamericanos cuyos ojos se han topado en todos los niveles con los estereotipos y la degradación plástica imperantes por doquier. Gracias a su producción artística, a su gusto y a su genialidad vemos a los afroamericanos como individuos, como seres apreciados, comprendidos. Admirar este testimonio de su fuerza, sus propiedades vivificantes, su humanidad, su alegría y su voluntad debería bastar para impedir el avance de los tentáculos del racismo. Debería bastar para protegernos de su contacto desinformado, ignorante y de implacable toxicidad. Del mismo modo que debería bastar la implicación de esta comunidad. ¿No les parece? Gracias.

Harlem en la cabeza
Refutar la memoria. Una meditación sobre los museos, la cultura y la integración

El actual debate sobre el lugar, el poder y la función de los museos como depósitos de la memoria cultural o como fuentes de integración comunitaria, o ambas cosas, es vital. Esas discusiones son endémicas en el caso de los museos. A lo largo de su historia, el Louvre, por ejemplo, ha sido objeto de ataques radicales y rescates apasionados, pero la institución parisina sobrevive como modelo admirado y ejemplo indispensable del museo universal. Neil Harris señala: «El tamaño, la riqueza, la organización interna y la arquitectura de los museos, así como la descontextualización inherente a los objetos expuestos, despertaron hostilidad en el siglo XIX y sin duda a principios del XX. Algunos críticos catalogaron los templos colosales de los inicios del siglo XX como "imponentes desastres", y la forma de disponer las piezas [...] como un "laberinto del Minotauro", [...] mientras que la política museística se condenaba por su frialdad y su indiferencia sociales. Algunos intelectuales echaban pestes de la incapacidad de los museos para reconocer las necesidades y preocupaciones contemporáneas, y otros condenaban el coleccionismo a gran escala por ser el fruto envenenado del capitalismo». Asimismo, observa el autor, «los museos se han tildado de racistas, revisionistas, hegemónicos, elitistas, políticamente correctos, mercenarios, avariciosos y egoístas». En ese contexto, una se pregunta por qué están experimentando lo que solo puede denominarse un auge, en un contexto en el que se solicitan mayores apoyos, los ingresos aumentan de la mano de la venta de productos y servicios derivados de las exposiciones supertaquilleras y los mecenas y otros patrocinadores compiten entre sí en reputación y generosidad con los museos. Estamos en una época de transiciones, entre las que destaca el reconocimiento de que «el forastero ya está en casa». Y la misión de los museos de la actualidad toma en consideración sus demandas.

Conservadores, artistas, directores, críticos de arte e historiadores reconocen de nuevo la urgencia de esas reflexiones. Sus artículos llenan revistas especializadas, las juntas de los museos tradicionales se replantean su estructura y su contenido, y los recién llegados al panorama museístico organizan sus adquisiciones en función de las demandas de públicos nuevos o infrarrepresentados.

En Estados Unidos, la procedencia de una de esas demandas de representación ofrece un mapa que escenifica tanto las vulnerabilidades como las oportunidades que están encima de la mesa.

En los años sesenta, una época en que el mundo del arte de Nueva York se agitaba con visiones originales (el expresionismo abstracto, el arte pop), el Museo Metropolitano de esa ciudad recibió a un nuevo responsable, Thomas P. F. Hoving. Especialista en arte medieval, había pasado por la dirección de los parques neoyorquinos y llegaba ilusionado con la idea de presentar nuevos proyectos en una institución que, según algunos, agonizaba. Uno de estos proyectos era una exposición concebida para reflejar la cultura de Harlem, barrio afroamericano de la ciudad célebre por sus escritores, sus poetas, sus pintores, sus músicos y la animación de sus clubes nocturnos. La muestra, anunciada en 1968 y titulada *Harlem en la cabeza*, se inauguró en enero de 1969. Sus quince salas conformaban un recorrido por la historia, la identidad y la tradición cultural de Harlem a partir de fotografías, murales, diapositivas, películas, grabaciones documentales, música y objetos de interés. Impulsada y comisariada por Allon Schoener, director de Artes Plásticas del Consejo de las Artes del Estado de Nueva York, la exposición organizada con Hoving fue lo que ambos describieron como un «espectáculo étnico y ambiental total» que retrataba Harlem de 1900 a 1968. La muestra, en la que se emplearon técnicas expositivas por entonces radicales, como la inclusión de fotografías en los techos o a modo de murales, de efectos sonoros y televisores, establecía un paralelismo con otra anterior del Museo Judío en la que había participado Schoener, *El Lower East Side. Un portal a la vida estadounidense*, un panegírico de la inmigración llegada a Estados Unidos. Por mucho entusiasmo que hubiera suscitado la exposición sobre Harlem en numerosos sectores y en numerosos patrocinadores, antes de su inauguración ya hubo murmullos de descontento: se alzaron acusaciones de haber relegado las opiniones y sugerencias de los habitantes de Harlem, de haber utilizado a los negros para «decorar escaparates». Sin embargo, el desenlace fue más ruidoso, con una indignación más virulenta no solo en la comunidad negra, sino en un amplio abanico de grupos, entre ellos algunos de los directores y donantes del museo. Críticos de arte conservadores como Hilton Kramer sostenían que ese tipo de exposición no tenía lugar en un museo de arte: «Al montar la muestra *Harlem en la cabeza*, el señor Hoving ha politizado por primera vez el Metropolitano, con lo que ha puesto en duda su futura integridad como institución consagrada ante todo a la labor de preservar nuestro patrimonio artístico frente a las volubles intromisiones de la historia». Para algunos colectivos judíos, irlandeses e hispanos, la introducción del catálogo, escrita por Candice van Ellison, era una difamación de un racismo flagrante, ya que la autora escribía: «Psicológicamente, a los negros puede parecerles que los sentimientos antisemitas los ubican, por una vez, en el seno de una mayoría. Así, nuestro desprecio por los judíos nos hace sentir más completos como estadounidenses, al compartir un prejuicio nacional». Una difamación de un racismo flagrante. El propio Hoving fue denigrado por el evidente desdén con el que trataba a sus criados negros (su doncella «morenita», su chófer «arisco») y por afirmar que las relaciones de igual a igual entre las razas eran «grotescas». Y lo mismo le sucedió a Schoener por declarar: «Harlem es la capital [de la cultura negra]. Las costumbres y los valores blancos no son universales». Las intenciones populistas de Hoving dieron lugar a fuertes conflictos de clase. Sin duda, la polémica se acentuó por la agitación de los años sesenta, pero las implicaciones de lo que no funcionó en la exposición multimedia de Hoving siguen teniendo resonancia hoy en día. En ese contexto de agravio cultural, artistas, políticos, académicos y periodistas expresaron gravísimas objeciones a las premisas intelectuales y estéticas de la muestra. Algunas de esas quejas eran: la falta de representación afroamericana en el comité de selección; la concentración casi absoluta en la fotografía, en especial en la obra de James van der Zee, y la exclusión deliberada de pintores y escultores; el olvido por parte del museo de su promesa de montar una exposición «aparte», y el hecho de que tuviera que ver más con el entretenimiento que con el arte, en otro ejemplo del voyerismo blanco, al haber una cámara instalada en la calle Ciento veinticinco para que los visitantes del museo pudieran ver por circuito cerrado lo que allí sucedía, como si se tratara de un zoo. El rechazo a artistas como Norman Lewis, Jacob Lawrence, Romare Bearden, Cliff Joseph, Elizabeth Catlett, Raymond Saunders y muchos otros, tanto asentados como emergentes, provocó la aparición de un grupo de protesta y obligó a Roy DeCarava a retirar su obra y a Bearden a abandonar el comité. Sin la plena participación de esos artistas, el núcleo de la exposición confundía a los visitantes al ofrecer representaciones sentimentalizadas y caricaturizadas de los negros como seres criminales, empobrecidos y exclusivamente sensuales. Se consideraba otra ofensa la elección de una estudiante de secundaria afroamericana, en lugar de un artista o un especialista en la materia, para redactar la introducción del catálogo. Incluso el título de la muestra, elegido por Schoener, exacerbó sensibilidades ya de por sí inflamadas. Tomado de la canción «Harlem on My Mind» de Irving Berlin, seguía el mismo modelo que había adoptado el comisario: un blanco escribía sobre la cultura de Harlem con conocimiento de causa y autoridad. La letra evocaba a una cabaretera (y tal vez amante) negra que, en París, añoraba la vida «formidable» (es decir, licenciosa) de la población negra de Nueva York: «Echo de menos ser formidable / y mi *parlez-vous* no parecerá natural / si tengo a Harlem en la cabeza». Sin artistas del barrio en activo, sin representación entre los organizadores, sin siquiera un entendido en arte para escribir la introducción del catálogo, sin ninguna referencia a la próspera vida cívica de Harlem, lo que la comunidad consideraba realmente importante, significativo y variado de su vida cultural quedaba relegado del modo más absoluto y arrogante. Mucha gente consideró que *Harlem en la cabeza* era en esencia una muestra etnográfica presentada en un museo de arte, uno de los principales museos con una visión universal. Con ello indignó a quienes creían que aquel no era lugar para una exposición etnográfica y frustró a quienes querían ver expuesto en sus salas arte de afroamericanos. La clave de tales acusaciones y desilusiones parecía ser que el Museo Metropolitano había tratado la cultura negra como algo «foráneo» y se había apropiado del lugar donde vivían los artistas que la producían para luego homenajearlos de forma selectiva. Una especie de placa de Petri para curiosos.

A pesar de todo, la repercusión de *Harlem en la cabeza* sí dio lugar a nuevas perspectivas. Los ciudadanos de Harlem y los artistas afroamericanos no eran las únicas «minorías» contrariadas. La experiencia de verse silenciados por una exposición en apariencia dedicada a ellos se ha repetido en muchos lugares y hoy en día la jerarquía de culturas se cuestiona y se rebate con determinación. Las comunidades ya no se contentan con ser receptoras pasivas de las actividades museísticas. El Museo Estudio de Harlem, dedicado en exclusiva al arte afroamericano, es uno de los logros relacionados directamente con los efectos colaterales de aquella polémica. Otro es la proliferación de museos étnicos en Nueva York y en otros puntos. Incluso, menos de un año después del final de la exposición, los artistas negros que habían formado la Coalición Cultural de la Emergencia Negra y protestado contra *Harlem en la cabeza* (Norman Lewis, Romare Bearden, Raymond Saunders, Vivian Browne y Cliff Joseph, entre otros) se reunieron con responsables del Museo Whitney de Arte Estadounidense para empezar a negociar el fin de su política de discriminación de los artistas negros. En 1971, la Coalición pidió el boicot de la muestra del Whitney *Artistas negros contemporáneos de Estados Unidos* debido a la escasa participación de afroamericanos en su organización. Quince de los setenta y cinco artistas seleccionados por el comisario, Robert M. Doty, se retiraron, y, como era de esperar, las críticas a los que permanecieron en la muestra se centraron en la reacción política de los negros y se habló poco del arte en sí.

En 1996 no se incluyó a ningún artista de color en la exposición colectiva *La abstracción en el siglo XX. Riesgo absoluto, libertad, disciplina*, del Museo Guggenheim de Nueva York. Casi veintiocho años después de *Harlem en la cabeza*, un importante museo de arte estadounidense excluía a los pintores y escultores afroamericanos de una muestra de gran relevancia y con ello planteaba de nuevo preguntas sobre la raza, la política y la estética. Sin embargo, el sentido de la crítica había variado. Se seguía preguntando al museo de arte: «¿Cuál es el ámbito de las artes plásticas negras? ¿La figuración, la abstracción?», mientras los propios artistas y algunos críticos se planteaban si el arte definido racialmente era limitador y si la cuestión era en sí un problema, sobre todo cuando la respuesta crítica a la exposición de artistas plásticos negros se centraba en aspectos políticos y trataba poco el arte. ¿Cuál era el juicio estético del museo al arte plástico creado por negros? Cliff Joseph aventuró una respuesta en una entrevista: «Yo no diría que exista el arte negro como tal. [...] Sí existe, sin embargo, una experiencia negra en el arte; creo que toda cultura tiene su propia experiencia, que los artistas de esa cultura aportan a su obra».

Muchos de los jóvenes artistas negros de hoy coinciden con Joseph y entienden el arte definido racialmente como algo opresivo e incluso paternalista; como un problema en sí mismo. Son cada vez más los que insisten en que su obra se evalúe solo a partir de criterios estéticos y se plantean: en el caso de que su arte no se incluyera en el epígrafe de «cultura negra», ¿se consideraría afroamericano? Si los artistas no se presentaran en función de su raza, ¿se buscaría en su obra un contenido racial o político? Esas preguntas, entre otras, han dado pie entre los artistas más recientes al término «posnegro», que cumple el doble objetivo de señalar la identidad racial y rebatir sus fronteras establecidas.

La historia y las consecuencias de la exposición *Harlem en la cabeza* son parte esencial del debate actual sobre la misión de los museos en relación con la patria del forastero. Y la mayoría de las noticias son buenas. Aunque el Guggenheim no dio reconocimiento a los pintores y escultores abstractos estadounidenses de color, no se han desperdiciado otras oportunidades. La reciente muestra de Kellie Jones *Energía/Experimentación. Los artistas negros y la abstracción, 1964-1980*, presentada en el Museo Estudio de Harlem, es una respuesta contundente a la omisión del Guggenheim en su colectiva sobre el arte abstracto. Desde la clausura de *Harlem en la cabeza* en 1969, nuevas generaciones de conservadores, estudiosos e historiadores del arte están profundizando y ampliando el concepto del museo de artes plásticas y del museo material y cultural. En 1968, lo etnográfico sustituyó a lo artístico en la muestra del Museo Metropolitano; la etnografía y el arte estaban en gran medida separados. No obstante, en los años noventa los avances de esas disciplinas académicas (el arte y la etnografía) empezaron a converger y parece que ámbitos como la historia del arte mundial son cada vez objeto de más atención y también de más polémica. En la muestra *Explotar el museo*, montada por Fred Wilson en 1992 en el Contemporáneo de Baltimore, había obras de la Sociedad Histórica de Maryland. El comisario extrajo nueva información sobre la vida de los negros estadounidenses a partir de la figuración y el retrato en obras realizadas por artistas blancos de los inicios de Estados Unidos y después recontextualizó las piezas para contar la historia de los negros. Se hacía cada vez más evidente que las decisiones de los museos y de los comisarios están determinadas por criterios ideológicos en la misma medida que por criterios estéticos, y que se toman en el contexto del poder. Yves Le Fur expone con inteligencia, en mi opinión, que el museo de arte del siglo XXI no puede seguir siendo un emplazamiento cultural «donde el arte no occidental se juzgue en función de los parámetros del arte moderno».

El «gran arte» europeo y la «obra material o artesanal» del forastero se conectan mediante la arqueología (la exhumación de artesanía y arte de culturas muertas y su traslado a museos de Europa) y vuelve a armarse y contextualizarse entre estudiosos que aceptan la idea de que las exposiciones que afirman ser representaciones auténticas de los pueblos y sus culturas (que tratan de definir lo que es en esencia africano o europeo) son prácticas hegemónicas que reproducen los valores y los privilegios del centro.

Por suerte, el diálogo continúa: en la elaboración de la historia del arte; al hablar de problemas de estética con una especificidad cultural; al hablar de la invisibilidad del forastero en instituciones consolidadas y en los planes de estudios de los departamentos de Bellas Artes; al hablar de la expansión de «hogares» para el arte de los no occidentales, y al hablar de colecciones de arte moderno independientes en entornos rurales, en zonas menos metropolitanas.

Los museos y las galerías son el hogar y la patria del artista, su lugar en la historia del arte, en la historia cultural, donde las identidades nacionales se plasman y se reimaginan. A medida que pasa el tiempo, esos emplazamientos consagrados al arte se concentran más en la relación entre lo que está fuera del museo y lo que está dentro. A medida que pasa el tiempo, el antiguo «forastero» enriquece cada vez más todos nuestros hogares.

Las mujeres, la raza y la memoria

En 1868, una mujer de cuarenta y cinco años reclamó al Senado de Estados Unidos tres años de atrasos salariales. Durante la guerra de Secesión se le habían encargado tres trabajos: había sido enfermera, cocinera y «comandante de varios hombres». Los políticos del Capitolio tardaron tres décadas en decidir sobre un caso en el que estaban involucrados irremediablemente el dinero, el sexo, la raza y la clase social. Han pasado ciento quince años desde la solicitud inicial de aquella mujer y los problemas explícitos de su contenido siguen conformando una mezcla explosiva de confusión, rabia, miedo, ignorancia y mezquindad. El fondo de aquella batalla decimonónica por una paga de veterana de guerra es la cuestión candente en el feminismo del siglo XX: ¿cómo puede lograr una mujer que se la considere y respete como ser humano sin acabar siendo una ciudadana masculinizada o dominada por lo masculino?

Debido a toda una serie de complejas razones, todavía no tenemos la respuesta definitiva, pero resulta imposible no sacar la deprimente conclusión de que la principal de esas razones es nuestra (es decir, de las mujeres) complicidad consciente e inconsciente con las fuerzas que han hecho que el machismo siga siendo la opresión de clase más antigua del mundo. Esa traición, fruto del desconocimiento o de la premeditación, es como un hueso atragantado en la garganta de todas las mujeres que tratan de dar voz a su condición actual; y mientras no lo expulsemos, seguirá asfixiando y tal vez silenciará pronto la que podría haber sido la primera revolución sin derramamiento de sangre de Estados Unidos en llegar a buen puerto.

Que el autosabotaje está muy extendido entre las mujeres no es ningún secreto; lo que quizá no esté tan claro es por qué nos empeñamos en ponernos grilletes. El machismo no se limita a los hombres y suele recurrirse a la psicología, la educación y la teología para explicar esa subversión, para situar su origen en el opresor; sin embargo, la saboteadora más eficaz y más solvente es la que no necesita órdenes.

Las mujeres de Estados Unidos encajan en una de estas tres categorías generales: feministas, antifeministas y humanistas no alineadas. Cada uno de esos grupos, sin duda imprecisos, genera cierta hostilidad como mínimo en uno de los otros. Y todos contienen subgrupos decididos a hacer proselitismo entre los demás.

Las feministas declaradas, con una conciencia lo bastante despierta para trabajar activamente por los derechos de las mujeres, existen desde hace mucho tiempo. El feminismo es tan antiguo como la represión sexual. En este país, donde mejor floreció la liberación femenina fue en el terreno abonado por la liberación negra. El movimiento abolicionista de mediados del siglo XIX dio vida a las sufragistas; el movimiento por los derechos civiles de mediados del siglo XX dio vida a la liberación de la mujer. Ambos movimientos fueron impulsados enérgicamente por negros (ningún blanco destacó en ellos), pero ambos abandonaron los derechos civiles negros y entendieron el alejamiento del problema racial como un paso necesario e inevitable, una oportunidad de concentrarse en exclusiva en los problemas del machismo. Cada vez que se producía ese alejamiento, se abría el camino hacia la disensión y se anunciaba un futuro de escisiones y autosabotajes.

Entre las feministas modernas, esa primera división pronto dejó paso a una segunda, de la que surgieron dos grupos principales: las feministas socialistas, que culpan al capitalismo por la virulencia de la opresión sexual, y las feministas radicales, que culpan a los hombres. La indignación del feminismo tanto socialista como radical se dirige hacia la causa del machismo, si bien en la persecución del enemigo gran parte de la violencia emocional acaba desbordándose sobre las víctimas. Con independencia de cómo definan al enemigo (los hombres o «el sistema»), ambas facciones reconocen la necesidad de neutralizar la hostilidad de las mujeres entre sí: hermanas, madres e hijas, amigas y empleadas. Entienden la traición entre mujeres como un residuo del desprecio hacia uno mismo propio de las minorías y de la competitividad del mercado matrimonial. No obstante, la convivencia de una conciencia despierta y otra reprimida suele dar como resultado un conflicto interno explosivo. Del relato de Andrea Dworkin de sus intentos de hablar con mujeres de Houston defensoras del derecho a la vida se desprende un crudo terror. En el recuerdo de Simone de Beauvoir de su rivalidad con su madre hay auténtico veneno. Incluso entre las feministas avanzadas el sabotaje es una seria amenaza. Woman's Place, una acogedora librería de un colectivo feminista de California, acabó en los tribunales cuando las separatistas impidieron la entrada a las integracionistas.

Las feministas consideran que las antifeministas, que cuentan con un amplio apoyo entre los hombres, están pariendo y amamantando sin cesar, satisfechas con cualquier sistema, político, económico o cultural, que gobierne a los hombres y los mantenga, cuando no responsables, como mínimo a raya. Las antifeministas, que vierten culpa sobre el comunismo y el ateísmo de las feministas, están convencidas de que el papel del hombre como proveedor y como padre es la cima de la sociedad civilizada. No les preocupa que la antropología siga teniendo graves dificultades para encontrarle otro papel que no sea el de padre o marido; que, mientras que la «naturaleza» define con facilidad el papel de una mujer, la «sociedad» debe buscar una definición para los papeles masculinos. El intento de descubrir para qué sirven los hombres (aparte de para engendrar y mantener a los hijos) lleva a los investigadores a analizar la «civilización» y los puestos de dominio masculino que encierra. Dado que para ellos la paternidad no es lo bastante gratificante, se consideran ejecutores, líderes e inventores, y no hace falta un intelecto privilegiado para comprender que también de las mujeres, si estuvieran liberadas de la casa y el cuidado de los hijos, podría esperarse que ejecutaran, lideraran e inventaran. Contemplar un cambio de expectativas tan radical puede provocar reacciones que van de la incomodidad al terror. Las antifeministas no se oponen de forma categórica a que las mujeres se ocupen de actividades masculinas, pero consideran o bien que son libertades secundarias, o bien que no son libertades en absoluto, sino fuertes exigencias que van a arrebatarles un proteccionismo logrado con esfuerzo. De ahí su indignación ante la propuesta de una enmienda constitucional sobre la igualdad de derechos, el aborto libre y una larga serie de objetivos feministas.

Las agnósticas, o humanistas no alineadas, probablemente conformen el grupo más numeroso de los tres y, aunque tanto las feministas como las antifeministas las cortejan para inclinar la balanza de su lado, se han granjeado el desdén y la desconfianza de unas y otras. Las feministas las consideran esquiroles y oportunistas que se benefician de su labor sin aportar nada e incluso las menosprecian. Son las mujeres del mundo académico que aceptan una plaza de titular como fruto de la labor feminista y se identifican como representantes del poder femenino, pero que se apresuran a desligarse del academicismo «meramente» feminista («Yo enseño a Milton»). Las antifeministas las consideran unas cobardes que se aprovechan del proteccionismo cuando les conviene y lo desechan de un modo flagrante cuando no. Son las mujeres casadas y descontentas que plantean demandas feministas sobre la vida doméstica, el cuidado de los hijos y la libertad sexual sin exigir una responsabilidad paralela. Toda su energía se canaliza hacia la escala de valores competitiva de la belleza física. Se decoran y se venden exactamente igual que una *pin-up* de los años cincuenta; se refieren entre dientes a la inutilidad de los hombres, pero se consideran, y consideran a las demás mujeres, seres incompletos si carecen de una compañía masculina. Las mujeres no alineadas se sienten incómodas ante la conducta exagerada o agresiva de las feministas radicales y las desdeñan por ser amazonas de mentalidad masculina y escaso atractivo. Igual de despreciables les resultan las antifeministas, cuya oratoria las divierte y a las que consideran fanáticas religiosas ignorantes o, sencillamente, serviles. Las conversas situadas a su izquierda y a su derecha juzgan la neutralidad «razonable» de las humanistas como una actitud colaboracionista.

Entre esos tres grupos, el campo de batalla es amplio y está repleto de armamento. Por muy tristes que sean esas divisiones, surgen de problemas genuinos, de graves cuestiones sin resolver relacionadas con la biología y la intolerancia.

El dominio biológico, ya sea una bendición o una maldición, es real. Con independencia de su tendencia (radical, anti o no alineada), las mujeres modernas se ven obligadas inexorablemente a vender su vagina o su útero o a comerciar con ellos. Para las madres «involuntarias», comerciar con su vientre significa exigir protección como clase por el producto que ese órgano puede fabricar: los niños. Para las madres «voluntarias», el vientre se convierte en el nexo para reclamar el derecho a concluir su actividad. En cuanto amantes, prostitutas, esposas confinadas en casa y «actrices» pornográficas, las mujeres están implicadas en la mercantilización de su vagina y deben asumir la aceptación de ese valor como la situación existente y debida o existente e indebida. Dado que la capacidad de ganarse el sustento de las mujeres siempre se ha relacionado con su sexualidad, ya fueran jóvenes solteras, amantes, esposas o prostitutas, la fidelidad es responsabilidad suya, no de los hombres. «Relacionarse con los hombres en la cama y en el matrimonio es convencionalmente lo que abre las puertas de una feminidad normal.» Y es deber de la mujer anunciar su fidelidad y mantener la de su pareja. Esa carga, unida a la economía de la sexualidad, sitúa a las mujeres heterosexuales en conflicto directo con las lesbianas.

Las mujeres homosexuales, o mujeres definidas por las mujeres, que luchan por eliminar a los hombres y su dominio de su vida personal y sexual, están convencidas de que el lesbianismo es la única forma de alcanzar su máximo potencial como mujeres. Muchas anhelan un mundo carente de géneros por completo, si bien no queda del todo claro de dónde saldrán las futuras lesbianas si no existe algún tipo de contacto con un hombre o, como mínimo, con un recipiente que contenga su semen. Por el momento, su planteamiento implica compartir con científicos hombres el alegre optimismo suscitado por los métodos de concepción para los que no hace falta follar. Por otro lado, las homosexuales no son las únicas que sueñan con un pacífico reino sin género, como demuestra la cantidad creciente de escritoras dedicadas a la ciencia ficción. La barricada del género resulta tan problemática que muchas escritoras feministas han acudido a la fantasía para inventar un universo trascendente sin las limitaciones de la biología.

La segunda inquietud que genera disensión entre las mujeres es la tenacidad de la intolerancia masculina y sus graves consecuencias para la vida de todas las mujeres, con independencia de la postura que defiendan. En esta sociedad, los hombres siguen decidiendo los objetivos científicos, políticos y laborales. La manipulación científica en el campo de la reproducción ha resultado tener pros y contras muy marcados. Fue una mujer, Margaret Sanger, quien tuvo la idea y recaudó los fondos necesarios para que un hombre, el doctor Gregory Pincus, inventara un «anticonceptivo sencillo, barato y sin riesgos que utilizar en suburbios asolados por la pobreza, en la jungla y entre la gente más ignorante». La concreción del encargo es importante y decisiva, y demuestra que las sospechas de las mujeres pertenecientes a las minorías ante todas las campañas de control de la natalidad están fundamentadas. A pesar de las intenciones originales, desde 1960 la «píldora» ha resultado ser el principal factor de liberación para las mujeres de cualquier color. Sin embargo, el pronunciado descenso de los nacimientos y de la mortandad en los partos queda compensado por el incremento abrumador de las muertes debidas a dispositivos de control de la natalidad. El anticonceptivo que impide el nacimiento también mata a las mujeres, pero, dado que las implicaciones en cuanto a clase y raza de las campañas de control de la natalidad son sistémicas, no hay ninguna garantía de que el peligro vaya a decrecer, aun cuando las mujeres acabaran controlando la fertilidad entre sus hermanas en plena selva. Las feministas que tratan de convencer a otras personas de su punto de vista recurren por sistema a la imagen de oleadas de bebés no blancos destinados a transformarse en adultos hambrientos y aguerridos.

Pese a la aprobación de algunas leyes progresistas y al aumento de la presencia femenina en la esfera política, y pese al porcentaje de mujeres inscritas en el censo electoral, nadie pone en duda que la política la hacen los hombres para los hombres. Nadie se molesta siguiera en preguntarse por qué tantas mujeres dedicadas a la política son conservadoras. Las ganas de contar con heroínas políticas son tan grandes que se puede dejar tranquilamente que sea la izquierda la que pida disculpas por la existencia de líderes reaccionarias. No obstante, dichas disculpas no ocultan la furia imperante entre las mujeres de izquierdas y sus hermanas de derechas, como se ve en cualquier campaña centrada en un problema concreto, ya sea la segregación racial en los centros educativos, el derecho al aborto o el rezo en los colegios, por poner solo tres ejemplos.

El control que ejercen los hombres sobre el mercado laboral es riguroso, y más en la actualidad, ya que las mujeres sin una casa de la que ocuparse son claramente superfluas para el capitalismo liberal o corporativo. Hay una gran carencia de trabajo y un gran exceso de preparación. Una gran carencia de trabajo y un gran exceso de trabajadores. Los adolescentes, las minorías, las mujeres, los recién jubilados, los granjeros, los operarios y los discapacitados con preparación constituyen la reserva de efectivos disponible para satisfacer unas necesidades laborales en constante evolución. Ese sistema de oferta y demanda lleva incorporada una violenta lucha generalizada por hacer carrera que hierve en oficinas y fábricas. Debido a su dependencia, las mujeres son los elementos más desechables de la fuerza laboral.

La biología y la intolerancia son los enemigos históricos: los que las mujeres han identificado hace ya mucho como el objetivo que hay que atacar para erradicar el machismo. Un fenómeno más reciente y quizá más siniestro es el aumento de las saboteadoras, que parece estar paralizando el feminismo en su conjunto: los conflictos internos, los callejones sin salida y las minicausas han fragmentado el movimiento, lo han alejado de la revolución política seria de sus orígenes y lo han trivializado hasta volverlo casi irreconocible. ¿Por qué los problemas relacionados con el derecho a la vida y el aborto libre han convertido a las mujeres en sus propias antagonistas? ¿Por qué consideran las prostitutas que las mujeres que luchan contra la pornografía suponen una obstrucción inútil? ¿Por qué las mujeres negras y de otras minorías se apresuran tanto para rechazar el liderazgo feminista blanco? ¿Por qué las mujeres, a pesar de lo mucho que hablamos de solidaridad en público, despedimos a nuestras colaboradoras cuando se quedan embarazadas, votamos contra el nombramiento de decanas y presidentas, tratamos a las sirvientas como si fueran de nuestra propiedad y atacamos a los niños negros de otras madres? Mientras esas refriegas continúan, el movimiento se acerca peligrosamente a una implosión de odio entre mujeres, en la peor de las hipótesis, y en la mejor a un desconcierto frustrado de callejones sin salida y minicausas, todo lo cual demostraría la más zafia de las expectativas masculinas: que cualquier organización formada por mujeres está destinada a acabar en una pelea en que nos tiremos mutuamente del pelo, igual de entretenida e irrelevante que los combates de luchadoras de barro.

¿Cómo puede resurgir un movimiento de liberación de la mujer responsable y digno y seguir adelante sin avergonzarse ni quedar reducido a un movimiento de lamentación de la mujer? Tal vez si escuchamos con atención la ferocidad, la elocuencia y los alegatos dedicados a la causa feminista oigamos otro mensaje, un mensaje que

132

aviva el lamento y dice que la masculinidad o la virilidad, al fin y al cabo, es una idea superior; que para todas, desde las feministas radicales, que están convencidas de que los hombres son justo los menos indicados para la masculinidad, hasta las mujeres «totales», que consideran que los hombres son simplemente mejores, el concepto de masculinidad sigue asociado a la aventura, la integridad, el intelecto, la libertad y, por encima de todo, el poder. «El hombre es la medida del hombre» es una observación fácil de desestimar en un contexto moderno, pero la masculinidad sí es sin duda la medida de la condición de adulto (de la condición de persona). Hay pruebas de ello por todas partes. La masculinidad determina los deseos de las mujeres que creen haber nacido para complacer a los hombres, al igual que los deseos de aquellas que anhelan lo que ellos se atribuyen. Enardece la motivación de las mujeres que quieren ser consideradas competentes, brillantes, duras, concienzudas, justas y razonables. Un intelecto riguroso, identificado habitualmente como un rasgo masculino, nunca ha sido prerrogativa exclusiva de los hombres. Ceder el control reproductivo a Dios equivale, en realidad, a cedérselo a los hombres. Reclamarlo equivale a usurpar la soberanía masculina y conquistar lo que la masculinidad da por sentado: la dominación.

En lugar de limitar la definición de lo femenino a un único cromosoma, en lugar de cambiarla para glorificar el otro, ¿por qué no ampliarla a fin de que incluya los dos? Tenemos ambos. Por no querer o no necesitar hijos no debería hacer que nos viéramos obligadas a abandonar nuestra propensión al cuidado de los demás. ¿Por qué no emplearla para conferir un nuevo sentido al feminismo, un sentido que lo distinga de la veneración por la mujer y del temor ante el hombre? La verdad es que los hombres no son un sexo superior, pero tampoco lo son las mujeres. En cambio, la masculinidad como concepto es la envidia de unos y de otras. Así pues, el problema es este: el acuerdo tácito de que la masculinidad es preferible supone también la aceptación tácita de la supremacía masculina, sin importar que los individuos «masculinos» sean hombres, mujeres de mentalidad masculina o mujeres dominadas por los hombres, y dicha supremacía masculina no puede existir sin sus genitales. Toda cultura machista tiene su propia formación sociogenital; en Estados Unidos, esa formación es el racismo y la jerarquía social. Cuando ambos se cercenen, la supremacía masculina se derrumbará y el mar de la disensión entre mujeres se secará.

Fingir que los elementos racistas de la supremacía masculina son menos importantes que el machismo es eludir, una vez más, la oportunidad de erradicar el machismo por completo. Del mismo modo que la eludieron los abolicionistas del siglo XIX, también se ha eludido en el feminismo del siglo XX. El rechazo repetido a afrontarlo no solo refuerza la supremacía masculina, sino que crea líneas de conflicto que ven oponerse a cuarenta millones de mujeres a un lado y a sesenta al otro.

Aceptar la jerarquía de clases definida y bendecida por el hombre es también asfixiar el movimiento y mantenernos encerradas en una guerra infructuosa en que todas somos saboteadoras.

La complicidad en la subyugación de la raza y la clase explica en gran parte el autosabotaje del que son víctimas las mujeres, puesto que de tal subyugación han surgido directamente ciertos mitos de destrucción de lo femenino. Uno es el mito de la matriarca malvada, tan preponderante que las conclusiones de Daniel Patrick Moynihan sobre el matriarcado como causa de patología entre los negros tienen eco en la literatura de autores negros de ambos sexos, al igual que en la de los blancos. Y eso a pesar de que en tan solo un dieciséis por ciento de todos los hogares se reconoce a los hombres como únicos proveedores de sustento (los gobiernos insisten en que todos los hogares tengan un «cabeza de familia» y se alarman cuando no se trata de un hombre). En la vida de los negros, nada respalda la tesis de la «feminización» de los hombres por parte de sus mujeres y todo apunta a que la fuerza castradora es la opresión del hombre blanco. Sin embargo, esa distorsión goza de muy buena salud: tanto los italianos como los judíos, los hispanos y los WASP explican en parte sus problemas sociales según su éxito o su fracaso en la doma de una matriarca amenazadora.

Otro mito que destruye lo femenino es la ausencia de clase social deseada por el capitalismo liberal y el socialismo. En el capitalismo avanzado, las mujeres no disfrutan de autonomía económica y dependen de «destinos inciertos y decididos por los hombres como esposas, madres y amas de casa». En las sociedades marxistas, donde las clases se identifican en función de su relación con la producción, la unidad familiar, con su estratificación interna (el hombre es el cabeza de familia), se resiste a todo intento de describir adecuadamente la producción de quien carece de salario, esto es, del ama de casa.

La estratificación de las clases agudiza y politiza la lucha por los bienes y la categoría social. Junto con los demás conflictos que genera, la desigualdad de clase agrava las diferencias entre mujeres negras y blancas, pobres y ricas, viejas y jóvenes, madres solteras que reciben asistencia social y madres solteras con trabajo. Enfrenta a las mujeres a partir de diferencias de opinión inventadas por los hombres, diferencias que determinan quién puede trabajar, quién puede recibir una buena educación, quién controla el útero o la vagina; quién acabará en la cárcel; quién vivirá dónde.

La disposición de mujeres inocentes, ignorantes o egoístas a desdeñar las implicaciones de los prejuicios de clase y a desempeñar papeles acordes con los intereses del Estado, definidos por los hombres, engendra y perpetúa políticas reaccionarias, por lo que es una forma lenta y sutil de sororicidio.

Nadie puede salvarnos de eso, nadie más que nosotras mismas. Y, así, una busca señales de vida entre los escombros de lo que una vez pareció un movimiento de liberación vital. Tres faros parpadean en el erial: el trabajo tenaz y a menudo ingrato que hace un número cada vez menor de feministas para cambiar leyes opresivas, los desabastecidos centros de autoayuda y las redes de ayuda mutua y, con mucha mejor salud, los deslumbrantes logros femeninos en el arte y los estudios académicos. Nada me parece más estimulante y más claramente pertinente que lo que está sucediendo entre las artistas y las académicas. La intención peyorativa y limitadora de las etiquetas sigue campando a sus anchas («las mujeres dramaturgas», «las mujeres fotógrafas», etcétera, son recapitulaciones anuales obligatorias en distintos medios de comunicación), pero no por mucho tiempo. Podría ser el primer indicio de una posible victoria en la lucha por conseguir ser vistas y respetadas como seres humanos sin ser masculinas y sin estar sometidas a una dominación masculina. Allí donde el autosabotaje es más difícil de mantener; donde la adoración de la masculinidad como concepto muere; donde puede emerger una compasión inteligente hacia mujeres distintas a nosotras; donde el racismo y la desigualdad de clase no influyen en la perspectiva o en la investigación; allí donde, de hecho, la obra en sí, el proceso mismo de su creación, convierten el sororicidio, al igual que el fratricidio, en algo repugnante.

Treinta años después de que Harriet Tubman (negra, mujer, madre, hija, enfermera, cocinera, esposa y «comandante de varios hombres») reclamara sus atrasos salariales ante una sala llena de hombres blancos, machistas, intolerantes y clasistas, se los concedieron. No he optado por empezar y concluir esta disertación con su demanda porque sea una anécdota conmovedora, sino porque la clave de la opresión femenina se ve con toda claridad en la respuesta a su actitud, respuesta que expresa con toda su fuerza la particular mezcla de racismo y machismo propia de Estados Unidos.

Y no vayan a creer que ella no lo supiera. Le concedieron veinte dólares al mes de por vida. Por entonces tenía setenta y cinco años, así que probablemente no esperaban prolongar mucho la pensión. Tozuda como la mujer que era, vivió trece años más.

La literatura y la vida pública

Al regresar al lugar donde cursó sus estudios de posgrado, una siempre corre el peligro de volver a su estado original en el entorno en el que tienen lugar las investigaciones, los problemas salen a la superficie y se requiere ayuda para solucionar todas las dificultades, de modo que pueda presentarse un argumento claro y convincente. Y he aquí que ahora, tantos años después, me siento así: tal vez por alguna parte haya un tribunal preparado para interrogarme tras haber escuchado este discurso. Se trata de un recuerdo útil, porque me gustaría aprovechar esta oportunidad y este estimulante marco para analizar (o plantear) una serie de ideas que no he tenido ocasión de formular, salvo en mi literatura. Y para explorar cómo se manifiestan en mi obra dichas ideas.

El problema que quiero abordar esta tarde es lo que considero la pérdida de la vida pública, que se agrava con la degradación de la vida privada. Y propongo la literatura como alivio de esa crisis de maneras que ni la propia literatura habría podido imaginar.

Durante los años ochenta y noventa, la tecnología y el régimen del mundo visual electrónico han alterado la percepción del público y la experiencia que tenemos unos de otros. (La actual Era del Espectáculo prometía intimidad y universalización en el marco de una aldea global, pero ha engendrado una terrible confusión entre existencia privada y pública.) Una vez que han quedado atrás los muy difamados años sesenta y setenta, en los que existió realmente una vida pública (y expresada públicamente) rebatida, discutida, defendida y criticada, parece poco probable que vuelva a haber de nuevo unas décadas así, en las que las cuestiones relativas a la conciencia, la moralidad, la legalidad y la ética eran liberacionistas en lugar de opresivas. Y es interesante señalar que se trata de décadas que, a diferencia de cualquier otra precedente, se avergüenzan de sí mismas. Ese tipo de vida pública (el movimiento por los derechos civiles, etcétera) no se experimenta como un conjunto de fenómenos mediáticos hechos posibles por «el enorme peso de la publicidad y de las fantasías de los medios de comunicación, [que sofoca] las realidades de la división y la explotación; [disfraza] la desconexión entre la existencia privada y la pública».[5] Las consecuencias pueden ser apatía, repulsión, resignación o una especie de vacío interior (una insensibilidad), «un mundo de ensueño a base de estímulos artificiales y experiencias televisadas», del que F. Jameson señalaba: «Nunca, en ninguna civilización anterior, han parecido tan absolutamente lejanas e inútiles las grandes preocupaciones metafísicas, las preguntas fundamentales sobre la existencia y el sentido de la vida». Hizo esos comentarios en 1971 y hasta cierto punto son inaplicables hoy, cuando la ética de la producción y la de los medios tienen más fuerza que la ética social o la justicia.

Vivimos en la Era del Espectáculo. El espectáculo promete implicarnos, servir de intermediario entre nosotros y la realidad objetiva sin emitir juicio alguno. Su promesa se parece mucho a la de la energía nuclear: debía ser inocua, limpia y barata, pero resultó peligrosa, sucia (contaminada) y cara. La promesa que hizo el espectáculo no se ha cumplido. No solo no estamos implicados, sino que estamos profundamente distanciados, somos incapaces de distinguir, corregir o medir la conmoción o la empatía. El «régimen de la autoridad visual [es una] ordenación coercitiva de imágenes sometidas a un cronógrafo»[6] y nos impone su organización como simulacro de lo real.

Las noticias prometen informarnos. Sin embargo, «la promiscuidad de los informativos nocturnos —la mezcolanza de los tornados en Pensilvania con francotiradores de Bosnia, los maestros en huelga en Manchester, [...] la cirugía coronaria en el ala infantil de un hospital californiano— es una característica impuesta por el factor tiempo».[7] Sin embargo, ese batiburrillo de acontecimientos se presenta al espectador como una representación de la promiscuidad del mundo exterior, que en consecuencia nos resulta incoherente.

> Millones de personas buscan en la pantalla signos de su identidad colectiva como sociedad nacional y como ciudadanos del mundo. Los medios desempeñan ahora un papel decisivo en la formación de la «comunidad imaginada», tanto en el plano nacional como en el mundial. [De ese modo,] los informativos se convalidan como un sistema de autoridad, una institución nacional con el poder de proporcionar a la nación una identidad y de tomarle el pulso a diario.[8]

No obstante, algunos hechos recientes apuntan a que algo ha salido mal. Es posible que la fórmula, la autoridad, el paradigma, los objetivos del espectáculo no funcionen. La televisión, antigua «iglesia de la autoridad moderna»,[9] en su día presentaba las noticias de modo sistemático como un espectáculo sagrado: el entierro de John F. Kennedy, la boda del príncipe Carlos, las ceremonias de investidura presidenciales, la muerte de Diana de Gales: en todos esos casos era implícito que lo que se mostraba resultaba de gran importancia nacional e internacional. Sin embargo, en la fusión de la información (que no es noticia si no está constituida de imágenes) con el espectáculo al servicio del entretenimiento lucrativo, determinados relatos electrónicos construidos originalmente como historias oficiales o nacionales no han revelado la identidad nacional prometida, sino las fallas que contenían. La guerra se convierte en un «suceso» programado y moldeado en que la pregunta electrónica pasa a ser política: ¿cuándo vamos a salir de allí?, ¿cuándo van a volver los soldados?, ¿cómo va a morir el déspota? En otros relatos de interés nacional (las audiencias de confirmación de Clarence Thomas como senador, el juicio de O. J. Simpson, la investigación del caso Whitewater, el proceso de destitución de Bill Clinton), el tiempo y el formato narrativo, así como la trama, están sujetos a las necesidades de la programación televisiva. Resulta fascinante recordar que prácticamente todas esas noticias recientes tienen una enorme influencia de la raza o el sexo, o de ambas cosas, y del poder ejercido o refrenado por una de las dos.

Esos espectáculos nacionales no han ocultado las divisiones, como habría sido su deseo, sino que las han exacerbado. No podemos confiar en el espectáculo para que cure y distraiga por completo. Tiene más posibilidades de dañar, alterar o distorsionar el tiempo, el lenguaje, la imaginación moral, los conceptos de libertad o el acceso al conocimiento a medida que nuestra conciencia va quedando reducida a la automercantilización. Pasamos a ser «anuncios» de nosotros mismos bajo la presión del espectáculo que aplana nuestra experiencia de la dicotomía público/privado. La cuestión es cómo y dónde podemos experimentar lo público en términos de tiempo, de lenguaje, de reacción emotiva y de contexto, con el fin de participar plenamente de nuestra propia vida personal, singular e incluso inventada en relación con la vida de los distintos colectivos a los que pretendemos o deseamos pertenecer.

¿Cuál es el origen de esa percepción aplanada de lo privado y lo público? En parte la confusión puede deberse sencillamente a un empleo indebido de los términos: por un lado, tenemos la vida privada y, por el otro, la privatización de las cárceles, de la sanidad y de los llamados «colegios públicos». El primer uso emana de las garantías constitucionales, así como de una reivindicación personal. El segundo es una inversión empresarial que cotiza en Bolsa.

Lo primero (la reivindicación personal de intimidad) puede abandonarse (en un programa televisivo de entrevistas, por ejemplo) o perderse en los tribunales (en el caso de personajes famosos y figuras «públicas»), pero en cualquier caso esas connotaciones de intimidad están sometidas a vigilancia en todo momento. Lo segundo (la privatización de instituciones oficialmente públicas) también puede frustrarse en los tribunales, pero se nos presenta y se nos representa como algo que beneficia al bien «público» (que fomenta la competencia y demás, lo que debería hacer que los precios bajaran y mejorara la calidad en beneficio de los consumidores). El interés público se redefine con frecuencia como un conjunto de intereses «especiales».

El desmoronamiento de esas definiciones borra hasta tal punto las fronteras entre un individuo y su comunidad imaginada que no nos sorprende ni nos inquieta que la vida pública se represente ahora como un fenómeno visual de un relato determinado que explota con fines sensacionalistas el sexo, la raza y las amenazas familiares en busca de repercusión nacional y perspectivas de comercialización. Ese derrumbamiento caótico de lo privado y lo público (una vida privada sometida a constante observación y una esfera pública de la que hemos perdido el control) fomenta la retirada hacia el narcisismo de la diferencia, una rendición a los placeres superficiales del entretenimiento. O la participación en una comunidad completamente ilusoria determinada por el miedo y por un deseo insaciable.

Opino que, ante esas subversiones hechas ya realidad y ante la posibilidad de que haya más, la literatura ofrece un remedio muy especial. Históricamente, para animar al estudio de la literatura se ha hecho hincapié en tres grandes ventajas: (1) su capacidad para formar el carácter y reforzar la moral, (2) su idoneidad como actividad de ocio elevada y apolítica, y (3) su papel a la hora de cultivar «poderes de la imaginación que son esenciales para la construcción de ciudadanía».[10] Si bien recibir educación para ser ciudadano es mejor que recibirla para ser consumidor, la ciudadanía como objetivo comporta vinculaciones nacionalistas problemáticas. «Lo malo del nacionalismo no es el deseo de autodeterminación en sí, sino esa ilusión epistemológica de que nadie puede encontrarse en su casa ni sentirse comprendido si no es entre sus iguales absolutos. El error nacionalista no está en el deseo de mandar en su casa, sino en creer que allí solo merece vivir su propia gente.»[11] Dejando a un lado si la capacidad de la literatura para formar el carácter, su riguroso intelectualismo alejado de la política o su utilidad para producir ciudadanos buenos y atentos; dejando a un lado si los lectores siguen compartiendo alguna de esas reivindicaciones (y no estoy segura de que los argumentos en favor de la literatura hayan cambiado mucho desde el discurso «El intelectual estadounidense», de Ralph Waldo Emerson, o las declaraciones de F. R. Leavis), se ha puesto de manifiesto un nivel de urgencia inimaginable hasta la fecha en el estudio y la producción de literatura: la ficción literaria puede ser (y estoy convencida de que lo es) la última y la única vía del recuerdo, el único aliado fiel en la derrochadora merma de la conciencia y la memoria. La ficción literaria puede ser un lenguaje alternativo que contradiga y eluda o analice el régimen, la autoridad de lo visual por medios electrónicos, la seducción de lo «virtual». El estudio de la ficción puede ser también el mecanismo de reparación de la ruptura entre lo privado y lo público.

La literatura tiene rasgos que permiten experimentar lo público sin coacción y sin sumisión. La literatura rechaza y trastoca el consumo pasivo o controlado del espectáculo concebido para nacionalizar la identidad con el objetivo de vendernos productos. La literatura nos permite (no: nos exige) la experiencia de nosotros mismos como individuos multidimensionales. Y justo por ello se hace mucho más necesaria que nunca. Como arte, se ocupa de las consecuencias humanas de las demás disciplinas: la historia, el derecho, la ciencia, la economía, el estudio del trabajo, la medicina. Como narración, tiene en su forma el principal método de apropiación y traducción del conocimiento. Como aprehensión simultánea del carácter humano en el tiempo, en el contexto, en el espacio y en el lenguaje metafórico y expresivo, organiza la influencia desorientadora de un exceso de realidades: aumentada, virtual, mega, híper, cíber, contingente, porosa y nostálgica. Por último, puede proyectar un futuro apaciguado.

Estas jugadas teóricas (respecto a la peculiar afinidad de la novela con el hecho de experimentar una vida pública en recesión) se vuelven explícitas en los tres últimos libros que he escrito, *Beloved*, *Jazz* y *Paraíso*. Los tres presentan una misma anomalía estructural: una conclusión posnarrativa, extratextual y externa al libro que no comenta el argumento o la historia, sino la experiencia del argumento; que no habla del significado de la historia, sino de la experiencia de extraer significado de la historia. Esas conclusiones cumplen una función de defensa, insisten en las consecuencias de haber leído el libro, intervienen en la intimidad establecida entre el lector y la página y fuerzan, en caso de funcionar, una meditación, un debate o un argumento que necesita de los demás para ser explorado plenamente. En pocas palabras: son actos sociales que completan la experiencia lectora.

Beloved concluye en el plano narrativo cuando Sethe cuestiona su individualidad. La actividad extranarrativa es la reinstauración de la aparición, más impetuosa ahora de lo que se creía y de lo que se limitaba al principio: una niña frustrada, una criatura con voluntad justificablemente malévola. Mucho más impetuosa que su problema de aniquilación, la figura de *Beloved* convocada en la «vida después de la muerte» del libro es ahora responsabilidad de quienes han compartido la historia, de quienes han participado, de quienes han sido testigos de ella. Una responsabilidad privada que disfraza obligaciones públicas o comunitarias: «Esta no es una historia para transmitir». «Pueden tocarlo si quieren.» «La olvidaron.» «Una soledad susceptible de mecerse [individual].» «Una soledad que vagabundea [pública].»[12]

En *Jazz*, los gestos externos son más enérgicos: los personajes en sí eluden el pronóstico del libro, son distintos y más complejos de lo que la novela había llegado a imaginarse. Así, los últimos párrafos constituyen un alegato no solo en defensa de la compresión compasiva de un relato engañoso y ensimismado, sino también de una relación privada exquisita, mutua y sumamente erotizada entre el lector y la página. Por otro lado, activan asimismo la complicidad al señalar enérgica y agresivamente que el acto de leer entraña consecuencias públicas e incluso una responsabilidad pública. Desde «Mira, mira. Mira dónde están tus manos. Ahora», se puede deducir que hay que hacer algo, que hay que reimaginar o alterar algo y que, de modo literal, hay algo en manos del lector.[13]

En *Paraíso*, la novela vuelve a concluir (o a cerrarse) con una actividad casi irrelevante para la narración. Digo «casi» porque en el fondo sí permite cierta especulación sobre lo que les ha sucedido en realidad a las mujeres del convento, pero sobre todo sirve para completar el juego sobre el Evangelio, con las «visitas» y las «apariciones» del Nuevo Testamento, y, por último, para refigurar el imaginario del paraíso. Y el paraíso es cualquier cosa menos una existencia solitaria; es, en toda proyección, una comunidad con una vida pública compartida.

La novela, en mi opinión, permite y fomenta formas de experimentar lo público, en el tiempo, a nivel emotivo, en un espacio comunitario, con otras personas (personajes) y en un lenguaje que insiste en la participación individual. También trata de iluminar y recuperar la relación entre la literatura y la vida pública.

Discurso de aceptación del Premio Nobel de Literatura

«Había una vez una anciana. Ciega pero sabia.» ¿O era un anciano? Un gurú, tal vez. O un griot que tranquilizaba a niños inquietos. He oído esta historia, o una exactamente igual, en la tradición de distintas culturas.

«Había una vez una anciana. Ciega. Sabia.»

En la versión que conozco, la mujer es hija de esclavos, negra, estadounidense, y vive sola en una casita a las afueras de un pueblo. Su fama de sabia no tiene igual ni parangón. Entre su gente, es al mismo tiempo la ley y su transgresión. El honor que se le rinde y el temor reverencial que despierta se extienden más allá de su barrio y llega a lugares muy lejanos; a la ciudad, donde la inteligencia de los profetas rurales es motivo de gran regodeo.

Un buen día, la mujer recibe la visita de unos jóvenes que parecen decididos a desmentir su clarividencia y a desenmascararla como la impostora que creen que es. Su plan es sencillo: entran en su casa y le plantean la única pregunta cuya respuesta depende en exclusiva de su diferencia con respecto a ellos, una diferencia que consideran una grave minusvalía: su ceguera. Se plantan ante ella y alguien dice:

—Anciana, tengo un pájaro en la mano. Dime si está vivo o muerto. —La mujer no contesta y la pregunta se repite—: El pájaro que tengo en la mano ¿está vivo o muerto?

Ella sigue sin responder. Debido a su ceguera, es incapaz de ver a sus visitantes, no sabe qué tienen en las manos. No está al tanto de su color, ni de su sexo, ni de su patria. Solo está al tanto de sus propósitos.

El silencio de la anciana se hace tan largo que a los jóvenes les cuesta contener la risa.

Por fin la mujer habla, y su tono es afable pero severo:

—No lo sé. No sé si ese pájaro está vivo o muerto, pero sí sé que está en vuestras manos. Está en vuestras manos.

Su respuesta puede entenderse de varias formas: «Si está muerto, o bien lo habéis encontrado así o bien lo habéis matado. Si está vivo, todavía podéis matarlo. Si debe permanecer con vida, es decisión vuestra. Sea como sea, es responsabilidad vuestra».

Por haber hecho alarde de su poder y de la indefensión de la anciana, los jóvenes visitantes reciben una reprimenda, les dice que son responsable no solo de la burla, sino también del pequeño bulto de vida sacrificada para lograr sus objetivos. La ciega desvía la atención de las reivindicaciones de poder hacia el instrumento con el que se ejerce dicho poder.

La especulación sobre lo que podría simbolizar ese pájaro contenido en una mano (aparte de su propio y frágil cuerpo) siempre me ha parecido interesante, y más aún ahora, cuando he reflexionado sobre el trabajo que hago y que me ha permitido estar en compañía de ustedes. Así pues, decido entender el pájaro como el lenguaje y a la mujer como una escritora experimentada. Le preocupa que la lengua en la que sueña, que se le transmitió al nacer, se manipule, se explote e incluso se le niegue para satisfacer determinados objetivos infames. Al ser escritora, concibe la lengua en parte como un sistema y en parte como un ente vivo sobre el que se ejerce control, pero sobre todo como una intervención, un acto que acarrea consecuencias. Por tanto, la pregunta que le plantean los niños, «¿Está vivo o muerto?», no es irreal, dado que la mujer entiende la lengua como algo sujeto a la muerte, a la eliminación, algo desde luego en peligro que solo un esfuerzo de voluntad puede rescatar. La anciana cree que si el pájaro que llevan sus visitantes está muerto, sus guardianes son responsables del cuerpo sin vida. Para ella, una lengua muerta no es solo aquella que ya no se habla ni se escribe, sino una lengua rígida, contenta de admirar su propia parálisis. Como la lengua controlada por el Estado, censurada y censuradora. Implacable en su obligación interventora, no tiene más deseo ni motivación que mantener la libertad de acción de su propio narcisismo narcótico, de su propia exclusividad y su propio dominio. Sin embargo, incluso moribunda, no deja de tener sus consecuencias, ya que obstaculiza activamente el cerebro, bloquea la conciencia y reprime el potencial humano. Cerrada a toda pregunta, no puede formar ni tolerar ideas nuevas, dar forma a otros pensamientos, contar otra historia, llenar silencios desconcertantes. La lengua oficial forjada para sancionar la ignorancia y preservar el privilegio es una armadura bruñida hasta lograr que brille imponente, un caparazón que el caballero abandonó hace ya mucho. Sin embargo, ahí sigue: obtusa, depredadora, sentimental. Suscita la veneración de los escolares, ofrece cobijo a los déspotas y evoca falsos recuerdos de estabilidad y de armonía entre la gente.

La mujer está convencida de que cuando la lengua muere, por negligencia, por falta de uso y de cariño, por indiferencia, cuando la matan por decreto, no solo ella, sino todos sus hablantes y creadores son responsables de su desaparición. En su país, los niños se han arrancado la lengua de un mordisco y en su lugar emplean balas para reiterar el vacío del enmudecimiento, de la lengua mutilada y mutiladora, de la lengua que los adultos han abandonado por completo como mecanismo para dominar el significado, servir de guía o expresar amor. Por supuesto, la anciana sabe que el suicidio lingual no es solo una decisión de niños. Es habitual entre los jefes de Estado infantiloides y los mercaderes de poder, a los que el lenguaje evacuado deja sin acceso a lo queda de sus instintos humanos, pues se dirigen únicamente a quienes obedecen o a quienes quieren obligar a obedecer.

El saqueo sistemático de la lengua puede reconocerse por la tendencia de sus hablantes a renunciar a sus propiedades sutiles, complejas y creativas en favor de la amenaza y el sometimiento. El lenguaje opresor no se limita a representar la violencia, es él mismo la violencia; no se limita a representar las fronteras del conocimiento, más bien lo restringe. Da igual que se trate del lenguaje estatal embrollador o del falso lenguaje de los medios de comunicación insensatos; da igual que se trate del lenguaje orgulloso pero calcificado del mundo académico o del lenguaje científico impulsado por el mercantilismo; da igual que se trate del lenguaje malicioso de la ley sin ética o del lenguaje concebido para la alienación de las minorías, que oculta su botín racista en su descaro literario: sea como sea, debe rechazarse, alterarse y denunciarse. Es un lenguaje que bebe sangre, lame vulnerabilidades, esconde sus botas fascistas bajo miriñaques de respetabilidad y patriotismo mientras avanza inexorablemente hacia la meta y el desfondamiento mental. El lenguaje machista, el lenguaje racista, el lenguaje teísta: son todos ellos típicos de los lenguajes interventores del dominio y no consienten, no permiten nuevos conocimientos ni estimulan el intercambio mutuo de ideas.

La anciana es muy consciente de que sus pensamientos no convencerían a ningún mercenario intelectual o dictador insaciable, a ningún político corrupto o demagogo, a ningún falso periodista. Hay y habrá un lenguaje estimulante para hacer que los ciudadanos continúen armados y armando; asesinados y asesinando en centros comerciales, tribunales, oficinas de correos, patios de colegio, dormitorios y bulevares; un lenguaje conmovedor y conmemorativo para enmascarar la pena y el desperdicio de la muerte inútil. Habrá más lenguaje diplomático para justificar la violación, la tortura y el magnicidio. Hay y habrá más lenguaje seductor y mutante concebido para asfixiar a las mujeres, para llenarles la garganta como a ocas productoras de fuagrás con sus propias palabras impronunciables y transgresoras; habrá más de ese lenguaje de vigilancia disfrazado de investigación; más política e historia calculadas para silenciar el sufrimiento de millones de personas; más lenguaje vestido de glamour para exhortar a los que están descontentos y desposeídos a atacar a sus vecinos; más lenguaje arrogante y seudoempírico fabricado para encerrar a la gente creativa en jaulas de inferioridad y desesperanza.

Detrás de la elocuencia, del glamour, de las citas eruditas, por muy estimulante o seductor que sea todo eso, la esencia de ese lenguaje languidece o incluso ha dejado de latir si el pájaro ya está muerto.

La mujer ha reflexionado sobre lo que podría haber sido la historia intelectual de cualquier disciplina si no hubiera insistido en participar, quizá a la fuerza, en la pérdida de tiempo y de vida que requerían las racionalizaciones y representaciones del dominio, discursos de exclusión letales que impedían el acceso a la cognición tanto a quien excluía como a quien quedaba excluido.

La moraleja habitual de la historia de la torre de Babel es que su desplome fue una desgracia. Que fueron la distracción o el peso de excesivas lenguas los que precipitaron el fracaso de su arquitectura. Que una sola lengua monolítica habría permitido acelerar la construcción y alcanzar el cielo. «¿El cielo de quién? —se pregunta la mujer—. ¿Y de qué tipo?» Tal vez la conquista del paraíso fuera prematura, algo precipitada si nadie podía sentarse a entender otras lenguas, otros puntos de vista, otros relatos. De haberlo hecho, quizá se habrían encontrado el cielo que imaginaban a sus pies. Complejo, exigente, sí, pero un cielo concebido como vida; no como vida después de la muerte.

A la anciana no le gustaría transmitir a sus jóvenes visitantes la impresión de que deba obligarse a la lengua a permanecer con vida para existir sin más. La vitalidad de la lengua reside en su capacidad para describir las vidas reales, imaginadas y posibles de sus hablantes, lectores y escritores. Si bien su equilibro se basa a veces en suplantar la experiencia, no puede sustituirla. Se arquea hacia el punto donde pueda hallarse el significado. Cuando un presidente de Estados Unidos pensó en el cementerio en que había quedado convertido su país, dijo: «El mundo tomará nota de poca cosa y tampoco recordará mucho tiempo lo que hoy digamos, pero jamás podrá olvidar lo que aquí ha hecho». Sus sencillas palabras fueron estimulantes por su capacidad vital, ya que se negaban a compendiar la realidad de los seiscientos mil hombres muertos en una guerra racial catastrófica. Al negarse a monumentalizar, al desdeñar la «última palabra», el «resumen» preciso, al reconocer su «escaso poder para sumar o restar», sus palabras denotan deferencia ante la imposibilidad de captar la vida que lloran. Y es la misma deferencia lo que emociona a la mujer, ese reconocimiento de que la lengua jamás puede estar a la altura de la vida. Y tampoco debería. La lengua jamás puede «atrapar» la esclavitud, el genocidio o la guerra. Y no debería aspirar a la arrogancia de poder hacerlo. Su fuerza y su acierto están en su avance hacia lo inefable.

No importa que sea grandilocuente o escasa, que escarbe, detone o rechace consagrar; da igual que se ría a carcajadas o sea un grito sin alfabeto, que sea la palabra escogida o el silencio elegido, la lengua no importunada se lanza hacia el conocimiento, no hacia su propia aniquilación. Sin embargo, ¿quién no sabe de una literatura prohibida por ser interrogativa; desacreditada por ser crítica; borrada por ser alternativa? ¿Y cuántos se escandalizan ante la idea de una lengua autodestruida?

«El trabajo de las palabras es sublime —piensa la mujer— porque es generador; produce un significado que protege nuestra diferencia, nuestra diferencia humana, es decir, esa forma de distinguirnos de cualquier otra forma de vida.»

Morimos. Tal vez sea ese el sentido de la vida. Pero por el camino creamos lenguaje. Tal vez sea esa la medida de nuestra vida.

«Había una vez...» unos jóvenes visitantes que plantearon una pregunta a una anciana. ¿Quiénes son esos niños? ¿Qué han sacado en limpio del encuentro? ¿Qué han oído en esas palabras finales: «Está en vuestras manos»? ¿Una frase que apunta a la posibilidad o una frase que echa un cerrojo?

Quizá lo que entienden los niños es: «No es asunto mío. Soy vieja, mujer, negra, ciega. La sabiduría que tengo ahora consiste en saber que no puedo ayudaros. El futuro del lenguaje es vuestro».

Se quedan allí plantados. ¿Y si no tuvieran nada en las manos? ¿Y si su visita fuera un mero ardid, una treta para que les hablaran, para que los tomaran en serio como jamás les ha sucedido? ¿Una oportunidad para interrumpir, para profanar el mundo adulto, el miasma de su discurso sobre ellos o por ellos, pero nunca dirigido a ellos? Están en juego cuestiones urgentes, incluida la pregunta que han formulado:

—El pájaro que tengo en la mano ¿está vivo o muerto?

Tal vez lo que querían decir era:

—¿Podría aclararnos alguien qué es la vida? ¿Qué es la muerte?

Sin tretas; sin tonterías. Una pregunta directa que merece la atención de una persona sabia. De una persona anciana. Y si los que son ancianos y sabios y han vivido la vida y se han enfrentado a la muerte no pueden describir ni una cosa ni la otra, ¿quién podrá? Pero la mujer no lo dice; se guarda el secreto, su buena opinión de sí misma, sus declaraciones gnómicas, su arte sin compromiso. Mantiene las distancias, las impone y se retira a la singularidad del aislamiento, en un espacio refinado y privilegiado.

Nada, ni una sola palabra sigue a su declaración de transferencia. Ese silencio es profundo, más aún que el significado ofrecido por las palabras que ha pronunciado. Es un silencio que se estremece, y los niños, contrariados, lo llenan con un lenguaje inventado sobre el terreno.

—¿No puedes ofrecernos un discurso, unas palabras, para ayudarnos a romper el expediente de tus fracasos? —le preguntan—. ¿O la educación que acabas de darnos, que no es en absoluto educación, porque hemos prestado mucha atención a lo que has hecho, además de a lo que has dicho? A la barrera que has erigido entre la generosidad y la sabiduría.

»No tenemos ningún pájaro en las manos, ni vivo ni muerto. Solo te tenemos a ti y nuestra importante pregunta. ¿La nada de nuestras manos es algo que no soportarías ni siquiera contemplar o incluso adivinar? ¿No te acuerdas de cuando eras joven, de cuando la lengua era magia sin significado? ¿De cuando lo que podías decir podía no tener sentido? ¿De cuando lo invisible era lo que la imaginación se esforzaba por ver? ¿De cuando las preguntas y la exigencia de respuestas ardían con tanta intensidad que temblabas con furia por no saber?

»¿Tenemos que plantearnos la conciencia con una batalla que heroínas y héroes como tú ya habéis librado y perdido, para dejarnos con las manos vacías de todo excepto lo que os habéis imaginado que teníamos? Tu respuesta es ingeniosa, pero tu ingenio nos avergüenza y debería avergonzarte a ti. Tu respuesta es indecente por su autocomplacencia. Un guion escrito para televisión que carece de sentido si no tenemos nada en las manos.

»¿Por qué no nos has tendido la mano, no nos has tocado con tus suaves dedos, retrasando la sentencia, la lección, hasta saber a quiénes tenías delante? ¿Tanto desprecio te ha provocado nuestra treta, nuestro *modus operandi*, que has sido incapaz de ver que estábamos desconcertados y no sabíamos cómo llamar tu atención? Somos jóvenes. Inmaduros. A lo largo de nuestra corta vida no hemos dejado de oír que tenemos que ser responsables. ¿Qué puede significar eso, en el fondo, en la catástrofe que ha llegado a ser este mundo, donde, como dijo el poeta, «no es necesario revelar nada, pues todo está ya a cara descubierta»? Nuestra herencia es una afrenta. Quieres que tengamos tus ojos viejos y vacíos y veamos solo la crueldad y la mediocridad. ¿Crees que somos tan tontos para jurar en falso una y otra vez la ficción de la pertenencia a una nación? ¿Cómo te atreves a hablarnos de deber cuando estamos metidos hasta la cintura en las toxinas de vuestro pasado?

»Nos trivializas y trivializas al pájaro que no tenemos en las manos. ¿Acaso nuestra vida carece de contexto? ¿No hay canción, literatura, poema cargado de vitaminas o historia vinculada a la experiencia que puedas transmitirnos para ayudarnos a empezar con energía? Tú eres la adulta. La anciana, la sabia. Deja de pensar en salvar el pellejo. Piensa en nuestra vida y cuéntanos tu mundo pormenorizado. Invéntate un relato. La narración es radical, nos crea en el momento mismo en que se crea. No te culparemos si tu objetivo está fuera de tu alcance, si el amor prende tanto en tus palabras que arden y solo queda de ellas su escaldadura. O si, con la reticencia de las manos de un cirujano, tus palabras suturan únicamente los puntos por los que podría brotar la sangre. Sabemos que jamás podrás hacerlo como corresponde, de una vez por todas. La pasión nunca es suficiente; tampoco la destreza. Pero inténtalo. Por nuestro bien y por el tuyo propio, olvídate de la reputación que tienes en la calle; cuéntanos qué ha sido el mundo para ti en los lugares oscuros y en la luz. No nos digas en qué creer, a qué temer. Muéstranos las amplias faldas de las creencias y la puntada que descose la cofia de los miedos. Tú, anciana, que has recibido el don de la ceguera, sabes hablar la lengua que nos dice lo que solo la lengua sabe decir: cómo ver sin imágenes. Únicamente la lengua nos protege de la naturaleza aterradora de las cosas sin nombre. Únicamente la lengua es meditación.

»Dinos qué significa ser una mujer para que sepamos qué significa ser un hombre. Qué se mueve por los márgenes. Qué significa no tener sitio en este lugar. Quedar a la deriva, lejos de aquel que conocías. Qué significa vivir a las afueras de ciudades que no soportan tu compañía.

»Háblanos de barcos a los que niegan el derecho a atracar en Pascua, de placentas en un campo. Háblanos de un carro lleno de esclavos, de cómo cantaban tan bajito que su aliento era indistinguible de la nieve que caía. De cómo sabían por el encorvamiento del hombro más cercano que la siguiente parada sería la última. De cómo, con las manos unidas en plegaria sobre el sexo, pensaban en el calor y luego en el sol. Y levantaban la cara hacia él, como si estuviera a su disposición. Giraba como si estuviera a su disposición. Se detienen en una posada. El carretero y su compañero entran con la lámpara y los dejan canturreando en la oscuridad. La orina del caballo produce vapor al derretir la nieve que tiene debajo de los cascos, y su silbido caliente es la envidia de los ateridos esclavos.

»La puerta de la posada se abre: una niña y un niño se alejan de la luz. Suben a la parte trasera del carro. El niño tendrá un arma dentro de tres años, pero ahora lleva una lámpara y una jarra de sidra caliente. Se la pasan de boca en boca. La niña les ofrece pan, pedazos de carne y algo más: una mirada a los ojos de la persona a quien sirve. Una ración para cada hombre, dos para cada mujer. Y una mirada. Que ellos devuelven. La siguiente parada será la última. Pero esta aún no. Esta es cálida.

Cuando los niños terminan de hablar, vuelve a hacerse el silencio hasta que la mujer decide romperlo.

—Por fin —dice—. Ahora confío en vosotros. Os confío el pájaro que no tenéis en las manos porque lo habéis capturado de verdad. Mirad. Qué hermoso es lo que hemos hecho... juntos.

Las hermanastras de Cenicienta

Permitidme, para empezar, que os haga retroceder un poco en el tiempo. A antes de la época universitaria. A la guardería, probablemente, a aquel «érase una vez» que fue la primera ocasión en que oísteis o leísteis o incluso, sospecho, visteis *Cenicienta*. Porque justo de Cenicienta quiero hablar; porque es ella quien provoca en mí una sensación de urgencia. Lo inquietante de ese cuento de hadas es que se trata en esencia de la historia de una familia (de un mundo, si lo preferís) de mujeres unidas y reunidas para maltratar a otra. También tenemos, por descontado, a un padre bastante ausente y a un príncipe fetichista de los pies que llega justo a tiempo. Pero ni uno ni otro hacen gala de una gran personalidad. Y tenemos asimismo a las «madres» sustitutas, claro (la madrina y la madrastra), que contribuyen tanto al sufrimiento de Cenicienta como a su liberación y su felicidad. Sin embargo, las que me interesan son las hermanastras. ¡Qué angustioso debía de resultar para aquellas jovencitas tener una madre que esclavizaba a otra chica, observar e imitar a esa madre!

Me intriga su suerte una vez terminado el cuento, pues, en contra de lo que dicen las adaptaciones recientes, las hermanastras no eran unas muchachas feas, torpes y tontas de pies desmesurados. La versión de los hermanos Grimm las describe como «hermosas y de aspecto atractivo». Cuando se nos presentan, son mujeres bellas y elegantes, con una buena posición social, sin duda mujeres poderosas. Tras haber sido testigos de la dominación violenta de otra mujer, y haber participado en ella, ¿serán menos crueles cuando llegue el momento de esclavizar a otros niños o incluso cuando deban ocuparse de su propia madre?

No es un problema solo medieval. Es bastante contemporáneo: el poder femenino dirigido a otras mujeres se ha ejercido históricamente de una forma que se ha calificado de «masculina». Pronto vosotras estaréis en disposición de hacer lo mismo. Con independencia de vuestros orígenes (ricos o pobres), con independencia del historial de instrucción universitaria de vuestra familia (cinco generaciones o ninguna), habéis aprovechado lo que se ha puesto a vuestro alcance en Barnard y, en consecuencia, tendréis la posición tanto económica como social de las hermanastras, así como su poder.

No quiero pediros, sino simplemente deciros, que no participéis en la opresión de vuestras hermanas. Las madres que maltratan a sus hijos son mujeres, y es otra mujer, no un intermediario, quien debe estar dispuesta a detenerlas. Las madres que incendian autobuses escolares son mujeres, y es otra mujer, no un intermediario, quien debe decirles que se detengan. Las mujeres que impiden el ascenso profesional de otras mujeres son mujeres, y es otra mujer quien debe acudir en ayuda de las damnificadas. Los asistentes sociales que humillan a sus clientes pueden ser mujeres, y son sus compañeras quienes deben desviar su rabia.

Me asusta la violencia que se infligen las mujeres entre ellas: violencia profesional, violencia competitiva, violencia emocional. Me asusta la disposición de las mujeres a esclavizar a otras mujeres. Me asusta la falta creciente de decencia en la batalla encarnizada del mundo profesional de las mujeres. Vosotras sois las mujeres que van a ocupar un lugar en el mundo desde el que podréis decidir quién deberá prosperar y quién marchitarse; haréis distinciones entre los pobres que merezcan ayuda y los que no; vosotras mismas podréis determinar qué vida será prescindible y cuál indispensable. Como tendréis el poder necesario, también podrán convenceros de que tenéis el derecho correspondiente. Como mujeres instruidas que sois, la distinción entre ambas cosas es un asunto de primer orden.

Os propongo que dediquemos la misma atención a nuestra capacidad de apoyo que a nuestra ambición. Estáis avanzando hacia la libertad y el objetivo de disfrutar de libertad es liberar a alguien más. Estáis avanzando hacia la realización personal y las consecuencias de esa realización deberían ser descubrir que hay algo igual de importante que vosotras y ese algo igual de importante podría ser Cenicienta... o vuestra hermanastra.

En el viaje por el arcoíris que os llevará a la consecución de vuestros objetivos, no toméis decisiones pensando en evitar el peligro. Las cosas nunca están a salvo del peligro. Eso no significa que nada haya estado nunca a salvo o que nada que valga la pena lograr tenga que estarlo. Sucede muy pocas veces con las cosas que valen la pena. Tener un hijo no está exento de peligro. Plantar cara al *statu quo* no está exento de peligro. Elegir un trabajo que nunca se haya hecho antes no está exento de peligro. Ni hacer un trabajo ya conocido de una forma nueva. Siempre habrá alguien dispuesto a pararos los pies.

Y, sobre todo, al perseguir vuestras mayores ambiciones no dejéis que vuestra seguridad personal reduzca la de vuestra hermanastra. Al ejercer el poder que os corresponde, no permitáis que esclavice a vuestras hermanastras. Dejad que vuestra fuerza y vuestro poder surjan de esa parte de vosotras que apoya y cuida a las demás.

Los derechos de la mujer no son únicamente una abstracción, una causa; son también un asunto personal. No tenemos que pensar solo en «nosotras»; también tenemos que pensar en ti y en mí. En las dos.

El futuro del tiempo
La literatura y las expectativas mermadas

El tiempo, por lo visto, no tiene futuro. Esto es, el tiempo ya no se antoja un arroyo sin fin por el que discurre la especie humana con plena confianza en su trascendencia y su valor, cada vez mayores. Da la impresión, ciertamente, de no tener un futuro equivalente a la longitud, la amplitud, la extensión o siquiera la fascinación de su pasado. El infinito es ahora, al parecer, el dominio del pasado. A pesar de la espera frenética de la entrada inminente en el próximo milenio, la calidad del asentamiento humano en toda su extensión ocupa muy poco espacio en el debate público. Se diría que los primeros veinte o cuarenta años del siglo XXI son todo el «tiempo real» que abarca nuestra imaginación. El tiempo es, por descontado, un concepto humano; sin embargo, a finales del siglo XX (en contraste con los anteriores) no parece tener un futuro que pueda albergar a la especie que lo organiza, lo emplea y medita en él. El curso del tiempo parece ir estrechándose hasta convertirse en un punto de fuga después del cual la humanidad ni existe ni desea existir. Esa aspiración de futuro mermada y ya marchita es singular. Si bien los brotes aleatorios de «findelmundismo» y un rastro persistente de anhelos apocalípticos han trastocado una historia que se consideraba una trayectoria, lo que no ha dejado de alargarse cada vez más ha sido el pasado. Si en el siglo XVII se consideraba que la Tierra había surgido hacia el 4000 a. C., en el XVIII se difundió la noción de un planeta con ciento sesenta y ocho mil años de antigüedad, en el siglo XIX se creía que el pasado terrestre era «ilimitado» y Charles Darwin planteó la hipótesis según la cual una porción del terreno se remontaba a trescientos millones de años, no vemos motivo, pues, para no aceptar la imagen planteada por Henri Bergson de un «pasado que va comiéndose el futuro y va hinchándose al progresar».[14]

Por extraño que parezca, es en el moderno Occidente (cuyos rasgos definitorios han sido el avance, el progreso y el cambio) donde la confianza en un futuro duradero resulta más endeble.

Los faraones llenaban sus tumbas en previsión de un tiempo sin fin. En otra época, los creyentes dedicaban con satisfacción un siglo a perfeccionar una catedral. Sin embargo, ahora, como mínimo desde 1945, la cómoda garantía de un «mundo sin fin» es objeto de debate y, mientras nos acercamos al año 2000, es evidente que la idea de un año 4000, 5000 o 20000 no se asoma ni de lejos a nuestra conciencia.

Lo que sí es infinito, por lo visto, lo que siempre es imaginable, siempre está sujeto a análisis, aventura y creación es el pasado. Incluso las etiquetas que damos al período en que vivimos llevan prefijos que apuntan hacia lo anterior: posmodernismo, postestructuralismo, poscolonialismo, pos-guerra fría. Nuestras profecías contemporáneas echan la vista atrás, a su espalda, para escrutar a posteriori lo que ya ha sucedido. Es cierto, por descontado, que todo conocimiento requiere comprender sus precedentes. No obstante, es notable la frecuencia con la que las incursiones de la imaginación en el futuro más remoto han sido simples y meras oportunidades de volver a concebir o de alterar el presente como pasado. Y ese echar la vista atrás, por mucho que lo haga posible el futuro de la tecnología, no ofrece en modo alguno consuelo para el futuro de la humanidad. En torno a la tribuna desde la que se lanza esa mirada hacia lo ya acontecido existe un paisaje funesto y nauseabundo.

Tal vez sea la intervención perturbadora de la tecnología de las telecomunicaciones, que tanto altera nuestra percepción del tiempo, lo que fomente una nostalgia por épocas pasadas en las que el ritmo vital era menos discontinuo, más similar al latido de nuestro corazón. En las que el tiempo era de todo menos oro. Tal vez siglos de apropiaciones imperialistas del futuro de otros países y continentes hayan agotado la fe en el nuestro. Tal vez las visiones del futuro que tuvo H. G. Wells (una masa de agua estancada en la que nunca se formaban ondas) nos hayan abrumado y hayan precipitado una huida hacia una eternidad que ya ha sucedido.

Hay buenos motivos para que se produzca esa estampida hacia el pasado y hacia la felicidad que granjean su exploración, su revisión, su deconstrucción. Uno de esos motivos está vinculado a la secularización de la cultura. Si no va a haber Mesías; si la vida después de la muerte se considera un absurdo desde el punto de vista médico; si el concepto del «alma indestructible» es no solo increíble, sino cada vez más ininteligible en los círculos intelectuales y cultivados; si las creencias religiosas apasionadas y arraigadas se vinculan en el mejor de los casos con la ignorancia y en el peor con la violencia, en tiempos tan recelosos de la vida eterna como estos; si «la vida en la historia suplanta la vida en la eternidad», el ojo, en ausencia de vida resucitada o reencarnada, se acomoda a la duración biológica de un único ser humano. Sin la «vida eterna», que proyecta a los seres humanos hacia todo el tiempo venidero (a perpetuidad), el futuro pasa a ser un espacio que puede descubrirse, un espacio cósmico, lo que equivale al hallazgo de un pasado más amplio. Al hallazgo de miles de millones de años transcurridos. De miles de millones de años «atrás». Y es precisamente ese «atrás» lo que se despliega ante nosotros como una madeja cuyos orígenes permanecen insoldables.

Otro motivo para preferir un pasado ilimitado es, sin duda, el medio siglo de vida en la era nuclear, en la que el final del tiempo (es decir, la permanencia humana en el tiempo) era y podría ser todavía una perspectiva muy real. No parecía tener sentido imaginar el futuro de una especie a cuya supervivencia apuntaban pocos indicios. En consecuencia, la obsesión por el tiempo ya transcurrido resultaba más que atractiva; resultaba necesaria desde una perspectiva psicológica. Y la terrible falta de futuro que acompañó a la guerra fría no es que haya variado (a raíz de distintos desarmes, bloqueos y tratados de no proliferación), sino que más bien se ha decantado por la clandestinidad. Vacilamos antes de plantear un largo futuro terrenal; se nos advierte del lujo que supone meditar sobre él, ya que puede postergar y desplazar los problemas contemporáneos. Por miedo, quizá, a que se nos compare con los misioneros acusados de desviar la atención de sus conversos de la pobreza en la vida a las recompensas tras la muerte, aceptamos un futuro seriamente mermado.

No pretendo dar la impresión de que todo el discurso actual esté orientado de un modo incesante hacia el pasado y se muestre indiferente ante el futuro. Las ciencias sociales y naturales están repletas de promesas y advertencias que nos condicionarán durante períodos muy largos. Las aplicaciones científicas están listas para erradicar el hambre, aniquilar el dolor y alargar la expectativa de vida individual produciendo personas resistentes a la enfermedad y plantas resistentes a las plagas. La tecnología de las comunicaciones se encarga de que casi la totalidad de los habitantes del mundo puedan «interactuar» entre sí y al mismo tiempo entretenerse e incluso educarse. Se nos advierte de cambios planetarios del terreno y el clima que pueden alterar radicalmente los entornos humanos; se nos advierte de las consecuencias de la distribución desigual de los recursos para la supervivencia humana y también de las consecuencias de la excesiva distribución de personas para los recursos naturales. Invertimos mucho en esas promesas y en ocasiones actuamos con inteligencia ante esas advertencias. Sin embargo, las promesas nos importunan con problemas éticos y con el pavor a jugar a ser Dios a ciegas, mientras que las advertencias nos han creado mayor inseguridad respecto al cómo, al cuál y al porqué. Las profecías que se ganan nuestra atención son las que tienen cuentas corrientes lo bastante saneadas o una fotogenia lo bastante sensacional para forzar los debates y perfilar una intervención correctiva, de modo que podamos decidir qué guerra, qué debacle política o qué crisis medioambiental es lo bastante intolerable; que enfermedad, qué desastre natural, qué institución, qué planta, qué mamífero, pájaro o pez necesita de mayor atención por nuestra parte. Se trata sin duda de preocupaciones serias. Lo destacable de las promesas y las advertencias es que, aparte de nuevos productos y un poquito más de tiempo a disposición individual gracias a la mejora de la salud, y más recursos en forma de ocio y dinero para consumir esos productos y servicios, el futuro no tiene nada que ofrecer.

¿En qué pensaremos a lo largo de esas vidas más largas y más sanas? ¿En lo eficientes que habremos sido al decidir qué genes debían beneficiarse de esos «avances» y cuáles se consideraban indignos? No es de extrañar que nadie quiera plantearse lo que sucederá más allá de los próximos veinte o cuarenta años. Sopesar el futuro del pensamiento exige una enorme capacidad de reflexión visionaria sobre el funcionamiento de la vida de la mente en un contexto moral cada vez más peligroso para su salud. Requerirá pensar en las generaciones venideras como formas de vida al menos igual de importantes que bosques colosales y focas relucientes. Requerirá pensar durante más de un siglo en las generaciones venideras como en la propia descendencia, en la estabilidad del grupo, en el género, en el sexo, en la raza, en la religión. Pensar en cómo podríamos reaccionar en caso de estar seguros de que nuestra descendencia perduraría dos mil o doce mil años terrestres más. Requerirá pensar en la calidad de la vida humana, no solo en su duración. En la calidad de la vida inteligente, no solo en su capacidad de plantear estrategias. En las obligaciones de la vida moral, no solo en su facultad de mostrar compasión según el contexto.

En el terreno político ha quedado sumamente claro que el futuro es ya una catástrofe. El discurso político plantea el futuro al que hace referencia como algo que podemos dejar o garantizar a «nuestros» hijos o, haciendo un enorme acto de fe, a «nuestros» nietos. Lo que debería preocuparnos, planteo, es ese posesivo. No se nos pide que aunemos esfuerzos por los hijos de la humanidad en general, sino por los nuestros en exclusiva. «Nuestros hijos» amplía nuestra inquietud a dos o cinco generaciones más. Si habláramos en su lugar de «los niños», apuntaríamos a un tiempo futuro de posibilidades más abundantes, más extensas y más esplendorosas: justo lo que la política oculta a nuestra vista. En cambio, el lenguaje político está dominado por glorificaciones de alguna década pasada: hace una llamada a la fuerza del encanto espurio de los años veinte, una década marcada por las guerras y las mutilaciones de países del Tercer Mundo; a la fuerza de la simplicidad y el sosiego rural de los años treinta, una década de depresión económica, huelgas en el mundo entero y carencias tan universales que cuesta concebirlas con coherencia; a la fuerza de los íntegros años cuarenta, cuando se ganó la «guerra buena» y millones y millones de inocentes murieron preguntándose, tal vez, por el significado de esa supuesta bondad. Los años cincuenta, por los que existe una especial predilección, han adquirido una pátina de disciplina voluntaria y de armonía étnica, cuando fueron una década de persecuciones políticas y étnicas atroces. Y entonces una se da cuenta de que la pericia del lenguaje político es sensacional; sensacional y vergonzosa. Consagra los años cincuenta como década modelo poblada por patriotas modélicos y al mismo tiempo se olvida de los patriotas que sobrevivieron a esa época con una asistencia sanitaria recortada, inferior o cara; con pensiones reducidas; con el suicidio o la vida en la calle como elecciones.

¿En qué pensaremos a lo largo de esas vidas más largas y más sanas? ¿En lo bien que se nos habrá dado convencer a nuestros hijos de que da igual que su bienestar se les haya arrebatado o negado a otros niños? ¿En la maestría con la que habremos persuadido a los ancianos para que aceptaran la indignidad y la pobreza como recompensa por haber sido buenos ciudadanos?

En la esfera de los análisis culturales, no solo no existe la idea de un futuro prolongado, sino que la historia en sí ha terminado. Por todos lados brotan como setas versiones modernas de *La decadencia de Occidente*, de Oswald Spengler. Les falta, sin embargo, la convicción que tenía él de que el mundo moderno contenía una insuperable «voluntad de futuro». El «corrimiento de tierras» empezó en 1973, según Eric Hobsbawm. Y esa fecha, pasados ya los años sesenta, es más o menos el punto de referencia comúnmente aceptado del principio del fin. Matar la década de los sesenta, transformarla en una aberración, una enfermedad exótica plagada de exceso, droga y desobediencia, tenía como objetivo enterrar sus rasgos definitorios: la emancipación, la generosidad, la conciencia política profunda y la sensación de vivir en una sociedad compartida y con una responsabilidad mutua. Se nos convence de que todos los problemas actuales hay que imputarlos a los años sesenta. Así, se vende una cultura estadounidense contemporánea tan deteriorada que requiere toda nuestra energía para mantener su frágil sistema de respiración asistida.

Pasado meticulosamente por el selectivo tamiz del tiempo pretérito, el futuro mengua, se embrutece, queda limitado a la duración de un bono del Tesoro a treinta años. Así pues, nos replegamos en nosotros mismos y nos aferramos a una familia de ensueño sacada de una cartilla infantil: fuerte, ideal, protectora. Pequeña pero protegida por la ley y afianzada por las «grandes esperanzas» del siglo XIX. Recurrimos a la brujería: invocamos a todo un surtido de forasteros, seudoenemigos, demonios y falsas «causas» que desvían y aplacan inquietudes hacia puertas que los bárbaros cruzan tranquilamente; inquietudes hasta la caída del lenguaje en boca de los demás. Sobre el trasvase de la autoridad a manos de desconocidos. La civilización se queda en punto muerto y luego se detiene en seco, lastimosa e impotente. Las voces más enérgicas alientan a quienes ya viven con temor al futuro a hablar de la cultura en términos militares, como causa y expresión de guerra. Se nos pide que reduzcamos la creatividad y la complejidad de nuestra vida cotidiana a una matanza cultural; se nos intimida para que interpretemos el intercambio vital de opiniones defendidas con pasión como un desmoronamiento de la inteligencia y la urbanidad; se nos pide que veamos la educación pública con histeria y que la desmantelemos en lugar de protegerla; se nos seduce para que aceptemos versiones truncadas, efímeras, versiones propias de consejero delegado, de nuestro futuro enteramente humano. Nuestra vida cotidiana podrá estar marcada por la tragedia, teñida de frustración y de escasez, pero también es capaz de una resistencia tenaz contra la deshumanización y la trivialización a las que se entregan los expertos politicoculturales y los medios de comunicación movidos por el afán de lucro.

Así, por ejemplo, la violencia (la disposición a la violencia que demostramos tanto nosotros como nuestros vecinos) nos preocupa hasta sumirnos en la catalepsia o la obsesión. Con independencia de que esa preocupación se vea exacerbada por imágenes crudas concebidas para entretener, por los análisis de su presencia destinados a buscar chivos expiatorios, por la sonrisa funesta de un predicador telegénico o por fabricantes de armas disfrazados de ocupantes de inocentes escondites de caza o bucólicos pabellones, acabaremos estando tan cautivos como los presos que alimentan la floreciente industria penitenciaria gracias a la proliferación de un producto perfecto: las armas. Digo que es perfecto porque, desde el punto de vista de la industria armamentística, su comercialización es cuestión de protección y virilidad, pero el verdadero valor del producto, ya sea una única bala, un millar de toneladas de dinamita o una flota de misiles, reside en que se aniquila en el instante del uso y con ello crea la necesidad inmediata de su sustitución. El hecho de que también aniquile la vida en el fondo es un mero efecto secundario.

¿En qué pensaremos a lo largo de esas vidas más largas y más cómodas? ¿En cómo habremos permitido que la resignación y la lógica testosterónica nos arrebataran el futuro y nos condenaran al callejón sin salida al que conduce la violencia avalada, vestida de glamour, legitimada y mercantilizada? ¿En cómo nos habremos inspirado en los videojuegos para acabar con las desigualdades sociales, ganando puntos o votos en función de la cantidad de individuos vulnerables o desafortunados que consiguiéramos eliminar? ¿En cómo habremos ganado puestos en el Gobierno aprovechando la sed de sangre de la pena capital? ¿O logrado financiación y atención desempolvando la sociología de 1910 para aceptar la violencia «innata» y así permitir la reclusión desde el nacimiento? No es de extrañar que nuestra imaginación se tambalee al pasar del año 2030, cuando es posible que las generaciones venideras nos consideren monstruos.

Si el lenguaje científico propone una vida individual más larga a cambio de la vida ética; si la prioridad política es la protección xenófoba de unas pocas de nuestras familias contra el catastrófico otro; si el lenguaje religioso se desacredita por su desprecio hacia lo no religioso; si el lenguaje laico se coarta por miedo a lo sagrado; si el lenguaje mercantil es una mera excusa para instar a la avaricia; si el futuro del conocimiento es simplemente la modernización, ¿dónde buscar esperanza en el futuro mismo del tiempo?

En este caso no me interesan los indicios de progreso, una idea cuyo momento ya ha pasado; ha desaparecido con el derrumbamiento del futuro del Estado comunista monolítico; ha desaparecido asimismo al caer la máscara del capitalismo como algo libre, ilimitado y progresista; ha desaparecido con la pauperización deliberada de los pueblos que necesita ese capitalismo, y ha desaparecido también al esfumarse la credibilidad de los «nacionalismos» falocéntricos. Claro que ya había desaparecido cuando Alemania encendió la primera cámara de gas. Cuando Suráfrica legalizó el apartheid y acribilló a balazos a sus hijos sobre un polvo demasiado fino para absorber su sangre. Desaparecido, había desaparecido en las historias de tantísimos países que definieron su territorio trazando líneas sobre las fosas comunes de sus vecinos, que abonaron sus jardines y prados con los nutrientes de los esqueletos de sus ciudadanos, que apuntalaron su arquitectura sobre la espina dorsal de mujeres y niños. No, lo que me interesa no es el progreso. Me interesa el futuro del tiempo.

Debido a que el arte es temporal y debido a mis propias inquietudes, se me va la mirada con facilidad hacia la literatura en general y la narrativa en particular. Sé que la literatura ya no ocupa un puesto destacado entre los sistemas de conocimiento más reputados, que en el debate social ha quedado arrinconada, que en el discurso científico y económico cumple una función exigua o puramente decorativa. Sin embargo, es justo ahí, en la esencia de esa disciplina, donde tienen lugar los debates y los análisis éticos serios. ¿Qué nos dice la narrativa de esta crisis de expectativas mermadas?

Podría recurrir a una Edith Wharton y a su grito de «Tomen su vida»; es decir, «¡Tomen las riendas de su vida!». A un Henry James horrorizado (en *El sentido del pasado*) por un castillo antiguo que encierra y devora a su propietario. A un William Faulkner imaginando una voz humana posnuclear, por muy débil que sea. A un Ralph Ellison formulando una pregunta en presente para apuntar la promesa pícara y sonriente de un futuro (visible) recién avistado. A un James Baldwin con su intensa sinceridad unida a la firme convicción de que el precio del billete está pagado en su totalidad y el viaje ha empezado. Tras esas voces ha llegado (y quizá las haya suplantado) otro tipo de respuesta a nuestra condición humana. Las indagaciones modernas en el pasado han dado lugar a innovaciones conceptuales y estructurales extraordinarias.

El entusiasmo de prever un futuro, en su día una preocupación muy característica de la literatura del siglo XIX y principios del XX, se ha reproducido recientemente en una novela formidable de Umberto Eco, *La isla del día antes*, cuyo título refrenda mi tesis. La genialidad de su estructura narrativa radica en situar al protagonista en el siglo XVII para fascinarnos con las posibilidades futuras. Sentimos un placer tremendo al descubrir lo que ya sabemos que ocurrió hace mucho tiempo. Y este libro extraordinario es, según nos cuenta el autor, un «palimpsesto de un manuscrito encontrado».[15] De la mano de su armazón y su lectura vamos adentrándonos en una historia ya documentada. Al concentrar su agudeza y su fuerza en nuestra condición, muchos escritores de finales del siglo XX recurren con frecuencia a una repetición del pasado para ofrecer los análisis más agudos del presente; y las imágenes que nos dejan son instructivas.

Peter Høeg emprende en *El siglo de los sueños* una especie de viaje temporal (vinculado al de Eco, aunque no se le parezca) en que la regresión pasa a ser progresión. Al final de la novela escribe:

Si sostengo la idea de escribir la historia de mi familia es por necesidad. Las leyes y normas y sistemas y modelos que mi estirpe y toda la demás gente de Dinamarca han violado y han seguido y han empujado y bajo cuyo peso se han retorcido durante los últimos doscientos años están en descomposición. [...] Delante nos aguarda el futuro, yo me niego a entenderlo como Carl Laurids, es decir, a lo largo del cañón de un fusil; o como Anna, a través de una lente de aumento. Yo quiero encontrármelo cara a cara. Sin embargo, estoy seguro de que si no se hace nada para evitarlo no habrá futuro al que mirar a los ojos, pues, aunque la mayoría de las cosas sean inciertas, la catástrofe y la destrucción que se avecinan parecen más que probables, y por ello me entran ganas de pedir ayuda a gritos. [...] Por eso he elegido llamar al pasado. [...]

De vez en cuando me asalta la idea de que tal vez nunca haya visto realmente las esperanzas de los demás, sino tan solo las mías; y el pensamiento más solitario del mundo es la sospecha de que ni siquiera hemos visto a los demás, tan solo nos hemos visto a nosotros mismos. Pero ahora ya es tarde para pensar así y hay que hacer algo y, entretanto, tendremos que formarnos una idea del siglo XX.[16]

Formarnos una idea del siglo XX (y no del XXI) es pues, en esa novela, el proyecto del futuro.

William Gass ofrece en la magistral *The Tunnel* ['El túnel'] una meditación brillante sobre el pasado reciente, marcado para siempre por la Alemania nazi. El narrador/protagonista de la novela, tras haber terminado de escribir una historia del fascismo alemán «inofensiva» y ambivalente desde un punto de vista moral que titula *Culpa e inocencia en la Alemania de Hitler*, se ve incapaz de redactar el prólogo. La parálisis es tan larga e inflexible que empieza a indagar en su propio pasado, del que aflora una relación de complicidad con el tema histórico de su estudio, «un fascismo del corazón». Gass concluye el libro con imágenes desgarradoras de la pérdida:

Supongamos que, en lugar de dar flores, el bulbo se retrajera a una época anterior, justo antes de retoñar, de que el polen volara en la brisa, que lo había llevado hasta su pistilo; supongamos que se volvieran las tornas contra la muerte, que se viera atacada ya al principio y tuviera a sus hijos del revés, de modo que el primer aliento no inflara el pulmón sino que lo pisara, como un pie pesado sobre un pedal; que hubiera [...] una rebelión entre las filas y que la vida eligiera el pasado para estar y no otra ronda de chasquidos vacíos llamada «tiempo presente». [...] Hice [...] un intento. Abandoné la Poesía por la Historia en mi Juventud.

Qué periplo, sin embargo, reptar por la tierra primero y después en la inmundicia nadar; pasar por tus propias canalizaciones, ver los gusanos de su interior. Y darte cuenta. De que has estado. Debajo del mundo. De niño mentía como una alcantarilla. Les contaba a mis amigos esporádicos que iba allí abajo. Al reino de las sombras. Y les decía que veía amplios espacios, las muchas salas de innumerables cuevas, estanques mágicos vigilados por Merlines vestidos de piel de topo y telarañas, cofres rebosantes de joyas sin duda de tiendas de baratillo, salas llenas de doblones y, de repente, por una apertura de bordes dentados como un desgarro en una tela podrida, un nuevo sol resplandeciente, prados repletos de flores sanas, arroyos de colores pastel, ah, hectáreas de edenes en nuestro interior. [...]

Y, mientras, seguir sin queja. Ningún brazo con brazalete levantado bien alto. Se acabó el retumbar de las bandas, no hay cielos iluminados por reflectores. ¿O quizá, como los ríos, experimentaré una crecida? Ah. En fin. ¿La crecida sería buena idea? Un revólver cerca de una oreja como el Führer. O descansar la mente junto a la aflicción.

No estamos ante un reflejo apocalíptico previsible que emerge entre la bruma del siglo cual alucinación del lago Ness. Estamos ante un duelo, un réquiem, un repliegue del futuro mismo del tiempo.

En consecuencia, resulta aún más apasionante el conjunto de lugares y voces mediante los cuales el periplo hasta el sótano del tiempo se convierte en una especie de rescate, una excavación cuyo propósito es construir, descubrir, concebir un futuro. Por descontado, no pretendo incentivar ni consagrar los finales felices (forzados o sentidos de verdad), y tampoco consagrar los finales amargos concebidos como correctivos o advertencias. Lo que deseo es plantear la cuestión de si la mano que presenta las metáforas del libro es una palma abierta o un puño.

Toni Cade Bambara empieza su excelente novela *The Salt Eaters* ['Los comedores de sal'] con una pregunta sorprendente: «¿Estás segura, cariño, de que quieres encontrarte bien?». ¿Estás segura de que quieres encontrarte bien? Lo que resulta de esta interpelación tan seria es una convalecencia que requiere que una asustada Deméter moderna comprenda y sondee hasta el último recodo de sus profundidades y de las de su comunidad, para reconsiderar y revivir el pasado con el único objetivo de contestar a esa pregunta. El éxito de su excavación se describe en estos términos:

> Lo que había llevado a Velma a meter la cabeza en el horno [...] no era nada en comparación con lo que la esperaba, con lo que estaba por llegar. [...] Claro que lucharía; Velma era una luchadora. Claro que rechazaría lo que no pudiera explicarse con palabras, notas, números ni esos otros sistemas cuyas raíces se habían metido muy por debajo de la superficie. [...] La siguiente prueba de Velma podría llevar a hechos mucho más devastadores que arremeter contra el cuerpo o tragar gas. [...]
>
> La paciente se vuelve con elegancia sobre el taburete, la cabeza echada hacia atrás, a punto de gritar, de reír, de cantar. Ya no le hacen falta las manos de Minnie. Eso está claro. El resplandor de Velma resplandece y dos metros de ancho de blanco y amarillo despejados e

intactos. Sus ojos escudriñan el aire que rodea a Minnie y luego observan sus propias manos, los dedos extendidos y radiantes. Ya no le hacen falta las manos de Minnie, así que la curandera las retira, las abandona en el regazo en el momento en que Velma se levanta con piernas firmes y se desprende del chal, que cae sobre el taburete cual coco reventado.

El título de la novela más reciente de Salman Rushdie, *El último suspiro del Moro*, apunta a que la historia terminará en un lecho de muerte o un cementerio. Y así es. El narrador/protagonista, Moraes Zogoiby, nos guía en un estimulante viaje con el objetivo de clavar sus papeles en la pared. Unos papeles que son el resultado de su «canto diario y silencioso a cambio de [su cotidiana] vida».[17] Contar, escribir, consignar cuatro generaciones de historia familiar y nacional. Una historia de amores demoledores y odios extraordinarios; de ambición sin límite y pereza sin redención; de lealtades que trascienden todo entendimiento y decepciones que trascienden toda imaginación. Cuando por fin todos los pasos y todas las pausas de ese imaginario quedan rendidos a nuestra contemplación, esta es la conclusión:

La áspera hierba del cementerio ha crecido alta y punzante y, mientras estoy sentado sobre esta tumba, parezco descansar sobre las puntas amarillas de la hierba, ingrávido, flotando libre de cargas, mantenido en el aire por una espesa brocha de hojas milagrosamente inflexibles. No me queda mucho. Mis bocanadas de aire se cuentan, como los años del mundo antiguo, a la inversa, y la cuenta atrás está ya muy adelantada. He usado mis últimas fuerzas para hacer este peregrinaje. [...]

En la cabecera de esta lápida hay tres letras gastadas; las yemas de mis dedos las leen para mí. R, I, P. Muy bien: descansaré, y espero hacerlo en paz. El mundo está lleno de durmientes que aguardan el momento de volver. [...] [E]n alguna parte, en una maraña de espinas, una bella, en un ataúd de cristal, aguarda el beso de un príncipe. Mirad: aquí tengo mi botella. Beberé un poco de vino; y entonces, como un Van Winkle de hoy, me echaré sobre esta piedra sepulcral, descansaré la cabeza sobre esas letras R, I, P, y cerraré los ojos, siguiendo la vieja costumbre de nuestra familia de quedarnos dormidos en momentos difíciles, y confiaré en despertar, renovado y alegre, en una época mejor.[18]

El descanso, la paz, se expresan en dos ocasiones, pero también la esperanza. Para la renovación, la alegría y, sobre todo, para «una época mejor».

En 1991, Ben Okri cerraba su novela *La carretera hambrienta* con un sueño tan sincero que adquiría prioridad frente a toda la narración:

El aire del cuarto estaba en calma. No había turbulencias. [La] presencia [de papá] protegía nuestro espacio nocturno. Ninguna forma invadía nuestro aire, oprimía nuestro tejado, andaba entre los objetos. El aire era claro y estaba despejado. En mi sueño, encontré espacios abiertos donde floté sin miedo. [...] La dulzura disolvió mis temores. Ya no tenía miedo al Tiempo.
Y luego llegó la mañana. [...]
Un sueño puede ser el punto culminante de una vida.[19]

En 1993, como continuación de la historia de esa criatura vidente, Okri concluía *Canciones del encantamiento* con un gesto más pronunciado hacia el futuro: «Quizá algún día veamos las montañas delante de nosotros. Quizá algún día veamos las siete montañas de nuestro destino misterioso. Quizá algún día veamos que tras nuestro caos puede haber siempre un nuevo rayo de luz. Y serenidad».[20]

Los simbolismos de las montañas a las que se refiere conforman el inicio del libro:

No vimos las siete montañas delante de nosotros. No vimos que siempre están allí, siempre llamándonos, recordándonos siempre que todavía hay cosas por hacer, sueños por realizar, alegrías por redescubrir, promesas que hicimos antes de nacer y aún debemos cumplir, bellezas por cristalizar y amor encarnado.

No vimos cómo nos insinuaban que nada acaba por completo, que el esfuerzo jamás termina en realidad, que a menudo debemos soñar nuestra vida de nuevo y que la vida siempre puede utilizarse para producir más luz.[21]

La esperanza presente en esas líneas es palpable e insiste en una posibilidad: «Una acción grandiosa, vivida hasta el mar, puede cambiar la historia del mundo».[22]

En *Almanac of the Dead* ['Almanaque de los muertos'], Leslie Marmon Silko desgrana y abre en canal miles de años de historia del Nuevo Mundo, desde siglos antes de que los conquistadores hicieran su aparición en sus costas hasta la actualidad. La novela reposa sobre una atemporalidad no solo pasada, sino también futura: un tiempo en verdad sin fin. La imagen final del relato es el espíritu serpiente «que señala hacia el sur, en la dirección de la que vendrá la gente». El tiempo futuro del verbo se vincula a una dirección que es, a diferencia de la de la mayoría de venidas que aprobamos, el sur. Y resulta imposible soslayar el hecho de que es precisamente en «el sur» donde muros, vallas, guardias armados y la histeria espumosa se aglutinan en este preciso momento.

Capullos de los que brotan mujeres sanadas, sueños que arrebatan al tiempo su terror, esperanzas sepulcrales de un tiempo mejor, de un tiempo ulterior al caos donde se alzan las siete montañas del destino, de dioses serpiente que anuncian a los que llegarán por el sur: esas imágenes conclusivas, tras las incursiones en el pasado, nos llevan a aventurar la conclusión de que algunos escritores no están de acuerdo con las ideas imperantes de ausencia de futuro. De que no solo tienen un futuro indudable, sino que se

174

empeñan en tenerlo. De que para ellos, para nosotros, la historia vuelve a empezar.

Con esto no pretendo desentrañar indicios de una esperanza tímida y un optimismo terco en la narrativa contemporánea; creo en cambio detectar una visión proyectada con conocimiento de causa, basada en una experiencia desgarradora, pero que, no obstante, apunta hacia un futuro redentor. Y me fijo en el medio del que surge esa visión. Lo modulan la raza y el género, está colonizado, desplazado, perseguido.

Existe aquí un rastro interesante de imaginarios divergentes, entre el imaginario de la tristeza provocada por la extinción del tiempo, por la angustia del tiempo invertido (un tiempo que solo tiene un pasado), por el tiempo mismo, que vive con los días contados, entre ese imaginario y el otro, que tiene expectativas cada vez mayores de un tiempo con un futuro incesante. Una busca en la historia la sensación del tiempo o sus efectos catárticos; una se sumerge en el arte para dar con sus signos de renovación.

La literatura, sensible como un diapasón, es testigo impertérrito de las luces y las sombras del mundo en el que vivimos.

Sin embargo, más allá del mundo de la literatura hay otro mundo: el de la crónica, con una visión muy distinta de las cosas. Un Jano que ha enmascarado su rostro orientado hacia delante y se esfuerza por convencernos de que el futuro casi no vale el tiempo invertido. Tal vez sea la realidad de un futuro tan perdurable y de tanto alcance como el pasado, un futuro que determinen los que han quedado relegados a los márgenes, los que se han visto descartados por superfluos e irrelevantes, los que han quedado cubiertos por la capa del demonio; tal vez sea la contemplación de ese futuro lo que haya provocado el temblor de los profetas de nuestros días, temerosos de que el desequilibrio actual sirva para agitar y no para borrar. De que la historia no solo no esté muerta, sino a punto de respirar sin trabas por vez primera. No será pronto, quizá no sea en los próximos treinta o cincuenta años: esa respiración, ese aliento descomunal, requerirá su tiempo. Pero llegará. En ese caso, deberíamos tener en cuenta las meditaciones de la literatura. William Gass tiene razón. Existen «hectáreas de edenes en nuestro interior». El tiempo sí tiene futuro. Más largo que su pasado e infinitamente más acogedor... para la raza humana.

INTERLUDIO

Materia(s) negra(s)

Homenaje a Martin Luther King, Jr.

A raíz de su labor de recopilación de recuerdos de distintas personas para proyectos en los que está involucrado, Martin Luther King III me preguntó recientemente por mis opiniones sobre su padre. Y una de sus preguntas, concebida para suscitar una respuesta subjetiva, era previsible.

—Si mantuviera una conversación con mi padre —me dijo—, ¿qué le gustaría preguntarle?

Por algún motivo del todo inexplicable, me dio un vuelco el corazón y casi se me escapó un gemido al teléfono:

—Ay, espero que no se sienta defraudado. ¿Tú crees que se sentirá defraudado? Algo tiene que haber aquí que lo contente.

Bueno, entonces hice un esfuerzo para calmar la voz y disimular lo que empezaba a parecer obvio, o sea, que en realidad había querido decir: «Espero no haberlo defraudado».

A continuación formulé una pregunta que me gustaría plantearle y dejé a un lado mis opiniones sobre la situación actual de los desposeídos: algunas victorias, algunas derrotas estrepitosas; algunos avances impresionantes, pero mucho hundimiento parsimonioso en el fango de la desesperación.

Y, en todo momento, no dejaba de pensar: «¿Lo habré defraudado?». Es curioso, porque no llegué a conocer al reverendo King. El recuerdo que tengo de él es impreso, electrónico, surge de relatos ajenos. Sin embargo, sentía una responsabilidad personal frente a King. Ese era el efecto que tenía en los demás. Más tarde me di cuenta de que yo estaba reaccionando a algo distinto, y más duradero, que su compleja personalidad. No respondía ante el predicador, ni ante el erudito, ni ante el ser humano vulnerable, tampoco ante el estratega político, el orador, el activista brillante y arriesgado. Él era todas esas cosas, pero yo reaccionaba ante su misión. Ante, como él mismo la llamó, su «fe osada». Ante su esperanza de transformar, de trocar, la elegía cósmica en un salmo de fraternidad.

Su convicción de que éramos mejores de lo que creíamos, de que había premisas morales que no íbamos a abandonar, fronteras de comportamiento cívico que sencillamente nunca traspasaríamos. De que había cosas a las que renunciaríamos con alegría en favor del bien común; de que una vida cómoda, erigida sobre la miseria ajena, era una abominación que en el caso concreto de este país, entre todas las naciones, resultaba ofensiva.

Sé que el mundo es más bondadoso y mejor porque Martin Luther King, Jr. vivió en él. Mi angustia poseía un cariz personal. ¿Era yo más bondadosa? ¿Era mejor? Porque he vivido en un mundo imaginario. ¿Lo habría defraudado? La respuesta carece de importancia, pero la pregunta sí la tiene, y mucha: ese es el legado del reverendo King. Él hizo del acto de asumir la responsabilidad personal para aliviar el mal social algo corriente, habitual e irresistible. Mi homenaje es la profunda gratitud que siento por el regalo que, sin duda alguna, fue su existencia.

La raza es importante

Al principio de mi vida de escritora busqué, sin llegar a encontrarla, una soberanía, una autoridad como la que estaba a mi disposición en la escritura de narrativa y en ningún otro lugar. En esa única actividad me sentía completamente coherente y totalmente liberada. Allí, en el proceso de escritura, estaba la ilusión, el espejismo del control, del acercamiento cada vez mayor al significado. Estaba (y sigue estando) el placer de la redención, la seducción de lo original. Sin embargo, durante una buena parte de los últimos veintinueve años he sido consciente de que esos placeres, esas seducciones, son más bien invenciones deliberadas necesarias, por un lado, para hacer el trabajo y, por el otro, para legislar sobre su misterio. Y me ha quedado cada vez más claro que el lenguaje es al mismo tiempo liberador y opresivo. Da igual qué incursiones emprenda mi imaginación: la celadora, cuyas llaves tintinean siempre al alcance del oído, es la raza.

Jamás he vivido, igual que ninguno de ustedes, en un mundo en el que la raza no fuera importante. Un mundo así, un mundo carente de jerarquía racial, suele imaginarse o describirse como un paisaje onírico, edénico, utópico, por lo remotas que son las posibilidades de que llegue a existir. Del lenguaje cargado de esperanza de Martin Luther King, Jr. a la ciudad de las cuatro puertas de Doris Lessing, de san Agustín a la simple etiqueta de «estadounidense» elegida por Jean Toomer, el mundo sin razas se ha planteado como ideal, milenario, un estado posible solo si llegaba de la mano del Mesías o se emplazaba en una reserva protegida, una especie de parque natural.

181

No obstante, de cara a esta charla y debido a determinados proyectos en los que estoy inmersa, prefiero pensar en un mundo en el que la raza, en efecto, no sea importante. No pienso en un parque temático, ni en un sueño fallido y que siempre falla, ni en la casa paterna con sus muchas habitaciones. Lo concibo como un hogar. Por tres motivos.

En primer lugar, porque establecer una distinción radical entre la metáfora de la casa y la del hogar me ayuda a aclarar lo que pienso sobre la construcción racial. En segundo lugar, porque me permite tomar el concepto de la insignificancia de la raza y apartarlo del anhelo y el deseo, apartarlo de un futuro imposible o de un pasado irrecuperable y probablemente inexistente, para acercarlo a una actividad humana manejable y factible. En tercer lugar, porque la labor que puedo hacer es eliminar la fuerza de las construcciones raciales en el lenguaje. No puedo esperar a que llegue la gran teoría de la liberación, defina su funcionamiento y haga su trabajo. Asimismo, tanto las cuestiones relativas a la raza como las relativas al hogar son prioritarias en mi obra y han propiciado, de una u otra forma, mi búsqueda de la soberanía, así como mi abandono de esa búsqueda apenas he reconocido su disfraz.

Como escritora racializada desde siempre y para siempre, supe de inmediato, ya al principio, que no podía ni quería reproducir la voz del amo y sus aspiraciones de encarnar la ley omnisciente del padre blanco. También me negué a sustituir su voz por la de su amante servil o la de su valeroso adversario, puesto que ambos puestos (amante y adversario) parecían confinarme al terreno del amo, a su feudo, y obligarme a aceptar las normas domésticas del juego de la dominación. Si tenía que vivir en una casa racializada, al menos era importante reconstruirla para que no fuera una cárcel sin ventanas donde me encerraran, un receptáculo de muros gruesos e impenetrables de cuyo interior no surgiera sonido alguno, sino una casa abierta, con buenos cimientos y generosa en ventanas y puertas. O, en su caso, se me hacía imperativo transformarla por completo. Sentí tentaciones de convertirla en un palacio donde el racismo no fuera tan doloroso; agazaparme en una de las muchas habitaciones en que la coexistencia proyectaba la ilusión de ser un medio de acción. En un momento dado traté de utilizar la casa racializada como un andamio desde el que instaurar una fiesta móvil que pudiera desarrollarse y celebrarse en una serie de puntos determinados. Eran la autoridad, la comodidad superficial, la disposición redentora y la libertad que en un principio parecía prometer la escritura. Sin embargo, en esa libertad, en todas las libertades (en especial en las usurpadas), acecha el peligro. ¿Podía redecorar, rediseñar e incluso reimaginar la casa racializada sin renunciar a una casa propia? Esa libertad inventada y anhelada ¿exigiría una carencia de hogar igualmente inventada? ¿Me condenaría a eternos arrebatos de nostalgia del hogar que nunca había tenido y jamás conocería? ¿O tal vez requeriría una circunspección intolerable, un vínculo de autocensura con el epicentro original de la arquitectura racial? En pocas palabras, ¿no estaba atada (y lo estaría siempre) a una ideología mortífera incluso (y sobre todo) cuando había concentrado toda mi inteligencia en subvertirla?

Esas preguntas, que han preocupado a tanta gente, han influido en toda mi obra. ¿Cómo ser libre y estar bien asentada al mismo tiempo? ¿Cómo transformar una casa racista en un hogar racializado que, sin embargo, no sea racista? ¿Cómo expresar la raza y a la vez privarla de su potestad mortífera? Son preguntas de concepto, de lengua, de trayectoria, de asentamiento y de ocupación; y, si bien mi conexión con ellas ha sido reñida e intermitente y (creo) ha evolucionado contantemente, siguen estando en mis pensamientos igual de irresueltas desde un punto de vista estético y político. Si he de ser sincera, busco en los lectores análisis literarios y extraliterarios de buena parte de lo que puede entenderse mejor. No obstante, estoy convencida de que mis digresiones literarias y el empleo del antagonismo entre la casa y el hogar guardan relación con los asuntos que van a tratarse en este congreso a lo largo de estos dos días, porque muchísimo de lo que parece formar parte de las disertaciones sobre la raza tiene que ver con la legitimidad, la autenticidad, la comunidad, la pertenencia; tiene que ver, en el fondo, con el hogar. Un hogar intelectual; un hogar espiritual; la familia y la comunidad como hogar; el papel de la mano de obra forzada y expulsada en la destrucción del hogar; el distanciamiento y la alienación en el hogar ancestral; las respuestas creativas al exilio, las devastaciones, los placeres y los imperativos de carecer de hogar según se manifiesta en los debates sobre la globalización, la diáspora, las migraciones, la hibridación, la contingencia, las intervenciones, las asimilaciones y las exclusiones. El cuerpo distanciado, el cuerpo legislado, el cuerpo como hogar. En casi todas esas premisas, sea cual sea el terreno, la raza magnifica el asunto que tiene importancia.

Hubo para mí un momento de cierta trascendencia tras la publicación de *Beloved* que formó parte de mi reflexión sobre su proceso de escritura. Es un momento que condensa parte del territorio que deseo cartografiar a lo largo de esta conferencia. Ese momento tiene que ver con la complejidad inherente a la creación de un lenguaje narrativo que, por un lado, haga referencia a la raza y, por el otro, tenga una lógica metafórica.

Un amigo mío vio la última frase de *Beloved* tal y como la escribí en un primer momento. En realidad, era la penúltima si se considera que la última palabra (la resurrección del título, del personaje y del epitafio) es la ultimísima frase. Sea como sea, la construcción «Sin duda no el clamor por un beso»,[23] tal como aparece en el libro publicado, no es la que había elegido en un principio para concluirlo, y mi amigo se sorprendió al descubrir el cambio. Le conté que mi editor había sugerido una modificación en aquel punto, si bien en modo alguno había indicado cuál podía ser. Mi amigo clamó contra mi editor por el atrevimiento de haber propuesto un cambio y también contra mí por haberlo tenido en consideración y encima haberlo aceptado. Entonces me esforcé en aclararle por qué lo había hecho, pero me enredé en la explicación de lo que significaba la frase original o, más bien, lo que significaba para mí la última palabra de la frase original. Hablé de lo mucho que había tardado en llegar a ella, de por qué la consideraba perfecta como palabra final; de cómo lo contenía todo, desde el epitafio y la compleja trama hasta las luchas de los personajes mediante el proceso de rememoración y reconstrucción del cuerpo y sus partes, de rememoración y reconstrucción de la familia, el vecindario... y nuestra historia nacional. Y de que esa última palabra reflejaba ese recuerdo, revelaba su necesidad y ofrecía el puente que yo quería desde el principio del libro hasta el final, así como hasta el principio del siguiente libro. A medida que iba hablando de la importancia de esa última palabra original, mi amigo se enfurecía más y más. A pesar de todo, le dije, me parecía que en su objeción el editor llevaba cierta razón; y era solo eso, una objeción, no una orden. Él me había planteado si podía encontrarse una palabra mejor para concluir el libro, ya que la que había elegido era demasiado dramática, demasiado teatral. Al principio no me mostré de acuerdo. Era una palabra sencilla, de lo más corriente por mucho que a él, en el contexto de las frases anteriores, se le antojara del todo discordante; daba la nota. Puede que incluso lo dijera con esas mismas palabras.

Así pues, durante mucho tiempo me resistí. Mucho tiempo si tenemos en cuenta que estábamos en galeradas. O en la última revisión del manuscrito, supongo. Fuera como fuese, me fui a casa y reflexioné. Reflexioné sobre si debía dejarlo como lo había escrito en un principio o debía cambiarlo. Al final, decidí que la decisión dependería de si lograba dar con una palabra mejor. Una palabra que transmitiera el mismo significado.

Pasé semanas sin encontrar la sustituta adecuada. Y tenía ganas de dar con algo, ya que lo que me obsesionaba era que, por mucho que la palabra que había elegido originalmente fuera sin duda la más adecuada, algo no funcionaba si llamaba la atención de ese modo y no completaba el sentido del texto, sino que lo desplazaba. En consecuencia, no era cuestión de sustituir sin más una palabra por otra que quisiera decir lo mismo (un sinónimo), ni de tratar de decidir si el término original era apropiado. Quizá tendría que reescribir un buen fragmento para convencerme de que la palabra que había elegido encajaba.

Decidí que no, que chirriaba. Decidí que existía otra palabra que podía cumplir la misma función y llamar menos la atención. Era palabra era «beso».

Pues bien, gracias a la conversación con mi amigo me di cuenta de que sigo sin estar contenta con el resultado, ya que «beso» se sitúa en un nivel algo superficial. «Beso» se sitúa en un nivel que busca y encuentra una cualidad o un elemento de la novela que no era, y no es, su distintivo principal. El distintivo principal no es ni el amor ni la satisfacción del deseo físico. El distintivo era la necesidad, algo que precede al amor, que sigue al amor, que determina el amor, que modifica el amor y a lo que el amor está subordinado. En aquel caso concreto, era la necesidad de una especie de conexión, un reconocimiento, un homenaje que nunca se había rendido.

Empecé a pensar que debía de haber pasajes poco claros antes de esa palabra original si, en efecto, se entendía tan mal y resultaba perturbadora de una forma tan intensa y errónea. En los últimos tiempos he leído análisis de revisiones de obras que han entrado en el dominio público y he reflexionado sobre cómo los libros no solo se releen, sino que se reescriben, no únicamente en su propia lengua con la indecisión del escritor y el tira y afloja entre editor y escritor, sino también en las traducciones. Se toman libertades que amplían; se toman libertades que reducen. Y luego, para mí, está el desasosiego. Siempre existe la amenaza de que el propio trabajo no se tome en serio, de que quede reducido a una cartilla infantil, de que la política de la lengua, la política de otra lengua, se imponga a la del propio autor.

Mi intento de manipulación del inglés estadounidense no consistía en acudir al inglés estándar y recurrir a la variante autóctona para decorarlo o ponerle una capa de barniz, sino en ir rebanando sus excrecencias de engaño, ceguera, ignorancia, parálisis y pura malicia para que determinadas percepciones no solo fueran accesibles, sino inevitables. Eso es lo que creía que lograba mi última palabra original, luego me convencí de lo contrario y ahora me arrepiento de haberla cambiado. El esfuerzo que cuesta encontrar una sola palabra y tener claro que esa nota y no otra es la indicada entraña una batalla colosal. Encontrarla y después perderla es, a posteriori, exasperante. Por un lado, ¿qué podía importar? ¿De verdad puede desmoronarse un libro por una palabra, aunque ocupe un lugar fundamental? Seguramente no. Por el otro, tal vez sí, en caso de que su escritura aspire a la especificidad racial y a la coherencia metafórica. En aquel momento me decanté por lo segundo. Renuncié a una palabra con una resonancia racial y una lógica metafórica en favor de otra que solo tenía lo segundo, ya que mi última palabra original provocaba una disyunción muy clara, daba la nota, era un elemento discordante al aunar dos funciones que son lingüísticamente incompatibles excepto cuando se hace referencia al exotismo racial.

En realidad, creo que mi editor tenía razón. La palabra original era un «error». Claro que también sé qué mi amigo tenía razón: el «error» era, en aquel caso, la única palabra posible. Como pueden comprobar, mi intención de dar con un medio de acción fuera de la casa racializada acabó siendo una genuflexión en mitad de su ya conocido (y más acogedor) jardín.

Esa experiencia de arrepentimiento pone en evidencia, en mi opinión, la necesidad de reconsiderar las vinculaciones, sutiles pero generalizadas, que podamos tener con la arquitectura de la raza. La necesidad de pensar en lo que significa y lo que supone vivir en una casa racializada recientemente rediseñada y considerarla, de un modo desafiante, aunque erróneo, diversidad o multiculturalidad; considerarla un hogar. De pensar en lo mucho que se esfuerzan algunas de las mejores obras teóricas en aferrarse a sus simulacros. De pensar en qué nuevos peligros surgen cuando alguien conquista la huida o el exilio voluntario de esa casa.

Aquí corro el riesgo de que me acusen de huir de la realidad y de fomentar tentativas inútiles de superar la raza o intentos perniciosos de trivializarla, y me preocuparía mucho que mis observaciones y el proyecto en que estoy inmersa se malinterpretaran de una forma tan absoluta. Lo que estoy decidida a hacer es abordar lo que se ha planteado como el futuro esquivo y domesticarlo; concretar lo que, fuera de la ciencia ficción, se expresa con un lenguaje político y se considera un sueño permanentemente inalcanzable. Mi confrontación es poco sistemática y muy lenta, por descontado, puesto que, a diferencia del avance triunfal de un argumento, la narración requiere la complicidad de un lector que vaya descubriéndola. Y no hay imágenes que atenúen la dificultad.

En distintas novelas la aventura ha consistido, para mí, en explorar temas en apariencia impenetrables, marcados por la raza, bloqueados por la raza. Sucedió en mi primer libro, en el que analicé el racismo como causa, consecuencia y manifestación de la psicosis individual y social, y en el siguiente, en el que me adentré en la cultura del género y la invención de la identidad, dos asuntos que adquirieron un sentido sorprendente al situarlos en un contexto racial. Luego llegaron *La canción de Salomón* y *La isla de los caballeros*, en los que me centré en la influencia de la raza en la fascinación ejercida por la comunidad y la individualidad, y después *Beloved*, donde analicé las posibilidades reveladoras del relato histórico cuando las oposiciones cuerpo-mente, sujeto-objeto o pasado-presente, vistas a través del filtro de la raza, se desmoronan y se convierten en un todo continuo. En *Jazz* traté de situar la modernidad como respuesta a la casa racializada, en un intento de hacer saltar por los aires su refugio universal, su omnisciencia y sus pretensiones de control. Y ahora, en *Paraíso*, pretendo primero reflejar y luego desestabilizar por completo la mirada racial.

En *Jazz*, la mecha de la dinamita se encendía con la voz narrativa, esa voz capaz de empezar con la presunción de conocimiento, de saber algo confidencial, y de ser una autoridad indisputable («Yo conozco a esa mujer»),[24] y acabar con la epifanía dichosa de su humanidad y sus propias necesidades.

En el proyecto en el que estoy trabajando pretendo descubrir si el lenguaje racializado y al mismo tiempo arracial es posible y también significativo en la narración. Pretendo habitar y recorrer un lugar limpio de residuos racistas; un lugar donde, por un lado, la raza sea importante y, por el otro, se vuelva impotente; un lugar «hecho expresamente para mí, a la vez abrigado y completamente abierto. Con una puerta que nunca necesite cerrarse, una vista propicia a la luz y al radiante follaje de otoño, pero no a la lluvia. Donde se pueda gozar del fulgor de la luna si el cielo está claro y adorna con sus estrellas lo que haya que adornar. Y abajo, justo allí, un río llamado Treason del cual depender».[25] Pretendo imaginar no la amenaza de la libertad, ni su fragilidad tímida y jadeante, sino la emoción concreta de la ausencia de fronteras, una especie de sensación de seguridad al aire libre donde

una mujer insomne podía levantarse de la cama, echarse un chal sobre los hombros y sentarse en las escaleras de su casa a la luz de la luna. Y, si le apetecía, podía salir paseando de su jardín a la calle. Sin luz y sin miedo. Los crujidos junto a la carretera no la asustaban porque, fuera lo que fuere aquello que había producido el ruido, no se trataba de algo que se acercara a ella sigilosamente. En un radio de ciento cuarenta kilómetros no había nada que acechase. Podía pasear tan despacio como quisiera, pensar en guisos, en la guerra, en asuntos familiares, o alzar los ojos al cielo y no pensar en nada. Sin luz y sin miedo, podía seguir su camino y, si una luz brillaba en una casa situada calle arriba y oía el llanto de un lactante con un cólico, podría acercarse a la casa y llamar en un susurro a la mujer que estaba dentro, intentando calmar al niño. Las dos se turnarían para darle masajes en la barriga, mecerlo o intentar que bebiera un poco de soda. Cuando el bebé se callara, se sentarían un rato a chismorrear, riendo en voz baja para no despertar a nadie.

Entonces, la mujer decidiría si volvía a su casa, descansada y dispuesta a dormir, o seguía por la calle [...] más allá, fuera de los límites de la población, porque allí no había nada que la acechase.[26]

El factor preponderante en el mundo moderno no es su tecnología: es el desplazamiento generalizado de población. A partir del mayor traslado forzoso de individuos de la historia del planeta: la esclavitud. Las consecuencias de ese traslado han determinado todas las guerras posteriores hasta las que se combaten hoy en todos los continentes. La función del mundo contemporáneo consiste ahora en controlar el movimiento perpetuo de personas, en elaborar políticas para regirlo y en tratar de administrarlo. La pertenencia a una nación, esencia misma de la ciudadanía, está marcada por el exilio, los refugiados, los mediadores, los inmigrantes, las migraciones, los desplazados, los escapados y los sitiados. El anhelo de un hogar queda sepultado bajo las metáforas centrales del discurso sobre la globalización, el transnacionalismo, la fragmentación de países y las ficciones de soberanía. Sin embargo, esos sueños de un hogar suelen estar tan racializados como la casa que los ha originado y definido. Cuando no están racializados, se convierten, como he señalado antes, en un paisaje exterior, jamás interior; en una utopía, nunca un hogar.

Quiero expresar mi reconocimiento y gratitud a los estudiosos de este país y de otros lugares que están despejando un espacio (teórico) en el que se obliga a las construcciones raciales a revelar sus puntales y sus entresijos, su tecnología y su coraza, de forma que puedan generarse acción política, pensamiento intelectual y producción cultural.

Los defensores de la hegemonía occidental presienten la usurpación y ya han descrito, definido y designado como «barbarie» la posibilidad de imaginar la raza sin dominación, sin jerarquía; como la destrucción de la ciudad de las cuatro puertas; como el fin de la historia: todo eso puede entenderse como una tontería, como una estupidez, una experiencia ya dañada, un futuro sin valor. Si, de nuevo, la consecuencia política de la labor teórica se tilda ya de catástrofe, es más urgente que nunca crear un lenguaje no mesiánico para refigurar la comunidad racializada, para descifrar la desracialización del mundo. Es más urgente que nunca implantar una epistemología que no sea ni una degradación intelectual ni una cosificación interesada. Se trata de delimitar un espacio de trabajo crítico que ni purgue la casa racializada a la espera de obtener autenticidad y beneficios para los iniciados ni la abandone a su posturismo magnificador. Si el mundo como hogar por el que trabajamos se describe ya en la casa racializada como un desperdicio, la labor que nos muestran todos esos estudiosos no solo resulta interesante, sino que también podría salvarnos la vida.

Estos recintos universitarios en los que sobre todo trabajamos y a menudo nos reunimos no seguirán siendo un terreno ajeno, entre cuyas fronteras fijadas viajamos de una comunidad racializada a otra como intérpretes, como guías autóctonos; ni recintos resignados a la categoría de castillos segregados desde cuyas balaustradas contemplamos a los desahuciados e incluso los invitamos a pasar; ni mercados donde nos dejamos subastar, comprar, silenciar y comprometer en gran medida, en función de los caprichos del amo y de las tarifas vigentes.

La desconfianza que generan los estudios sobre la raza entre la comunidad homologadora ajena a la universidad solo es legítima cuando los académicos no han sabido imaginar su propio hogar; cuando no han comprendido y reconocido sin dar muestras de arrepentimiento que su valiosa labor no puede llevarse a cabo en otro lugar; cuando no han concebido la experiencia académica como una vida que no está a caballo de dos mundos opuestos ni como una huida de ninguno de ellos. La observación de W. E. B. du Bois es una estrategia, no una profecía ni una cura. Al margen de la doble conciencia exterior/interior, ese nuevo espacio postula la interioridad del exterior; imagina una seguridad sin muros en la que podamos concebir un, si me perdonan la expresión, tercer mundo «hecho expresamente para mí, a la vez abrigado y completamente abierto. Con una puerta que nunca necesite cerrarse».[27]

Un hogar.

Materia(s) negra(s)

Hace un tiempo que doy vueltas a la validez o la vulnerabilidad de toda una serie de supuestos que críticos e historiadores literarios han aceptado tradicionalmente y que circulan a guisa de «conocimiento». Ese «conocimiento» defiende que la literatura estadounidense canónica y consagrada no se ha visto afectada, determinada ni forjada por los cuatrocientos años de presencia en este país primero de africanos y luego de afroamericanos. Se da por sentado que tal presencia, que ha influido en el armazón político, en la Constitución y en toda la historia de la cultura estadounidense, no ha tenido ni un papel ni una repercusión significativos en el origen y el desarrollo de la literatura de esa cultura. Es más, se da por sentado que las características de nuestra literatura nacional emanan de una «esencia estadounidense» ajena a esa presencia, a la que no debe rendir cuentas. Entre los expertos parece existir un consenso más o menos tácito según el cual la literatura de Estados Unidos ha sido claramente un coto reservado a las opiniones, el talento y el poder de la población masculina y blanca, sin que esas opiniones, ese talento y ese poder hayan tenido contacto ni relación con la presencia en el país de la población negra, una población que es anterior a todos los escritores estadounidenses de renombre y que tal vez haya sido, de un modo subrepticio, la fuerza más radical y determinante para la literatura nacional.

La consideración de esa presencia negra es fundamental para comprender los distintos aspectos de la literatura de nuestro país y no debería relegarse a los márgenes de la imaginación literaria. Puede que, si la literatura estadounidense se distingue como entidad coherente, sea debido a y con relación a esa población desestabilizada y desestabilizadora. He empezado a plantearme si los temas más relevantes y más loados de la literatura de este país (el individualismo, la masculinidad, el conflicto entre la implicación social y el aislamiento histórico) no son, como se ha creído, disyuntivas morales ambiguas y trascendentales, sino en realidad reacciones a una presencia africanista oscura, pertinaz y simbólica. El lenguaje codificado y la restricción deliberada con los que nuestra recién creada nación abordó la falacia racial y la fragilidad moral radicadas en su propia esencia se han mantenido en su literatura incluso a lo largo del siglo XX. Una presencia africanista real o inventada fue crucial para forjar el carácter nacional de los escritores. Y se nota: en omisiones significativas y recalcadas, en contradicciones asombrosas, en conflictos cargados de matices y en el hecho de que su obra albergue las marcas y los cuerpos de esa presencia.

Mi curiosidad ha dado lugar a un estudio todavía informal de lo que denomino «africanismo estadounidense». Se trata de una investigación de las distintas formas en que se ha construido una presencia africanista no blanca en este país y de los imaginativos propósitos para los que ha servido esa presencia inventada. Empleo el término «africanismo» para referirme a la negritud denotativa y connotativa que representan los pueblos africanos, así como al conjunto de opiniones, conjeturas, interpretaciones y malinterpretaciones que caracteriza a esos pueblos según el punto de vista eurocéntrico. Es importante reconocer la falta de restricciones que ha caracterizado los usos de ese tropo. Como virus invalidante dentro del discurso literario, el africanismo ha acabado siendo, en la tradición eurocéntrica privilegiada por el sistema educativo estadounidense, una forma tanto de abordar como de dominar asuntos relativos a la clase social, la libertad y la represión sexuales, la formación y el ejercicio del poder y la ética y la responsabilidad. Mediante un recurso tan sencillo como demonizar y cosificar la gama de colores de una paleta, el africanismo estadounidense permite decir y no decir, inscribir y borrar, huir y participar, desandar y andar, historizar e intemporalizar. Propone una forma de reflexionar sobre el caos y la civilización, el deseo y el miedo, así como un mecanismo para analizar los problemas y los beneficios de la libertad.

Lo que ha llegado a ser el africanismo y cómo ha funcionado en la imaginación literaria son cuestiones fundamentales, puesto que con un estudio detallado de la «negritud» literaria podrían descubrirse la naturaleza e incluso el origen de la «blancura» literaria. ¿A qué propósito obedece? ¿Qué papeles desempeñan la invención y el desarrollo de la «blancura» en la construcción de lo que se conoce como «el carácter estadounidense»? Si esta investigación mía llega un día a buen puerto, podría brindarme la entrada a una lectura coherente de la literatura de este país, lectura que en este momento no está por completo a mi disposición; entre otras cosas, sospecho, por la calculada indiferencia de la crítica literaria ante estos asuntos.

Un motivo probable de la escasez de material crítico sobre este tema vasto y fascinante es que, en materia de raza, el silencio y la evitación han dominado históricamente el discurso literario. La evitación ha fomentado otro lenguaje sustituto en el que los problemas se han codificado y se han hecho inaccesibles al debate público. La situación ha empeorado por la inquietud que irrumpe en el discurso sobre la raza. Y se ha complicado aún más debido a que hacer caso omiso de la raza se considera una costumbre elegante, liberal e incluso generosa. Prestarle atención es reconocer una diferencia ya desacreditada; mantener su invisibilidad mediante el silencio es permitir al cuerpo negro participar en el cuerpo cultural dominante sin que se proyecte su sombra. Según esa lógica, todo sentido de la buena educación se opone a aludir a ella e impide un debate adulto sobre el tema. Es justo esa concepción de las costumbres literarias y académicas (que se abre camino sin dificultad en la crítica literaria, pero ni obtiene ni suscita credibilidad en otras disciplinas) la que ha hecho desaparecer de la circulación a determinados autores estadounidenses en su día muy bien considerados y ha impedido el disfrute de las ideas notables que contienen algunas de sus obras.

Otra razón de ese vacío ornamental del discurso literario es el mecanismo consistente en pensar en el racismo de forma asimétrica, solo en función de las consecuencias que tiene en sus víctimas. Se ha invertido una buena cantidad de tiempo e inteligencia en denunciar el racismo y sus efectos horripilantes. Como resultado, han surgido intentos firmes, aunque irregulares, de instaurar regulaciones preventivas. También ha habido iniciativas enérgicas y convincentes de analizar el origen mismo del racismo y rebatir la suposición de que es una parte inevitable y permanente de todos los escenarios sociales. No pretendo en modo alguno menospreciar esas actuaciones. Precisamente gracias a ellas se han conseguido cierto progreso en lo relativo al discurso racial. Sin embargo, sí me gustaría que a esos estudios ya consolidados se sumara otro igual de importante: el del efecto del racismo entre quienes lo perpetúan. Se me antoja sorprendente y doloroso que la repercusión del racismo en el sujeto racista se haya eludido y esté por analizar. Las investigaciones que ahondan en la mente, la imaginación y la conducta de los esclavos son valiosas; también debe serlo un análisis intelectual serio de lo que la ideología racista ha provocado y provoca en la mente, la imaginación y la conducta del amo.

Las literaturas nacionales, como los escritores, hacen lo que pueden con lo que tienen. Sin embargo, es cierto que al final parece que acaban describiendo e inscribiendo lo que de verdad preocupa al país. En su mayor parte, la literatura estadounidense ha decidido preocuparse por la construcción de un «nuevo hombre blanco». Si bien me siento decepcionada por la indiferencia de la crítica literaria ante el análisis de la naturaleza de esa preocupación, me queda un último recurso: los propios escritores.

Los escritores son de los artistas más sensibles, más anárquicos desde un punto de vista intelectual, más representativos y más indagadores. La capacidad de un escritor para imaginarse lo que no es el yo, para hacer familiar lo extraño y para ensombrecer lo familiar constituye la medida de su poder. Los lenguajes que emplea (imagista, estructural, narrativo) y el contexto social e histórico en el que esos lenguajes adquieren significado son muestras indirectas y directas de ese poder y sus límites. Por consiguiente, acudo a ellos, a los creadores de la literatura de Estados Unidos, para que arrojen luz sobre la invención y los efectos del africanismo en este país.

¿Cómo se organiza la expresión literaria cuando trata de imaginarse un otro africanista? ¿Cuáles son las señales, los códigos y las estrategias literarias concebidos para facilitar ese encuentro? En pocas palabras: ¿qué sucede? ¿Qué efecto tiene en el texto y para el texto la inclusión de africanos y afroamericanos? Como lectora, siempre había dado por sentado que no «sucedía» nada. Que la presencia de los africanos y sus descendientes no tenía importancia; que cuando aparecían eran decorativos, ejemplos de la habilidad técnica de un escritor desenvuelto. Daba por sentado que, puesto que el autor no era africanista, la aparición en su obra de unos personajes, un relato o un lenguaje africanistas jamás podía estar relacionada con nada más que con el mundo blanco «normal», arracial e ilusorio que conformaba el telón de fondo de la narración. Por descontado, ningún texto estadounidense del tipo al que me refiero se escribió jamás para los negros, del mismo modo que *La cabaña del tío Tom* no se concibió para que lo leyera el tío Tom ni para convencerlo de nada. Como escritora lectora, concluí lo que era evidente: que el sujeto del sueño es quien sueña. La invención de un personaje africanista era reflexiva; comportaba una extraordinaria meditación sobre el yo, una intensa exploración de los miedos y deseos instalados en la conciencia escritora (así como en otras), una asombrosa revelación de anhelo, de terror, de perplejidad, de vergüenza y de magnanimidad.

Leer esos textos como escritora me permitió penetrar muy a fondo en ellos. Era como estar contemplando una pecera, observar el movimiento dócil o brusco de las escamas doradas, las puntas verdes, el destello blanco que sale por detrás de las agallas, los castillos del fondo, rodeados de piedrecitas y minúsculas frondas muy verdes e intrincadas, el agua apenas removida, las motas de desechos y comida, las burbujas tranquilas en su viaje hacia la superficie... y de repente distinguir la pecera en sí, la estructura que, transparente, invisible, permitía la existencia en el ancho mundo de la vida ordenada que contenía. En otras palabras, empecé a confiar en mi conocimiento de la forma en que se escriben los libros, la forma en que se plasma el lenguaje, en mi percepción de cómo y por qué los escritores descartan o adoptan determinados aspectos de sus proyectos. Empecé a confiar en mi forma de entender qué exige la lucha lingüística a los escritores y cómo reaccionan ante la sorpresa, que es el hecho concomitante inevitable y necesario del acto de la creación. Me quedaron clarísimos los mecanismos manifiestos que elegían los estadounidenses para hablar de sí mismos, a través y dentro de una representación unas veces alegórica y otras metafórica, pero siempre ahogada, de una presencia africanista.

Nuestro joven país se distinguió por trabajar con fuerza y plena conciencia por un futuro, una libertad y una dignidad humana que se creían sin precedentes en el mundo. Toda una tradición de anhelos «universales» se concentró en una fórmula archiconocida: «el sueño americano». Si bien el sueño de los inmigrantes merece el escrutinio exhaustivo que ha recibido en distintas disciplinas académicas y en las artes, saber de qué huían con tanto empeño esas poblaciones es igual de importante que saber hacia qué se precipitaban. Si el Nuevo Mundo alimentaba sus sueños, ¿cómo era la realidad del Viejo Mundo que despertaba tal apetito? ¿Y cómo podía esa realidad acariciar y forjar una nueva?

Por lo general, la marcha del Viejo Mundo hacia el Nuevo se entiende como una huida de la opresión y de la limitación en busca de la libertad y la posibilidad. En realidad, para algunos esa travesía fue una huida de la permisividad: de una sociedad en la que creían ver un exceso de atrevimiento, irreverencia y rebeldía. Sin embargo, para quienes escapaban por motivos no religiosos, las restricciones y las limitaciones eran las impulsoras del viaje. El Viejo Mundo solo reservaba a esos futuros inmigrantes pobreza, cárcel, ostracismo social y, con frecuencia, muerte. Por descontado, había otro grupo de inmigrantes que venían en busca de la aventura que suponía fundar una colonia en nombre (y no en contra) de una u otra patria. Y, claro, también había comerciantes que acudían para ganar dinero.

Toda esa gente se dejó seducir por el atractivo de hacer borrón y cuenta nueva, por una oportunidad única en la vida no solo de renacer, sino de renacer con ropa nueva, por así decirlo: el nuevo entorno pondría una nueva vestimenta a disposición del yo. El Nuevo Mundo ofrecía la visión de un futuro sin límites que brillaba con más intensidad en contraste con las restricciones, la insatisfacción y la agitación que se dejaban atrás. Una promesa auténticamente prometedora. Con suerte y perseverancia, uno podía descubrir la libertad, encontrar una forma de que la ley divina se manifestara en el hombre o acabar siendo más rico que un príncipe. El ansia de libertad va precedida de la opresión; el anhelo de la ley divina nace del aborrecimiento de la permisividad y la corrupción humanas; la fascinación por la riqueza es esclava de la pobreza, el hambre y las deudas.

Había muchas más cosas por las que valía la pena correr el riesgo del viaje. La costumbre de la genuflexión sería sustituida por la emoción del mando. El poder, el control del propio destino, reemplazaría la impotencia sentida ante las barreras de la clase, la casta y la persecución taimada. Uno podía pasar de la disciplina y el castigo a disciplinar y castigar; de sufrir el ostracismo a ser investido árbitro del rango social. Podía librarse de un pasado inútil, opresor y odioso para adentrarse en una especie de ausencia de historia, una página en blanco a la espera de que alguien la llenara. Y en ella se escribiría mucho: nobles impulsos se transformaron en ley y se adoptaron para dar lugar a una tradición nacional, pero lo mismo sucedió con aquellos más viles, aprendidos y desarrollados en la patria negada y negadora.

El conjunto de la literatura producida por la joven nación fue uno de los ámbitos en los que se inscribieron esos miedos, esas fuerzas y esas esperanzas. Se antoja difícil leer la literatura de aquel joven país sin que sorprenda lo mucho que se opone a la concepción moderna del «sueño americano», lo mucho que destaca la ausencia de la mezcolanza esquiva de esperanza, realismo, materialismo y promesa que asociamos a esa idea. Teniendo en cuenta que surgía de un pueblo que insistía tanto en su «novedad» (su potencial, su libertad, su inocencia), llama la atención hasta qué punto esa primera literatura, fundadora de nuestra tradición, era adusta, turbulenta, temerosa y obsesiva.

Tenemos palabras y etiquetas para calificar esa obsesión: «gótica», «romántica», «moralista», «puritana». Son ideas cuyo origen se encuentra, por descontado, en la literatura del mundo del que huía aquella gente. Sin embargo, se ha hecho mucho hincapié en la estrecha afinidad entre la psique estadounidense del siglo XIX y el romanticismo gótico, y con razón. No es de extrañar que un país joven, asqueado por el desorden moral y social de Europa y embelesado por un arrebato de deseo y rechazo, consagrara su talento a reproducir en su propia literatura la tipología del satanismo del que habían huido sus ciudadanos y sus padres. Al fin y al cabo, una forma de beneficiarse de las lecciones aprendidas de errores anteriores y desgracias pasadas era dejar constancia de ellos, podría decirse que a modo de vacuna contra su repetición.

El romanticismo fue la forma de desplegar esa profilaxis tan propia de Estados Unidos. Mucho después de haber perdido fuerza en Europa, el romanticismo siguió siendo la modalidad de expresión predilecta del joven país. ¿Qué entrañaba el romanticismo estadounidense para resultar tan atractivo a los lectores como campo de batalla en el que combatir, en el que participar, en el que imaginar a sus demonios?

Se ha apuntado que el romanticismo es una evasión de la historia y por eso quizá resultara atractivo para un pueblo que trataba de zafarse del pasado reciente. No obstante, a mí me convencen más los argumentos que ven en él un enfrentamiento frontal con fuerzas históricas muy reales y muy apremiantes y con sus contradicciones inherentes, tal como las experimentaban los escritores. El romanticismo, una exploración de la angustia importada de las sombras de la cultura europea, hizo posible la aceptación (unas veces sin riesgos, otras con ellos) de determinados miedos propios de Estados Unidos bastante concretos y claramente humanos: el miedo al ostracismo, al fracaso, a la impotencia; el miedo a la carencia de fronteras, a la naturaleza desenfrenada y lista para el ataque; a la ausencia de la llamada «civilización»; a la soledad, a la agresión tanto externa como interna. En resumen, el terror a la libertad humana, justo lo que más anhelaban. El romanticismo ofrecía a los escritores no menos sino más; un lienzo histórico no angosto, sino amplio; no una huida, sino una expansión. Ofrecía tribunas para sermonear y fabular, así como para albergar de un modo imaginativo la violencia, la incredulidad absoluta y el terror, para lo cual el ingrediente más destacado y desmesurado era la oscuridad, con todo el valor connotativo que encerraba.

No existe un romanticismo ajeno a lo que Melville denominaba «el poder de la negritud», y menos en un país en el que había una población residente, ya de por sí negra, sobre la cual la imaginación podía proyectar los miedos, los dilemas y las divisiones que la obsesionaban histórica, moral, metafísica y socialmente. Esa población esclava parecía presentarse voluntaria como objeto de meditación sobre el carácter atrayente y esquivo de la libertad humana, sobre el terror del condenado al ostracismo, su miedo al fracaso, a la impotencia, a la naturaleza desbocada, la soledad innata, la agresión interna, la maldad, el pecado, la avaricia... En otras palabras, sobre la libertad del ser humano en todas sus facetas excepto las relativas a su potencial y sus derechos.

Y, sin embargo, los derechos de las personas, un principio constituyente sobre el que se había fundado este país, estaban ligados de un modo inevitable y particular al africanismo. Su origen y su historia también tenían una vinculación permanente a otro concepto seductor: la jerarquía racial. Como ha señalado Orlando Patterson, no debería sorprendernos que la Ilustración pudiera asimilar la esclavitud; lo que tendría que habernos sorprendido habría sido lo contrario. El concepto de libertad no surgió del vacío. Nada ponía tan de relieve la libertad (por no decir que la recreaba) como la esclavitud.

En esa construcción de la negritud y la esclavitud se encontraban no solo quienes no eran libres, sino también la proyección de quienes no eran uno mismo. El resultado era un terreno de juego para la imaginación. Y lo que surgió de las necesidades colectivas para aquietar los miedos internos y racionalizar la explotación externa fue un africanismo muy propio de Estados Unidos, con su mezcolanza artificial de oscuridad, alteridad, inquietud y deseo. (También existe un africanismo europeo que tiene su equivalente en su propia literatura colonial.)

Lo que pretendo analizar es cómo la representación de una oscuridad dominada, atada, contenida y reprimida acabó cosificándose en la literatura de Estados Unidos en forma de personaje africanista. Pretendo demostrar que las obligaciones de dicho personaje (la obligación de reflejar, encarnar y exorcizar) se exigían y exponían en gran parte de la literatura nacional y contribuyeron a conferirle sus características distintivas.

He apuntado antes que la literatura de un país forma y conforma las identidades culturales, y que lo que parecía tener en mente la literatura de Estados Unidos era la construcción, consciente aunque sumamente problemática, de su ciudadano medio como nuevo hombre blanco. «El intelectual estadounidense», el discurso de llamamiento de Ralph Waldo Emerson a ese hombre nuevo, revela lo deliberado de la construcción, la necesidad consciente de establecer una diferencia. Sin embargo, los escritores que reaccionaron a ese llamamiento, aceptándolo o rechazándolo, no solo acudieron a Europa en busca de un referente diferenciador. Existía una diferencia muy teatral en su propia casa. Los escritores pudieron celebrar o deplorar una identidad (que existía ya o estaba cobrando forma con rapidez) elaborada gracias a la diferencia racial, que aportaba un inmenso tesoro de signos, símbolos y medios para organizar, separar y consolidar la identidad de la mano de valiosos intereses.

Bernard Bailyn ha puesto a nuestra disposición una investigación extraordinaria sobre el proceso de americanización de los colonos europeos. Es sobre todo relevante una de sus descripciones extraída de *Voyagers to the West* ['Viajeros hacia el Oeste']. Me gustaría citar un pasaje bastante extenso de ese libro porque contribuye a aclarar y subrayar los aspectos destacados de ese carácter estadounidense que he ido describiendo:

A juzgar por sus cartas y su diario, William Dunbar parece más un personaje de ficción que una persona real. [...] Era un hombre de poco más de veinte años que de repente apareció en las tierras vírgenes del Mississippi para reclamar una gran parcela y después se marchó al Caribe sin dejar rastro, hasta que regresó a la cabeza de un batallón de esclavos «salvajes» y, gracias en exclusiva a esa mano de obra, construyó una plantación donde antes no había habido más que árboles y tierra sin cultivar. [...] Era [...] complejo [...] y [...] pertenecía a un violento mundo compuesto por dos razas cuyas tensiones podían llevar por extrañas direcciones. Y es que aquel hacendado instalado en territorio salvaje era un científico que más tarde se cartearía con Jefferson para tratar temas de ciencia y exploración, un colono del Mississippi cuyas aportaciones a la Asociación Filosófica Americana [...] abordaron la lingüística, la arqueología, la hidrostática, la astronomía y la climatología, y cuyas exploraciones geográficas aparecieron en publicaciones muy conocidas. [...] Dunbar, figura exótica del mundo de las plantaciones de los primeros tiempos del Mississippi, [...] importó a aquel mundo agreste y medio salvaje el refinamiento de la cultura europea: no las lámparas de araña y las alfombras caras, sino los libros, el material topográfico de la mejor calidad y el instrumental científico más moderno.

Dunbar [...] se educó primero en casa, con tutores, y más tarde en la Universidad de Aberdeen, donde maduró su interés por las matemáticas, la astronomía y la literatura. No sabemos qué le sucedió después de regresar a su casa ni más tarde en Londres, donde frecuentó a jóvenes intelectuales, lo que lo impulsó o animó a abandonar la metrópoli en la primera etapa de su largo viaje hacia el oeste. Sin embargo, fueran cuales fueran sus motivaciones, en abril de 1771, con apenas veintidós años, Dunbar apareció en Filadelfia. [...]

Siempre en busca de la elegancia, aquel educado muchacho, producto de la Ilustración escocesa y el refinamiento londinense, aquel joven aficionado a la literatura y la ciencia que tan solo cinco años antes había escrito cartas sobre problemas científicos (sobre «las bienaventuranzas del deán Swift», sobre «la vida virtuosa y feliz» y sobre el mandamiento de Dios a la humanidad «amaos los unos a los otros»), se mostraba extrañamente insensible al sufrimiento de quienes estaban a su servicio. En julio de 1776 consignaba no la independencia de las colonias americanas con respecto a Gran Bretaña, sino la represión de una supuesta conspiración de los esclavos de su propia plantación para conseguir la libertad. [...]

Dunbar, el joven erudito, el científico y literato escocés, no era ningún sádico. El régimen de su plantación era, según los criterios de la época, indulgente; vestía y daba de comer a sus esclavos de un modo digno y con frecuencia suavizaba los castigos más severos. Sin embargo, a más de seis mil kilómetros de los centros de la cultura, solo en la lejana periferia de la civilización británica, donde la supervivencia física era una lucha diaria, donde la explotación despiadada era una forma de vida y donde el desorden, la violencia y la degradación humana eran moneda corriente, había triunfado al lograr adaptarse. Haciendo gala de una fuente infinita de iniciativa e inventiva, con su sensibilidad más delicada embotada por la crudeza de la vida

204

en aquel territorio de conquista y sintiendo en su interior una capacidad de autoridad y autonomía desconocida hasta la fecha, una fuerza que manaba de su control absoluto de las vidas ajenas, se erigió como un hombre nuevo e inconfundible, un caballero de la frontera, un potentado en un mundo agreste y medio salvaje.

¿Me permiten que destaque algunos elementos de ese retrato, algunas vinculaciones e interdependencias que quedan claras en esa descripción de William Dunbar? En primer lugar, la conexión histórica entre la Ilustración y la institución de la esclavitud: los derechos del hombre y su esclavización. En segundo lugar, la relación entre la educación de Dunbar y su empresa en el Nuevo Mundo. Era un hombre sumamente cultivado que estaba al corriente de las últimas opiniones sobre teología y ciencia, tal vez con la idea de establecer un compromiso entre ambas, de lograr que se apoyaran mutuamente. Se nos dice que no es solo «producto de la Ilustración escocesa», sino también del «refinamiento londinense». Leía a Swift, debatía el mandamiento cristiano que dice «amaos los unos a los otros» y se nos presenta como «curiosamente» insensible al sufrimiento de sus esclavos. El 12 de julio de 1776 consigna con estupefacción y dolor la rebelión esclava en su plantación: «Imagínese mi sorpresa. ¿De qué sirven la gentileza y el buen trato si se recompensan con tamaña ingratitud?». Y Bailyn añade: «Con una perplejidad incesante ante la conducta de sus esclavos, [...] [Dunbar] apresó a dos fugitivos y los condenó "a recibir quinientos azotes cada uno en cinco momentos distintos y a llevar una cadena y un leño sujetos al tobillo"». Lo considero un retrato sucinto del proceso de constitución del ciudadano estadounidense como sujeto nuevo, hombre y blanco. Es una formación que entraña como mínimo cuatro consecuencias deseables, todas ellas mencionadas en la semblanza hecha por Bailyn del carácter de Dunbar y emplazadas en lo que este siente «en su interior». Permítanme repetirlo: «sintiendo [...] una capacidad de autoridad y autonomía desconocida hasta la fecha, una fuerza que manaba del control absoluto que ejercía sobre las vidas ajenas, se erigió como un hombre nuevo e inconfundible, un caballero de la frontera, un potentado en un mundo agreste y medio salvaje». Un poder y una sensación de libertad desconocidos hasta la fecha. Pero ¿qué había conocido «hasta la fecha»? Una excelente educación, el refinamiento de Londres, el pensamiento teológico y científico. Ninguna de esas cosas, se deduce, podía ofrecerle la autoridad y la autonomía que le proporcionó la vida de hacendado del Mississippi. Lo que sentía era una «fuerza» que «manaba»: no una dominación voluntaria ni una elección considerada y calculada, sino más bien una especie de ímpetu natural, algo ya presente, unas cataratas del Niágara a la espera de desbordar en cuanto Dunbar estuviera en posición de tener «control absoluto de las vidas ajenas». Y una vez ha ocupado esa posición, renace convertido en un hombre nuevo, un hombre inconfundible, un hombre diferente. Con independencia de su rango social en Londres, en el Nuevo Mundo es un caballero. Un gentilhombre: más gentil, más hombre. Y es que su transformación se produce en un entorno agreste. Con un telón de fondo de salvajismo.

La autonomía, la novedad, la diferencia, la autoridad y el poder absoluto: esos son los grandes temas e intereses de la literatura estadounidense, y todos y cada uno de ellos son posibles, cobran forma y se activan gracias a una conciencia y un uso complejo de un africanismo construido que, desplegado como algo agreste y salvaje, aporta el marco y el escenario para la elaboración de la identidad estadounidense por antonomasia.

La autonomía (la libertad) se traduce en el alabadísimo y veneradísimo «individualismo»; la novedad se convierte en «inocencia»; el carácter diferente pasa a ser una distinción cargada de estrategias para mantenerla; la autoridad se transforma en un «heroísmo» y una «virilidad» románticos y conquistadores y plantea la cuestión del ejercicio del poder absoluto sobre las vidas ajenas. Y esas cuatro cosas son posibles, por último, gracias a la quinta: el poder absoluto que se invoca y se ejerce contra, sobre y en un paisaje natural y mental concebido como «un mundo agreste y medio salvaje».

¿Por qué «agreste y medio salvaje»? ¿Porque lo habita una población indígena no blanca? Tal vez. Pero sin duda porque al alcance de la mano hay una población negra sometida y encadenada, rebelde pero útil, que permite a Dunbar y a todos los hombres blancos medir esas diferencias privilegiadas y privilegiativas.

Con el tiempo, el individualismo conducirá a un prototipo del estadounidense como un sujeto solitario, desafecto y hostil. ¿Contra qué —se pregunta una— siente esa desafección? ¿De qué es siempre tan absolutamente inocente? ¿De qué es diferente? ¿Y sobre quién ejerce el poder absoluto? ¿A quién se le niega? ¿A quién se le concede?

Las respuestas a esas preguntas están en la presencia de una población africanista, con la potencia y el refuerzo del ego que eso comporta. Gracias a ella, el nuevo hombre blanco puede convencerse de que el salvajismo existe «ahí fuera»: de que los azotes ordenados (quinientos, propinados cinco veces: dos mil quinientos en total) no revelan su propio salvajismo; de que las fugas repetidas y arriesgadas en pos de la libertad son confirmaciones «desconcertantes» de la irracionalidad negra; de que la coexistencia de las bienaventuranzas del deán Swift y una vida de violencia regularizada es civilizada; de que, si la sensibilidad se embota lo suficiente, lo agreste se queda fuera.

Esas contradicciones se abren camino a cuchilladas por las páginas de la literatura de Estados Unidos. ¿Cómo podría ser de otro modo? Dominick LaCapra nos lo recuerda: «Las novelas "clásicas" no solo se ven transformadas [...] por fuerzas contextuales comunes (como las ideologías), sino que además reforman y al menos en parte deforman esas fuerzas de un modo crucial que en ocasiones puede llegar a ser transformador».

El terreno imaginativo e histórico por el que avanzaron los primeros escritores de este país se moldeó y se determinó, en enorme medida, mediante la presencia del otro racializado. Las afirmaciones que apuntan en dirección contraria e insisten en la carencia de significado de la raza para la identidad estadounidense están, por su parte, cargadas de significado. El mundo no dejará de tener razas ni se desracializará a fuerza de aseveraciones. Aplicar la negación de la raza al discurso literario es, en sí, un acto racializado. Verter ácido retórico sobre los dedos de una mano negra quizá llegue a destruir las huellas dactilares, pero no la mano. Por otro lado, ¿qué les sucede, en ese acto de eliminación violento y egoísta, a las manos, los dedos y las huellas de quien vierte el ácido? ¿Quedan intactos? La literatura, precisamente, apunta a lo contrario.

Explícita o implícita, la presencia africanista determina de manera significativa, convincente e inevitable la textura y la morfología de la literatura estadounidense. Es una presencia oscura y perdurable que cumple para la imaginación literaria la función de fuerza de meditación a un tiempo visible e invisible, de modo que incluso (y sobre todo) cuando los textos no «abordan» presencias, personajes, relatos o lenguajes africanistas, su sombra planea igualmente, implícita, marcada, en forma de frontera. Si las poblaciones inmigrantes (y en gran medida la literatura inmigrante) han definido su «carácter estadounidense» por oposición a la población afroamericana residente no ha sido por casualidad ni por error. De hecho, la raza funciona en la actualidad como metáfora sumamente necesaria para la construcción de ese carácter, una metáfora que rivaliza con los antiguos racismos seudocientíficos y de clase, cuya dinámica estamos más habituados a descifrar.

Como forma de negociar todo el proceso de americanización y al mismo tiempo enterrar sus ingredientes raciales particulares, esa presencia africanista podría resultar imprescindible para Estados Unidos, puesto que en ese período del siglo XX la vinculación con la raza se agazapa en lo más profundo de la palabra «americano». No sucede lo mismo con «canadiense» o «inglés». Identificar a alguien como «surafricano» es decir muy poco; nos hace falta añadir «blanco», «negro» o «de color» para aclarar lo que queremos expresar. En Estados Unidos sucede lo contrario. «Americano» equivale a «blanco» y la población africanista brega para poder aplicarse el término añadiendo etnicidad y guiones. Los estadounidenses no tuvieron una nobleza inmanente de la que liberarse o contra la que definir una identidad de virtud nacional mientras seguían codiciando la prerrogativa y el lujo aristocráticos. La nueva nación sorteó el desdén y la envidia del mismo modo que Dunbar: mediante una contemplación introspectiva de un africanismo inventado y mitológico. Para Dunbar y para los escritores estadounidenses en general, ese otro africanista se convirtió en el pretexto para pensar en el cuerpo, la mente, el caos, la bondad y el amor; en la oportunidad de practicar la ausencia de moderación, la presencia de moderación, la meditación sobre la libertad, sobre la agresión; de explorar la ética y la moralidad, de cumplir las obligaciones del contrato social, de llevar la carga de la religión y consumar las ramificaciones del poder.

Detectar y bosquejar la aparición de un personaje africanista en el desarrollo de la literatura de Estados Unidos es un proyecto fascinante y a la vez urgente si pretendemos que su historia y su crítica sean coherentes. El llamamiento a la independencia intelectual de Emerson fue como ofrecer un plato vacío que los escritores podían llenar con los ingredientes de una cocina indígena. Por descontado, la lengua tenía que ser el inglés, pero el contenido de dicha lengua, su tema, de un modo deliberado e insistente no sería inglés, sino antieuropeo, en la medida en que rechazaba retóricamente la adoración del Viejo Mundo y definía el pasado como algo corrupto e indefendible.

En el estudio académico de la formación de un carácter estadounidense y la producción de una literatura nacional se han catalogado distintos elementos. Un punto destacado que debe añadirse a la lista es una presencia africanista: marcada claramente por no ser estadounidense, marcada decididamente como el otro.

La necesidad de establecer una diferencia nació no solo de la relación con el Viejo Mundo, sino de una diferencia en el interior del Nuevo, donde lo más característico era, en primer lugar, la reivindicación de libertad y, después, la presencia de una población privada de libertad en el seno mismo del experimento democrático: la ausencia crucial de libertad, su eco, su sombra, su silencio y su fuerza callada en la actividad política e intelectual de algunos no americanos. Los rasgos distintivos de los no americanos eran su condición de esclavos o su rango social... y su color. Es posible que lo primero se hubiera autodestruido de distintas formas de no haber sido por lo segundo. Aquellos esclavos, a diferencia de muchos otros a lo largo de la historia del mundo, eran sumamente visibles. Y habían heredado, entre otras cosas, una larga historia del «significado» del color. No se trataba solo de que la población esclava tuviera un color característico, sino que ese color «significaba» algo. Y era algo que los estudiosos habían bautizado y utilizado desde, como mínimo, el momento en que, en el siglo XVIII, otros estudiosos y en ocasiones los mismos habían investigado la historia natural y los derechos inalienables del hombre; es decir, la libertad humana.

Una supone que si todos los africanos hubieran tenido tres ojos, o una sola oreja, también se habría afirmado que esa diferencia con respecto a los invasores europeos, escasos pero con afán conquistador, tenía su «significado». Sea como fuere, la naturaleza subjetiva de la atribución de valor y significado al color no puede cuestionarse a estas alturas del siglo XX. El debate se basa en la alianza entre «ideas plasmadas visualmente y enunciados lingüísticos». Y eso nos lleva a la naturaleza social y política del conocimiento recibido según se revela en la literatura estadounidense.

El conocimiento, por muy prosaico y funcional que sea, crea imágenes lingüísticas y prácticas culturales. Reaccionar ante la cultura (aclarar, explicar, valorar, traducir, transformar, criticar) es lo que hacen los artistas en todas partes, algo en especial cierto en el caso de los escritores implicados en el desarrollo de una literatura en el proceso de fundación de una nueva nación. Con independencia de sus reacciones personales y formalmente «políticas» al «problema» inherente a la condición de república libre muy apegada a una población esclava, los escritores del siglo XIX eran conscientes de la presencia de esos negros. Y, lo que es más importante, hacían constar, de forma más o menos apasionada, su opinión sobre esa difícil presencia.

La conciencia de la existencia de esa población esclava no se limitaba a los encuentros personales que pudieran tener los escritores. La aparición de relatos de esclavos constituyó un gran éxito editorial en el siglo XIX. El debate sobre la esclavitud y la libertad protagonizaba la prensa, así como las campañas y las actuaciones de los partidos políticos y los gobiernos. Habría que haber vivido muy aislado para no estar al tanto del problema más explosivo del país. ¿Cómo podía hablarse de los beneficios, la economía, la mano de obra, el progreso, el derecho al voto, el cristianismo, la frontera, la formación de nuevos estados, la adquisición de nuevas tierras, la educación, el transporte (de mercancías y pasajeros), los barrios, los distritos o el ejército, casi de cualquier preocupación de un país, sin tener como referente, en el centro del discurso, la presencia de los africanos y sus descendientes?

No era posible. Y no sucedió. Lo que sí existió, con frecuencia, fue un intento de hablar de todo eso con un léxico ideado para ocultar el tema. No siempre salió bien y en la obra de muchos escritores la ocultación no fue en ningún momento intencionada. Sin embargo, la consecuencia fue un relato dominante que hablaba por boca del africano y sus descendientes o bien que hablaba de él. El relato del legislador no podía coexistir con una reacción del personaje africanista.

Dejando a un lado la popularidad de las historias firmadas por esclavos (y lo cierto es que inspiraron a abolicionistas y convirtieron a antiabolicionistas), si bien el relato propio de los esclavos liberó en muchos sentidos al narrador, no destruyó el relato dominante. La narración del amo podía adaptarse a muchas variaciones y hacer los ajustes necesarios para mantenerse intacta. El silencio por parte de y sobre el sujeto de la esclavitud estaba a la orden del día. Algunos de los silencios se rompieron y otros se mantuvieron gracias a autores que vivían con y dentro del relato controlador. Me interesan las estrategias de mantenimiento y ruptura del silencio. ¿Cómo llegaron los escritores fundadores de Estados Unidos a abordar, imaginar, utilizar y crear una presencia y unos personajes africanistas? ¿Hasta qué punto esas estrategias explican la literatura de nuestro país? ¿Cómo conduce la apertura de esos senderos a análisis más innovadores y más profundos de lo que contienen y de cómo lo contienen?

Permítanme poner un ejemplo: una importante novela estadounidense que es al mismo tiempo un ejemplo y una crítica del romanticismo como género. Si complementamos la lectura de *Huckleberry Finn*, si la ampliamos, si dejamos atrás su catálogo de panaceas sentimentales sobre la partida hacia el territorio, los dioses fluviales y la inocencia fundamental del carácter estadounidense; si incorporamos a la experiencia lectora la combativa crítica de la novela contra los Estados Unidos de antes de la guerra de Secesión, y con ello arrojamos mucha luz sobre los problemas creados por las lecturas tradicionales, demasiado cohibidas para detenerse en las implicaciones de la presencia africanista en el centro del relato, parece que estemos ante una novela distinta, en cierto modo más completa. Comprendemos que, en cierto modo, la crítica de clase y racial está presente, si bien disimulada o acentuada por una mezcla de humor, aventura e ingenuidad.

Los lectores de Mark Twain son libres de rechazar el talante combativo y contestatario de la novela y centrarse en su glorificación de la inocencia rebosante de sentido común y al mismo tiempo expresar un educado bochorno ante la sintomática actitud racial que presenta. Las primeras críticas y aquellas reevaluaciones de los años cincuenta que condujeron a la integración de *Huckleberry Finn* en el canon como gran novela olvidaron o desestimaron la lucha social, dado que el libro parece haber asimilado por completo los supuestos ideológicos de su sociedad y su cultura; dado que se narra con la voz y se controla con la mirada de un niño privado de estatus social (un intruso, un marginal ya alterizado por la sociedad de clase media que él desprecia y jamás parece envidiar) y dado que el libro se esconde en la comicidad, la parodia y la exageración del relato fantástico.

En ese inocente personaje, joven pero con calle a sus espaldas, que es Huck, virgen de toda corrupción de las ansias, la furia y la impotencia burguesas, Mark Twain refleja la crítica a la esclavitud y a las pretensiones de los aspirantes a clase media, la resistencia a la pérdida del Edén y la dificultad de transformarse en ese oxímoron que es «un individuo social». Sin embargo, el detonante de la lucha de Huck es el moreno[28] Jim, y es del todo necesario que el término «moreno» sea indisociable de las deliberaciones de Huck sobre quién y qué es él mismo. O, para ser más exactos, sobre quién y qué no es. Las principales polémicas acerca de la grandeza o seudograndeza de *Huckleberry Finn* como novela estadounidense (o incluso «mundial») adoptan la forma de polémicas porque renuncian a un análisis detallado de la interdependencia entre esclavitud y libertad, del desarrollo de Huck y de la funcionalidad de Jim en ese proceso, e incluso de la incapacidad de Twain para proseguir, para explorar el viaje de penetración en territorio libre.

La controversia crítica se centra en el hundimiento de la supuesta conclusión trágica de la novela. Se ha sugerido que el final es una sutileza magistral que devuelve a Tom Sawyer al centro del escenario, que es su lugar. Que es un ejercicio brillante sobre los peligros y los límites del romanticismo. Que el final es una valiosa experiencia de aprendizaje para Jim y para Huck que deberíamos (y deberían) agradecer. Que es un final triste y confuso para un libro con el que el autor, tras un largo período de bloqueo, no sabía qué hacer, de modo que, indignado, volvió a llevarlo al terreno del relato infantil. Lo que no se subraya es que, teniendo en cuenta los confines de la novela, no existe la posibilidad de que Huck madure y se convierta en un ser humano moral en Estados Unidos sin Jim, de modo que liberar a Jim, permitir que no echara de menos la desembocadura del río Ohio y la entrada en territorio libre, equivaldría a abandonar por completo la premisa del libro.

Ni Huck ni Twain pueden tolerar, en un plano imaginativo, a un Jim liberado. Eso equivaldría a arrancar la predilección de su amarre. En consecuencia, el final «trágico» se transforma en un complejo aplazamiento de la huida de un personaje africanista necesario y necesariamente privado de libertad, puesto que la libertad no tiene sentido ni para Huck ni para el texto sin el espectro de la esclavitud, el analgésico contra la individualidad, la medida del poder absoluto sobre una vida ajena: la presencia significada, marcada, determinante y cambiante de un esclavo negro. La novela aborda en todos los puntos de su armazón estructural (deteniéndose en el tema a cada fisura) el cuerpo y la personalidad del esclavo: cómo hablaba; de qué pasión, legal o ilícita, era presa; qué dolor era capaz de soportar; qué límites, si es que existían, tenía su sufrimiento, y qué posibilidades de perdón, de compasión y amor había.

Dos cosas nos llaman la atención en esta obra: la capacidad de amor y compasión, en apariencia ilimitada, que tienen los negros ante sus amos blancos, por un lado, y por el otro su convicción de que los blancos son en efecto lo que dicen ser: superiores y maduros. Esa representación de Jim como el otro visible puede entenderse igual que un anhelo blanco de perdón y amor, pero tal anhelo solo es posible cuando se comprende que el negro ha reconocido su inferioridad (no como esclavo, sino como negro) y la ha despreciado; que ha permitido que sus perseguidores lo atormenten y humillen, como se ve obligado a hacer Jim, y responde al tormento y la humillación con un amor sin límites. La humillación que Huck y Tom infligen a Jim es recargada, infinita, ridícula y embrutecedora, y además se produce después de que hayamos conocido a Jim como adulto, como padre atento y como hombre sensible. Si se hubiera tratado de un expresidiario blanco con el que Huck hubiera trabado amistad, ese final no podría haberse imaginado ni escrito, ya que no habría sido posible que dos niños jugaran de un modo tan terrible con la vida de un blanco (dejando a un lado su clase social, su educación o su condición de fugitivo) una vez se nos hubiera revelado como adulto dotado de sentido moral. El hecho de que Jim sea un esclavo hace posibles el juego y el aplazamiento, además de permitir presentar de forma realista, en cuanto a estilo y modo de narración, la trascendencia de la esclavitud para la consecución (en términos reales) de la libertad. Jim parece retraído, cariñoso, irracional, apasionado y dependiente, y tiene dificultades para expresarse (excepto en las conversaciones que mantiene con Huck, charlas largas y entrañables de las que no estamos al tanto. ¿De qué hablabais, Huck?). Lo que debería atraer nuestra atención no es lo que parezca Jim, sino lo que necesitan de él Twain, Huck y, sobre todo, Tom. *Huckleberry Finn* podría ser, en efecto, una gran novela, dado que, en su estructura, en el infierno por el que hace pasar al final a sus lectores, en el debate frontal que fuerza, simula y describe la naturaleza parasitaria de la libertad blanca.

El hecho de que plantee que el africanismo ha acabado por adquirir una necesidad metafísica no debería entenderse en modo alguno como una insinuación de que haya perdido la ideológica. Todavía es posible obtener numerosos beneficios ilícitos racionalizando las usurpaciones y sustracciones de poder que derivan de la inferioridad y de la jerarquía de las diferencias. Seguir soñando con el igualitarismo democrático que debe aportar la ocultación del conflicto de clase, la rabia y la impotencia en las figuraciones raciales sigue aportando mucho consuelo a este país. Y todavía puede extraerse mucha sustancia de las jugosas evocaciones del «individualismo» y la «libertad» si el árbol del que cuelgan esos frutos es una población negra obligada a desempeñar el papel de polo opuesto de la libertad. El «individualismo» se sitúa en primer plano y se considera convincente cuando su telón de fondo es una dependencia estereotipada y forzada. La «libertad» (de avanzar, de ganarse la vida, de aprender, de aliarse con un centro de poder, de narrar el mundo) puede saborearse con mayor intensidad si se yuxtapone a los cautivos y a los sometidos, los oprimidos económicamente, los marginados, los silenciados. La dependencia ideológica del racismo permanece intacta.

Podrá decirse, sin duda, que los estadounidenses blancos han sopesado cuestiones relativas a la moral y la ética, la supremacía de la mente y la vulnerabilidad del cuerpo o las virtudes y los lastres de la modernidad sin hacer referencia a la situación de su población negra. ¿Dónde —se preguntará— se encuentra la prueba escrita de que tal referencia haya formado parte de esas deliberaciones?

Respondo con otra pregunta: ¿en qué discurso público puede afirmarse que no existe la referencia a los negros? Está en todos los momentos de las principales luchas de este país. La presencia de la población negra no solo se esconde detrás de la elaboración de la Constitución, sino que también existe en la batalla por la obtención del derecho al voto de los ciudadanos sin propiedades, de las mujeres y de los analfabetos. En la construcción de un sistema educativo público y gratuito, en el equilibrio representativo en los órganos legislativos, en la jurisprudencia y en las definiciones legales de la justicia. En el discurso teológico, en las circulares de las entidades bancarias, en el concepto de destino manifiesto y en el relato que acompaña a la iniciación de todo inmigrante que se suma a la comunidad de ciudadanos de Estados Unidos.

La literatura de este país, al igual que su historia, ilustra y representa las transformaciones de la concepción biológica, ideológica y metafísica de la diferencia racial. Sin embargo, la literatura tiene una preocupación y un tema añadidos: la interacción de la imaginación personal con el mundo externo que habita. La literatura redistribuye y transforma en lenguaje metafórico las convenciones sociales del africanismo. En los *minstrels*, una capa de negritud aplicada a un rostro blanco eximía de cumplir la ley. Del mismo modo que los artistas, al pintarse de negro, lograban hacer permisibles temas que de otro modo se habrían considerado tabúes, los escritores han podido recurrir a un personaje africanista imaginado para expresar y representar de forma imaginativa lo que estaba prohibido en la cultura de este país.

Codificadas o implícitas, indirectas o manifiestas, las respuestas lingüísticas a una presencia africanista complican los textos y en ocasiones los contradicen por completo. Pueden servir de forraje alegórico para la contemplación del Edén, de la expulsión y de la posibilidad de la gracia. Aportan paradojas, ambigüedades; revelan omisiones, repeticiones, perturbaciones, polaridades, cosificaciones y violencia. En otras palabras, proporcionan a los textos una vida más profunda, más rica y más compleja que la existencia aséptica que suele proponérsenos. Sería una lástima que la crítica de esa literatura siguiera maquillando esos textos, inmovilizando sus complejidades y su poder bajo su superficie densa y reflectante. Sería una lástima que la crítica siguiera siendo demasiado educada o demasiado temerosa para percatarse de la oscuridad perturbadora que tiene ante los ojos.

Cosas innombrables sin nombrar
La presencia afroamericana en
la literatura de Estados Unidos

I

Tenía pensado titular esta conferencia «Carne de canon», ya que esos términos me hacen pensar en una especie de respuesta muscular entrenada que parece desplegarse en algunas áreas del reciente debate sobre el canon. Me gustaban también los distintos contrastes que encerraba la expresión. Al principio me recordaba a aquella multitud de jovencitos (negros o «étnicos» o pobres o de clase trabajadora) que dejaron la enseñanza secundaria por la guerra de Vietnam y que los que se oponían al conflicto consideraban mera carne de cañón. De hecho, a muchos de los que fueron, así como a los que volvieron, los trataron literalmente como si fueran eso, simple carne para dar de comer a otros o, en el contexto de mis reflexiones sobre el tema de esta conferencia, como lo que recoge la definición más adecuada del término: «Gente común y corriente tratada sin miramientos». Carne a granel para alimentar la máquina de la guerra. También estaba el juego entre «cañón» y «canon». «Tubo», «caño», «conducto», «mortero» u «obús» son ideas afines del primer término. En el segundo caso tenemos «pauta», «regla» y «modelo». Cuando los situaba frente a frente, la imagen que surgía era la forma del cañón apuntada hacia (o apuntada por) el cuerpo de la ley. Una explosión de poder que anunciaba un «conjunto de textos reconocido

219

oficialmente». El cañón como defensa del canon, podríamos decir. Además, por afinidad fonética, que no etimológica, del término inglés,[29] pensaba también en la palabra «padre» y la sentía tanto en el cañón como en el canon, hasta acabar pensando en la carne que comía aquel padre. ¿De qué se alimentaría? De textos/individuos de fácil acceso y escaso valor. Sin embargo, al final cambié de idea (cuánta gente ha utilizado esa expresión) y espero dejar clara la pertinencia del título por el que me he decantado.

Lo que pretendo es observar la enorme variedad de la muy reciente serie de preguntas angustiadísimas sobre lo que constituye o debería constituir un canon literario con el objetivo de proponer formas de abordar la presencia afroamericana en la literatura estadounidense que no requieran ni matanzas ni cosificaciones: opiniones que podrían rescatar la producción literaria de todo un país de la soledad en la que ha quedado aprisionada. Existe algo denominado «literatura estadounidense» que, según la creencia popular, no es en absoluto la literatura chicana, ni la afroamericana, ni la asiático-americana, ni la nativa americana ni... De algún modo se trata de algo independiente de todas ellas, como ellas son independientes de ese algo. Y, a pesar de los intentos de las historias de la literatura recientes, de la reestructuración de planes de estudios y de las antologías, ese régimen de aislamiento, da igual que se quebrante o se respalde, protagoniza una amplia parte de esos debates. Si bien los términos empleados, al igual que el vocabulario de anteriores discusiones sobre el canon, hacen referencia al valor literario o humanístico, a los criterios estéticos, a las lecturas independientes de valores o ancladas en cuestiones sociales, se considera con mucha frecuencia que el campo de batalla contemporáneo está formado por las reivindicaciones externas contra las definiciones y los orígenes blancos y masculinos de dichos valores; sin importar que esas definiciones reflejen un paradigma eterno, universal y trascendente o que constituyan el disfraz de un programa temporal, político y concreto desde un punto de vista cultural.

Una parte de la historia de ese debate en particular nace del éxito del asalto al discurso literario tradicional que ha emprendido y sigue emprendiendo un mundo académico feminista formado por hombres y mujeres (negros y blancos). La parte masculina de la ecuación blanca y masculina ya está sumamente implicada en ese cambio y nadie cree que el conjunto de la literatura y su crítica pueda volver a ser lo que fue en 1965: un coto reservado a los pensamientos, las obras y las estrategias analíticas de los hombres blancos.

No obstante, el objeto de esa conferencia es la parte blanca de la cuestión, y con gran alivio constato que términos como «blanco» y «raza» pueden formar parte de un debate serio sobre literatura. Si bien siguen siendo un grito de guerra inmediato e inmediatamente obedecido, su empleo ya no está prohibido.* Podrá parecer grosero dudar de la sinceridad o cuestionar la ecuanimidad bien intencionada y sedicente de una academia casi milenaria que ha luchado durante décadas de caos por «mantener las normas». No obstante, ¿de qué sirve insistir en que la «calidad» sea el único criterio para determinar la grandeza si sabemos que la definición de calidad en sí misma es objeto de disputas furibundas y encuentra pocas veces un acuerdo universal? ¿Sirve para apropiarse el término por motivos de Estado; para estar en situación de distribuir grandeza o de retenerla? ¿O para buscar de forma activa las vías y los lugares en que la calidad emerge y nos sorprende hasta dejarnos mudos o inspirarnos un lenguaje digno de describirla? Lo que sí es posible es intentar reconocer, identificar y aplaudir la lucha por la calidad y su triunfo cuando se nos revela, y abandonar la idea de que solo la cultura o el sexo dominantes pueden expresar esos juicios, identificar esa calidad o producirla.

Quienes reivindican la superioridad de la cultura occidental solo tienen derecho a tal reivindicación cuando la civilización occidental

* Véase «Race», en Henry Louis Gates (ed.), *Writing, and Difference*, Chicago, University of Chicago Press, 1986.

se mide de manera concienzuda frente a otras y no aparecen carencias, así como cuando la civilización occidental reconoce las fuentes de las culturas precedentes de las que ha bebido.

En gran medida, la satisfacción que siempre me ha proporcionado la lectura de la tragedia griega, por ejemplo, surge de su paralelismo con las estructuras comunitarias afroamericanas (la función de la canción y el coro, la lucha heroica entre las reivindicaciones de la comunidad y la soberbia individual) y con la religión y la filosofía africanas. En otras palabras, es parte del motivo por el que para mí tiene calidad: en la tragedia griega me siento intelectualmente como en casa. Sin embargo, no puede ser igual, por descontado, para quienes no conozcan mi casa, y tampoco un requisito para el placer que experimenten con su lectura. Lo importante es que dicha modalidad literaria (la tragedia griega) ofrece esas variedades de amor provocador porque ella por sí misma es magistral, no porque la civilización que le sirve de referente fuera impecable o superior a todas las demás.

Da la impresión de que algunos están sufriendo noches de insomnio. Y me parece evidente que la revulsión de los «humanistas» tradicionales y de algunos teóricos posmodernos ante este aspecto concreto del debate, el aspecto de la «raza», es tan marcada porque las demandas de atención proceden del segmento de la labor académica y artística en el que la mención de la «raza» se enmascara, ya sea de forma inevitable, ya sea de forma minuciosa y concienzuda, y, si se toman en serio todas las ramificaciones que exige el término, será necesario un replanteamiento de los cimientos de la civilización occidental. En consecuencia, y a pesar de su reconocimiento implícito y explícito, la «raza» sigue siendo algo casi innombrable, como se aprecia en las disculpas, las notas de «uso específico» y las definiciones circunscritas que la acompañan,* de las que cabe destacar mi

---

* Entre otros muchos ejemplos, Ivan van Sertima, *They Came Before Columbus. The African Presence in Ancient America*, Nueva York, Random House, 1976, pp. XVI-XVII.

propia condescendencia al entrecomillarla. De repente (para los propósitos que nos ocupan, digamos que de repente), la «raza» no existe. Durante trescientos años, los negros de Estados Unidos han insistido en que la «raza» no era de utilidad como factor de distinción en las relaciones humanas. En esos mismos tres siglos, todas las disciplinas académicas, incluidas la teología, la historia y las ciencias naturales, han defendido que la «raza» era el único factor determinante del desarrollo humano. Cuando los negros descubrieron que habían dado forma o lugar a una raza construida culturalmente que poseía una diferencia específica y reverenciada, de repente les dijeron que no existía nada parecido a una «raza», biológica o cultural, que tuviera importancia; y que no tenía cabida en el debate genuinamente intelectual.* Al tratar de comprender la relación entre la «raza» y la cultura estoy a punto de desesperarme. Siempre me ha parecido que quienes inventaron la jerarquía de la «raza» cuando les convenía no deberían ser quienes justificaran el proceso de renegar de ella ahora que su presencia ya no les resulta útil. Sin embargo, no hay que olvidar que la cultura existe y tanto el género como la «raza» la determinan y se ven determinados por ella. La cultura afroamericana existe y, si bien está claro (cada vez más) cómo ha respondido a la cultura occidental, los casos en que ha sido ella la que ha determinado la cultura occidental y la manera de hacerlo están poco reconocidos o no se han entendido bien.

Me gustaría analizar las formas en que la presencia de la literatura afroamericana y la conciencia de su cultura resucitan el estudio de la literatura de Estados Unidos y a la vez suben el listón de dicho estudio. En ese sentido, me resultará útil contextualizar el itinerario adoptado por los debates sobre el canon en la crítica literaria occidental.

No creo que la inquietud actual pueda atribuirse solo a las disputas habituales e incluso cíclicas entabladas en el seno de las comuni-

---

* Tzvetan Todorov, «"Race", Writing, and Culture», traducción de Loulou Mack, en Henry Louis Gates (ed.), *op. cit.*, pp. 370-380.

dades literarias, disputas que reflejan cambios imprevisibles y sin embargo inevitables en cuanto a gusto, relevancia o percepción. Debido a esos cambios, por ejemplo, han decaído el entusiasmo por William Dean Howells y su aprobación oficial; o la legalización de Mark Twain en el tribunal de la crítica ha crecido y decrecido como el desplazamiento exploratorio de una sondaleza (actividad que en las barcazas del Mississippi se indicaba precisamente con la expresión *mark twain*, que podría haber inspirado su seudónimo), o incluso se ha producido en el caso de Emily Dickinson un aumento lento y tardío pero constante de atención y devoción que la ha llevado a situarse en lo que ahora es, sin duda, una cresta permanente de respeto. No. En esos casos se trataba de descubrimientos, de revaluaciones de artistas individuales. Algo serio, pero no desestabilizador. Esos ajustes resultaron sencillos porque las preguntas que planteaban eran sencillas: ¿hay cien ejemplos destacados de gran relevancia artística en la literatura estadounidense y ni uno más? ¿Ciento seis? Si se desacreditan uno o dos, ¿queda hueco para un par más en el vestíbulo, donde pueden esperar cual doncellas a que suenen las campanillas que agitarán sus futuros maridos, los únicos capaces de prometerles seguridad y legitimidad, y en cuyas manos descansa en exclusiva el don de la longevidad crítica? Cuestiones interesantes, pero, como decía, no arriesgadas.

Tampoco es ese desvelo académico evidente consecuencia de un cambio mucho más radical, como el que a mediados del siglo XIX proclamó la autenticidad de la literatura estadounidense. Ni siquiera de una transformación anterior (que se antoja ya del pasado remoto) en que se desplazó a la teología, y con ella al latín, en favor del estudio igualmente riguroso de los clásicos y del griego, al que siguió lo que se consideraba una propuesta de lo más arrogante y arribista: que la literatura inglesa era un ámbito de estudio adecuado para una educación aristocrática y no un mero sustento instructor desde el punto de vista moral destinado a la clase obrera. (La Asociación Chaucerista se fundó en 1848, cuatrocientos años después de la muerte de Chaucer.) No. Por algún motivo, ese intercambio parece singular, más agudo. Presenta una defensa razonada (y sentida) con más entusiasmo y un ataque ejercido con más brío. Y tanto las defensas como los ataques han desbordado el mundo académico para llegar a la prensa general. ¿Por qué? La resistencia al desplazamiento dentro del canon o a su ampliación no es, al fin y al cabo, sorprendente o injustificada. Para eso sirve la integración en su seno. (Y la cuestión de si debería existir o no un canon me parece hipócrita: siempre existe, con independencia de que haga falta o no, puesto que a la comunidad crítica profesional le interesa contar con él.) Por descontado, la vigilancia atenta de los motivos por los que una obra es o no digna de estudio es una ocupación legítima del crítico, el pedagogo y el artista. Lo que resulta asombroso del debate contemporáneo no es la resistencia al desplazamiento de una obra o a la ampliación del espacio dedicado a los géneros, sino la pasión virulenta que acompaña a esa resistencia y, sobre todo, la calidad de su armamento defensivo. Las pistolas son descomunales; los dedos aprietan el gatillo con rapidez. No obstante, estoy convencida de que el mecanismo de los defensores de la llama es defectuoso. No solo podrían perder la mano los vaqueros-eruditos que las empuñan, no solo podrían errar el tiro, sino que el objeto de la conflagración (los textos sagrados) se sacrifica, queda desfigurado en la batalla. Esa carne de canon podría matar el canon. Y yo, al menos, no tengo intención de vivir sin Esquilo o William Shakespeare, o sin James o Twain o Hawthorne, o sin Melville, etcétera, etcétera, etcétera. Tiene que haber alguna forma de potenciar las lecturas del canon sin enclaustrarlas.

Cuando Milan Kundera, en *El arte de la novela*, identificó su territorio histórico afirmando que «la novela es obra de Europa» y que «el único contexto en el que se puede captar el valor de una novela es el de la historia de la novela europea»,[30] el crítico de *The New Yorker* Terrence Rafferty arrugó el ceño. Y escribió que su «idea de la novela» particular es de un eurocentrismo tan profundo que para los lectores estadounidenses probablemente se antojará exótica e incluso perversa. [...] *El arte de la novela* desprende de vez en cuando (aunque con intensidad) un tufo a arrogancia cultural y podría darnos la impresión de que el discurso de Kundera [...] revela un aspecto de su carácter que preferiríamos no haber conocido. [...] Con el fin de llegar a ser el artista que es hoy, el novelista checo tuvo que descubrirse por segunda vez como europeo. Pero ¿y si esa segunda posibilidad, más imponente, no hubiera estado a su disposición? ¿Y si Broch, Kafka, Musil, todas esas lecturas, jamás hubieran formado parte de su educación o solo hubieran penetrado en ella como presencias foráneas y exóticas? El fervor polémico de Kundera en *El arte de la novela* nos molesta, como lectores estadounidenses, porque nos sentimos a la defensiva, excluidos de la trascendente «idea de la novela» que en su caso, al parecer, sencillamente encontró a su alcance. (Ojalá hubiera citado, en su versión redentora de la historia de la novela, a unos cuantos héroes más de la cultura del Nuevo Mundo.) Nuestros novelistas no descubren valores culturales en su interior; los inventan.*

El planteamiento de Kundera, que suprimía a los escritores estadounidenses (con la excepción de William Faulkner) de su canon personal, quedaba relegado a una «petulancia» que Rafferty disociaba de su obra imaginativa para aplicarla a la «confianza sublime» de su prosa crítica. La confianza de un exiliado que tiene la educación sentimental de un europeo y la posibilidad de serlo.

Los comentarios de Rafferty me revitalizaron. Sustituyendo determinadas frases, los escritores afroamericanos pueden hacer suyas por completo esas observaciones y la ofensa justificable que él expresa y utilizarlas para referirse a su propia exclusión de la «trascendente "idea de la novela"». Y es que la agitación actual no parece

---

* Terrence Rafferty, «Articles of Faith», *The New Yorker*, 16 de mayo de 1988, pp. 110-118.

referirse a la flexibilidad del canon ni a su extensión entre y por los países europeos, sino a su mestizaje. La palabra tiene aquí un carácter informativo y la utilizo con plena conciencia. Un ingrediente notorio de este debate tiene que ver con la incursión de la literatura del Tercer Mundo o la llamada «literatura de las minorías» en un baluarte eurocéntrico. Cuando se plantea el tema de la cultura del Tercer Mundo, parece surgir, a diferencia de lo que sucede, por ejemplo, con el tema de la cultura escandinava, una posible amenaza para (y una crítica implícita a) el equilibrio imperante. Entre los siglos XVII y XX, los argumentos para oponerse a esa incursión han desfilado siguiendo una secuencia previsible: (1) el arte afroamericano (o del Tercer Mundo) no existe; (2) existe pero es inferior; (3) existe, pero solo es superior cuando se mide en función de los criterios «universales» del arte occidental, y (4) no es exactamente «arte», sino un mineral (un mineral rico) que requiere de un herrero occidental o eurocéntrico capaz de refinar su estado «natural» y conseguir que adopte una forma compleja desde una perspectiva estética.

Llegados a este punto, pueden ser de utilidad algunas observaciones sobre una lucha académica más amplia y más antigua (y de enorme éxito), pero no menos reveladora. Si resulta reveladora es porque arroja luz sobre determinados aspectos de ese debate actual y tal vez ayude a dar con sus fuentes. He hecho referencia antes a la transformación radical sufrida por la construcción del canon al aparecer los estudios de los clásicos y del griego. Ese cambio de rumbo, de la escolástica al humanismo, no solo fue radical, sino posiblemente también (¿puedo decirlo?) salvaje. Y tardó unos setenta años en producirse. Setenta años para apartar a Egipto como cuna y también como modelo de la civilización y sustituirlo por Grecia. El triunfo de ese proceso supuso que Grecia perdiera sus orígenes y pasara a ser, en sí misma, original. Numerosos estudiosos de distintas disciplinas (historia, antropología, etnobotánica, etcétera) han presentado sus investigaciones sobre las transmisiones transculturales e interculturales, que se han acogido con mayor o menor aprobación. Recuerdo la curiosa historia de la publicación de la obra de Ivan van Sertima *They Came Before Columbus* ['Llegaron antes que Colón'], una investigación de la presencia africana en la América antigua. Recuerdo *Orientalismo* de Edward Said y, en especial, la obra de Martin Bernal, un lingüista formado en historia china que se ha definido como un intruso en el campo de la civilización clásica, pero que en *Atenea negra* ofrece un análisis formidable sobre ese ámbito. Según el profesor Bernal, hay dos «modelos» de historia griega: uno considera que Grecia es aria o europea (el modelo ario) y el otro la entiende como levantina, una tierra absorbida por la cultura egipcia y semítica (el modelo antiguo):

> Si estuviera en lo cierto al reclamar la necesidad de desechar el modelo ario y de sustituirlo por el modelo antiguo revisado, significaría que es preciso no solo volver a reflexionar sobre las bases fundamentales de la «civilización occidental», sino también admitir la penetración que el racismo y el «chovinismo continental» han tenido en toda nuestra historiografía, o en la filosofía inherente a los libros de historia. El modelo antiguo no se caracteriza por unas deficiencias «internas» demasiado importantes, y tampoco por una escasa capacidad aclaratoria. Si fue desechado, ello se debió a razones externas. Para los románticos y los racistas de los siglos XVIII y XIX resultaba sencillamente intolerable que Grecia, a la que se consideraba no solo compendio de Europa entera, sino también su cuna, fuera producto de una mezcla de europeos nativos y de colonizadores africanos y semitas. Por eso debía desecharse el modelo antiguo y sustituirse por otro más aceptable.[31]

Es difícil no dejarse convencer por el peso de la documentación que aporta Bernal y por sus conclusiones analíticas, desde luego deslumbrantes. Las dos cosas que más me impresionan de su planteamiento son el proceso de invención de la antigua Grecia y la motivación de esa invención. Lo segundo (la motivación) entrañaba el concepto de pureza, de progreso. Lo primero (el proceso) requería una lectura errónea, una selección predeterminada de las fuentes auténticas y... silencio. Desde la apropiación teológica de Israel (el Levante) por parte del cristianismo hasta la obra del prodigioso Karl Müller a principios del siglo XIX, una obra que refutaba con eficacia los propios textos de los griegos sobre sus influencias y orígenes como «egiptomanía», su tendencia a «maravillarse» ante la cultura egipcia, un síntoma de lo cual era «la "quimera" de que los egipcios y otros "bárbaros" no europeos habían tenido culturas superiores, muchos elementos de las cuales habían tomado prestados de los griegos»,[32] pasando por la respuesta romántica a la Ilustración y la caída en desgracia de los fenicios, al respecto de la cual escribe Bernal: «La principal fuerza que se ocultaba tras el rechazo de la tradición relativa a la enorme influencia ejercida por los fenicios sobre la Grecia primitiva fue la aparición del antisemitismo no ya religioso, sino racial. Y ello fue debido a que, según la opinión común, por otra parte correcta, los fenicios eran desde el punto de vista cultural sumamente afines a los judíos».[33]

He citado quizá en exceso el texto de Bernal porque en su investigación se sitúa, se define y se confronta la motivación, un elemento que con muy poca frecuencia se aplica a la historia de la historia, lo cual me ha ayudado en mi propia reflexión sobre el proceso y la motivación de la atención que los académicos dedican a la presencia afroamericana en la literatura estadounidense y la valoración que le dan.

La construcción del canon es la construcción de un imperio. La defensa del canon es la defensa nacional. El debate sobre el canon, con independencia del terreno, la naturaleza y la envergadura (de la crítica, de la historia, de la historia del conocimiento, de la definición del lenguaje, de la universalidad de los principios estéticos, de la sociología del arte, de la imaginación humanista), es el choque entre culturas. Y absolutamente todos los intereses son creados.

En una confrontación así, una confrontación provocadora, sana y explosiva, se lleva a cabo una labor de enorme profundidad. Sin embargo, una parte de la polémica ha degenerado en una especulación personalizada e injustificada sobre las costumbres individuales de los artistas, en disputas ridículas y engañosas sobre política (se resta importancia a las fuerzas desestabilizadoras por ser meramente políticas; el *statu quo* se considera lo contrario, como si el término «apolítico» solo fuera su prefijo y no la postura más manifiestamente política imaginable, ya que una de las funciones de la ideología política es hacerse pasar por inmutable, natural e «inocente») y en la expresión encubierta de indagaciones cruciales con el objetivo de neutralizar y disimular los intereses políticos del discurso. A pesar de todo, gran parte de la investigación y el análisis ha permitido expresar lo que antes quedaba inexpresado y ha vuelto a hacer de la humanística el lugar al que acudir para descubrir qué sucede. Las culturas, silenciadas o monologuistas, reprimidas o represoras, buscan un sentido en el lenguaje y las imágenes que tienen a su disposición.

Se están rompiendo silencios, se han encontrado cosas perdidas y como mínimo dos generaciones de académicos están desenmarañando el conocimiento recibido para separarlo del dispositivo de control, en especial los que se dedican a investigar la literatura colonialista francesa y británica, los relatos de los esclavos estadounidenses y el trazado de la tradición literaria afroamericana.

Ahora que se ha «descubierto» que la presencia artística afroamericana existe realmente, ahora que los estudios serios han dejado de silenciar a los testigos y de borrar el lugar que les corresponde en la cultura estadounidense y su contribución a dicha cultura, ya no es aceptable limitarse a imaginarnos y a imaginar por nosotros. Siempre nos hemos imaginado, sin cesar. No somos los «aspectos de la naturaleza» de Isak Dinesen ni las figuras calladas de Conrad. Somos los protagonistas de nuestro propio relato, testigos y actores de nuestra propia experiencia y, en absoluto por casualidad, de la experiencia de aquellos con los que hemos entrado en contacto. Resulta que no somos «otros». Somos elecciones. Y leer la literatura imaginativa que creamos y protagonizamos es elegir examinar centros del yo y tener la oportunidad de compararlos con ese otro centro «arracial» que tan bien conocemos todos nosotros.

II

Las estrategias recientes para la lectura de la literatura afroamericana han avanzado bastante; han abordado los argumentos antes mencionados (en realidad no son argumentos, sino actitudes), que, desde el siglo XVII, han logrado silenciar la autonomía de esa literatura. En cuanto a la acusación de que el arte afroamericano «no existe», el análisis crítico contemporáneo de la literatura y la reciente avalancha de reimpresiones y redescubrimientos la han enterrado, al tiempo que siguen ejerciendo presión para ampliar el canon tradicional a fin de que incluya clásicos afroamericanos en los casos en que corresponda genérica y cronológicamente y para elaborar estrategias de lectura y reflexión en torno a esos textos.

Si analizamos la segunda acusación silenciadora, que reza que el arte afroamericano «existe pero es inferior», una vez más las lecturas atentas y el estudio minucioso de la cultura de la que surge ese arte han puesto y ponen todavía en entredicho las etiquetas que en su día pasaban por un análisis riguroso y hoy ya no lo consiguen: que es imitador, excesivo, espectacular, (meramente) mimético y aintelectual, si bien muy a menudo resulta «emocionante», «apasionado», «naturalista», «realista» o socialmente «revelador». Esas etiquetas pueden interpretarse como cumplidos o como términos peyorativos; y, si son válidas y se demuestra, mejor que mejor. Sin embargo, la mayoría de las veces se trata de calificaciones perezosas, facilonas y prefabricadas surgidas cuando el análisis se considera una labor demasiado ardua o cuando el crítico no puede acceder a todo el ámbito que exige el trabajo. Una de las estrategias concebidas para contrarrestar ese reparto perezoso de etiquetas es aplicar teorías literarias recientes a la producción literaria afroamericana, de modo que los textos no canónicos puedan incorporarse al discurso crítico existente o en vías de formación.

La tercera acusación, según la cual el arte afroamericano sí existe, «pero solo es superior cuando se mide en función de los criterios "universales" del arte occidental», da lugar al análisis más tentador, tanto para el escritor como para el crítico, ya que las comparaciones son una importantísima expresión de conocimientos y halagos. Sin embargo, los riesgos son dobles: (1) aglutinar la diferencia de una cultura bajo las faldas de la reina es una neutralización concebida y constituida para elevar y mantener la hegemonía, y (2) circunscribir y limitar la literatura a una mera reacción frente a la reina o a una negación de la reina, juzgar la producción únicamente en función de sus referencias a los criterios eurocéntricos, de su precisión sociológica, de su corrección política o de su pretensión de ser apolítica, perjudica a la literatura e infantiliza el trabajo serio de la escritura imaginativa. Esa concepción de la literatura afroamericana orientada a las reacciones contiene el germen de la siguiente (y cuarta) acusación: cuando el arte afroamericano se considera respetable es porque está «en bruto» y tiene «riqueza», como un mineral, y como un mineral requiere que alguien lo refine, en este caso las inteligencias occidentales. Encontrar o imponer influencias occidentales en la literatura afroamericana posee un valor, pero cuando el único objetivo es «otorgar» valor tan solo donde se ubica esa influencia, resulta dañino.

Mi inquietud nace de las consecuencias posibles o probables que puedan tener esos planteamientos en la producción en sí. Pueden conducir a una prematura orfanización de una obra con el objetivo de emitir los documentos necesarios para darla en adopción. Pueden reducir el discurso a un alegato en defensa de la diversificación dentro del canon o a una especie de coexistencia benigna en las inmediaciones o al alcance de los textos sagrados preexistentes. Cualquiera de esas dos posturas puede transformarse con rapidez en otra forma de silenciar si se le permite hacer caso omiso de las cualidades de la escritura creadas por el autóctono. Son muchas las preguntas que surgen y molestan. ¿Qué han hecho esas críticas con el lienzo propio de la obra? ¿Con su pintura, su marco, su ausencia de marco, sus espacios? ¿Otra lista de materias aprobadas? ¿De tratamiento aprobados? ¿Más autocensura, más exclusión de la especificidad de la cultura, el género, el lenguaje? ¿Existe quizá en esos estudios una utilidad alternativa? ¿Para extender el poder o dar con sus fisuras? ¿Para oponerse a los intereses elitistas a fin de consagrar un proceso de borrado igualitario? ¿O se trata simplemente de clasificar y valorar el producto legible como algo separado de la producción escribible? ¿Puede revelar esa crítica formas en las que el autor combate y confronta los prejuicios habituales e incluso crea otros términos con que reconsiderar la propia implicación o intolerancia frente al material de esas obras? En todo eso, lo importante es que el crítico no se dedique a reivindicar su dominio y su poder en nombre del texto. Ni a intercambiar sus inquietudes profesionales por la turbulencia imaginada del texto. «Como ya se ha señalado, el texto debería pasar a ser un problema de pasión, no un pretexto para alcanzarla.»

Existen como mínimo tres planteamientos que no me parecen ni reaccionarios, ni mero pluralismo, ni los métodos aún más simples mediante los cuales el estudio de la literatura afroamericana sigue siendo el conserje servicial que da paso a los salones de la sociología. Sin embargo, todos ellos obligan a estar muy atento.

Uno es el desarrollo de una teoría de la literatura que realmente dé cabida a la literatura afroamericana, que se base en su cultura, en su historia y en las estrategias artísticas que emplean las obras para abordar el mundo en el que existen.

Otro es el análisis y la reinterpretación del canon estadounidense, de las obras fundadoras del siglo XIX, en busca de las «cosas innombrables sin nombrar», en busca de cómo la presencia de los afroamericanos ha determinado las decisiones, el lenguaje, la estructura y también el significado de tantísima literatura creada en Estados Unidos. En busca, dicho de otro modo, del fantasma de la máquina.

El tercero es el análisis de la literatura contemporánea o no canónica en busca de esa presencia, sin prestar atención a si se ha categorizado como literatura para el gran público, como minoritaria o lo que sea. Nunca dejan de sorprenderme los ecos, los cambios de velocidad estructurales y los usos a que se ven sometidos los relatos, los personajes y los lenguajes afroamericanos en la literatura «blanca» contemporánea. Y en la propia literatura afroamericana la cuestión de la diferencia, de la esencia, es fundamental. ¿Qué hace que una obra sea «negra»? El punto de entrada más valioso para acercarse a la cuestión de la distinción cultural (o racial), el más cargado, es su lenguaje, esa lengua no controlada, sediciosa, beligerante, manipuladora, imaginativa, perturbadora, enmascarada y desenmascaradora. Semejante exploración debe comportar un estudio detalladísimo en el que la influencia de la presencia afroamericana en la modernidad quede clara y deje de ser un secreto bien guardado.

Me gustaría detenerme por un momento en los planteamientos dos y tres. Creo que podemos convenir que lo invisible no necesariamente es inexistente, que un espacio vacante puede no tener nada dentro, pero no es un vacío. Asimismo, determinadas ausencias son tan intensas y están tan decoradas y planeadas que llaman la atención, nos cautivan por la intención y el propósito que las caracterizan, como los vecindarios que se definen por la población que mantienen apartada. Si analizo la envergadura de la literatura estadounidense, no puedo dejar de pensar que la pregunta no tendría que haber sido: «¿Por qué estoy ausente yo, que soy afroamericana?». En realidad, no es una pregunta especialmente interesante. La que sí tiene un interés formidable es: «¿Qué hazañas intelectuales han tenido que llevar a cabo el autor o su crítico para borrarme de una sociedad que bullía con mi presencia y qué efecto ha tenido ese esfuerzo en mi obra?». ¿Cuáles son las estrategias para huir del conocimiento? ¿O para caer en el olvido voluntario? No propongo una investigación sobre el impulso evidente que lleva a un soldado sentado en una trinchera de la Primera Guerra Mundial a pensar en la pesca del salmón. Esa especie de «alejamiento» punzante, de escapismo deliberado o de trascendencia puede ser sumamente beneficiosa en circunstancias de coerción inevitable. Lo que propongo explorar, en cambio, es esto: ¿cómo se queda una sentada entre el público observando, viendo el espectáculo de la juventud de Estados Unidos, pongamos que en 1915, y reconstruye la obra, con su director, su argumento y su reparto, de modo que su esencia misma nunca emerja? No por qué. Cómo. En 1850, en una época de apogeo de la esclavitud y de nacimiento del abolicionismo y diez años después de la predicción de Tocqueville de acuerdo con la cual, «al no encontrar ya materia para lo ideal en lo real y lo verdadero», los poetas (según acaba la frase Michael Rogin) «huirían a regiones imaginarias»,* los escritores estadounidenses eligieron el romanticismo. Y me pregunto: ¿dónde se encuentra, en esas obras románticas, la sombra de la presencia de la cual ha huido el texto? ¿Dónde realza, dónde disloca, donde hace necesaria la invención novelística? ¿Qué libera? ¿Qué obstaculiza?

El mecanismo (o arsenal) que permite la huida puede ser el romanticismo frente a la verosimilitud; la nueva crítica frente a un «estímulo moral» de pobre disfraz y dudosa sanción; la «compleja serie de evasivas» que a veces se considera la esencia de la modernidad; la percepción de la «evolución del arte»; el fomento de la ironía, de la parodia; la nostalgia por el «lenguaje literario»; la literalidad no restringida por la retórica frente a la literalidad anclada en lo social y la ruina de la literalidad en su conjunto. Esas estrategias críticas tienen la posibilidad (aunque no la obligación) de ponerse al servicio de la reconstrucción del mundo histórico para cumplir determinados objetivos culturales y políticos. Muchas de esas estrategias han dado lugar a obras de enorme creatividad. Con independencia del uso que se haga del romanticismo, por muy sospechosos que sean sus orígenes, ha producido un corpus de obras de calidad incuestionable. En algunos casos, esas estrategias han logrado paralizar tanto la obra como su crítica. Y en otros, han conducido a una seudoinfantilización del intelecto del escritor, de su sensibilidad y de

* Véase Michael Paul Rogin, *Subversive Genealogy. The Politics and Art of Herman Melville*, Berkeley, University of California Press, 1985, p. 15.

su oficio. Han reducido las meditaciones sobre la teoría a una «lucha de poderes entre sectas» que leen material sin autoría real y sin autoría posible, en lugar de leer con el autor el texto construido de manera conjunta.

En otras palabras, el proceso crítico ha hecho un trabajo maravilloso a partir de ciertas obras maravillosas y, recientemente, los medios para acceder a los antiguos debates han variado. Ahora el problema es plantear la pregunta. ¿La huida de la negritud del siglo XIX, por ejemplo, ha tenido éxito en la literatura estadounidense convencional? ¿Es hermosa? ¿Es problemática desde un punto de vista artístico? ¿Se ve saboteado el texto por sus propias proclamas de «universalidad»? ¿Hay fantasmas en la máquina? ¿Presencias activas pero no evocadas capaces de deformar los engranajes de la máquina y al mismo tiempo hacerla funcionar? Los críticos de la literatura colonial han planteado sistemáticamente preguntas de ese cariz con respecto a África, la India y otros territorios del Tercer Mundo. Críticas similares serían positivas para la literatura estadounidense. Me pongo melancólica cuando me doy cuenta de que la defensa de la postura occidental eurocéntrica en la literatura como algo no solo «universal» sino también «arracial» ha podido lobotomizar esa literatura y depreciar tanto el arte como al artista. Igual que la amputación de las piernas para que el cuerpo pueda permanecer en el trono, inmóvil y estático; en arresto domiciliario, por así decirlo. Por supuesto, es posible que los escritores contemporáneos excluyan de manera deliberada de su mundo literario consciente la evaluación subjetiva de grupos percibidos como «otros» y que con frecuencia los escritores blancos del sexo masculino rechacen y nieguen la emoción de situar o enmarcar su literatura en el mundo político. Sin embargo, los autores del siglo XIX jamás se lo habrían planteado. Los escritores convencionales de los primeros tiempos de Estados Unidos consideraban que su competencia era nacional y cultural, pero solo con respecto al Viejo Mundo, desde luego no frente a una raza antigua (ya fueran los nativos americanos o los africanos) despojada de capacidad de expresión y de pensamiento intelectual y convertida, según las palabras de D. H. Lawrence, en algo «por crear». Para aquellos primeros escritores estadounidenses, ¿cómo podía existir una competencia con naciones o pueblos que se consideraban incapaces de dominar la palabra escrita o indiferentes ante su posible dominio? Se podía escribir sobre ellos, pero nunca se corría el peligro de que respondieran por escrito. Del mismo modo, se podía hablar de ellos sin miedo a que replicaran. Incluso se podía observarlos, fijar en ellos una mirada prolongada, sin arriesgarse a que a su vez también observaran, contemplaran o juzgaran. Y si, en alguna ocasión, se miraba y se juzgaba asimismo a los escritores, era por necesidad política y no podían existir consecuencias en lo relativo al arte. O al menos eso se creía en aquellos primeros tiempos de existencia del país. Jamás se le habría ocurrido a Edgar Allan Poe en 1848 que yo, por poner un ejemplo, pudiera leer *El escarabajo de oro* y asistir a su esfuerzo por reflejar la forma de hablar de mi abuelo del modo más parecido posible a un rebuzno, un esfuerzo tan intenso que se aprecian las gotas de sudor (y la estupidez) cuando Júpiter dice «I knows» [«sé», imitando un rasgo agramatical característico de los negros] y el señor Poe lo escribe con la palabra homófona *nose* [«nariz»].*

No obstante, a pesar de o debido a esa actitud monologuista, existe en la literatura estadounidense de los primeros tiempos una ausencia enorme, ornamental y establecida que, me permito sugerir, resulta instructiva. Parece simplemente que el canon de la literatura producida en este país es, de forma «natural» o «inevitable», «blanco». En realidad, se trata de algo calculado. En realidad, esa ausencia

* La madurez de Estados Unidos no siempre se distingue fácilmente de aquellos años de su juventud. Podemos perdonar a Edgar Allan Poe en 1843; sin embargo, a Kenneth Lynn podría habérsele ocurrido en 1986 que alguna joven nativa americana leería su biografía de Hemingway y se vería descrita como una *squaw* por tan respetado estudioso, y que algunos jóvenes podrían estremecerse al leer las palabras «moreno» y «mestizo» incluidas con tanta despreocupación en sus elucubraciones académicas.

de presencias fundamentales podría ser el fruto persistente del estudio académico, más que del texto. Es posible que algunos de aquellos escritores, aunque en la actualidad se hallen en arresto domiciliario, tengan mucho más que decir de lo que se ha creído. Es posible que en verdad no estuvieran trascendiendo la política ni escapando de la negritud, sino más bien transformándolas en modalidades discursivas accesibles e inteligibles y, sin embargo, artísticas. Hacer caso omiso de esa posibilidad al no poner nunca en tela de juicio las estrategias de transformación es desacreditar al escritor, subestimar el texto y convertir el grueso de la producción literaria en algo incoherente desde un punto de vista estético e histórico: un precio desorbitado que pagar para mantener la pureza cultural (blanca y masculina) y, en mi opinión, un derroche. Volver a analizar la literatura fundadora de Estados Unidos en busca de lo innombrable sin nombrar podría revelar en esos textos significados nuevos y más profundos, una fuerza nueva y más profunda, una importancia nueva y más profunda.

Uno de esos escritores en particular ha resultado casi imposible de encerrar bajo siete llaves. Se trata de Herman Melville.

Entre otros sagaces expertos, Michael Rogin ha llevado a cabo uno de los estudios más exhaustivos sobre la profundidad con que el pensamiento social de Melville se entrelaza con su escritura. Rogin llama la atención sobre la conexión establecida por Melville entre esclavitud y libertad en Estados Unidos y sobre lo mucho que una realzaba a la otra. Asimismo, ha demostrado la importancia que tuvieron en la obra del escritor su familia y su entorno y, lo que resulta más destacable, el conflicto acalorado y dominante de su época: la esclavitud. Nos recuerda que fue el suegro de Melville, Lemuel Shaw, quien en calidad de juez falló un famoso caso que sentó jurisprudencia con respecto a la captura de esclavos huidos, y añade: «Existen en *Moby Dick* otros indicios de la influencia de la resolución de Shaw en el clímax del relato de Melville. El autor concibió el enfrentamiento final entre Ahab y la ballena blanca durante la primera mitad de 1851. Es muy posible que no escribiera los últimos capítulos hasta su regreso de un viaje a Nueva York en junio. [El juez Shaw dictó su fallo en abril de 1851.] Cuando los líderes antiesclavistas neoyorquinos William Seward y John van Buren escribieron cartas públicas de protesta contra la sentencia del caso Sims, *The New York Herald* respondió. El ataque del periódico contra "los agitadores antiesclavistas" empezaba: "¿Han visto alguna vez una ballena? ¿Han visto forcejear a una ballena colosal?"».*

Rogin repasa también la cronología de la ballena desde su «nacimiento en un estado natural» hasta su final como mercancía.** En su argumentación resulta fundamental el hecho de que elegir ese animal en *Moby Dick* respondía a una intención insistente y alegóricamente política de Melville. No obstante, dentro de su cronología una ballena singular está por encima de todas las demás, supera la naturaleza, la aventura, la política y la mercancía y se convierte en una abstracción. ¿Qué es esa abstracción, esa «idea malvada»? Las interpretaciones han sido muy variadas. Se ha entendido como una alegoría del Estado en la que Ahab es Calhoun o Daniel Webster; una alegoría del capitalismo y la corrupción, de Dios y el hombre, del individuo y el destino; más comúnmente, se considera que el único significado alegórico de la ballena blanca es la naturaleza, brutal e indiferente, mientras que Ahab es el loco que se enfrenta a esa naturaleza.

Sin embargo, analicemos de nuevo al protagonista, Ahab, creado por un autor que se hacía llamar Typee [Taipi], firmaba Tawney [Tostado], se identificaba como Ismael y había escrito antes de *Moby Dick* varios libros en los que criticaba las incursiones misioneras en distintos paraísos.

Ahab pierde de vista el valor comercial del viaje de su barco, su cometido, y persigue una idea con el fin de destruirlo. Su intención, la venganza, «una venganza temeraria, inflexible, sobrenatural»,[34] gana en estatura (en madurez) cuando nos damos cuenta de que no

***

* Michael Paul Rogin, *Subversive Genealogy*, op. cit., pp. 107 y 142.
** *Ibid.*, p. 112.

llora la pérdida de una pierna ni una cicatriz en el rostro. Por muy intensas y perturbadoras que fueran su fiebre y su recuperación tras el encuentro con la ballena blanca, por muy satisfactoria que parezca esa venganza en un carácter «masculino», refleja una vanidad casi adolescente. No obstante, si la ballena es algo más que la naturaleza ciega, indiferente e indomable frente a la agresión masculina, si es tanto su adjetivo como su sustantivo, podemos contemplar la posibilidad de que la «verdad» de Melville fuera su reconocimiento del momento en que, en Estados Unidos, la blancura había pasado a ser ideología. Y, si la ballena blanca es la ideología de la raza, lo que Ahab ha perdido al enfrentarse con ella no solo es una parte del cuerpo, sino la familia, la sociedad y su propio lugar como ser humano en el mundo. El trauma del racismo es, para el racista y para la víctima, la fragmentación severa del yo, lo cual siempre me ha parecido una causa (que no un síntoma) de psicosis que, sorprendentemente, no interesa a la psiquiatría. Así pues, Ahab navega entre una idea de la civilización a la que renuncia y una idea del salvajismo que debe aniquilar, pues ambos no pueden coexistir. La primera se basa en el segundo. Lo terrible, dentro de su complejidad, es que el salvajismo no es el salvajismo misionero: lo salvaje es la ideología racial blanca y si, en efecto, un hombre estadounidense y blanco del siglo XIX hubiera luchado no solo por la abolición y por la mejora de las instituciones racistas o de las leyes que la regulaban, sino contra el concepto mismo de la blancura como idea inhumana, habría acabado muy aislado, muy desesperado y muy condenado. La locura sería la única explicación posible para tal audacia; y «me arroja», la explicación más sucinta y adecuada de esa obsesión.

No me gustaría que de mi argumentación se desprendiera que Melville se dedicaba a una especie de didactismo simple y simplista del enfrentamiento negro/blanco o que demonizaba a los blancos. Nada más lejos de la realidad. Lo que planteo es que lo abrumaban las incoherencias filosóficas y metafísicas de una idea extraordinaria y sin precedentes que alcanzó su máxima manifestación en su propia época y en su propio país: esa idea era la reivindicación exitosa de la blancura como ideología.

En el *Pequod*, el proletariado multirracial y sobre todo extranjero trabaja para producir una mercancía, pero acaba apartado de esa labor y convertido a la misión intelectual más significativa de Ahab. Dejamos atrás a la ballena como comercio y nos enfrentamos a la ballena como metáfora. Una vez asentada esa interpretación, dos de los capítulos más famosos del libro brillan con una luz completamente nueva. Uno es el 9, «El sermón». En la apasionante evocación que ofrece el padre Mapple de las tribulaciones de Jonás, se hace hincapié en el objetivo de su salvación. Jonás es liberado del vientre de la ballena con un único fin: «¡Predicar la verdad ante el rostro de la falsedad! ¡Ese era el mandato!». Solo entonces llega la recompensa (la «dicha»), que recuerda vivamente la necesidad solitaria de Ahab:

Dicha para quien [...] opone a los orgullosos dioses y comandantes de esta tierra su propio yo inexorable. Dicha para quien puede sostenerse con brazos poderosos cuando la vil nave de este mundo traicionero se ha hundido. Dicha para quien no se da tregua en su lucha por la verdad y mata, quema, destruye todo *pecado* aunque tenga que ir a arrancarlo de debajo de las togas de los senadores y los jueces. Dicha, dicha hasta el tope para quien no reconoce otra ley ni otro amo que Dios, su Señor, y es solo *patriota del cielo* (las cursivas son mías).[35]

Nadie, creo, ha negado que el sermón se concibiera con una finalidad profética, pero no parece que se señale la naturaleza del pecado, de ese pecado que hay que destruir pase lo que pase. La naturaleza, ¿un pecado? Los términos no encajan. ¿El capitalismo? Tal vez. El capitalismo alimentaba la avaricia y se prestaba de un modo inexorable a la corrupción, pero probablemente para Melville no fuera pecaminoso de por sí. El pecado implica una afrenta moral cuya reparación está al alcance del hombre del Nuevo Mundo. El concepto de superioridad racial encajaría a las mil maravillas. Se hace difícil leer esas palabras («destruye todo pecado», «patriota del cielo») y no oír en ellas la descripción de otro Ahab. No un muchacho adolescente con atuendo de adulto, un maníaco, un egocéntrico, y tampoco la «planta exótica» que según V. L. Parrington era Melville. Ni siquiera un liberal de moral refinada que ajustaba, equilibraba y toleraba las instituciones raciales. Sino otro Ahab: el único estadounidense hombre y blanco lo bastante heroico para tratar de matar al monstruo que estaba devorando el mundo tal como él lo conocía.

Otro capítulo que parece recibir nueva luz con esa lectura es el 42, «La blancura de la ballena», en que Melville destaca la importancia capital de su intento de decir algo indecible. «Casi desespero —escribe— de poder comunicarlo en forma comprensible. Era, sobre todo, la blancura de la ballena lo que me aterraba. Pero ¿cómo puedo aspirar a ser capaz de explicarme en estas páginas? Mas debo explicarme, siquiera de un modo oscuro y aproximativo; *de lo contrario, estos capítulos no servirían de nada*» (la cursiva es mía).[36] El lenguaje de ese capítulo oscila entre las imágenes hermosas y benévolas de la blancura y la percepción de esa blancura como algo siniestro y estremecedor. Tras diseccionar lo inefable, concluye: «Por consiguiente, aunque el hombre [...] simbolice con la blancura todas las cosas grandiosas o bellas, nadie podrá negar que este color, con su más profundo *significado idealizado*, evoca en el alma una espectralidad particular» (la cursiva es mía).[37] Subrayo «significado idealizado» para destacar y aclarar (si es que se hace necesario manifestar tal claridad) que Melville no analiza a los blancos, a la gente, sino la blancura idealizada. Luego, tras informar al lector de su esperanza de obtener «algún indicio que nos lleve a la causa oculta que buscamos»,[38] trata de revelarla, de hallar la clave de esa «causa oculta». Su lucha por conseguirlo es colosal. No lo consigue. Tampoco nosotros. Sin embargo, en un lenguaje no metafórico identifica los instrumentos de la imaginación necesarios para resolver el problema: «La sutileza apela a la sutileza y sin imaginación nadie podrá seguir a otro ser en estos dominios».[39] Y en su última observación resuena el trauma personal: «Si bien este mundo visible [de color] parece hecho de amor, las esferas invisibles [blancas] se crearon a partir del terror».[40] La necesidad, la invención, de la blancura como estado «natural» privilegiado se creó sin duda a partir del terror.

«La esclavitud —escribe Rogin— confirmaba el aislamiento de Melville, proclamado con contundencia en *Moby Dick*, frente a la conciencia dominante de su tiempo.» Difiero en ese aspecto y defiendo que la hostilidad y la repugnancia de Melville respecto a la esclavitud habrían encontrado compañía. El autor conocía a muchos ciudadanos blancos que la rechazaban, escribían en la prensa sobre ella, hablaban de ella, legislaban sobre ella y actuaban para abolirla. Su mera actitud ante la esclavitud no lo habría condenado a la separación casi autista a la que se lo sometió. Si estaba convencido de que los negros eran dignos de recibir el mismo trato que los blancos, o de que el capitalismo era peligroso, tenía compañía o podría haberla encontrado. Sin embargo, poner en tela de juicio el concepto mismo del progreso blanco, la idea misma de la superioridad racial, de la blancura como lugar de privilegio en la escala evolutiva de la humanidad, y meditar sobre la filosofía fraudulenta y autodestructiva de esa superioridad, arrancarla «de debajo de las togas de los senadores y los jueces», arrastrar «al propio juez al banquillo de los acusados»: eso sí era una labor peligrosa, solitaria y radical. En especial entonces. Y ahora. Ser «solo patriota del cielo» no era en los primeros tiempos de Estados Unidos una aspiración baladí para un escritor... o para el capitán de un ballenero.

Texto complejo, colmado, alborotado y profundo es *Moby Dick*, y entre sus distintos significados me da la impresión de que lo «innombrable» ha permanecido como «causa oculta», como «verdad ante el rostro de la falsedad». Hasta hoy, ningún novelista ha forcejeado de esa manera con un tema. Hasta hoy, los análisis literarios de los textos canónicos han rehuido esa perspectiva: la presencia afroamericana determinante e influyente en la literatura estadounidense tradicional. Los capítulos a los que he hecho referencia son solo dos de los casos en que el texto arroja esas ideas y apunta con utilidad a las formas en que el fantasma gobierna la máquina.

Melville no es el único autor cuyas obras duplican su fascinación y su fuerza cuando se rastrean en ellas esa presencia y las estrategias adoptadas por el escritor para abordarla o negarla. Edgar Allan Poe permite esa lectura, lo mismo que Nathaniel Hawthorne y Mark Twain y, ya en el siglo XX, Willa Cather, Ernest Hemingway, F. Scott Fitzgerald, T. S. Eliot, Flannery O'Connor y William Faulkner, por poner unos pocos ejemplos. La literatura canónica estadounidense pide a gritos esa clase de atención.

Tengo la sensación de que hacer un análisis convincente que ilustre los casos en que la literatura primigenia de este país se define y se arriesga para afirmar su contraposición a la negritud puede ser un proyecto sumamente fructífero, descubrir cómo los gestos lingüísticos demuestran la relación íntima con lo que se anula destapando todo un mecanismo descriptivo (la identidad) frente a una presencia que se da por inexistente. La investigación crítica afroamericana puede asumir esa labor.

He señalado antes que encontrar o imponer las influencias occidentales en o para la literatura afroamericana tiene valor siempre que el proceso al que se aporta ese valor no sea de autoconsagración. Queda un proyecto adyacente por emprender, el tercer planteamiento de mi lista: el análisis de la literatura contemporánea (tanto la sagrada como la profana) en busca del efecto que pueda haber tenido la presencia afroamericana en la estructura de la obra, la práctica lingüística y la misión narrativa que se propone. Al igual que el segundo planteamiento, ese proceso crítico también debe rehuir el objetivo pernicioso de equiparar la realidad de esa presencia con el éxito de la obra. Una obra no es mejor por mostrarse receptiva a otra cultura, ni resulta defectuosa de manera automática debido a esa receptividad. Se trata de aclarar, no de reclutar. No hay que dar por descontado que una obra escrita por un afroamericano se caracterice sistemáticamente por una presencia afroamericana predominante.

En buena parte de la literatura afroamericana existe la voluntad de huir de la negritud. En algunos casos se produce un duelo con la negritud y en otros, como suele decirse, «no se le nota nada».

III

Me gustaría ahora comentar ese aspecto, la influencia de la cultura afroamericana en la literatura estadounidense contemporánea. He dicho ya que las obras de los afroamericanos pueden responder a esa presencia (lo mismo que las de quienes no son negros) de muy diversos modos. La cuestión es qué constituye el arte de un escritor negro, para quien ese adjetivo es más una búsqueda que un hecho y comporta cierta urgencia. En otras palabras, dejando a un lado la melanina y el tema tratado, ¿qué puede, en concreto, hacer de mí una escritora negra? Con independencia de mi identidad étnica, ¿que sucede en mi obra que me lleva a considerarla claramente inseparable de una particularidad cultural afroamericana?

Les ruego que disculpen el empleo de mi propia obra en estas observaciones. No la saco a colación porque sea el mejor ejemplo, sino porque es la que mejor conozco, sé lo que hice y por qué, y sé lo fundamentales que son para mí estas cuestiones. La escritura es, en el fondo, un acto lingüístico, la práctica del lenguaje, sí, pero ante todo es un ejercicio de la voluntad de descubrir.

Permítanme plantear algunas de las formas en las que activo la lengua y algunas de las formas en las que la lengua me activa a mí. Voy a limitar este escrutinio a la primera frase de los libros que he escrito, con la esperanza de que el análisis de mis decisiones aclare puntos mencionados anteriormente.

Ojos azules empieza así: «Aunque nadie diga nada, en el otoño de 1941 no hubo caléndulas».[41] Esa frase, como las que dan inicio a los libros subsiguientes, es sencilla, carente de complicaciones. De todas las frases que dan inicio a todos los libros, solo dos contienen subordinadas; las otras tres son frases sencillas y dos incluso siguen un orden muy clásico, con el verbo seguido de sus complementos y poco más. No hay nada muy elaborado. Nada que deba buscarse en el diccionario; son palabras corrientes, habituales. Sin embargo, mi idea era que la sencillez no fuera simpleza, sino algo sinuoso e incluso cargado de sentido. Y que el proceso de selección de cada una de las palabras, por sí mismas y en relación con las demás, junto con el rechazo de otras por los ecos que encerraban, por lo determinado y lo no determinado, lo que casi está presente y lo que hay que deducir, no se teatralizaría, no erigiría un proscenio (al menos de forma evidente). Tan importante era para mí no dar pie a esa puesta en escena que en esa primera novela resumí todo el libro en la primera página. (En la primera edición, aparecía íntegramente en la sobrecubierta.)

La parte inicial de la frase, «Aunque nadie diga nada», me convencía por varios motivos. En primer lugar, me resultaba familiar, me había acostumbrado a oírla de niña al escuchar a los adultos; a mujeres negras que conversaban entre sí; que contaban una historia, una anécdota, que chismorreaban sobre un suceso cualquiera dentro del círculo de amigos, la familia, el barrio. Las palabras encierran una conspiración. «Chis, no lo cuentes por ahí» y «Esto no puede saberlo nadie». Es un secreto entre nosotras y un secreto que se nos oculta. La conspiración se mantiene y se detiene al mismo tiempo, se expone y se preserva. En cierto sentido, justo así fue la escritura del libro: la revelación pública de una confidencia privada. Para comprender plenamente la dualidad de esa postura es necesario pensar en el clima político inmediato en que lo redacté, entre 1965 y 1969, época de gran agitación social en la vida de los negros. La publicación (a diferencia de la escritura) implicaba esa revelación; el texto equivalía a la divulgación de secretos, los secretos que «nosotras» compartíamos y los que nos ocultábamos nosotras mismas y el mundo ajeno a nuestra comunidad.

«Aunque nadie diga nada» es también una figura retórica que, en este caso, se escribe, pero que claramente se ha elegido por su oralidad, por cómo refleja y asemeja un mundo en concreto y su atmósfera. Y no solo eso: además de hacer referencia a una charla entre vecinas, de apuntar a un chisme ilícito, a una revelación apasionante, se añade en la idea del susurro la hipótesis (por parte del lector) de que quien narra la historia posee información de primera mano, sabe algo que los demás desconocen y va a ser generoso con la difusión de esa información confidencial. La intimidad que buscaba, la intimidad entre el lector y la página, podía empezar de inmediato, ya que en el mejor de los casos se compartía el secreto y en el peor se escuchaba subrepticiamente. En aquel momento, al escribir mi primera novela, me parecía crucial contar con una familiaridad repentina o una intimidad instantánea. No quería que el lector tuviera tiempo de preguntarse: «¿Qué tengo que hacer, a qué debo renunciar, para poder leer esto? ¿Qué defensa necesito, qué distancia he de mantener?». Y es que yo sé (y el lector no, el lector ha de esperar a la segunda frase) que se trata de una historia terrible sobre cosas que preferíamos no saber en absoluto.

Así pues, ¿cuál es ese gran secreto que va a contársenos, ese misterio que compartiremos el lector y yo? Una aberración botánica. La contaminación, tal vez. Una excepción, quizá, en el orden natural de las cosas: un septiembre, una estación, un otoño sin caléndulas. Caléndulas comunes y corrientes, radiantes, fuertes y resistentes. ¿Cuándo? En 1941. Y dado que se trata de un año trascendental (el inicio de la Segunda Guerra Mundial para Estados Unidos), el «otoño» de 1941, justo antes de la entrada en el conflicto, encierra una insinuación. En la zona templada donde existe una estación llamada «otoño» en la que las hojas empiezan a caer y en la que esperamos que las caléndulas se hallen en su máximo esplendor, en los meses previos a la participación de Estados Unidos en la Segunda Guerra Mundial, está a punto de revelarse algo siniestro. La siguiente frase dejará claro que la narradora, la que está al tanto de todo, es una niña que imita la forma de hablar de las mujeres adultas negras congregadas en el porche o el patio trasero de sus casas. La frase inicial es un intento de mostrarse como una persona mayor ante esa revelación estremecedora. El punto de vista de una niña altera la prioridad que un adulto asignaría a la información. «Creímos que si las caléndulas no habían crecido era porque Pecola iba a tener un hijo de su padre»[42] pone en un primer plano las flores y deja en el segundo unas relaciones sexuales ilícitas, traumáticas e incomprensibles que comportan temibles consecuencias. Ubicar en un primer plano la información «trivial» y en un segundo los hechos estremecedores reafirma el punto de vista, pero procura al lector una pausa para plantearse si puede confiar en la voz de los niños o si incluso es más creíble que la de los adultos. El lector queda así protegido de un enfrentamiento muy prematuro con los penosos detalles y, al mismo tiempo, siente estimulado el deseo de conocerlos. La novedad, me dije, sería revelar aquella historia de violación femenina desde el punto de vista privilegiado de las víctimas o las posibles víctimas, de las personas a las que nadie preguntaba (al menos en 1965): las propias niñas. Y dado que la víctima no poseía el vocabulario necesario para comprender la violencia o su contexto, sus inocentes y vulnerables amigas tendrían que hacerlo por ella, echando la vista atrás igual que los adultos experimentados que pretendían ser en un principio, para llenar esos silencios con el reflejo de sus propias vidas. Así, el inicio equivale a una sacudida que anuncia algo más que un secreto compartido, esto es, un silencio roto, un vacío llenado, algo innombrable que por fin se dice. Y esas amigas establecen la conexión entre un desequilibrio leve de la flora estacional y la destrucción insignificante de una niña negra. Por descontado, los adjetivos «leve» e «insignificante» proyectan la perspectiva del mundo exterior: para las niñas, ambos fenómenos son depósitos de información trascendentales que tratan en vano de esclarecer a lo largo de todo ese año de su infancia (y con posterioridad). El único éxito posible estará en la transferencia del problema del esclarecimiento al lector presumiblemente adulto, a un círculo reducido de oyentes. Como mínimo, han distribuido la carga de esas problemáticas cuestiones a una comunidad más amplia y justificado la exposición pública de la intimidad. Si el lector entra a formar parte de la conspiración que anuncian las palabras iniciales, puede entenderse que el libro comienza con su final: una especulación sobre la alteración de la «naturaleza» como perturbación social de trágicas consecuencias individuales en la que el lector, como parte de la población del texto, está implicado.

No obstante, en la parte central de la novela queda un problema por resolver. El mundo hecho añicos que he construido (como complemento de lo que le sucede a Pecola), cuyos fragmentos se mantienen unidos por las estaciones de la infancia y que comenta a cada paso el abecedario incompatible y estéril de la familia blanca, no maneja adecuadamente, en su forma actual, el silencio de su núcleo. El vacío que supone el «no ser» de Pecola. Tendría que haber tenido forma, como el vacío dejado por una explosión o un chillido. Reclamaba una complejidad que no estaba a mi alcance y una hábil manipulación de las voces que rodeaban al personaje. Pecola no se ve por sí misma hasta que tiene una alucinación de un yo. Y la realidad de esa alucinación pasa a ser un tema de conversación ajeno al libro, no funciona en el proceso de lectura.

Por otro lado, y aunque buscaba con afán una expresividad femenina (un reto que resurgió en *Sula*), se me escapó de las manos en su mayor parte y tuve que contentarme con creaciones femeninas, pues no logré plasmar en la totalidad de la obra el subtexto femenino presente en la frase inicial (las mujeres que chismorrean, impacientes y horrorizadas, de «Aunque nadie diga nada»). Donde se hace más evidente el desastre en el que desembocó ese forcejeo es en la parte dedicada a Pauline Breedlove, en la que recurrí a dos voces, la suya y la de la narradora insistente; ambas se me antojan enormemente insatisfactorias. Lo que me parece interesante es que el punto en el que esperaba que resultara más dificultosa la subversión del lenguaje para conferirle una modalidad femenina fuera en realidad el menos trabajoso: la vinculación de la «violación» por parte de los blancos con la propia violación de su hija. Ese acto de agresión tan sumamente masculino se feminiza con mis palabras, se vuelve «pasivo» y, creo, provoca una repugnancia aún mayor al quedar privado del «prestigio de la vergüenza» masculino que se confiere (o se confería antes) a la violación de forma sistemática.

Los aspectos que he tratado de ilustrar son que mi selección de lenguajes (hablado, oído, coloquial), mi dependencia de códigos intrínsecos de la cultura negra a fin de conseguir una comprensión total, mi esfuerzo por lograr una conspiración conjunta y una intimidad inmediatas (sin ningún tejido distanciador y explicativo) y mi tentativa (fallida) de dar forma a un silencio mientras se rompe son intentos (a menudo insatisfactorios) de plasmar la complejidad y la diversidad de la cultura afroamericana con un lenguaje digno de ella.

En el caso de *Sula*, hay que concentrarse en las dos primeras frases, puesto que la que sobrevive en el libro no es la que en un principio pretendía que fuera la inicial. Originalmente la novela empezaba así: «A excepción de la Segunda Guerra Mundial, nada se cruzó nunca en el camino del Día Nacional del Suicidio». Con ayuda de cierta persuasión, acabé reconociendo que era un principio en falso. *In medias res* llevado al extremo, dado que no había *res* alguna en cuya mitad situarse, ningún mundo sobrentendido en el que ubicar la particularidad y las resonancias de la frase. Es más, sabía que estaba escribiendo una segunda novela y que de nuevo hablaría de miembros de una comunidad negra no solo situada en un primer plano, sino con un protagonismo dominante, y que hablaría de mujeres negras, también ellas en un primer plano y con un protagonismo dominante. En 1988, desde luego, no habría necesitado (no habría sentido que fuera necesaria) la frase, el breve apartado, que finalmente da inicio a *Sula*. El umbral entre el lector y el texto que aborda el tema negro no tiene que ser el vestíbulo resguardado y acogedor de cuya necesidad me convencí en aquel entonces. Prefiero demoler por completo ese vestíbulo. Como se aprecia al consultar *Ojos azules* y todos los demás libros que he escrito, únicamente *Sula* tiene esa «entrada». Los demás rechazan la «presentación»; rechazan el puerto seguro y seductor, la línea divisoria entre lo sagrado y lo obsceno, lo público y lo privado, ellos y nosotros. Rechazan, en la práctica, satisfacer las expectativas mermadas del lector o su intranquilidad, intensificada por el bagaje emocional que cada uno aporta al texto que aborda el tema negro. (Debería recordarles que empecé *Sula* en 1969, mientras mi primer libro estaba en prensa y en una etapa de intensísima actividad política.)

Como me había dejado convencer de que las virtudes de la frase original eran imaginaciones mías, el trabajo que tenía por delante era construir un principio alternativo que no obligara a la obra a postrarse y fuese complementario de su carácter forajido. El problema se planteaba del siguiente modo: había que fabricar una puerta. En lugar de mostrar el texto abierto de par en par apenas se levantara la cubierta (o, como en el caso de *Ojos azules*, dejar que el libro se revelara antes incluso de tocar la cubierta, no ya de abrirla, colocando el «argumento» completo en la primera página e incluso en la sobrecubierta de la primera edición), me veía en la circunstancia de trazar una puerta, girar el pomo e invitar a pasar a lo largo de cuatro o cinco páginas. Había decidido no mencionar a ningún personaje en ese pasaje, no iba a haber nadie en el vestíbulo, aunque sí, en mi opinión de un modo bastante torpe, concluí esa bienvenida a bordo con la mención de Shadrack y Sula. Fue una rendición cobarde (al menos desde mi punto de vista) a una técnica novelística manida: anunciar abiertamente al lector a quién debe prestar atención. A pesar de ello, el grueso del principio que acabé escribiendo se centra en la comunidad, en una perspectiva de esa comunidad, y a esa perspectiva no se llega desde el interior (al fin y al cabo, hay una puerta), sino desde el punto de vista de un forastero: se trata del «hombre del valle», que podría haber ido a hacer un recado pero que sin duda no vive allí y para (y según) el que todo eso resulta terriblemente extraño, exótico incluso. He ahí por qué reniego de gran parte de ese principio. Sin embargo, traté de dejar en la primera frase la huella característica de la pérdida: «Aquí antes había un barrio; ahora ya no». Puede que no fuera la peor frase del mundo, pero, como lo que no funciona en una obra teatral, no resultaba «creíble».

La nueva primera frase pasó a ser: «En otro tiempo, en aquel lugar donde arrancaron de raíz las matas de beleño y de zarzamora para hacer sitio al campo de golf de Medallion City había habido un barrio».[43] En contraste con mi plan original, aquí introduzco a un lector externo en el círculo. Transformo lo anónimo en concreto, un «lugar» en un «barrio», y dejó pasar a un forastero a través de cuyos ojos puede observarse. Entre «lugar» y «barrio», ahora me toca apretujar la particularidad y la diferencia; la nostalgia, la historia y la nostalgia de la historia; la violencia ejercida contra aquel sitio y las consecuencias de esa violencia. (Esas cuatro páginas me costaron tres meses, todo un verano noche tras noche.) La nostalgia se evoca con «había habido»; la historia y su añoranza se insinúan en las connotaciones de «barrio». La violencia acecha en el acto de arrancar algo de raíz: no volverá a crecer, no puede. Sus consecuencias son que lo que ha destruido se considera malas hierbas, desechos retirados necesariamente durante el «desarrollo» urbano por el mismo sujeto indeterminado (aunque no por ello menos conocido) de «arrancaron», que no se permite, que no puede permitirse diferenciar lo que se desaloja y que no demostraría interés si supiera que se trata de «desechos» de determinada clase. En inglés, las dos plantas, *nightshade* ['beleño'] y *blackberry* ['zarzamora'], contienen en sí oscuridad. La primera es poco habitual y está formada por dos palabras asociadas a la oscuridad: *night* ['noche'] y *shade* ['sombra']. La segunda es habitual y contiene el término *black* ['negro']. Una planta conocida y una exótica. Una inofensiva y otra peligrosa. Una produce un fruto nutritivo; los de la otra son venenosos. Sin embargo, ambas crecían tranquilamente juntas en aquel lugar cuando era un barrio. Ahora las dos han desaparecido y la descripción que sigue se refiere a los demás elementos concretos, de esa comunidad negra, destruidos tras la llegada del campo de golf. En este contexto, «campo de golf» transmite lo que no es: no equivale a casas, ni a fábricas, ni siquiera a un parque, y desde luego no equivale a residentes. Es un lugar cuidadísimo donde no hay casi ninguna posibilidad de que aparezcan los antiguos habitantes del barrio.

Me gustaría volver un momento a esas moras (para explicar, quizá, el largo tiempo que tardó en definirse la redacción de ese apartado). Siempre he considerado a Sula negra por definición, metafísicamente negra, si se quiere, lo cual no es cuestión de melanina ni, desde luego, de fidelidad incondicional a la tribu. Es una negra del Nuevo Mundo, una mujer del Nuevo Mundo que consigue elegir donde no hay elecciones, que responde con inventiva a las cosas con las que se encuentra. Que improvisa. Atrevida, perturbadora, imaginativa, moderna, sociable, proscrita, transgresora, incontenida e incontenible. Y peligrosamente mujer. En su última conversación con Nel dice de sí misma que es una clase especial de persona mujer negra: puede elegir. Como una secuoya, dice. (Con el debido respeto por los paisajes oníricos de Freud, a mí los árboles siempre me han parecido femeninos.) Sea como sea, mi percepción de la doble dosis de negritud de Sula, elegida por un lado y biológica por el otro, se basa en la presencia de esas dos palabras de oscuridad que componen el beleño, así como en lo excepcional de la planta en sí. Una variedad se conoce como «hechicera» y la otra como «agridulce», ya que sus frutos tienen un sabor agrio primero y dulce después. Asimismo, se consideraba que protegía contra la brujería. Todo eso me parecía una constelación de símbolos maravillosa para Sula. Y, por su parte, hablar de zarzamora me parecía igualmente adecuado para referirme a la otra «mata», a Nel: una planta nutritiva que, una vez ha echado raíces y brotado, no necesita cuidados ni cultivo. De una dulzura que no engaña, pero recubierta de espinas. Su proceso de desarrollo, anunciado por la disolución explosiva de su frágil pelota de cuerda y pelo (cuando Eva elimina las espinas de su autoprotección), vuelve a ponerla en contacto con la modernidad compleja, contradictoria, esquiva, independiente y líquida en que Sula siempre ha insistido. Una modernidad que acaba con las definiciones de antes de la guerra, marca el comienzo de la era del jazz (una era sin duda definida por el arte y la cultura afroamericanos) y exige nuevos tipos de inteligencia para definirse.

La ambientación de esas primeras cuatro páginas hoy me avergüenza, pero el esfuerzo que me ha costado explicarla podría servir para identificar las estrategias a las que una puede verse obligada a recurrir si trata de adaptarse al mero hecho de escribir sobre, para y a partir de la cultura negra al tiempo que se adapta y reacciona a la cultura «blanca» dominante. Mi compromiso fue permitir que el «hombre del valle» guiara la entrada en el territorio. Puede que resultara «creíble», pero no era el trabajo en el que creía.

En caso de haber empezado con Shadrack, habría dejado a un lado la bienvenida risueña y habría enfrentado de inmediato al lector con la herida y la cicatriz del personaje. Respecto a mi principio preferido (y original) la diferencia habría estribado en que se habría subrayado más el desalojo traumático que aquella guerra capitalista y sumamente derrochadora provocó en la población negra en particular y se habría destacado la firme voluntad creativa, si bien proscrita, de sobrevivir hasta el final. Sula como soluble (femenina) y Shadrack como fijador (masculino) son dos formas radicales de afrontar el desalojo, un tema recurrente en la narrativa negra. En el principio definitivo reproduje al demiurgo de la opresión racial discriminatoria y acusadora en la pérdida ante el «progreso» comercial del pueblo, pero las referencias a la estabilidad y al espíritu creativo de la población (la música, el baile, la artesanía, la religión, la ironía y el ingenio se evocan ante la presencia del «hombre del valle») refractan y subsumen el dolor mientras lo están sufriendo. Es un planteamiento más suave que la locura pública y organizada de Shadrack, con su presencia nostálgica y perturbadora, que contribuye (durante un breve tiempo) a consolidar la comunidad, hasta que Sula le planta cara.

«El agente de la Mutua de Seguros de Vida de Carolina del Norte había prometido volar desde la Misericordia hasta la orilla contraria del lago Superior a las tres en punto.»[44]

Esta frase declarativa está pensada como burla de un estilo periodístico; con una breve modificación podría ser la entradilla de una noticia de un periódico de provincias. Refleja el tono de un hecho cotidiano de interés escaso y local, pero quise que contuviera (al igual que la escena que tiene lugar cuando el agente cumple su promesa) la información en la que se concentra *La canción de Salomón* y de la que surge.

El nombre de la aseguradora es real. Se trata de una conocida compañía de propietarios negros con clientes también negros; y su nombre incluye las palabras «vida» y «mutua», siendo «agente» el ingrediente necesario que permite la relación entre ambas. La frase pasa también de «Carolina del Norte» al «lago Superior», que son ubicaciones geográficas, aunque con una referencia maliciosa a que el traslado de Carolina del Norte (el sur) al lago Superior (el norte) podría no comportar necesariamente un progreso a un «estado superior», lo cual, por descontado, no sucede. Las otras dos palabras importantes son «volar», en torno a lo cual gira la novela, y «Misericordia», en referencia al lugar desde el que pretende volar el personaje. Ambos elementos constituyen el motor de la narración. ¿Adónde va a volar el agente de seguros? El otro lado del lago Superior está en Canadá, naturalmente, histórico destino de la huida de los negros que buscaban asilo. La «Misericordia», el otro término relevante, es la floritura y al mismo tiempo el deseo sincero, aunque, con una excepción, inexpresado de la población del relato. Algunos la conceden; algunos jamás la encuentran; una, al menos, hace de ella la consigna de su improvisado sermón tras la muerte de su nieta. La misericordia emociona a Guitarra, lo abandona y al final del libro regresa a él (que es quien menos la merece) y lo induce a hacer de ella su último regalo. Es también lo que le deseamos a Hagar, lo que ni tiene ni busca Macon Muerto padre, lo que su mujer aprende a exigirle y lo que jamás podrá proceder del mundo blanco, como queda reflejado en la inversión del «Hospital de la Misericordia» en «Hospital de la No Misericordia». Solo puede surgir del interior. El centro de la narración es la huida; el trampolín es la misericordia.

Sin embargo, la frase gira, como todas las frases, en torno al verbo: «había prometido». El agente de seguros no declara, ni anuncia, ni amenaza. Promete actuar, como si se formalizara un contrato (con fidelidad) entre los demás y él. Promesas rotas o mantenidas; la dificultad de sacar a la luz lealtades y lazos que unen o que, provocando moratones, se abren paso entre la acción y las relaciones cambiantes. En consecuencia, el vuelo del agente, como el del Salomón del título, a pesar de buscar el asilo (Canadá, la libertad, el hogar o la compañía de los muertos hospitalarios) y a pesar de acarrear la posibilidad del fracaso y la certidumbre del peligro, tiene como destino el cambio, un modo alternativo, un cese del estado actual de las cosas. No debería entenderse como un acto simple y desesperado, el final de una vida estéril, una vida sin gestos, sin pruebas que superar, sino como el cumplimiento de un contrato más hondo con los suyos. Es el compromiso que tiene con ellos, con independencia de que lo comprendan en todos sus detalles. Existen, sin embargo, en la respuesta que dan a ese acto, una ternura, cierta contrición y un respeto creciente («Nadie lo habría considerado capaz de hacer una cosa así»),[45] igual que una conciencia de que ese gesto más que rechazarlos los incluye. En la nota que deja invoca su perdón. La clava en su puerta a modo de tímida invitación para quien pueda pasar por allí, pero no se trata de ningún anuncio. Es la declaración de amor casi cristiana, y también de humildad, de quien no ha podido hacer más.

En la obra hay varios vuelos más que responden a motivaciones distintas. El de Salomón es el más mágico, el más teatral y, para Lechero, el más satisfactorio. Es también el más problemático... para los que deja atrás. El vuelo de Lechero aúna esos dos elementos de lealtad (del señor Smith) y abandono egoísta (de Salomón) para dar lugar a una tercera cosa: una mezcla de fidelidad y riesgo que hace pensar en la labor de «agente» de la «vida» «mutua» que ofrece al final, que tiene su eco en las colinas situadas tras él y que es la alianza de rendición y dominación, de aceptación y norma, el compromiso con un grupo mediante el aislamiento definitivo. Guitarra reconoce esa alianza y recuerda lo perdido que está, lo recuerda lo suficiente para deponer su arma.

El estilo periodístico del principio, con su ritmo de dignidad familiar y heredada, se logra gracias a una acumulación de detalles presentada de un modo ordinario y sinuoso. Palabras sencillas, estructuras sin complejidades, una atenuación persistente y una sintaxis claramente oral, pero la banalidad del lenguaje (su carácter coloquial, vernáculo, cómico y, en ocasiones, parabólico) sabotea las expectativas y encubre los juicios cuando ya no puede seguir posponiéndolos. La composición de rojo, blanco y azul del pasaje inicial proporciona el lienzo/bandera nacional sobre el que se despliega la narración y sobre el que hay que ver las vidas de estas personas negras, pero que no debe prevalecer por encima de la tarea emprendida por la novela. Es una composición de colores que anuncia el nacimiento de Lechero, protege su juventud y oculta su cometido, una composición por la que debe irrumpir (mediante los Buicks azules, los tulipanes rojos que sueña despierto y las medias, los lazos y los guantes blancos de su hermana) antes de descubrir que el oro que busca es en realidad la naranja amarilla de Pilatos y el metal reluciente de la caja que lleva en la oreja.

Esos espacios que estoy rellenando, y que puedo rellenar porque estaban proyectados, posiblemente puedan rellenarse con otros significados. También está previsto. La idea es que esos espacios recojan las reflexiones del lector y su sabiduría inventada, recordada o malinterpretada. El lector, en su papel de narrador, formula las preguntas de la comunidad; y tanto él como la «voz» se sitúan entre la multitud, en su seno, con una intimidad y un contacto privilegiados, pero sin más información confidencial que los demás. Ese igualitarismo que nos sitúa a todos (al lector, a la población de la novela, a la voz del narrador) en la misma posición reflejaba para mí la fuerza del vuelo y la misericordia, así como la mirada preciosa e imaginativa pero realista de los negros, que (al menos en un momento dado) no consagraba ni lo que mitificaba ni a quien mitificaba. La «canción» en sí contiene esa evaluación imperturbable del vuelo milagroso y heroico del legendario Salomón, mirada imperturbable que subyace en la respuesta coral-comunitaria, tierna pero distraída, al vuelo del agente. En voz baja (aunque no del todo) queda mi propia risa nerviosa (en términos afroamericanos) ante el protomito del viaje hacia la madurez. Siempre que los personajes se embozan en la fábula occidental, se meten en graves dificultades, pero el mito africano también está contaminado. Pilatos, que no es progresista, que no está reconstruida, que se ha engendrado a sí misma, no se deja impresionar por el vuelo de Salomón y tumba a Lechero cuando, renovado tras haberse apropiado de la fábula de su familia, regresa para educarla con ella. Una vez ha escuchado todo lo que tiene que decirle, Pilatos solo demuestra un interés filial. «¿De papá? [...] ¿He estado llevando los huesos de papá de un lado a otro?»[46] Y, al final, su anhelo por escuchar la canción es el anhelo de un bálsamo con el que morir, no una sumisión servil a la historia, a la historia de nadie.

La frase inicial de *La isla de los caballeros*, «Creyó que ya nada podía pasarle»,[47] es la segunda versión que escribí. La primera, «Pensó que ya nada podía pasarle», fue desechada porque «pensó» no encerraba la duda que pretendía sembrar en la mente del lector sobre si, en efecto, ya nada podía pasarle al personaje. «Pensó» se me ocurrió de inmediato porque era el verbo que utilizaban mis padres y mis abuelos para referirse a lo que habían soñado la noche anterior. No decían «he soñado» ni «me parecía», ni siquiera «he visto» o «he hecho» tal cosa o tal otra, sino «he pensado». Eso confería al sueño una distancia narrativa (un sueño no es «real») y un poder (el control implícito en el hecho de «pensar» y no en el de «soñar»). Sin embargo, me parecía que emplear «pensó» socavaba la fe del personaje y la desconfianza que quería sugerir al lector. Elegí «creyó» para que cumpliera adecuadamente esas funciones. Además, esa persona que cree está, en cierto modo, a punto de entrar en un mundo onírico y acaba convenciéndose de que lo controla. Creía, tenía fe; estaba convencido. De todos modos, aunque la palabra sugiera esa convicción, no tranquiliza al lector. Si hubiera pretendido que el lector confiara en el punto de vista de ese individuo, habría escrito «Ya nada podía pasarle». O: «Por fin, ya nada podía pasarle». La incomodidad ligada a esa visión de la falta de peligro es importante, puesto que estar a salvo del peligro es precisamente el deseo de todos los personajes de la novela. Encontrar, crear, perder esa condición.

Puede que recuerden que me interesaba desentrañar el misterio de una historia del saber popular, de un cuento folclórico, que también tiene que ver con el peligro y la seguridad y con la habilidad necesaria para garantizar la segunda y reconocer y evitar el primero. Lo que pretendía no era, por descontado, volver a narrar la historia; supongo que es una idea que puede tener un recorrido, pero desde luego no resulta lo bastante interesante para ocuparme durante cuatro años. He dicho en otra parte que explorar el relato del muñequito de alquitrán fue como acariciar a un animal doméstico para comprobar cómo era su anatomía, pero sin alterar ni distorsionar su misterio. Es posible que el folclore surgiera como alegoría de fenómenos naturales o sociales y es posible que se empleara como refugio ante problemas contemporáneos del arte, pero también puede contener mitos que se reactivan a perpetuidad gracias al factor humano, a la gente que los repite, los remodela, los reconstituye y los reinterpreta. Tenía la impresión de que el cuento del muñequito de alquitrán hablaba de máscaras, pero no de cómo las máscaras cubren lo que hay que ocultar, sino de cómo cobran vida, se adueñan de la vida, ejercen las tensiones entre ellas y lo que cubren. Para Hijo, la máscara más eficaz es la que no existe. Para los demás, la construcción es minuciosa y se hace con delicadeza, pero las máscaras que crean tienen vida propia y chocan contra las que van encontrando. La textura de la novela parecía requerir ligereza, una arquitectura antigua y desgastada como una escultura en forma de máscara: de rasgos exagerados, jadeante, puesta justo de través respecto a la vida figurativa que desalojaba. En consecuencia, la primera frase y la última tenían que corresponderse igual que los planos exteriores se corresponden con los planos cóncavos del interior de la máscara. Así, «Creyó que ya nada podía pasarle» sería la gemela de «Lejos-ligero. Lejos-ligero. Lejos-ligero-lejos-ligero».[48] Esa conclusión recoge (1) la última frase del cuento popular, (2) la acción del personaje, (3) el final indefinido resultante de aquel principio que no inspiraba confianza, (4) la métrica complementaria de su hermana gemela y (5) el espacio amplio y maravilloso entre esas dos imágenes contradictorias: de un sueño de la falta de peligro al sonido de los pasos acelerados. Todo el mundo mediado entre uno y otro. Ese mundo enmascarado y desenmascarado, encantado y desencantado, herido e hiriente se despliega sobre y mediante las variedades de la interpretación (occidental y afroamericana) a que se ha sometido (y sigue sometiéndose) el mito del muñequito de alquitrán. Abrirse paso tanto por el torno como por la expulsión de la historia resulta posible en los encuentros creativos con esa historia. Nada, en dichos encuentros, está exento de peligro ni debería estarlo. La seguridad es el feto del poder al tiempo que la protección frente a él, como nos recuerdan los usos conferidos a máscaras y mitos en la cultura afroamericana.

«En el 124 había un maleficio: todo el veneno de un bebé.»[49]

Al empezar *Beloved* con cifras, y no con esos mismos números desarrollados con letras, pretendía conferir a la casa una identidad independiente de la calle o incluso de la ciudad; darle un nombre igual que Sweet Home había recibido nombre; igual que las plantaciones recibían nombre, pero no con sustantivos, con nombres comunes o «propios», sino con números, ya que los números no tienen adjetivos, no tienen pretensión de comodidad ni de grandeza, ni el anhelo soberbio de los arribistas y los constructores inmobiliarios por los embellecimientos paralelos de la nación que han dejado atrás, reivindicando la entrada al instante en la historia y la leyenda. En este caso las cifras conforman una dirección, una perspectiva bastante emocionante para unos esclavos que no habían sido propietarios de nada, mucho menos de una dirección. Y, si bien las cifras, a diferencia de las palabras, no pueden verse modificadas por otras palabras, yo las sustantivé y las complementé, con lo que la dirección quedó personalizada, pero en virtud de su actividad, de su propio contenido, no del deseo superpuesto de lograr una personalidad.

Por otro lado, en este contexto las cifras tienen algo que lleva a que se pronuncien, a que se escuchen, pues en un libro una espera encontrar palabras que leer, no números que decir ni que escuchar. Y el sonido de la novela, en ocasiones cacofónico, en ocasiones armónico, debe estar situado en el oído interno o fuera del campo de audición, para impregnar el texto de un acento musical que a veces las palabras consiguen reflejar incluso mejor que la música. Así, la segunda frase no es tal: es una construcción que gramaticalmente, en sentido estricto, pertenece a la primera por estar subordinada a ella. Sin embargo, si la hubiera separado con una coma para indicarlo («En el 124 había un maleficio, todo el veneno de un bebé») o si hubiera dicho «En el 124 estaba todo el veneno de un bebé», no habría podido enfatizar la palabra «todo».

Con independencia de cuál fuera el riesgo de enfrentar al lector con lo que debe de resultar de entrada incomprensible en esa frase sencilla y declarativa, de cuál fuera el riesgo de inquietarlo, decidí correrlo. Y es que el inicio *in medias res* con el que estoy tan comprometida es aquí excesivamente exigente. Resulta abrupto, y así debe parecerlo. Aquí no hay ningún informante autóctono. El lector se siente secuestrado, zarandeado y lanzado a un ambiente del todo foráneo, y pretendo que esa sea la primera sacudida de la experiencia que podrían compartir el lector y la población de la novela. Secuestrado igual que los esclavos trasladados a la fuerza de un sitio a otro, de cualquier sitio a otro, sin preaviso ni defensa. Sin vestíbulo, sin puerta, sin entrada; quizá sí una tabla de desembarco (pero muy corta). Y la casa a la que lo propulsa ese secuestro, ese rapto, pasa del maleficio al ruido y al silencio, del mismo modo que los sonidos de la propia bodega del barco debían de cambiar. Hay que leer unas cuantas palabras antes de que quede claro que ese «124» se refiere a una casa (en la mayoría de los primeros borradores, la frase siguiente, «Las mujeres de la casa lo sabían» rezaba simplemente: «Las mujeres lo sabían»; la palabra «casa» no se mencionaba durante diecisiete líneas) y unas cuantas más para descubrir por qué hay un maleficio o, más bien, de dónde surge. A esas alturas ya queda claro, si no ha quedado de inmediato, que existe algo que escapa al control, pero no al entendimiento, pues no escapa a la aceptación tanto de «las mujeres» como de «los niños». La presencia plenamente percibida del encantamiento es al mismo tiempo un factor fundamental de la narración y un juego de manos. Una de sus funciones es mantener al lector preocupado por la naturaleza del increíble mundo espiritual mientras se le suministran dosis controladas del increíble mundo político.

Lo subliminal, la vida subterránea de una novela, es el ámbito con más probabilidades de dar la mano al lector y facilitar así que se apropie del texto, lo cual resulta necesario para pasar de la primera frase a la siguiente y a la siguiente y a la siguiente. El acogedor puesto de observación que estaba satisfecha de haber construido y controlado en *Sula* (con el forastero dentro), el periodismo simplificado de *La canción de Salomón* o la desconfianza calculada del punto de vista de *La isla de los caballeros* aquí no habrían servido. En *Beloved* buscaba la confusión fascinante de estar dentro de la acción como ellos (los personajes); de repente, sin consuelo ni socorro de la «autora», solo con la imaginación, la inteligencia y la necesidad disponibles para el viaje. El lenguaje pintoresco de *La canción de Salomón* no me resultaba útil en *Beloved*. En sus páginas no hay prácticamente ningún color; y, cuando aparece, es tan austero y se comenta tanto que resulta prácticamente puro. Color visto por primera vez, sin su historia. No existe una arquitectura armada como en *La isla de los caballeros*; no se juega con la cronología occidental como en *Sula*; no se produce un intercambio entre la vida literaria y el discurso de la «real» con unidades textuales impresas en contacto con unidades estacionales de la infancia negra como en *Ojos azules*. No hay recinto residencial, ni barrio, ni escultura, ni pintura, ni tiempo, sobre todo no hay tiempo, porque la memoria, la memoria prehistórica, carece de él. Solo hay algo de música, compañía y la urgencia de lo que está en juego. No tenían más. Y es que ese trabajo, el trabajo del lenguaje, es quitarse de en medio.

Espero que comprendan que en esa explicación de cómo practico el lenguaje hay una búsqueda y una postura deliberada de vulnerabilidad ante los aspectos de la cultura afroamericana que pueden determinar y situar mi trabajo. A veces, leyendo y escuchando a quienes han profundizado en el texto, no sé si mi función funciona, si he invocado adecuadamente al *nommo*. No descubro nada de quienes se le resisten, salvo, por descontado, el espectáculo en ocasiones fascinante de su forcejeo. Mis expectativas y mi gratitud frente a los críticos que cruzan el umbral son considerables. A quienes hablan del cómo y no solo del qué; a quienes identifican la maniobra además de la obra; a quienes entienden el estudio de la literatura afroamericana no como un cursillo acelerado de buena vecindad y tolerancia, ni un menor de edad al que hay que transportar, instruir o regañar (o incluso azotar) igual que a un niño, sino como el estudio serio de expresiones artísticas que tienen una tarea importante por delante y están ya legitimadas por sus propias fuentes culturales y sus antecesores, dentro o fuera del canon; a todos ellos les debo mucho.

Para un escritor, la cuestión de los cánones literarios es muy sencilla: transcurridos cincuenta, cien o más años, puede que su obra se disfrute por su belleza, su sagacidad o su fuerza, o que se condene por su vacuidad y su petulancia... y se deseche. O quizá transcurridos cincuenta o cien años el crítico (en calidad de arquitecto del canon) sea objeto de aplausos por su inteligente escrutinio y su capacidad de análisis crítico. O de risas por su ignorancia y sus reivindicaciones de poder torpemente disimuladas... y se lo repudie. Es posible que la reputación de ambos florezca o que en los dos casos entre en decadencia. Sea como fuere, en lo que al futuro respecta, cuando uno escribe, sea como autor o como crítico, el que tiene cuello se lo juega.

Susurros académicos

A finales de los años ochenta, en un momento dado, empecé a sentir cierto desasosiego ante lo que me parecía una conversación entre susurros en el ámbito de estudio de la literatura afroamericana, una conversación entre alumnos y expertos en la materia; al parecer, existía un consenso solapado sobre el verdadero propósito del discurso. Mi desasosiego ante aquel diálogo furtivo se acrecentó debido a otro, este descarado, que atacaba y minaba la legitimidad de la literatura afroamericana como campo de estudio. Ambos diálogos, el encubierto y el descarado, determinaban los debates sobre la formación del canon.

En aquella época, no me apetecía especialmente analizar con detenimiento mi desasosiego ante el cariz que estaba adquiriendo el debate (que enfrentaba la política de la identidad a la de la carencia de identidad, conocida en ocasiones como «universalidad»), dado que no estaba dispuesta a que me distrajera la triste y anticuada rutina que con tanta frecuencia los artistas y académicos afroamericanos se creen obligados a asumir/emprender: la rutina de la defensa, una defensa perpetua, de su derecho a existir. Era una batalla tan tediosa, tan poco original, tan exasperante, que no dejaba ni tiempo ni energía para la verdadera labor de artistas y académicos, esto es, perfeccionar su propia creación y atender a sus quehaceres. No quería ver ondear por enésima vez la roja muleta de otro torero concebida para provocar a una fuerza y, con ello, engañarla a fin de que no conociera su verdadero poder. En lugar de eso, preferí concentrarme en crear una literatura no racista, y sin embargo racializada, dentro de una lengua ya marcada por la raza, pensando en lectores que se habían visto obligados a enfrentarse a los presupuestos de la jerarquía racial. Preferí escribir como si no hubiera nada que probar o rebatir, como si ya existiera un mundo arracial. Mi pretensión no era superar el concepto de la raza ni aspirar a una especie de «universalismo» (palabra en clave que había acabado siendo sinónimo de «lo no negro») fraudulento, sino reivindicar la libertad de mi propia imaginación. Y es que ni yo ni nadie hemos vivido jamás en un mundo en el que la raza no importara. Un mundo así, un mundo sin jerarquías raciales, suele imaginarse o describirse como algo onírico, edénico, utópico, pues son muy remotas las posibilidades de que se haga realidad. En términos optimistas, se ha postulado como un ideal, un estado posible solo si llegaba de la mano del Mesías o se emplazaba en una reserva protegida, una especie de parque natural, o en la selva de la imaginación de Faulkner, donde la pericia del cazador triunfa sobre la raza y la clase. Como escritora ya entonces y siempre racializada, sabía que no iba a (que no podía) reproducir la voz del amo y sus aspiraciones de encarnar la ley omnisciente del padre blanco. Quería descubrir cómo manipular, transformar y controlar el lenguaje imagista y metafórico (y su sintaxis) con el fin de producir algo que pudiera llamarse literatura y no tuviera las ataduras imaginativas que me imponía el lenguaje racializado que se hallaba a mi disposición. No me refiero solo, por descontado, a evitar los insultos racistas, los agravios o los estereotipos. Me refiero, en primer lugar, a reconocer esas estrategias lingüísticas y, a continuación, a emplearlas o desplegarlas para obtener el efecto contrario; a desactivar su fuerza indolente e inmerecida, a invocar otras fuerzas opositoras y liberar lo que soy capaz de inventar, consignar, describir y transformar a pesar de la camisa de fuerza en la que una sociedad racializada puede encerrarnos y nos encierra. Me empeñé en escribir fuera de la mirada blanca, no en su contra sino en un espacio en el que pudiera postular la humanidad que siempre se nos pedía a los escritores que articuláramos. Escribir de, sobre y en un mundo vinculado a las dominaciones raciales sin recurrir a las estrategias lingüísticas que respaldaban, en mi opinión, la labor más urgente, fructífera y exigente que podía asumir un escritor. Como ya he señalado, en la literatura un mundo sin un dominio o una jerarquía raciales se imagina como un Edén imposible o una utopía inalcanzable, pero también se ha descrito como «la barbarie», como «el fin de la historia», como «carente de futuro» o como condenado a un porvenir de desperdicios, y se ha declarado una experiencia dañada y sin valor. En otras palabras, una catástrofe. Una Jonestown ingenua y corrupta cuya culminación sería la ignorancia, el asesinato, la demencia.

Tal vez estuviera incubando una incipiente paranoia, surgida de la cantidad especialmente elevada de peticiones para hablar en entornos universitarios sobre el tema del racismo e incluso de dirigirme a los estudiantes de alguna universidad en la que habían sucedido incidentes raciales concretos y de marcada cobardía. No solo me molestaba lo que aquellas demandas daban por sentado, también me enfurecía que me pidieran que arrojara luz sobre un dominio (uno de muchos) del que nada sabía. Por descontado, había sido víctima de comportamientos racistas, pero ¿por qué pediría alguien a la víctima que explicara a su torturador? ¿No era mejor buscar esa información entre quienes estuvieran familiarizados con su lógica? (¿Es la víctima de una violación quien mejor sabe calmar a un violador?) Me parecía que el problema del racismo debían abordarlo primero quienes conocían sus entresijos desde el punto de vista privilegiado de su origen. Quizá me intranquilizara en exceso que me pidieran que dedicara el tiempo a esa actividad (que me dedicara a curar estando enferma), pero en cierto modo se vinculaba con mi percepción de que el estudio de la literatura afroamericana había llegado a ser, en algunos entornos (a juzgar por los planes de estudios y los programas de los centros de secundaria y determinadas universidades, las antologías, los prólogos, las notas preliminares y los posfacios y prefacios), un ejercicio dirigido a la conquista de la tolerancia o de unas buenas relaciones de vecindad justo mediante el estudio de esa patología tan especial, en el que se da por sentado que el superviviente es al mismo tiempo paciente y médico. En ese contexto tenía lugar aquel discurso entre susurros.

Con las mejores intenciones del mundo, el encuentro entre el arte afroamericano y los alumnos de literatura había dado lugar a esos subtextos (la lectura de *Ojos azules* en centros de enseñanza primaria era un buen ejemplo, lo mismo que su prohibición). Y resultaba fácil ver cómo se habían formulado dos mensajes (el arte afroamericano como explicación de la patología; el arte afroamericano como bálsamo reconstituyente ante una erupción de racismo) y por qué. En primer lugar, la historia de los negros de Estados Unidos ha sido brutal y sus consecuencias siguen agitando y determinando la vida contemporánea. Analizar y reconocer esa brutalidad puede, como en efecto sucede, prestarse a una interpretación de la presencia negra en esa historia como una patología nuestra y solo nuestra; puede, como de hecho sucedió, conducir a la idea de que, como pueblo, somos un problema (el «problema negro» que todo escritor negro, desde Richard Wright hasta Ralph Ellison pasando por James Baldwin o Zora Neale Hurston, ha tenido que comentar; por no hablar de la prueba a que se vieron sometidos Phillis Wheatley y otros autores de relatos de esclavos para demostrar que no eran analfabetos) y su resolución era responsabilidad nuestra.

Frente a esa interpretación de la afroamericanística como vacuna contra el racismo blanco incipiente se contraponía otra: la afroamericanística como campo naturalmente inmune al racismo; la idea de la vida negra como un cuerno de la abundancia de tesoros, contribuciones y mecanismos constructivos autóctonos que resultaban beneficiosos para su comunidad y de que esos mecanismos sociales hacían las veces de alternativa inocente a la sociedad regida por la raza. Es una interpretación que recoge la impresión que la mayoría de los afroamericanos comparten de que su vida real, su vida provechosa y su vida interior están en alguna otra parte, lejos de su historia deformadora. Y que, por muy cargada de obstáculos que esté esa vida, sin duda la escogerían en caso de que se les diera a elegir. Que, mientras muchos afroamericanos (quizá la mayoría) valoraban los privilegios y las concesiones que eran prerrogativa de los estadounidenses blancos, muy pocos querían estar en su lugar si eso implicaba transformarse en ellos.

A pesar de todo, expresar esa diferencia valorada y reverenciada pocas veces se consideraba nada más que un mero esquema de negación egoísta y defensivo: la retórica «soberbia» típica de los debilitados. Adoptar la postura según la cual la historia no es el factor determinante, según la cual la estabilidad, la belleza, la creatividad y la brillantez son los verdaderos rasgos de la vida negra, parecía cargar (y, en determinadas circunstancias, mancillar) el estudio de la cultura negra con un programa ennoblecedor, un plan que se dejaba la piel por él.

Las siguientes posturas, (1) la cultura afroamericana como examen y diagnosis del paciente, (2) la cultura afroamericana como vacuna contra la intolerancia y (3) la cultura afroamericana como celebración y reconocimiento apremiantes de la salud cultural y la belleza (que podían, por asociación u ósmosis, sanar a otros), chocaban, y entre los escombros resultantes a menudo quedaba enterrada la literatura. Como escritora que participaba del mundo de esa literatura, que lo habitaba, tenía la impresión de que el texto en sí se había convertido en una sirvienta encargada de abrir la puerta a los asistentes a una fiesta para la que ella no había recibido invitación.

Bueno, eso era lo que me rondaba por la cabeza a finales de los años ochenta. Sin embargo, estaba decidida a no distraerme de la labor creativa en favor de la labor defensiva y guardé silencio sobre el empleo de mi obra como instrumento de curación social. Pero quedaba todavía otro problema. Comprendía y, de hecho, prefería el papel de escritora comprometida con el texto y no con su explicación. Creía que absolutamente todo lo que tenía que decir sobre el tema de la literatura afroamericana estaba en los libros que había escrito. Participar en su crítica era antitético a lo que pretendía con mi trabajo, esto es, que llegara sin etiquetas, sellos o significados últimos identificados por mí y prendidos en la solapa. Quería que fuera propiedad de todo aquel que quisiera tomar posesión de él. Las peticiones de charlas o entrevistas que acompañaran las investigaciones de académicos serios y diligentes me parecían, de algún modo, inapropiadas, una especie de pegamento periodístico para adherir conclusiones ya extraídas de fuentes primarias y secundarias. Por otro lado, en realidad a nadie le interesaba lo que opinara de mis libros. A esos investigadores les preocupaban más, lo cual es lógico y pertinente, sus propias valoraciones sobre mi obra. Mi papel en la charla se limitaba a aportar confirmaciones o, en algunos casos, a equivocarme, a ser incapaz de comprender lo que en el fondo había escrito. Confieso que pasó mucho tiempo antes de que me tomara en serio esas entrevistas, pues las vinculaba, injustamente, con el periodismo, no con la investigación académica.

Al final me vi obligada a abordar el problema. Mi profundo interés por el desarrollo de la crítica literaria y la pedagogía afroamericanas y mi rechazo a participar en dicha crítica excepto como *amicus curiae* resultaron incompatibles una vez comprendí que el meollo del problema era una pregunta emplazada en el meollo de mi obra: que todas esas estrategias para el estudio de la cultura afroamericana (patología, tolerancia, diferencia exaltada, diferencia eliminada; el escritor como su mejor analista, como su peor analista o como amigo del tribunal; o, en mi caso, una mezcla vacua de todo eso) estaban determinadas por la pregunta «¿Qué constituye la literatura afroamericana?». ¿Es la escritura de americanos que «casualmente» son afro? ¿Tiene, por el contrario, determinados rasgos culturales que afloran en ella y la impregnan, y que aflorarían en ella y la impregnarían aunque esa literatura hubiera cobrado forma en la Ciudad de México, Londres o Estambul? ¿Existe una diferencia? Y, en ese caso, ¿es la diferencia diferente de todas las demás diferencias?

No hay que dar por descontado que una obra escrita por un afroamericano quede automáticamente incorporada a una presencia negra predominante. En buena parte de la literatura afroamericana existe la voluntad de huir de la negritud. En algunos casos se produce un duelo antagonista con esa negritud, y en otros, como suele decirse, «no se le nota nada». Si iba a participar en el debate crítico, tenía que aclarar la cuestión de qué, aparte de la melanina y la temática, hacía que un escritor fuera afroamericano. No esperaba llegar a un instante decisivo en que concluyera la investigación, aunque cabía esa posibilidad. Lo que sí quería era que se me incluyera entre quienes se tomaban en serio la empresa y se dedicaban a ella con la misma seriedad. De ese modo, entré en el debate no solo como artista ni solo como académica, sino como ambas cosas. Estaba convencida de que esa dualidad podía contribuir a ampliar y acentuar los argumentos sobre la validez, la necesidad y el rumbo de la afroamericanística. Existía ya una abundante labor de recontextualización de esa materia, de reubicación de su influencia en las disciplinas humanistas. Sin embargo, mi interés pasó del análisis de la actividad de los intelectuales y los artistas negros a otra cosa. No me gustaba la posibilidad de una nueva segregación en la afroamericanística, de que se llevara el estudio a un territorio protegido donde su carácter único, excepcional, sus rasgos radicales o incluso tradicionales pudieran ponerse en tela de juicio, pero donde su marcada singularidad pudiera convertirla en algo sui géneris: una cosa aparte, en una categoría propia. En mi opinión, la afroamericanística podía, aunque no debía, limitarse a sí misma, dado que el proyecto se asemejaba al llamado «problema racial» en sí. No se trataba de un vecindario que prosperaba o tenía dificultades en la periferia de la ciudad, en la periferia de las universidades, en el margen externo del pensamiento intelectual, y tampoco de una minoría exótica e interesante para la antropología que palpitaba en las extremidades del cuerpo político. Estaba y está en el meollo del meollo de este país. Ninguna decisión política se entendería sin el tema negro en su centro, incluso (o sobre todo) cuando no se menciona. Ni la vivienda, ni la educación, ni el ejército, ni la economía, ni el sistema electoral, ni la condición de ciudadano, ni las cárceles, ni la regulación de los préstamos, ni la atención sanitaria: en cualquiera de esos casos, el tema de fondo era qué hacer con los negros, que pasó a ser un término sustituto para referirse a los pobres. Muy pocas disciplinas eluden la influencia de las construcciones raciales. El derecho, la ciencia, la teología, la medicina, la ética médica, la psiquiatría, la antropología y la historia estaban implicados. Por otro lado, ¿había algún discurso público en que no existiera una referencia a los negros? Como escribí en *Jugando en la oscuridad*, «[a]parece en todas y cada una de las luchas más importantes de esta nación». Desde la formulación de la Constitución hasta la formación del cuerpo electoral, la presencia de los negros está en «la batalla por el derecho al voto de los ciudadanos sin propiedades, las mujeres y la población analfabeta y [...] [s]e encuentra en la construcción de un sistema escolar público y gratuito; en el equilibrio de la representación en los órganos legislativos; en la jurisprudencia y en las definiciones legales de la justicia. Está [...] en las circulares de los bancos, en el concepto del destino manifiesto y el excelso relato que acompaña [...] a la iniciación de todos los inmigrantes en la comunidad de ciudadanos estadounidenses».[50] Estaba convencida de que no se podía jugar la carta de la raza, de que no existía, de que había simplemente una baraja y todos nos movíamos en un terreno mucho más amplio de lo que se creía antes; y esa influencia se reflejaba en la cultura nacional. Aquella investigación dio pie a un ciclo de doce conferencias, tres de las cuales se recopilaron en el libro mencionado, *Jugando en la oscuridad*, en el que traté de recoger todo el alcance del proyecto y su complejidad. La afroamericanística podía interpelar a una vasta área de la producción cultural, en el Oeste y en el Este, y con ello estimular y ampliar gran variedad de disciplinas. Ese es, al fin y al cabo, el objetivo de la educación: el acceso a más conocimiento. Puede que llegue un día en que todos (alumnos, profesores, administradores, artistas y padres) tengamos que luchar encarnizadamente por la educación, luchar encarnizadamente por una ciencia sin corrupción (no la ciencia ideológica o racista); por una historia social firme, una antropología apolítica (sin estrategias de control); por la integridad del arte (y no por su fama).

Es muy posible, en efecto, que llegue un día en que las universidades tengan que luchar por el privilegio de la libertad intelectual.

Gertrude Stein
y la diferencia que establece

He leído en alguna parte que hay dos reacciones ante el caos: ponerle un nombre y recurrir a la violencia. Ponerle un nombre puede funcionar sin dificultad cuando a disposición de ese proceso existen una población o un elemento geográfico al que supuestamente nadie ha asignado nombre antes o al que se lo han arrebatado. En caso contrario, hay que contentarse con renombrar a la fuerza. La violencia se considera una reacción al caos (a lo indomado, lo salvaje, lo agreste) inevitable a la vez que benéfica. Cuando se conquista un territorio, la ejecución de tal conquista, y de hecho su objetivo, es controlarlo remodelándolo, desplazándolo, dividiéndolo o penetrándolo. Y eso es lo que se considera la obligación del progreso industrial o cultural. Por desgracia, este último encontronazo con el caos no se limita al territorio, a las fronteras o a los recursos naturales. Para lograr el progreso industrial también es necesario ejercer violencia sobre las personas que pueblan el territorio, ya que se resisten y se revelan anárquicas, se revelan parte del caos; en algunos casos, ese control ha servido para introducir modalidades jerárquicas nuevas y destructivas, cuando ha tenido éxito, y para provocar intentos de genocidio, cuando no.

Existe una tercera respuesta al caos de la que no he leído nada: el silencio. El silencio surge del asombro, de la meditación; el silencio procede también de la pasividad y de la estupefacción. Es posible que los primeros habitantes de este país se plantearan las tres cosas:

el nombrar, la violencia y el silencio. Sin duda, esto último está presente (o eso parece) en Emerson, en Thoreau y en la capacidad de observación de Hawthorne. También puede rastrearse su pista hasta los valores puritanos. Sin embargo, en contraste con la población indígena de América y con el grueso de las poblaciones transportadas desde África, el nuevo silencio estadounidense se vio apuntalado, incluso atenuado, por el pragmatismo. Siempre se incluía en la ecuación la necesidad de preparar el terreno para los herederos, para un futuro lejano indiferente al pasado, y también se añadía la virtud de la riqueza como recompensa de Dios, puesto que no acumularla era pecado. Ese «silencio» sumamente materialista practicado por los inmigrantes clericales/religiosos suponía un claro contraste con la filosofía del «coge solo lo que necesites y deja la tierra como la has encontrado» propia de las sociedades preindustriales. Uno de los aspectos más interesantes de la formación cristiana de la responsabilidad pública y privada es la negociación entre la frugalidad y el asombro, entre el consuelo religioso y la explotación natural, entre la represión física y la recompensa espiritual, entre lo sagrado y lo profano. Dicha negociación persiste en la tensión entre esas tres respuestas al caos: el nombrar, la violencia y el silencio. Claro que en su mayoría los colonos de América del Norte no fueron ni mucho menos los santurrones asustadizos ni los indulgentes pero sombríos personajes de Plymouth Rock dignos de veneración nacional, de principios de mercantilización y de ilusiones nostálgicas. Creo que aproximadamente un dieciséis por ciento sí lo eran, pero queda un ochenta y cuatro por ciento de «otros», como se lee en los formularios del censo. No obstante, incluso entre ese dieciséis por ciento la idea ya ambivalente del silencio cómplice no tardó en disiparse tras la llegada de la industrialización. Y fue gracias a la abundante reserva de mano de obra gratuita constituida por esclavos, criados que pagaban así su pasaje a las colonias, reos y personas incapaces de saldar sus deudas, así como de mano de obra barata ofrecida por inmigrantes pobres que huían del endeudamiento, el hambre y la muerte. Mientras Twain otorgaba un trato de favor a la vida, el lenguaje y el humor rurales, mientras dotaba de anhelos pastorales al Mississippi y los caminos y las carreteras estadounidenses del siglo XIX, iba invirtiendo en proyectos lucrativos que acabaron resultando desastrosos, y sin duda fomentaba y disfrutaba en sus personajes la búsqueda del oro y la inteligencia de las estrategias rentables. Fue Ralph Waldo Emerson, nuestro intelectual retraído y trascendentalista, quien escribió en referencia a la fiebre del oro californiana: «Daba igual a qué métodos inmorales se recurriera: la función de la fiebre del oro era acelerar la colonización del Oeste y la *llegada de la civilización*» (la cursiva es mía).

Por descontado, a Melville le preocupaban las contrademandas de un capitalismo floreciente que iba reflejando la fuerza de la naturaleza o se empalaba con ella. Entre otros muchos ejemplos, *Moby Dick*, *Billy Budd*, *Chaqueta Blanca* o *Benito Cereno* abordan las consecuencias de la presión económica sobre el «inocente», el trabajador ingenuo y su «capitán». Todo ello dentro del contexto de esos dos tercios del planeta que representan el caos, esto es, el mar, y lo que parece ilustrar con mayor claridad las tres reacciones: el nombrar (las cartas de navegación, los mapas, las descripciones), la violencia (la conquista, la caza de ballenas, los barcos negreros, la flota naval, etcétera) y el silencio (la reflexión personal, las guardias inútiles a bordo de barcos que dan lugar a los pasajes más introspectivos). Poe reaccionaba ante el caos recurriendo a la violencia y nombrando. Recurría a la violencia en su atracción por los condenados, los moribundos, la mente del asesino. Nombraba con sus insistentes notas «científicas» a pie de página, sus comentarios, su indexación de datos históricos y geográficos. Sin embargo, esos escritores, y de hecho todos los estadounidenses, tenían a su disposición otro elemento más para enfrentarse al caos. La naturaleza, el Oeste «virgen», el espacio, la proximidad de la muerte... Todo eso tenía su importancia, pero la disponibilidad de un caos interno, de un desorden inventado, de un otro supuestamente primitivo, salvaje, eterno y atemporal es lo que confiere a la historia estadounidense su formulación propia y peculiar. Ese otro, como ya hemos sugerido, era la presencia africanista. Los colonialistas norteamericanos y sus herederos podían responder y respondían a ese «caos» útil y controlable a fuerza de nombrar, de recurrir a la violencia y, ya mucho más adelante y de un modo vacilante, cuidadoso y prudente, con ciertas dosis de silencio pragmático. Una vez más, acudimos a la literatura, a los escritores, en busca de las pruebas y las representaciones de esa reflexión sobre la dominación. Y ahí vemos silencio (en Melville, por ejemplo) en la negativa a nombrar para analizar el misterio, el mensaje de la inscripción misma del caos. En la negativa a ejercer violencia, la negativa a conquistar, a explotar, para en cambio afrontar, para penetrar y para descubrir, por así decirlo, de qué estaba compuesta o podía estar compuesta esa presencia.

En ese contexto me gustaría leer a Gertrude Stein: su minuciosa investigación de la vida interior de ese otro y los problemas de no intervención que planteaba y en los que cayó. La «modernidad» de la que Stein suele considerarse precursora adopta muchas formas: si consideramos que la modernidad tiene como característica permanente la fusión de formas, el deshilachado de los límites, la ausencia de fronteras, la mezcla de medios, la amalgama de ámbitos, la redefinición del género, de los papeles tradicionales, la apropiación de distintas disciplinas, antes independientes, para ponerlas al servicio de otras nuevas o convencionales, la combinación de períodos históricos y estilos artísticos, podemos repasar los distintos métodos seguidos por la literatura estadounidense para recorrer ese camino. En Estados Unidos, la primera marca, el primer indicio aterrador de amalgama, de fusión y de disolución de lo que se consideraban las fronteras «naturales» fue la mezcla racial. Fue lo mejor representado, lo más alarmante, lo más perseguido a base de legislación y la incursión más deseada en un territorio prohibido, desconocido y peligroso, pues representaba el descenso a la oscuridad, a lo proscrito y a lo ilícito: una ruptura provocadora y escandalosa con lo conocido.

En términos de adopción de la modernidad en la literatura, lo cual también vale en el caso del avance de las artes plásticas en la misma dirección, el terreno imaginativo en el que tuvo lugar esa evolución fue y es en grandísima medida la presencia del otro racializado. Explícita o implícita, esa presencia determina de maneras elocuentes, fascinantes e ineludibles la forma de la literatura de este país. Al alcance de la mano de la imaginación literaria, constituía una fuerza mediadora a un tiempo visible e invisible, de modo que incluso, y en especial, cuando los textos estadounidenses no «tratan» las presencias africanistas, la sombra planea sobre ellos en las implicaciones, en los signos y en las líneas de demarcación. No es casual ni mucho menos que las poblaciones inmigrantes entendieran y sigan entendiendo su «identidad estadounidense», su «americanidad», por oposición a la población negra existente. De hecho, la raza se ha vuelto tan metafórica, y como metáfora tan sumamente necesaria para la americanidad, que rivaliza con el viejo racismo seudocientífico y clasista que tan bien conocemos. Como metáfora, es posible que Estados Unidos pueda prescindir de esa presencia africanista, ya que, en este tramo del siglo XX, si los estadounidenses han de ser diferentes, si han de ser «americanos» de algún modo que los diferencie de los canadienses, de los latinoamericanos, de los británicos, les toca ser estadounidenses blancos, una distinción que depende de una oscuridad con la que siempre puede contarse. En lo más profundo del término «americano» está su vinculación con la raza. (Una observa que identificar a alguien como surafricano es decir muy poco; necesitamos un adjetivo para representar a un «surafricano blanco» o un «surafricano negro». En Estados Unidos sucede justo lo contrario: «americano» equivale a «blanco» y las poblaciones africanistas deben luchar para apropiarse la palabra a base de prefijos y alusiones a la identidad étnica.) Los estadounidenses no contaban con una nobleza disoluta y depredadora a la que arrebatar su identidad al tiempo que codiciaban su libertinaje. Da la impresión de que fusionaron el desgarro y la envidia en su contemplación cohibida e introspectiva del africanismo mitológico.

Para la aventura intelectual e imaginativa de los escritores que se ha dado en calificar de «modernos», ese práctico otro africanista era cuerpo, mente, caos, bondad y amor, la ausencia de restricciones, la presencia de restricciones, la meditación sobre la libertad, el problema de la agresividad, la exploración de la ética y la moral, las obligaciones del contrato social, la cruz de la religión y las ramificaciones del poder. Los autores (estadounidenses) que eluden esa influencia son los que han abandonado el país, pero no en todos los casos.

Algunos observadores críticos sagaces consideran que el individualismo a la americana excluía la posibilidad de (no dejaba sitio a) un otro y que, en el caso del machismo, se borraba al otro como significante, como no persona. Yo tengo la impresión de que podría suceder lo contrario, a saber: que el individualismo surja de la colocación en el exterior de un yo firmemente cautivo. De que no podría existir interior alguno, yo individual estable y duradero alguno, sin haber fraguado y fabricado con minuciosidad un género extrínseco y, del mismo modo, una sombra extrínseca, externa. Ambos están conectados, pero solo en los límites exteriores del yo, en el cuerpo. Que eso era cierto en el caso de los hombres blancos debería quedar claro. Y dado que la definición del estadounidense es un hombre blanco diferente, y un buen estadounidense o un estadounidense de éxito es un hombre blanco diferente y poderoso, todo el entramado funciona gracias a la negritud, a la condición femenina, a las estrategias de desfamiliarización y a la opresión. Bernard Bailyn ofrece un retrato sumamente sucinto y fascinante de ese proceso clásico de autoperpetuación y autodefinición. Entre los inmigrantes y colonos que recoge en su extraordinario libro *Voyagers to the West* ['Viajeros hacia el Oeste'] está un personaje bien documentado llamado William Dunbar.

La sorprendente conclusión del breve paso de ese estadounidense en particular por el libro es que su exitosa formación como individuo tiene cuatro consecuencias deseables: la autonomía, la autoridad, la novedad y la diferencia, así como el poder absoluto. Esas ventajas se traducen, en los siglos XIX y XX, en el individualismo, la diferencia y el ejercicio del poder. No es de sorprender que sean también las principales características de la literatura estadounidense. La novedad y la diferencia, el individualismo y el poder heroico. Esos términos se traducen, al menos hasta la Segunda Guerra Mundial, de la siguiente manera. La «novedad» del siglo XIX pasa a ser la «inocencia» del XX. La «diferencia» se convierte en el sello de la modernidad. El «individualismo», el culto al Llanero Solitario, se fusiona con un desafecto alienado y cargado de soledad (que sin embargo sigue siendo inocente); y, por descontado, tenemos la interesante digresión, que no vamos a analizar aquí, representada por su inseparable Toro. Lo que más me intrigaba era por qué era solitario ese llanero si siempre iba acompañado de Toro. Ahora comprendo que, dada la naturaleza racial y metafórica de su relación, podemos considerarlo «solitario» precisamente debido a Toro. Sin él sería, supongo, «el Llanero», sin más. La heroicidad del poder dio paso, después de la guerra, a los problemas derivados del uso y abuso del poder. Cada una de esas características queda determinada, en mi opinión, por una conciencia y una utilización complejas de un africanismo construido como terreno y estadio de entrenamiento para su identidad. ¿De qué se subraya siempre tanto que están hechos los estadounidenses? ¿Cuál es la relación de la modernidad con la presencia activa desde un punto de vista creativo de los afroamericanos? (Alguien me ha señalado que, siempre que la industria cinematográfica desea presentar y presenta alguna tecnología o alguna apuesta de todo punto nuevas, recurre a personajes, relatos o lenguajes africanistas. La primera película hablada de gran alcance fue *El cantante de jazz*, el primer taquillazo fue *El nacimiento de una nación*, la primera telecomedia fue *The Amos 'n' Andy Show* y, aunque no encaja del todo en esa argumentación, solo casi, el primer documental fue *Nanuk, el esquimal*. Y probablemente en ninguna parte se rebata que la banda sonora que más ha influido en los cineastas «modernos» ha sido lo que en Estados Unidos llamamos «música negra».) Para volver al asunto que nos ocupa, la última pregunta sería: ¿de qué se aleja al individuo, sino de su yo «blanco», dentro de un pluralismo perdurable y expresado, pero de algún modo mantenido de forma fraudulenta? Esa última pregunta se centra en la ostentación, la retención y la distribución del poder.

He mencionado a Gertrude Stein como paradigma o precursora de la modernidad. Ahora me gustaría analizar una de sus obras más alabadas para ilustrar lo que considero un despliegue fascinante de americanidad literaria, para tratar de determinar su vinculación de esta con las innovaciones de la autora, con su novedad, con sus representaciones de la individualidad, sus percepciones del poder sexual y los privilegios derivados de la clase y la raza.

Las historias que Gertrude Stein presenta en su novela *Tres vidas* son decididamente desiguales. Y no solo en cuanto a tratamiento, como espero demostrar, sino en varios aspectos más. De los tres relatos reunidos en la obra, uno abarca setenta y una páginas, otro requiere cuarenta y el tercero, situado en el centro físico y conceptual del libro, ocupa el doble que uno y casi el cuádruple que el otro. En esas tres historias, cada una centrada en una mujer, se hace hincapié en tan desigual distribución del espacio con otra divergencia aún más diferenciadora. La primera parte se titula «La buena de Anna» y la última, «La afable Lena». Solo la parte de en medio, centrada y más prolongada, carece de adjetivo; se titula «Melanctha». Sin más. Como recordarán, Melanctha es negra (o, según la describe la señora Stein, «prieta»). Emparedada entre las otras dos, se nos antoja enmarcada y limitada por ellas, como si subrayaran y recalcaran su diferencia al tiempo que la mantienen controlada con firmeza. Antes de pasar a analizar las notables diferencias entre Melanctha y las otras dos mujeres que tiene a derecha e izquierda, tal vez debería señalar las similitudes, puesto que las hay, si bien parecen poner aún más de relieve la diferencia de Melanctha y la diferencia que establece al respecto Stein. Las tres mujeres que protagonizan el texto son criadas; las tres acaban muriendo; las tres son víctimas de alguna forma del maltrato de los hombres o de una sociedad dominada por ellos. Las tres se encuentran en la frontera entre pobreza absoluta y pobreza digna. Y, si bien las tres han nacido en el mismo país, el parecido termina precisamente en ese punto. Las dos blancas tienen una nacionalidad concreta: son alemanas en un principio y luego, como inmigrantes, pueden adoptar la categoría de germanoamericanas si lo desean. Melanctha es la única nacida en Estados Unidos y la única que no recibe identificación nacional. Es negra, es prieta, y en consecuencia (incluso en 1909, cuarenta años después de que la Proclamación de Emancipación liberara a todos los esclavos) carece de país, carece de designación de ciudadanía. En ningún momento se la describe como estadounidense y desde luego en ningún momento la califica de tal la voz narradora.

Para la señora Stein, Melanctha es una negra especial. Una negra aceptable, puesto que es de piel clara, algo que tiene su peso si observamos que su parte del libro empieza con la comparación entre ella y su íntima amiga Rose, a la que se describe de forma repetida (e insistente) como muy negra: «Rose, que era hosca, pueril, cobarde, negra, gruñía, se agitaba y daba alaridos como un ser abominable o un animal primario».[51] Esa retahíla de adjetivos encierra todos los fetichismos, todas las formas de reducción metonímica, todo el doblegamiento de personas en animales para impedir el diálogo y toda la identificación y la asignación de estereotipos económicos omnipresentes en las insinuaciones, cuando no en el lenguaje explícito, de la mayoría de las descripciones de personajes africanistas anteriores a 1980. «Rose Johnson era una negra auténtica; una negra alta, bien contorneada, hosca, estúpida, pueril y atractiva. [...] Rose Johnson era una negra auténtica, *pero* había sido criada, como si fuera su propia hija, por blancos» (la cursiva es mía).[52] Nos damos cuenta de inmediato de que no es necesario que Stein describa o identifique a esos «blancos», que diga si son buenos, bien educados, pobres, estúpidos o malvados. Al parecer, basta con que sean blancos, pues se da por sentado que, con independencia de la clase de blancos de que se trate, son eso, blancos, y en consecuencia la instrucción que han dado a Rose la ha situado en una posición privilegiada, algo que ella no solo reconoce, sino que agradece. Por su parte, a Melanctha, que tiene la piel clara, se la describe como una muchacha «paciente, dócil, tranquilizadora e incansable».[53] También es una «negra donairosa, de piel amarillo claro, inteligente» que no ha sido «criada por blancos como Rose, pero sí [está] *hecha a medias con auténtica sangre blanca*» (la cursiva es mía).[54] El mensaje es de una claridad redundante. Si Rose puede reivindicar la buena fortuna de haber sido criada por blancos, Melanctha tiene una pretensión más elevada: la de la sangre. Existe aquí un descuido, ya que más adelante se nos informa de que su padre era «muy negro» y «brutal», mientras que su madre «era una mujer de color, de tez amarillenta y apariencia encantadora, digna y agradable».[55] Eso no sugiere la etiqueta de «medio blanca». Por mucho que Stein la describa como una «muchacha sutil, inteligente, atractiva y medio blanca»,[56] de acuerdo con la genética racializada de aquella época una persona medio blanca debía tener un padre o una madre blancos. Tengo la impresión de que atenerse a esta posibilidad habría planteado una complejidad excesiva para la autora, que debería haber explicado cómo ese progenitor blanco (en este caso, la madre, ya que el padre es ostensiblemente negro) había intimado con el otro progenitor negro, y tal vez baste con presentar más tarde al enamorado blanco de Melanctha como elemento clave de su destrucción sin tener que entrar en las ramificaciones de otra relación interracial.

No hago notar esos lapsus raciales rutinarios y esos hatajos lingüísticos porque sí, sino porque quiero hacer hincapié en que para Stein suponen un recurso tan necesario de cara a extraer determinadas conclusiones que o bien está dispuesta a cometer errores manifiestos en la letra pequeña del racismo y a arriesgarse a dejar de contar con la confianza del lector o bien pierde el control de su texto caprichoso e insubordinado. Así, por ejemplo, se califica a Rose Johnson repetidamente de infantil e inmoral, aunque es la única amiga de Melanctha que asume responsabilidades de adulta: un matrimonio, una casa, cierta generosidad. Stein subraya la estupidez de Rose, pero no llega a escenificarla. No encontramos la más mínima prueba de que sea tonta. Y Melanctha, a pesar de su venerada sangre blanca, se pasa la mayor parte del tiempo en la calle, en el puerto y en la playa de maniobras. Hay que cuestionarse la lógica de ese fetichismo: tal vez sea su sangre «blanca» y no la negra la que fomenta esa inmoralidad en la que Stein no se detiene.

El papel de los hombres afroamericanos en la historia de Melanctha resulta igual de interesante; esto es, el lugar que ocupan en su vida los padres, los maridos, los amigos de los padres y su enamorado. Hay que reconocer a Stein que la virtud y la maldad se distribuyen a partes iguales entre los hombres blancos y negros; y hay que criticarle que en todos los casos se base ampliamente en estereotipos nacionales: prejuicios irlandeses, prejuicios alemanes y, como resulta evidente gracias a la mencionada obsesión por la sangre, prejuicios convencionales. Tanta seudociencia debería sorprender en alguien que estudió un par de años de Medicina. Sea como fuere, declina toda responsabilidad ante la caracterización de sus personajes africanistas al «explicar» y «justificar» su conducta gracias a los sencillos recursos de la reducción metonímica aportada por el color de la piel y la economía de estereotipos que la acompaña. Sin embargo, una vez más con esa estrategia Stein cae en contradicciones tan profundas que la confianza del lector se esfuma por completo. Por ejemplo, describe repetidamente al padre de Melanctha como «brutal y áspero»[57] con su hija, pero primero se nos dice que visita la casa con poca regularidad y luego desaparece por completo de la novela. Las pruebas que se nos presentan de su brutalidad y su aspereza son que es «negro» y «viril». Cuando tratamos de averiguar de qué es capaz ese hombre negro, viril, brutal y áspero, vemos que protege a su hija de lo que considera insinuaciones de un amigo y debido a esa protección se ve envuelto en una pelea. Tal vez sea esa contradicción lo que lo expulsa oportunamente del texto. En caso de haberse quedado, Melanctha habría contado con un fiero protector/salvador y no se habría metido en líos tan serios con los hombres.

No obstante, lo más significativo no son las técnicas habituales de diferenciación de los personajes africanistas por su condición de «negros», sino lo que considero el motivo último de su inclusión, puesto que el apartado dedicado a Melanctha tiene para Stein una utilidad muy concreta. El africanismo de ese relato se convierte en un medio por el que la autora puede adentrarse en territorio prohibido sin correr peligro, puede expresar lo ilegal, lo anárquico, cavilar sobre las relaciones entre mujeres con y sin hombres. De las tres mujeres de la novela, solo en el caso de Melanctha la educación y las relaciones sexuales son una parte clave de su relato y su destino. En 1909, es posible que no fuera concebible, ni siquiera para Gertrude Stein, abordar el conocimiento explícito de actividades carnales de las mujeres blancas, ni siendo de clase baja. Si comparamos la sensualidad/sexualidad de Anna y Lena, comprobamos que su vida es distinta de la de Melanctha; son castas y para ellas el matrimonio es concertado y su sumisión a las exigencias del patriarcado, absoluta. Parece claro que, al igual que otros escritores estadounidenses, en especial los que relacionamos con la modernidad, Stein se consideraba libre de experimentar con la sexualidad en su literatura, consideraba que el tema era «aceptable» si el objeto de esos experimentos era africanista. Como el médico que inventó el paradigma de sus instrumentos ginecológicos tras realizar experimentos con su criada negra, Gertrude Stein se siente cómoda potenciando su «novedad», se siente a salvo en el territorio prohibido que ha elegido, dado que opera un cuerpo que parece ofrecérsele sin protesta alguna, sin restricción. Que está por completo disponible para la expresión de lo ilegal, lo ilícito, lo peligroso, lo nuevo. Como los artistas blancos que podían reunir a un amplísimo público cuando, con la cara pintada, hablaban por intermediación del personaje africanista (en el papel del personaje africanista), podían decir cosas inefables, abiertamente sexuales, subversivamente políticas.

¿Cuáles son algunos de esos temas nuevos e ilícitos?

Hay al menos tres: (1) los complejos vínculos afectivos entre mujeres, no para protegerse, sino por el caudal de conocimiento que suponen, (2) la formación triangular de la sexualidad, la libertad y el conocimiento como principio para la mujer moderna, y (3) la dependencia de la presencia africanista para la construcción del estadounidense. Existe un amor genuino e incluso desesperado entre Melanctha y Jane y entre Melanctha y Rose (pese a tener distinto color de piel). La indulgencia y la sabiduría que recibe Melanctha de esas amigas superan con creces lo que aprende de sus amigos, de los médicos negros o de los jugadores negros. Todas las mujeres de *Tres vidas* tienen un final desgraciado, pero da la impresión de que solo una, Melanctha, aprende antes de fallecer algo útil, y tal vez moderno, sobre el mundo. En ese sentido, quizá la contribución notable de Stein a la literatura en su encuentro con una presencia africanista sea otorgar a dicho encuentro la complejidad y la modernidad que hasta la fecha le habían negado los escritores convencionales de la época. Si bien tradicionalmente los planteamientos de Stein sobre la sangre blanca y negra se consideran racistas, la autora aporta una variación interesante de ese tema al hacer que Melanctha valore la cualidad (si puede llamarse así) de la negritud de su «insoportable» padre, al hacer que la «muy negra» Rose la aconseje y la persuada de no suicidarse y al presentar a esa misma Rose como una mujer casada «normalmente» y con criterios morales al parecer muy elevados, por mucho que Stein acabe refutándolos al insistir en que Rose «tenía la inmoralidad promiscua y sencilla de los negros».[58]

En el estudio que hace Stein, lo que resulta fundamental para las mujeres es la relación entre libertad, sexualidad y conocimiento. En esa empresa, volvemos a ver la diferencia que establece la autora. *Tres vidas* pasa de la contemplación de la vida asexual de una solterona (la buena de Anna) en su lucha por alcanzar control y sentido a la exploración de una búsqueda de conocimiento sexual (lo que Stein denomina «sabiduría») en la persona y el cuerpo de Melanctha, una mujer africanista, y en última instancia llega a la experiencia femenina, en teoría culminante, del matrimonio y la maternidad con la afable Lena. El hecho de que Stein eligiera a una mujer negra para investigar lo erótico apunta y escenifica los usos del africanismo para representar (y servir de excusa para abordar) la sexualidad ilícita.

A pesar de que Stein se muestra irónica en gran parte del texto, tiene firmes opiniones que pone en boca de otros y es claramente cómica, incluso paródica en determinados pasajes, deseamos seguir con impaciencia su análisis bastante radical de la verdadera vida de esas mujeres, pero solo en un caso (el de Melanctha) desaparece la represión sexual de las otras dos e incluso su rechazo se convierte en el tema principal tanto del personaje como de la empresa de la autora. Únicamente la mujer negra nos permite llegar a una meditación sobre el conocimiento sexual, y resulta de la máxima importancia que Stein califique de anhelo de sabiduría los coqueteos de Melanctha, su deambular en solitario por el puerto y la playa de maniobras para mirar a los hombres y su promiscuidad. A la «muy negra» Rose la tacha de promiscua, pero la medio blanca Melanctha va en busca de conocimiento. Esa diferencia al etiquetar conductas presumiblemente idénticas establece una distancia y funciona como recurso encubierto para dignificar un tipo de curiosidad y desacreditar otro con solo marcar una distinción en el color de la piel de la persona que siente dicha curiosidad. Se dan otras diferencias notables cuando la comparación es entre los criados blancos y las mujeres negras. Ni Anna ni Lena sienten curiosidad por el sexo. La buena de Anna nunca se plantea ni el matrimonio ni el amor. Comparte su «elemento romántico»[59] con su primera amiga íntima, la señora Lehntman. La afable Lena es una mujer tan asustadiza, sosa y carente de curiosidad que a Stein no le hace falta especular sobre la relación sexual legal que mantiene con su marido, Herman. Lena se limita a traer al mundo a cuatro hijos y morir en el último parto, con lo que deja a Herman tranquilo y satisfecho en su papel de sostén familiar. Solo Melanctha tiene valor, siente el poder de seducción de su negro padre y la debilidad de su madre de piel amarillo claro, presiente que identificarse con esa mujer pasiva no le granjeará ningún respeto; es libre para vagar por las calles, detenerse en las esquinas, ir a ver trabajar a los hombres negros del ferrocarril, del puerto; para rivalizar con ellos en arrojo, para intercambiar pullas, provocarlos y huir de ellos..., y para replicarles. La voz autoritaria de Melanctha es la que examina, recoge y cuestiona el amor erótico heterosexual, la que combate el ideal de unión doméstica/romántica de la clase media y la que se adentra con valentía en el terreno de los encuentros hombre-mujer como guerrera, como militante. Me parece interesante que, al sondear el valor del conocimiento carnal, Stein no se fije en la muy negra Rose, a la que asigna la inmoralidad y la promiscuidad, sino en Melanctha, que es medio blanca y ha estudiado. Es como si, a pesar de su audacia, Stein no soportara la idea de investigar esos asuntos tan íntimos en el cuerpo de una mujer muy negra, como si el riesgo de una asociación tan imaginativa la superase. Se palpa su desdén por Rose, pero su admiración por la conducta disoluta de Jane, así como por la de Melanctha, es ambivalente y se expresa en un lenguaje claramente elevado y cínico. A Jane Harden la describe así: «Era una mujer endurecida. Tenía poder y le gustaba utilizarlo; su mucha sangre blanca la hacía ver claro. [...] La sangre blanca tenía un gran ascendiente sobre ella; poseía coraje, resistencia e impulso vital».[60] No es posible malinterpretar las opiniones y los valores codificados de Stein con respecto a la raza. La autora se identifica con la sangre blanca, que equivale a claridad, fuerza y coraje vital, pero canaliza su expresión sexual a través de la sangre no blanca que corre por esos cuerpos, al parecer por dos circuitos diferenciados. Lo absurdo de tales aseveraciones sobre lo que es capaz de lograr la sangre blanca en su transferencia genérica de poder, inteligencia, etcétera, se subraya, por descontado, con el hecho de que, al mismo tiempo, cuando no en el mismo párrafo, somos testigos del comportamiento de gente cien por cien blanca, gente con sangre por entero blanca que es pasiva, estúpida, etcétera. Si debemos sucumbir a la imbecilidad del racismo científico, la lógica de lo contrario sería inefable: que en *Tres vidas* la sangre negra es la que confiere el «impulso vital» y la «resistencia». De esas jerarquías y afirmaciones surgen tensiones y cierta desconfianza del lector debido a las contradicciones que las acompañan. Así, por ejemplo, las mujeres africanistas destilan una inmoralidad disoluta, pero la señora L., la amiga y fuerza fundamental del pequeño mundo de Anna, dedica su vida profesional a hacer de partera y disfruta en especial ayudando a parir a muchachas en dificultades; en un momento dado incluso parece estar implicada en los abortos que practica su novio, un médico mezquino. El hecho de que esas chicas blancas en dificultades no sean también culpables de amoralidad y libertinaje como sus hermanas de piel oscura forma parte de la cuestión que plantean estos asuntos. Por esa serie de episodios se pasa de puntillas, haciendo hincapié en la generosidad de la señora L. y su pericia. El texto no se detiene en la inmoralidad de sus pacientes; no se da por sentado que tengan una naturaleza «promiscua» debido a su tez y tampoco parece que busquen la sabiduría del mundo en el puerto.

El último aspecto que me gustaría destacar es el que me ha servido para empezar: buena parte del proceso de imaginación de la gente africanista tiene que ver con la construcción minuciosa y coherente de un ciudadano estadounidense que se distingue al afirmar y desarrollar su blancura como condición previa de su americanidad.

Tres vidas retrata a dos mujeres inmigrantes y a otra negra a la que nunca se confiere una nacionalidad, aunque es la única de las tres nacida en suelo estadounidense. Cuando un personaje secundario del episodio «La afable Lena» visita Alemania, lugar de nacimiento de su madre, y se avergüenza de los modales de campesina de su prima Lena, la considera «poco más que una morena».[61] La señora Stein, fascinada por su proyecto *Ser norteamericanos*, nos ha ofrecido sin duda toda una receta literaria: (1) levanta barreras en el lenguaje y el cuerpo, (2) establece diferencias en cuanto a sangre, tez y emociones humanas, (3) las sitúa en oposición a los inmigrantes, y, (4) *voilà*, ¡aparece el verdadero ciudadano estadounidense!

Emparedada entre dos inmigrantes, con su agresividad y su poder contenidos por las palmas de mujeres blancas castas pero restrictivas, Melanctha se nos presenta audaz pero desacreditada; libre de explorar, pero limitada por su color y confinada por las mujeres blancas que tiene a izquierda y derecha, por lo que tiene en primer y en segundo plano, por su principio y su fin, por quien la precede y quien la sigue. El formato y su mecanismo interno dicen lo que se quiere decir. Todos los ingredientes que tienen consecuencias en la americanidad están presentes en estas mujeres: el trabajo, la clase social, las relaciones con el Viejo Mundo, la forja de una nueva cultura no europea, la definición de la libertad, la huida de la servidumbre, la búsqueda de la oportunidad y el poder, la detección de la utilidad de la opresión. Esas consideraciones son parte integrante de cualquier reflexión sobre el proceso de selección, compendio y construcción de una identidad nacional por parte de los ciudadanos de Estados Unidos. Durante esa selección, lo que no se elige, lo que se descarta, los residuos, es tan significativo como la americanidad erigida por acumulación. Entre las búsquedas esenciales para esa definición, una de las más determinantes es la meditación sobre el personaje africanista como experimento de laboratorio para confrontar los problemas emocionales, históricos y morales, así como los enredos intelectuales, con las serias cuestiones del poder, el privilegio, la libertad y la equidad. ¿No sería posible que la unión, la fusión de lo que es Estados Unidos y lo que sirvió para construirlo estuviera incompleta sin el lugar ocupado por el africanismo en la formulación de ese supuesto nuevo pueblo y sin las implicaciones de tal formulación para las pretensiones de democracia e igualitarismo en el caso de las mujeres y los negros? ¿No se reflejaría también la contradicción inherente a esos dos planteamientos (democracia blanca y represión negra) en la literatura de un modo tan profundo que marcaría y distinguiría su esencia misma?

Del mismo modo que las dos inmigrantes están unidas literalmente a Melanctha como siamesas, los estadounidenses están unidos por la columna vertebral a esa presencia africanista que los define.

Espinosas, ciertas y duraderas

«Hoy en día son muchos los forasteros que cruzan nuestra tierra. [...] Contemplan nuestra vida con horror y de inmediato se organizan para seguir camino hacia los paraísos del norte. Los que, obligados por las circunstancias, deben quedarse rezagados un tiempo, refunfuñan y se quejan sin cesar. Tienen suerte de que para nosotros la cortesía, la hospitalidad y la amabilidad sean costumbres innatas. Es bueno que no están al tanto de la pasión que sentimos por esta tierra reseca. Toleramos a los forasteros porque no pueden influir en las cosas que amamos.» Ese párrafo pertenece a un relato de Bessie Head titulado «El árbol verde» y si lo recojo aquí es para destacar la última frase: «Toleramos a los forasteros porque no pueden influir en las cosas que amamos». Me hace pensar en una actitud y una postura que podría necesitar todo artista o escritor que se encuentre no solo inmerso en una cultura ajena, sino vulnerable ante ella y, en cierto sentido, amenazado.

En ese aislamiento no hay nada de nuevo ni de especial; por lo general es la primera impresión que tiene un artista o un escritor cuando se siente conminado a escribir. E incluso es posible que si llega a escribir sea justo por esa sensación de aislamiento. Las preguntas que plantean todos los escritores tienen que ver con los valores: con definir los valores que consideran dignos de preservar o con identificar los valores que creen nocivos para llevar una vida más libre o más hermosa o, al menos, más estable.

En todo el mundo, las primeras literaturas nacionales se han centrado siempre en describir e, implícitamente, defender las culturas en que se encontraban inmersos los escritores. (Las sagas, los Lieder o los mitos eran ni más ni menos eso cuando se consignaron.) Del mismo modo, la primera literatura de los exiliados, los inmigrantes o quienes han sufrido algún tipo de diáspora se concentraba, con frecuencia condenándola, en la cultura nueva o ajena en la que se hallaban los escritores. Y los más asimilacionistas aportaban algo de su propia cultura a esa asimilación. Sigue siendo poco habitual encontrar floraciones generalizadas de Joseph Conrads y Pushkins en las antologías literarias nacionales.

En tiempos más recientes, las literaturas tanto de los escritores originarios de una cultura como de los forasteros se han preocupado por igual por ese problema. Así, «alienación» ha pasado a ser la clave, la palabra comodín general, aplicada a toda la literatura del mundo occidental posterior a la Segunda Guerra Mundial. Los escritores entienden su propia cultura como algo ajeno: los de clase media la traicionan y aspiran a los valores de la clase ociosa o de las clases que tienen por debajo; los de clase trabajadora lamentan las limitaciones de su propia clase; los escritores de clase alta encuentran inspiración entre los pobres, los «nobles», los inocentes, los campesinos sin instrucción; los de la posguerra se apartan de todo el mundo, excepto de los veteranos y las víctimas de la contienda. Por descontado, existían y existen escritores convencidos justo de lo contrario, de que las cosas ya estaban bastante bien como estaban y de que su sospecha de sentirse forasteros no surgía de una falta sino de un exceso de cambios, por otro lado, precipitados; es decir, de cambios producidos antes de que estuvieran preparados.

La idea de que el mundo sea un lugar de una antipatía exquisita es una oda bien conocida para los escritores. Y, al final, suele ser justo en el punto de reconciliación con el mundo, justo en el momento en que probablemente pasa a ser un lugar lo bastante acogedor, cuando el escritor se enfrenta con el Último Gran Aislamiento, el que deja en pañales cualquier otra alienación que haya conocido: la premonición de su propia muerte. A la sombra de esa ala, hasta la más hostil de las culturas ajenas es preferible.

Sin embargo, dado que las dos condiciones (mi propia conciencia de ser originaria de este país y mi percepción de forastera) me interesan como escritora, me gustaría referirme a esa sensación, esperada y tal vez inevitable, de desconexión de la cultura que impregna el país en el que vivo. Las observaciones que pretendo hacer pueden aplicarse, probablemente, a todos los grupos que han existido en la historia. Y parafraseo a Head para decir: «Puedo tolerar esa cultura presuntuosa que no es la mía porque no puede influir en las cosas que amo». Parece una actitud hostil, ya lo sé, y también poco dada a compartir, ya lo sé; poco generosa y defensiva. Lo sé muy bien. No obstante, estoy convencida de que comprender con claridad quién es una y cuál es su labor está vinculado indisolublemente al lugar que ocupa en una tribu; o en una familia, una nación, una raza, un sexo o lo que sea. Y esa claridad es sin duda necesaria para la evaluación de una misma y, desde luego, para cualquier relación productiva con cualquier otra tribu o cultura. No pretendo apuntar a una serie de culturas antagonistas, sino de culturas entendidas con claridad, puesto que la clara comprensión de la propia cultura es lo que hace posible, en condiciones saludables, la vida dentro de otra, cerca de otra o en yuxtaposición con otra. Sin eso, el escritor debe vivir en alguna cumbre alcanzada en solitario y transitar caminos que acaban siendo callejones sin salida. Es fundamental, en consecuencia, saber cuáles son «las cosas que amamos» si pretendemos cuidarlas y administrarlas.

Siempre me he sentido más viva, más despierta y más insigne entre mi propia gente. De ahí procede toda mi energía creativa. De ahí surge el estímulo de absolutamente todas mis empresas artísticas. La obsesión por escribir, hasta por ser, empieza con la conciencia, la experiencia e incluso la intimidación que suscitan en mí la comunidad negra y la calidad de la vida que vivimos (no la que percibimos). Y todos mis instintos me dicen que, como escritora y también como persona, cualquier rendición total a otra cultura sería mi destrucción. El peligro no procede solo de la indiferencia, sino también de la aceptación. Es lo que a veces se llama «miedo a la absorción» o «pavor a la adhesión cultural». Sin embargo, para mí la esencia de ese pavor reside en lo que sé de lo que ha sido la historia de la cultura que impregna este país.

Así pues, el instinto se alía con la inteligencia para informarme de que hay muchos aspectos de esa cultura que no son dignos de confianza y tampoco un apoyo.

Todas y cada una de mis tentativas de escritura se han centrado en esa hipótesis y en esta pregunta: ¿qué hay de valor en la cultura negra que pueda perderse y cómo preservarlo y hacerlo provechoso? No se me da muy bien escribir tratados, de modo que con frecuencia para identificar las cosas que amo y considero valiosas las muestro en peligro; en mis novelas, algunas cosas están amenazadas y en ocasiones acaban destruidas. Es mi forma de dirigir la atención hacia los lectores concienciados de modo que anhelen, echen de menos y, espero, aprendan a cuidar determinados aspectos de esa vida que merece la pena conservar.

Pues bien, para intentar siquiera identificar esas cosas tengo que saber mucho o tratar de descubrir mucho sobre esa civilización dentro de una civilización en la que crecí. Me refiero a la civilización negra que funcionaba dentro de la blanca. Y las preguntas que le planteo son: ¿cuál era la jerarquía en vigor en mi civilización?, ¿quienes eran los árbitros de las costumbres?, ¿quiénes eran los proscritos (no los proscritos según la ley, sino según la comunidad)?, ¿adónde acudíamos en busca de consuelo y consejo?, ¿quiénes eran los traidores a esa cultura?, ¿a quién respetábamos y por qué?, ¿cuál era nuestra moral?, ¿cuál nuestro éxito?, ¿quién sobrevivió?, ¿y por qué?, ¿y en qué circunstancias? y ¿qué sería una conducta desviada (no según la definición de los blancos, sino una conducta desviada según la definición de los negros)?

Hace años que no deja de fascinarme, y esa fascinación probablemente dure toda mi vida, el hecho de que el tratamiento bestial de los seres humanos jamás produzca bestias. Los intrusos blancos pudieron obligar a los indios norteamericanos a cruzar el continente de un extremo a otro y hacerlos caer como moscas y ganado, pero no acabaron convertidos en ganado; a los judíos pudieron lanzarlos al interior de hornos como esqueletos aún vivos, pero no por eso se bestializaron; los negros pudieron estar esclavizados generación tras generación y consignados en estadísticas junto a listas de cargamentos de arroz, brea y trementina, pero no acabaron convertidos en un cargamento. Todos esos grupos civilizaron el horror mismo que los oprimía. No funciona y no creo que pueda funcionar. Nunca funciona; lo que me preocupa es: ¿por qué? ¿Por qué la calidad de la vida de mi bisabuela era mucho mejor que las circunstancias de esa vida? ¿Cómo era posible sin el movimiento feminista, sin un movimiento artístico negro, sin movimiento alguno; cómo era posible que la integridad y la calidad mismas de su vida fueran superiores a sus circunstancias? Sé que no constituía un caso atípico entre las mujeres de su época. Era una mujer negra absolutamente común y corriente. Y no hay academicismo colaboracionista posible, no hay tiranía psicológica posible, no hay ninguna cantidad de colonizadores negros que, en su búsqueda de trabajo y de prominencia social, vayan de la mano de quienes estarían dispuestos a violarnos culturalmente, no hay nada de nada entre todo eso que pueda convencerme de lo contrario. Porque la conocí y conocí a la gente que ella a su vez conocía.

En mi propia obra, con el fin de sacar a la luz las cosas que considero espinosas, ciertas y duraderas, tiendo a representar a gente en dificultades, en circunstancias nada fáciles, pero arrinconada, gente que debe actuar o hacerse a un lado. ¿Dices que eres amigo mío? A ver. ¿Dices que te consideras revolucionario? Vamos a ver qué pasa si te obligo a llegar hasta el final. ¿Dices que me quieres? A ver. ¿Qué pasa si sigues tu propio camino de principio a fin? ¿A qué cosas renunciarás? Asimismo, bajo presión, sé quién es esa gente, de qué está hecha, cuál de sus cualidades es la última en desaparecer y cuáles nunca desaparecen. Eso confiere un aire melancólico a mi obra.

Lo sé. Y me arrastra a personajes excepcionales en lugar de rutinarios. Lo sé. Y me hace muy vulnerable a las críticas por incluir personajes extraños e imágenes no positivas. Lo sé. Pero me temo que voy a tener que dejar las imágenes «positivas» para los dibujantes de tiras cómicas y a los personajes negros «normales» para una futura Doris Day, ya que me parece ridículo, por no decir irresponsable, preocuparme del pintalabios y el esparadrapo cuando existe una epidemia en nuestra tierra. Vivir la supuesta existencia cotidiana de los negros es sin duda maravilloso, pero quien esté viviéndola debe saber que cada día de su vida negra «cotidiana» es un triunfo de la materia sobre el espíritu y del sentimiento sobre el sentido común. Y si no lo sabe es que no sabe absolutamente nada. Como señaló el joven poeta africano Keorapetse Kgositsile, «el presente es un lugar peligroso en el que vivir». La cosmética literaria superficial no nos salvará de ese peligro. En realidad, la literatura no nos salvará en absoluto. Lo único que quizá puede hacer es señalar la necesidad de una defensa, pero no constituye en sí esa defensa. Lo que puede hacer es participar en el proceso de identificación de lo que tiene valor y, una vez eso aflore, una vez que la tradición negra pueda separarse de la moda negra, una vez la escritura negra deje de adoptar poses para los voyeurs de la vida de los negros y de complacerlos, una vez que deje de hacer una versión a la estadounidense del arte de aeropuerto, se presentará una tarea aún más ardua.

Y es que reconocer valores de forma aislada es relativamente fácil. La cosa se complica cuando esos valores entran en conflicto con otros, dado que entonces hay que encontrar la forma de proteger lo mejor de las sensibilidades del grupo, la forma de proteger los impulsos más nobles. ¿Cuáles son las estructuras de desarrollo que vale la pena conservar en la comunidad? ¿Cuáles son los culturgenes que procuran una seguridad emocional, las costumbres que permiten la libertad sin un riesgo excesivo ni una destrucción cierta, que permiten el coraje sin temeridad, la generosidad sin derroche, el apoyo sin dominación y, en tiempos de gravísimos problemas (como en determinados países extranjeros negros), un recurso para la supervivencia que podría comportar perfectamente una ferocidad calculada y constante?

Los escritores negros comprometidos con la renovación y la actualización de los valores pueden identificarse por su gusto, por su juicio, por su intelecto y por su obra. No recurren a la vida negra a modo de ornamento exótico para historias poco refinadas y no centradas en personajes negros. La esencia de la vida negra es la sustancia, no la decoración, de su producción, que gira en torno a un eje moral forjado entre los negros. No imponen moralidades ajenas sobre hogares rotos, sobre padres recluidos en su casa y sobre un poder mezquino, ni sobre si sus personajes tienen o no un trabajo bien remunerado.

No consideran que el lenguaje negro consista en reflejar que los personajes se comen algunas consonantes finales ni en realizar un ejercicio de fonética cuestionable y ortografía incoherente. Saben que es algo mucho más complejo.

Tampoco pierden el tiempo explicando una y otra vez todo lo que siente, piensan y hacen, explicándoselo... a la otra cultura. Para ellos, la educación de los suyos es una preocupación y un desafío, incluso cuando esa educación acarrea información dolorosa.

No analizan los usos y las costumbres de su gente con la mirada de un etnólogo entusiasmado al examinar objetos curiosos.

Los escritores que son también académicos expertos en los llamados «estudios negros» no se dejan impresionar por las habituales alarmas sobre el «descenso del nivel» cada vez que se propone un cambio en los planes de estudios. Saben que su trabajo no consiste en mantener nivel alguno, sino en redefinir el contenido de los programas para mejorarlos y para, en la práctica, subir el nivel.

Los escritores negros que son a la vez críticos no se dedican a pintar a Bertolt Brecht de negro ni a reclasificar sus opiniones (que eran perfectamente adecuadas para las necesidades culturales del autor) en una especie de «nueva» crítica negra. Todo mecanismo o sistema crítico que resulte inadecuado y ridículo al aplicarlo a la música negra o al arte negro no occidental será fraudulento si se aplica a la literatura negra.

Al principio, cuando empecé a escribir, no sabía mucho de procesos de dramatización y en ocasiones me veía obligada a recurrir a la exposición como forma de decir algo que no podía mostrar de modo conveniente. Al final de mi primer libro, *Ojos azules*, incluí un pasaje en el que me acerqué más que nunca en mi vida a un didacticismo prolongado. Lo considero un pasaje de todo punto insatisfactorio y estaba decidida a leérselo a ustedes en su contexto, pero no dispongo de ningún ejemplar a mano. Sí les diré que, en esencia, en las dos últimas páginas de esa novela están los peligros que aparecen cuando una da por sentado que puede sustituir la libertad por el libertinaje, cuando da por sentado que puede utilizar la deficiencia de otra persona en lugar de la propia generosidad, que puede recurrir a la desgracia y a las pesadillas de otra persona para aclarar los propios sueños. Una vez hechas y terminadas todas esas cosas, también se completan la rendición y la traición a la propia cultura.

SEGUNDA PARTE

El lenguaje de Dios

Elegía por James Baldwin

Jimmy, hay demasiado que pensar sobre ti y muchísimo más que sentir. La dificultad estriba en que tu vida no se presta al resumen, siempre ha sido así, y en cambio invita a la contemplación. Como muchos de los que nos hemos quedado aquí, yo creía conocerte. Ahora descubro que, en tu compañía, a quien conocía era a mí. Ese es el regalo extraordinario de tu arte y tu amistad: nos entregaste a nosotros mismos para que nos pensáramos y nos cuidáramos. Somos como Hall Montana cuando ve cantar a su hermano con asombro renovado, sabiendo que la canción que cantaba éramos nosotros, que él somos nosotros.

Nunca he oído de tus labios una sola orden; sin embargo, las cosas que me pedías, los retos que me planteabas, no podían prestarse a confusión, aunque no fueran impuestos: que trabajara y pensara dando lo mejor de mí, que mantuviera unos principios morales sin olvidar que siempre debían apoyarse en la misericordia, que recordara que «el mundo está ante [mí] y no hay necesidad alguna de tomarlo o dejarlo según lo [encontré] hecho cuando [llegué] a él».[62]

Bueno, a tu lado siempre era Navidad y, como para recordar un aspecto de esa época del año, no te olvidabas de hacer al menos tres regalos. Tú me has entregado una lengua donde morar, un regalo tan perfecto que tengo la impresión de haberlo inventado por mí misma. Llevo tanto tiempo pensando tus ideas, habladas y escritas, que he llegado a creerlas mías. Llevo tanto tiempo viendo el mundo con tus ojos que he llegado a creer que esa visión clara, tan clara, era la mía. Ahora incluso, aquí incluso, te necesito para que me digas qué siento y cómo expresarlo. Por eso he revisado con atención (una vez más) las 6.895 páginas de tu obra publicada para reconocer la deuda y agradecer tus méritos.

Para mí, nadie ha poseído o habitado el lenguaje como tú. Tú has convertido el inglés americano en algo genuino, en algo de verdad internacional. Tú has sacado a la luz sus secretos y lo has remodelado hasta hacerlo auténticamente moderno, dialógico, representativo y humano. Tú lo has despojado de su comodidad, de su falso desahogo, de su ilusoria inocencia, su subterfugio y su hipocresía. Y en lugar de tortuosidad has dejado claridad; en lugar de mentiras mullidas y rollizas ha quedado un poder magro y definido. En lugar de la insinceridad intelectual y lo que denominabas «exasperante egocentrismo»[63] nos has legado una verdad sin ornamentos. Tú has sustituido los tópicos torpes por una elegancia íntegra. Tú has penetrado en ese territorio prohibido y lo has descolonizado, le has «arrebatado la joya de su ingenuidad» y has abierto sus puertas a los negros, de modo que siguiendo tu estela pudiéramos entrar en él, ocuparlo y reestructurarlo para que pudiera albergar nuestra compleja pasión. No nuestras vanidades, sino nuestra belleza intrincada, difícil y exigente; nuestro conocimiento trágico y obstinado; nuestra realidad vivida; nuestra imaginación clásica e impecable. Y mientras, te negabas a dejarte «definir por una lengua que nunca ha sido capaz de reconocer[nos]». En tus manos, la lengua volvía a ser hermosa. En tus manos, veíamos cómo debía ser: ni exangüe ni sangrienta y, sin embargo, viva.

Hubo quien se enfureció. Quienes vieron la pobreza de su imaginación en el espejo espía que les ponías delante se lanzaban contra él, trataban de reducirlo a fragmentos que a continuación pudieran clasificar y calificar; trataban de deshacerse de las esquirlas en las que seguían apareciendo tu imagen y la suya, encerradas pero listas para alzarse. Al fin y al cabo, eres artista, y aquí al artista se le prohíbe hacer carrera; el artista solo tiene derecho al «éxito» comercial. No obstante, los miles y miles de personas que se han solidarizado con tus textos y se han permitido escuchar tu lengua se han ennoblecido solo con ese simple gesto, se han revelado; se han civilizado.

Tu segundo regalo ha sido tu valor, que nos has permitido compartir. El valor de quien podía entrar como forastero en la aldea y convertir las distancias entre la gente en intimidad con el mundo entero; el valor de comprender esa experiencia de formas que hacían de ella una revelación personal para cada uno de nosotros. Eres tú quien nos ha dado el valor de apropiarnos de una geografía ajena, hostil y totalmente blanca, porque habías descubierto que «este mundo [es decir, la historia] ha dejado de ser blanco y nunca volverá a serlo». Tuyo ha sido el valor de vivir la vida dentro y a partir de su vientre, así como más allá de sus límites. De ver y decir lo que era; de reconocer e identificar el mal, pero nunca temerlo ni dejarse intimidar por él. Es un valor que ha surgido de una inteligencia implacable aunada a una compasión tan profunda que podía convencer a todo el que se molestara en descubrir que quienes nos desprecian «necesitan la autoridad moral de sus antiguos esclavos, que son los únicos en todo el mundo que saben algo de ellos y que, de hecho, muy bien podrían ser los únicos en todo el mundo que en el fondo se interesaran algo por ellos». Cuando aparecía esa combinación incuestionable de mente y corazón, de intelecto y pasión, nos guiaba por un paisaje traicionero, como sucedió cuando escribiste estas palabras, palabras que se aprendió de memoria todo rebelde, todo disidente o revolucionario, todo artista en ejercicio desde Ciudad del Cabo hasta Polonia, desde Waycross hasta Dublín: «Nadie elige a la ligera enfrentarse a su sociedad. Cualquiera preferiría sin duda encontrarse a gusto entre sus compatriotas antes que ser objeto de sus burlas y su animadversión. Y en determinado nivel, las burlas de la gente, e incluso su odio, son conmovedoras de tan ciegas: ver a alguien aferrarse a su cautividad y empeñarse en su propia destrucción es terrible».

El tercer regalo ha resultado difícil de comprender y aún más difícil de aceptar. Ha sido tu ternura. Una ternura tan delicada que me parecía que no podía durar, pero ha durado y ha acabado por envolverme. En pleno acceso de rabia me dio unos ligeros golpecitos, igual que la criatura del vientre de Tish: «[C]omo un susurro en un lugar repleto, algo tan leve y definido como una telaraña me golpea bajo las costillas y deja pasmado de asombro mi corazón. [...] [M]i hijo, que por primera vez se mueve en su increíble velo de agua, anuncia su presencia y me reclama; me dice en ese instante que si las cosas pueden empeorar, también pueden mejorar. [...] Mientras tanto, y para siempre, él depende enteramente de mí».[64] La tuya ha sido una ternura, una vulnerabilidad, que lo pedía todo, que lo esperaba todo y que, cual Merlín del mundo, nos ofrecía medios y formas de cristalizar. Supongo que por eso siempre he sido un poco más educada en tu presencia, más lista, más capaz, deseosa de ser digna del amor que prodigabas y de tener la firmeza necesaria para ser testigo del dolor del que habías sido testigo tú, el dolor que habías soportado con entereza mientras te partía el alma; deseosa de tener la suficiente generosidad para unir tu sonrisa a una de las mías y la suficiente temeridad para zambullirme en esa risa con la que te reías y compartirla. Porque nuestra alegría y nuestra risa no solo eran adecuadas; eran precisas.

Lo sabías, ¿verdad? ¿Sabías lo mucho que necesitaba tu lenguaje y la mente que le daba forma? ¿Sabías lo mucho que dependía de tu tenaz coraje para que domara la jungla por mí? ¿Sabías lo mucho que me fortalecía la certeza de que jamás me harías daño? Lo sabías, ¿verdad? ¿Sabías cómo amaba tu amor? Lo sabías. Por eso esto no es una calamidad. No. Esto es una celebración. «Nuestra corona —decías— ya está comprada y pagada. Lo único que tenemos que hacer —decías— es llevarla.»

Y la llevamos, Jimmy. Tú nos has coronado.

El yacimiento de la memoria

Incluirme en una serie de charlas sobre la autobiografía y las memorias no es del todo una asociación desacertada. Si bien probablemente sea verdad que una novelista considera su obra algo ajeno a ese tipo de compañía, lo que tengo que decir podría indicar que mi presencia aquí no está del todo fuera de lugar. Para empezar, puede que ponga de relieve las diferencias entre los recuerdos personales (las memorias) y la narrativa, así como algunas de las semejanzas, los puntos en que ambas prácticas se dan la mano y dónde esa unión es simbiótica.

Sin embargo, lo cierto es que si mi presencia es pertinente aquí es porque buena parte de mi herencia literaria está en la autobiografía. En este país, los orígenes escritos de la literatura negra (por oposición a los orígenes orales) fueron historias de esclavos. Esos relatos, que adquirían las dimensiones de un libro (autobiografías, recuerdos, memorias) y de los que se publicaron bastantes más de un centenar, son textos bien conocidos por los historiadores y los estudiantes de la historia negra. Van de una obra repleta de aventuras como *Narración de la vida de Olaudah Equiano, «el Africano», escrita por él mismo* (1769), a la desesperación reposada de *Memorias de una esclava* (1861), donde Harriet Jacobs («Linda Brent») cuenta los siete años que pasó escondida en una habitación tan pequeña que no podía ponerse de pie; de la destreza política de *Vida de un esclavo americano escrita por él mismo*, de Frederick Douglass (1845), a la sutileza y la modestia de Henry Bibb, cuya voz, en *Na-*

rrative of the Life and Adventures of Henry Bibb, an American Slave, Written by Himself ['Narración de la vida y las aventuras de Henry Bibb, esclavo estadounidense, contadas por él mismo'] (1849), está rodeada de («cargada de» sería más adecuado) documentos que dan fe de su autenticidad. Bibb se cuida de señalar que su educación reglada fue breve (tres semanas), pero que se formó «en la escuela de la adversidad, los látigos y las cadenas». Nacido en Kentucky, renunció a sus planes de huida a fin de casarse, pero, tras descubrirse padre de una esclava y ser testigo de la degradación de su mujer y su hija, volvió a ponerlos en marcha.

Con independencia del estilo y las circunstancias de esos relatos, hay que señalar que se escribieron sobre todo para decir dos cosas: (1) «Esta es mi vida histórica, mi ejemplo singular y especial, que es personal, pero también representa a la raza» y (2) «Escribo este texto para convencer a otros (a ti, lector, que seguramente no eres negro) de que somos seres humanos merecedores de la gracia de Dios y del abandono inmediato de la esclavitud». Impulsados por esas dos misiones, los relatos tenían una orientación clara.

En el libro de Equiano, el objetivo es bastante explícito. Nacido en 1745 cerca del río Níger y capturado a los diez años, sobrevivió al pasaje del medio, a la esclavitud de las plantaciones americanas, a guerras en Canadá y en el Mediterráneo, aprendió navegación y el oficio de comerciante de un cuáquero llamado Robert King y compró su libertad cuando tenía veintiún años. Vivió como criado libre, viajó mucho y pasó gran parte de sus últimos años en Inglaterra. En este fragmento se dirige sin lugar a dudas a los británicos: «Deseo tener la satisfacción de ver cómo se regeneran la libertad y la justicia a manos del gobierno británico. [...] Deseo y espero obtener la atención de los caballeros que detentan el poder. [...] Ojalá llegue la hora —al menos me agrada especular con ello— en que la gente negra conmemore con gratitud la feliz era de la libertad generalizada».[65] Con una reticencia típica del siglo XVIII, deja constancia de su vida, singular y representativa, guiado por un único objetivo: cambiar las cosas. Y, en la práctica, Equiano y esos otros autores las cambiaron. Sus obras avivaron los fuegos que los abolicionistas estaban encendiendo por doquier.

Más difícil resultó conseguir una justa valoración de los críticos literarios. Los escritos de los mártires y confesores de la Iglesia se leen y se leían por la elocuencia de su mensaje, además de por su experiencia de redención, pero los relatos autobiográficos de los esclavos estadounidenses se desdeñaban con frecuencia por «tendenciosos», «incendiarios» e «inverosímiles». Cuesta aún más creer esos ataques si tenemos en cuenta que, como pueden imaginarse, para esos autores era de suma importancia aparentar la máxima objetividad posible y no ofender al lector presentándose demasiado coléricos o demasiado indignados y tampoco insultarlo. Incluso en 1966, Paul Edwards, que editó y abrevió la historia de Equiano, la alababa porque evitaba ser «incendiaria».

«Por norma general —escribía Edwards—, [Equiano] no ejerce sobre el lector otra presión emocional que la contenida en la propia situación; su redacción no se esfuerza por despertar nuestra conmiseración, sino que espera que se le ofrezca de forma natural en el momento preciso. Ese discreto cuidado por evitar todo alarde emocional da lugar a gran parte de los mejores pasajes del libro.» Del mismo modo, una crítica de «Life and Adventures of a Fugitive Slave» ['Vida y aventuras de un esclavo fugitivo'] de Charles Bell, aparecida en 1836 en *The Quarterly Anti-Slavery Magazine*, ensalzaba el relato por su objetividad: «Disfrutamos aún más de este libro por no tratarse de una obra partidista. [...] No aborda ninguna teoría con respecto a [la esclavitud] ni plantea propuesta temporal alguna para la emancipación».

Por muy decididos que estuvieran esos escritores negros a convencer al lector de las maldades de la esclavitud, también lo enaltecían al dar por sentada la bondad de su corazón y la nobleza de su pensamiento. Pretendían apelar a su naturaleza más delicada para animarlo a ponerla en práctica. Eran conscientes de que sus lectores eran la gente que podía decantar la balanza de la abolición de la esclavitud.

Sus historias (de brutalidad, adversidad y liberación) obtuvieron gran popularidad a pesar de contar con la animadversión de la crítica en muchos frentes y con una compasión condescendiente en otros. Hubo una época en que la sed de «historias de esclavos» era difícil de apagar, según muestran las cifras de ventas. La *Vida de un esclavo americano* de Douglass vendió cinco mil ejemplares en cuatro meses; en 1847 ya había llegado a los once mil. El libro de Equiano tuvo treinta y seis ediciones entre 1789 y 1850. El de Moses Roper, diez entre 1837 y 1856; el de William Wells Brown se reimprimió cuatro veces en el primer año. El libro de Solomon Northup vendió veintisiete mil ejemplares en menos de dos años. De un libro de Josiah Henson (quien, según defienden algunos, podría haber sido el modelo del Tom creado por Harriet Beecher Stowe en *La cabaña del tío Tom*) llegaron a venderse cinco mil ejemplares antes de su publicación.

Además de emplear su propia vida para denunciar los horrores de la esclavitud, aquellos autores tenían una motivación paralela. Debía ponerse fin a toda costa a la prohibición de enseñar a leer y escribir a los esclavos (lo cual en muchos estados sureños acarreaba penas severas) y a que, por su parte, los esclavos aprendieran. Aquellos escritores sabían que la alfabetización equivalía a poder. Al fin y al cabo, el voto estaba ligado de manera indisoluble a la capacidad de leer; la alfabetización era una forma de asumir y demostrar la «humanidad» que la Constitución les negaba. De ahí que esos relatos llevaran la coletilla de «escrito por él mismo» o «por ella misma» e incluyeran introducciones y prólogos de simpatizantes blancos que les dieran carta de naturaleza. Otros relatos, «editados por» figuras antiesclavistas tan conocidas como Lydia Maria Child y John Greenleaf Whittier, llevaban también prólogos para asegurar al lector que la intervención necesaria había sido mínima. Un esclavo que supiera leer y escribir se consideraba una contradicción en sí mismo.

Conviene recordar que el contexto en que escribían reflejaba no únicamente la era de la Ilustración, sino también su hermana gemela, nacida en el mismo momento: la era del racismo científico. David

Hume, Immanuel Kant y Thomas Jefferson, por mencionar solo a unos pocos, habían documentado sus conclusiones de que los negros eran incapaces de demostrar inteligencia. Frederick Douglass sabía que eso no era así y rebatió por escrito lo que había dicho Jefferson en *Notes on the State of Virginia* ['Notas sobre el estado de Virginia']: «Aún debo encontrar a un negro que haya expresado un pensamiento por encima del nivel de la mera narración; jamás he visto siquiera un rastro elemental de pintura o escultura». Siempre he creído que esa frase debería grabarse en la puerta del ala Michael C. Rockefeller del Museo Metropolitano de Arte. Por su parte, Hegel había dicho en 1813 que los africanos carecían de «historia» y eran incapaces de escribir en lenguas modernas. Y Kant desdeñó una observación aguda de un negro con estas palabras: «Este tipo era completamente negro desde la cabeza hasta los pies, prueba manifiesta de que cuanto dijera era estúpido».[66]

Sin embargo, ninguna sociedad esclava ha escrito más (o más reflexivamente) sobre su propia esclavización a lo largo de la historia del mundo. El objetivo y el estilo, eso sí, venían dictados por el entorno. Los relatos son instructivos, moralistas y, por descontado, representativos. Algunos siguen el modelo de la novela sentimental en boga por aquel entonces. No obstante, dejando a un lado el grado de elocuencia o su forma, el gusto popular desaconsejaba a los autores explayarse demasiado minuciosa o dilatadamente en los detalles más sórdidos de su experiencia. Siempre que aparece un incidente de una violencia inusual o de tipo escatológico, o cualquier cosa «excesiva», vemos que el narrador se refugia en las convenciones literarias de la época: «Dejándome en un indescriptible estado de desconsuelo» (Equiano).[67] «Pero alejémonos ahora de los severos usos del campo [...] y dirijamos la atención a otra vida de esclavitud menos nauseabunda, como la que existía en la casa de mi infancia» (Douglass). «No pretendo poner a prueba los sentimientos de mis lectores con una representación horripilante de los horrores sepultados de tan espantoso sistema de opresión. [...] No es mi objetivo descender hasta lo más profundo de las cavernas oscuras y aberrantes del infierno de la esclavitud» (Henry Box Brown).

Una y otra vez, los autores cortan el relato por lo sano con frases como: «Pero vamos a correr un tupido velo sobre esos hechos demasiado terribles para contarlos». Al modelar la experiencia a fin de hacerla aceptable para quienes estaban en posición de paliarla, callaban muchas cosas y «olvidaban» muchas otras. Se efectuaba una meticulosa selección de los casos que podían consignar y los que decidían describir se reflejaban de forma meticulosa. Lydia Maria Child identificaba el problema en su introducción al relato que hacía «Linda Brent» de los abusos sexuales sufridos: «Me doy cuenta de que muchos me acusarán de falta de decoro al publicar estas páginas, porque las experiencias dolorosas de esta inteligente mujer pertenecen a una clase que algunos consideran materia delicada y otros, inoportuna. Esta fase de la esclavitud ha estado generalmente cubierta con un velo; sin embargo, el público debe ser informado de sus rasgos monstruosos y es mi voluntad tomar la responsabilidad de descubrirlos».[68]

Y lo que es más importante (al menos para mí): no se hacía ninguna mención a su vida interior.

Para mí (una escritora del último cuarto del siglo XX, poco más de cien años después de la emancipación, una escritora negra además de mujer), el ejercicio es muy distinto. Mi trabajo consiste en arrancar ese velo corrido sobre «hechos demasiado terribles para contarlos». El ejercicio también es crucial para toda persona negra o perteneciente a cualquier categoría marginada, puesto que, históricamente, pocas veces se nos ha invitado a participar en el debate incluso cuando éramos el tema tratado.

En consecuencia, la retirada de ese velo exige una serie de cosas. En primer lugar, debo fiarme de mis recuerdos. También debo depender de los recuerdos ajenos. Así pues, la memoria tiene un gran peso en lo que escribo, en cómo empiezo y en lo que considero significativo. Zora Neale Hurston dijo: «Como las piedras frías y en apariencia sin vida, tengo recuerdos internos que proceden del material utilizado para crearme». Esos «recuerdos internos» son el sustrato de mi obra, pero la memoria y los recuerdos no me abren de par en par la puerta de la vida interior no escrita de esas personas. Solo cuento con la ayuda del acto de la imaginación.

Si escribir es reflexión y descubrimiento y selección y orden y significado, también es asombro y veneración y misterio y magia. Supongo que podría prescindir de los últimos cuatro elementos si no me tomara con una seriedad tan absoluta la fidelidad al entorno del que surge mi escritura y en el que mis antepasados vivieron en realidad. Serle infiel (la ausencia de vida interior, la extirpación premeditada de los testimonios dejados por los propios esclavos) es precisamente el problema del discurso que se desarrolló sin nosotros. La forma de acceder a esa vida interior es mi fuerza motriz y es la parte de esta charla que por un lado diferencia mi narrativa de las estrategias autobiográficas y por el otro recurre a algunas de ellas. Es una especie de arqueología literaria: a partir de determinada información y unas pocas conjeturas, una se encamina hasta un yacimiento para ver qué vestigios han quedado atrás y reconstruir el mundo al que aluden. Lo que transforma eso en ficción literaria es la naturaleza del acto imaginativo: el hecho de que dependa de la imagen (de los vestigios) y no solo de los recuerdos para revelar una especie de verdad. Y cuando hablo de una imagen no me refiero, como es natural, a un símbolo, sino simplemente a una representación gráfica y a los sentimientos que la acompañan.

La literatura es, por definición, distinta de la realidad. Es, se supone, producto de la imaginación, una invención, y reivindica la libertad de dejar de lado «lo que de verdad pasó», o el lugar en el que de verdad pasó, o el momento en el que de verdad pasó, y no contiene nada que deba comprobarse públicamente, aunque en buena medida sería posible. Por el contrario, los análisis de los eruditos y los críticos literarios solo nos parecen de fiar cuando puede encontrarse el origen de los hechos ficticios en algún hecho comprobable públicamente. Es la investigación adscrita a la escuela del «Ah, sí, de ahí lo sacó», cuya credibilidad surge de excavar la credibilidad de las fuentes de la imaginación, no su naturaleza.

El trabajo que hago suele inscribirse, para la mayoría de la gente, en el terreno de la literatura llamada fantástica o mítica o mágica o increíble. No me siento cómoda con esas etiquetas. Considero que mi principal responsabilidad, la más seria, es (a pesar de esa magia) no mentir. Cuando oigo a alguien decir «la realidad supera a la ficción» pienso que ese tópico es más cierto de lo que creemos, porque no dice que la realidad sea más real que la ficción, sino simplemente que la supera, que va más allá, que es más extraña. Puede ser desproporcionada, puede ser más interesante, aunque lo importante es que es aleatoria, cosa que la ficción no es.

En consecuencia, la distinción crucial no es para mí la diferencia entre realidad y ficción, sino entre realidad y verdad. Y es que la realidad puede existir sin la inteligencia humana, pero la verdad no. Así, si pretendo encontrar y exponer una verdad sobre la vida interior de gente que no la escribió (lo cual no significa que no la viviera), si trato de rellenar los espacios en blanco dejados por los relatos de esclavos (retirar el velo que se corría con tanta frecuencia, plasmar las historias que he oído), el método más productivo y más fiable es en mi opinión el recuerdo que va de la imagen al texto. Y no del texto a la imagen.

Simone de Beauvoir, en *Una muerte muy dulce*, dice: «¿Por qué me sacudió con tanta fuerza la muerte de mi madre?». Y al oír en el entierro que el sacerdote pronuncia el nombre de la fallecida, añade: «La emoción [me] sobrecogía. [...] "Françoise de Beauvoir"; esas palabras la resucitaban, totalizaban su vida desde su infancia hasta su casamiento, su viudez y su tumba; Françoise de Beauvoir: aquella mujer tan poco nombrada y tan poco notoria se convertía en un personaje».[69] El libro supone una exploración tanto de su propio pesar como de las imágenes en que estaba enterrado.

Al contrario que De Beauvoir, Frederick Douglass apela a la paciencia del lector para dedicar una media página a la muerte de su abuela (con mucho, la pérdida más dolorosa que ha sufrido) y se disculpa diciendo que fue algo muy importante para él y espera no aburrir con su indulgencia. Ni siquiera intenta ahondar en esa muerte, en sus imágenes o su significado. Su relato es todo lo fáctico posible, lo que no deja lugar a la especulación subjetiva. En cambio, James Baldwin dice en *Notes of a Native Son* ['Notas de un hijo nativo'], al dejar testimonio de la vida de su padre y de la relación que mantuvo con él: «Todos los textos y las canciones de mi padre, que yo había considerado carentes de significado, quedaron dispuestos ante mí en el momento de su muerte como botellas vacías, a la espera de contener el significado que la vida iba a conferirles en mi lugar». Y entonces su texto llena esas botellas. Al igual que Simone de Beauvoir, pasa del hecho en sí a la imagen que deja. Mi recorrido es el contrario: primero llega la imagen y me dice de qué trata el «recuerdo».

No sé decirles cómo me sentí cuando murió mi padre, aunque pude escribir *La canción de Salomón* y no imaginármelo a él, ni su vida interior en concreto, pero sí el mundo que habitó y la vida privada o interior de la gente que allí se hallaba. Y no sé decirles cómo me sentí al leerle a mi abuela mientras la veía dar vueltas y más vueltas en la cama (porque muriéndose moría y no estaba cómoda), pero podría tratar de reconstruir el mundo en el que vivió. Y he sospechado, con muchísima frecuencia, que sé más que ella, que sé más que mi abuelo y mi bisabuela, aunque también sé que no soy más sabia que ellos. Y siempre que he intentado con afán reducir su visión y demostrarme que sé más que ellos, siempre que he tratado de especular sobre su vida interior y cotejarla con la mía, me ha abrumado la riqueza de la de ellos comparada con la mía. Como Frederick Douglass cuando hablaba de su abuela, y James Baldwin de su padre, y Simone de Beauvoir de su madre, en mi caso esas personas suponen la vía de acceso a mí misma; me abren la puerta de mi vida interior. Y por eso las imágenes que flotan a su alrededor (los vestigios, por así decirlo, que quedan en el yacimiento arqueológico) afloran las primeras y lo hacen con tanta intensidad y tanta convicción que reconozco en ellas mi itinerario hacia una reconstrucción de un mundo, hacia una exploración de una vida interior que no se ha escrito y hacia la revelación de una verdad determinada.

Así, la naturaleza de mi investigación empieza con algo tan inefable y tan flexible como una figura recordada con vaguedad, el rincón de una habitación, una voz. Me puse a escribir mi segundo libro, titulado *Sula*, debido al interés que suscitó en mí la foto de una mujer y la forma en que oí pronunciar su nombre. Se llamaba Hannah y creo que era amiga de mi madre. No recuerdo haberla visto mucho, pero sí recuerdo el color que la envolvía (una especie de violeta, una irradiación de algo violeta) y sus ojos, que parecían entornados. Claro que de lo que más me acuerdo es de cómo decían su nombre las mujeres, de cómo decían «Hannah Peace» y se sonreían; había un secreto que aquellas mujeres conocían, del que no hablaban, al menos cuando yo las oía, y que parecía implícito en su modo de nombrarla. Y me daba la impresión de que debía de ser en cierto modo una forajida, aunque ellas la aceptaban a su manera.

Y entonces, al dar vueltas a cómo se relacionaban con ella y cómo hablaban de ella, a cómo pronunciaban su nombre, me puse a pensar en la amistad entre mujeres. ¿Qué se perdonan? ¿Y qué resulta imperdonable en el mundo de las mujeres? No quiero saber nada más sobre Hannah Peace y no voy a preguntarle a mi madre: «¿Quién era en realidad? ¿A qué se dedicaba? ¿De qué os reíais? ¿Por qué sonreíais?». Porque cuando lo hago la experiencia siempre resulta demoledora: me da la información más prosaica que he oído jamás, cuando a mí lo que me gusta al empezar es mantener todas las imágenes y todos los vestigios intactos en su misterio. Luego ya pasaré a los hechos. Así puedo explorar dos mundos: el real y el posible.

Lo que pretendo hacer aquí esta tarde es seguir una imagen de la representación gráfica al significado y de ahí al texto, un viaje que se produce en la novela en la que estoy trabajando en este momento, titulada *Beloved*.

Estoy intentando escribir un tipo de escena concreto y veo mazorcas de maíz. El hecho de «ver» las mazorcas no significa que de repente se pongan a flotar, sino simplemente que van apareciendo sin parar. Y al tratar de descubrir qué hace ahí todo ese maíz descubro qué hace.

Veo la casa en la que crecí, en Lorain (Ohio). Mis padres tenían un huerto a cierta distancia de donde vivíamos en el que mi hermana y yo no éramos bienvenidas, de pequeñas, porque no sabíamos distinguir entre lo que querían cultivar y lo que no, así que hasta pasado mucho tiempo no pudimos desherbar o escardar.

Los veo alejarse de mí, juntos. Les miro la espalda y lo que llevan en los brazos: los aperos de labranza y quizá un cubo de madera. A veces, cuando se alejan de mí, van cogidos de la mano y se dirigen a otra parte del huerto. Para llegar tienen que cruzar las vías del tren.

También me doy cuenta de que duermen a horas extrañas, porque mi padre tiene muchos empleos y trabaja de noche. Y sus siestas coinciden con momentos de placer para mi hermana y para mí en los que nadie nos encarga tareas ni nos da órdenes, nadie nos persigue en absoluto. Además de eso, irradian cierta sensación de placer de la que solo tengo una conciencia vaga. Cuando se echan esas siestas, mis padres se quedan muy relajados.

Luego, ya en verano, tenemos la oportunidad de comer maíz, que es la única planta que sé distinguir de las otras y cuya cosecha es mi preferida; lo demás es la comida que no le gusta a ningún niño: las berzas, el quingombó, las verduras de sabor intenso y punzante por las que ahora daría cualquier cosa. El maíz sí que me gusta porque es dulce y porque nos sentamos todos a comerlo y se coge con las manos y está caliente y sabe bueno hasta frío y llegan los vecinos y también los tíos y es fácil y es un placer.

La imagen del maíz y el halo de emoción que lo rodea han adquirido un gran peso en el libro que estoy terminando.

Los escritores llegan al texto y al subtexto de mil formas distintas y cada vez que vuelven a empezar aprenden a reconocer una idea valiosa y a representar la textura que la acompaña, la revela o la despliega según más convenga. El proceso por el que eso se consigue jamás deja de fascinarme. Habiendo sido editora durante veinte años, me parecía siempre que entendía a los autores mejor que los críticos más atentos, ya que, al analizar el texto en las etapas sucesivas conocía el proceso personal de cada uno, cómo funcionaba su mente, qué le salía sin esfuerzo, qué llevaba su tiempo, de dónde surgía la «solución» a un problema. El crítico, por su parte, solo podía trabajar con el resultado final, con el libro.

De todos modos, para mí ese era el aspecto menos importante de mi labor, puesto que no importaba hasta qué punto fuera «ficticio» el relato de cada autor ni cuánto fuera producto de la invención: el acto de la imaginación está ligado a la memoria. ¿Saben que en algunos tramos enderezaron el curso del Mississippi a fin de hacer sitio para casas y terrenos habitables? Pues bien, de vez en cuando el río anega esas zonas. El término que se emplean es «inundación», pero en realidad no se trata de eso; se trata de recordar. El río recuerda por dónde pasaba. Toda el agua tiene una memoria perfecta e intenta constantemente volver a su sitio. Los escritores somos iguales: recordamos dónde hemos estado, por qué valle hemos corrido, cómo eran las orillas, la luz que había y el camino de regreso a nuestro sitio original. Es la memoria emocional, lo que recuerdan los nervios y la piel y el aspecto que tenía. Y un arrebato de imaginación es nuestra «inundación».

Además de la memoria personal, la matriz de mi trabajo es el deseo de ampliar, de rellenar y de complementar los relatos autobiográficos de esclavos. Pero solo la matriz. Lo que surge de todo eso viene dictado por otras preocupaciones, entre las que destaca la integridad de la novela en sí. Y a pesar de todo, como el agua, recuerdo dónde estaba antes de que me «enderezaran».

PREGUNTA: *Me gustaría que nos hablara de su punto de vista como novelista. ¿Es una panorámica general o asume el papel de los distintos personajes?*

TONI MORRISON: A veces intento que los personajes realmente secundarios se limiten a cruzar el escenario, como los figurantes en el teatro, pero cuando aparecen me dejo distraer con facilidad, porque así es la imaginación del novelista: cada senderito se me antoja una aventura y, una vez empiezas a hacerlo tuyo y a describirlo, parece mayor y empiezas a inventar más y más y más. No me importa hacerlo en el primer borrador, pero luego tengo que recortar. En ocasiones me he distraído y alguna gente ha adquirido una relevancia mucho mayor de la que pretendía darle y algunos personajes secundarios han acabado pareciendo un poco más interesantes de lo necesario para su función en el libro. En esos casos trato de dotarlos de algo: si hay alguna información concreta que quiero revelar, delego en ellos una parte del trabajo. De todos modos, intento no dejarme llevar; intento contenerlo, de manera que, al final, la textura sea coherente y no se desperdicie nada; que en la versión final no queden palabras superfluas ni personajes que no sean del todo necesarios.

En cuanto al punto de vista, debería existir la ilusión de que pertenece a los personajes cuando, en realidad, no es así; la que está presente es la narradora, si bien (en mi caso) no se da a conocer en ese papel. Me gusta la sensación de una historia contada en la que una oye una voz que no puede identificar y cree que es la suya propia. Es una voz acogedora, una voz que guía y se asusta con las mismas cosas que asustan al lector, una voz que tampoco sabe lo que va a suceder a continuación. Contamos, pues, con esa especie de guía, que no puede tener personalidad, solo sonido. Te interesa sentirte cómoda con esa voz, que, luego, puede abandonarse y revelar el diálogo interior de un personaje. Así, se trata de combinar el punto de vista de distintos personajes, pero sin renunciar al poder de entrar y salir, siempre que, cuando yo salga, el lector no vea unos deditos que señalen lo que contiene el texto.

Lo que de verdad deseo es esa intimidad en que el lector tiene la impresión de que en realidad no está leyendo el libro, sino que participa en él a medida que avanza. La narración avanza y el lector siempre va dos décimas de segundo por delante de los personajes, por el buen camino.

PREGUNTA: *Ha afirmado que la escritura es una actividad solitaria. ¿Se aísla por completo cuando escribe, para que sus sentimientos queden en cierto modo contenidos, o tiene que alejarse y salir de compras y...?*
TONI MORRISON: Hago todas esas cosas. Llevo tres años con este libro. Salgo de compras y observo y hago esto y aquello. Y el momento pasa. A veces es muy intenso y me pongo a andar, quiero decir que escribo una frase y me levanto de un brinco y salgo a la calle corriendo o algo así; es como si te dieran una paliza. Y a veces no. En ocasiones escribo muchas horas a diario. Me levanto a las cinco y media y me pongo manos a la obra; luego, si al día siguiente no me gusta, lo tiro. Pero me siento y lo hago. A estas alturas ya sé llegar al punto donde una cosa funciona. No siempre he sabido; al principio creía que todo lo que se me ocurría era interesante... porque se me había ocurrido a mí. Ahora he aprendido a desechar lo que no resulta útil. Puedo ponerme a hacer otras cosas y mientras seguir pensando en ello. No me importa no pasarme todas las horas del día escribiendo; no tengo tanto miedo.

Cuando empiezas a escribir, y creo que le sucede a la mayoría de los principiantes, sientes un miedo atroz a no acertar con una frase al momento y que no vuelva a presentarse la oportunidad. Y no se presenta. Pero eso da igual: ya llegará otra que probablemente sea mejor. No me importa escribir mal durante un par de días, porque sé que puedo arreglarlo, y volver a arreglarlo una y otra vez, y al final saldrá mejor. Ya no tengo la histeria que antes acompañaba a algunos de esos pasajes deslumbrantes que el mundo, según me parecía, se moría de ganas de que yo recordara. Ahora soy un poco más entusiasta. Y es que lo mejor, lo más maravilloso del mundo, es acabar y luego volver a empezar. Para mí es lo más emocionante que existe: conseguir acabar esa primera frase y luego tener un tiempo infinito para cambiarla y arreglarla. Reescribo mucho, una y otra vez, para que dé la impresión de que no lo he hecho. Trato de que parezca que no he retocado el texto, lo cual requiere mucho tiempo y mucho sudor.

PREGUNTA: *En* La canción de Salomón, *¿qué relación había entre sus recuerdos y lo que inventó? ¿Era algo muy tenue?*

TONI MORRISON: Sí, era tenue. Por primera vez escribía un libro en que los hombres ocupaban el centro del escenario, lo cual tenía que ver con haber sufrido la pérdida de un hombre (mi padre) y del mundo que había desaparecido con él, o con mi percepción de esa pérdida. (Ese mundo no había desaparecido en realidad, pero a mí me lo parecía.) En consecuencia, recreé un período que le pertenecía. No se trataba de su vida ni de nada de su biografía, sino que utilicé lo que encontré alrededor; después de su muerte tenía la impresión de que había un gran vacío y lo llené con un libro sobre hombres, ya que los dos anteriores se habían centrado en personajes femeninos. Así pues, en ese sentido trataba de mis recuerdos y de la necesidad de inventar. Tenía que hacer algo. Estaba enfadadísima porque mi padre había muerto. Las conexiones entre nosotros eran hilos que o bien exploté para sacar mucha fuerza, o bien eran pura invención. Pero creé un mundo masculino, lo habité y lo doté de un propósito: el viaje de un hombre, de un hombre completo, de la estupidez a la epifanía. Fue mi forma de explorar todo eso, de tratar de desentrañar lo que él podía haber conocido.

El lenguaje de Dios

Una parte de esta conferencia equivale a una anotación o una serie de anotaciones de un diario o un cuaderno que nunca he escrito. Uno de esos diarios de escritor, de los cuales he leído muchos, que contienen apuntes para futuras obras, esbozos de pasajes concretos, observaciones y reflexiones, pero sobre todo ideas que abordan problemas y soluciones con los que el autor se topa durante su proceso creativo.

No escribo ese tipo de cuadernos por distintos motivos; uno es que no dispongo de tiempo libre y otro, la forma que adoptan mis reflexiones. Por lo general, responden a algún malestar enmarañado y en apariencia impenetrable; una intranquilidad vinculada a una imagen inquietante. (Esas imágenes pueden ser algo visto en el mundo material o no.) En otras ocasiones, doy vueltas en torno a un incidente, un comentario o una impresión lo bastante peculiar para suscitar mi curiosidad en un primer momento y lo bastante misterioso para seguir apareciendo luego. En el caso de *Ojos azules* fue una charla que mantuve de niña con una amiga y que me inquietó de forma intermitente durante años. Con *Sula* se trató de una respuesta, en mi opinión contradictoria, dada por mi madre y sus amigas a una vecina. En otra ocasión fue un ejemplo de mitología masculina fuertemente imagista inaplicable a las mujeres y ajeno a las consecuencias de la verdad de su mito para las mujeres. Al ahondar en esas imágenes, comentarios o impresiones surgen preguntas. ¿Y si mi amiga de la infancia hubiera conseguido lo que pedía en sus oraciones? ¿Qué apreciaban las amigas de mi madre mientras expresaban sus críticas? ¿Cuál era el trasfondo del muñequito de alquitrán? ¿Por qué no sentía Margaret Garner el más mínimo remordimiento y qué efecto podía tener eso en el vecindario y en su familia? Esas preguntas, evidentes e incluso superfluas, conducían a otras con más matices si se lograba domesticarlas o azuzarlas. Mientras me dedico a dar vueltas a esas cuestiones no busco un tema ni un asunto novelístico; simplemente cavilo. Y en gran parte ese cavilar es divagar y tarde o temprano la idea se esfuma. De vez en cuando, sin embargo, en esas divagaciones o entre ellas se presenta una cuestión de mayor envergadura. No la escribo, como no escribo mis cavilaciones, porque eso equivaldría a conferirles una solemnidad que tal vez no merezcan. Necesito que la cuestión me persiga (o sentirme perseguida por ella) para convencerme de que analizarla con mayor profundidad es digno de un libro. Si eso sucede, en algún momento llega una escena o algún fragmento textual. Esbozarlo o anotarlo me parece una pérdida de tiempo cuando, si es lo bastante interesante para embellecerlo, podría seguirle la pista transformándolo directamente en una formulación narrativa. Si descubro que me había equivocado con respecto a su capacidad de permanencia o su fertilidad, siempre puedo desecharlo. Así pues, saco el bloc de notas y espero a ver qué pasa.

Con un proyecto novelístico en concreto seguí el mismo método: esperé a ver si determinadas imágenes que tenía crecían o decrecían, daban fruto o se derrumbaban. Una de ellas era la de un grupo de mujeres colocadas en tres hileras en la escalinata de una iglesia episcopal metodista africana, engalanadas al estilo de principios del siglo XX, posando para una fotografía de clase o de un club. Son de una belleza excepcional y suscitan una admiración enorme, es evidente, en los ojos que las contemplan. Otra imagen es también de mujeres. O, mejor dicho, de muchachas. Son novicias con sus hábitos que huyen de los policías que pretenden detenerlas. Ambos grupos de mujeres tienen que ver con la iglesia. El primero corresponde a una imagen (casi un cuadro) que surgió sin que yo la invocara; el segundo, a un chismorreo de pueblo carente de toda credibilidad.

Doscientas páginas después, estoy convencida de que la idea decrece, de que no crece, y también tengo claro que el proyecto es imposible. Si bien es cierto que todas las novelas que he escrito, excepto las dos primeras, se me antojaron igual de inviables, me sigue asombrando comprobar que cuanto más trabajo hago, más difícil resulta, más imposible es la labor. En este caso intento recrear, ambientándolo en las poblaciones negras del Oeste, un relato sobre el paraíso, sobre su consecución terrenal, su posibilidad, sus dimensiones, su estabilidad e incluso su conveniencia. El marco temporal de la novela, de 1908 a 1976, y la historia de su población, formada por antiguos esclavos y sus descendientes, exigen que me base ampliamente en las reservas de fe de los personajes, en su concepción de la libertad, en su percepción de lo divino y en sus dotes tanto imaginativas como organizativas/administrativas. Y es que para muchas, aunque no todas, de las comunidades construidas con deliberación y detenimiento en el siglo XIX un sistema de creencias universal y muy asentado era mucho más esencial para la empresa que la resistencia física, el liderazgo y las oportunidades. En realidad, la fe en un sistema de creencias (la fe religiosa) permitía la resistencia, forjaba el liderazgo y revelaba las oportunidades que convenía aprovechar. A pesar de que para los libertos de ambos sexos la prosperidad, la propiedad, la seguridad y la autodeterminación eran objetivos anhelados y concebibles, el deseo por sí solo no podía motivar ni motivaba el peligroso viaje que emprendieron hacia territorios desconocidos para construir ciudades. La historia de los afroamericanos que reduce o desestima la religión en la vida tanto colectiva como individual, en la actividad política y estética, es algo más que incompleta: podría ser fraudulenta. En consecuencia, entre las dificultades que tengo ante mí hay una descorazonadora: mostrar no solo cómo respondían sus impulsos cívicos y económicos a sus principios religiosos, sino también cómo sus vidas cotidianas estaban ligadas a esos principios indisolublemente. Si la encuesta realizada en 1994 que indica que el noventa y seis por ciento de los afroamericanos creen en Dios es correcta, sospecho que el cuatro por ciento no creyente es un fenómeno reciente, algo desconocido entre las poblaciones de esclavos y libertos. Así pues, podemos dar por sentada la religiosidad de los afroamericanos del siglo XIX y son pocos los textos, de narrativa o autobiografía, que han pasado por alto ese aspecto. Sin embargo, estamos en 1996 y la solución para lograr una representación literaria que lo tome en consideración no consiste en superponer la religiosidad a un lienzo preexistente de migración y lucha por la ciudadanía, ni hacer concesiones a personajes de creencias inquebrantables. Se trata, más bien, de construir una obra en que la fe religiosa sea fundamental para la trama.

He ahí el primer problema que plantea el paraíso: cómo representar un lenguaje religioso expresivo con credibilidad y eficiencia en la narrativa posmoderna sin someterse a un igualitarismo impreciso, a una especie de espiritualismo ecologista de finales del siglo XX, a la escuela moderna/feminista de adoración del cuerpo de la diosa, a una convicción poco definida y sin sentido crítico de la naturaleza divina innata en todos los seres vivos ni al escolasticismo bíblico/político de las alas más radicales y dictatoriales de las instituciones religiosas contemporáneas, ya que nada de eso representa, en mi opinión, las prácticas cotidianas de los afroamericanos del siglo XIX y de sus hijos ni se presta a las estrategias narrativas posmodernas. El segundo problema forma parte, en realidad, del primero: cómo expresar una fe inspiradora y de una profundidad convincente en y para un mundo «científico», contemporáneo y sumamente secularizado. En resumen, cómo reimaginar el paraíso. La pregunta que se plantea de inmediato, esto es, por qué merece la pena reimaginarlo si los genios más competentes ya nos proporcionaron hace mucho un lenguaje inigualado e inigualable para describirlo, la abordaré más adelante; por el momento, me gustaría explicar a grandes rasgos el problema al que me enfrento y luego contarles por qué ha aparecido.

El paraíso ya no puede imaginarse o, más bien, se ha imaginado en exceso (lo que viene a ser lo mismo), de modo que ha pasado a ser familiar, común y hasta trivial. Históricamente, las imágenes del paraíso, en poesía y prosa, pretendían ser grandiosas pero accesibles, superar la rutina, aunque siendo inteligibles por la imaginación, seductoras justo por nuestra capacidad de reconocerlas, como si de algún modo «recordáramos» las escenas. Milton habla de «los mejores árboles, cargados de los más bellos frutos, flor y fruto a un tiempo de doradas tintas, mezcla esmaltada de alegres y diversos colores»; de «perfumes naturales»; de «esa fuente de zafiro» de la que salían «los riachuelos encrespados que corrían sobre perlas de Oriente y áurea arena»; de «néctar, bañando cada planta, y nutriendo las flores dignas de este paraíso»; «el don de la naturaleza se vertió en abundancia sobre valle, colina y llano»; «sotos cuyos árboles lloraban bálsamos y resinas olorosas, otros cuyos frutos de oro bruñidos colgaban atractivos y tenían un sabor delicioso; de ser ciertas las fábulas que se cuentan de Hesperia, solamente aquí podrían serlo. Se abrían entre ellos prados de césped, ligeras hondonadas, y rebaños dispersos se veían que pastaban entre la tierna hierba»; «flores de matices variados y de rosas sin espinas»; «grutas y cuevas que aseguran un retiro fresco, encima de las cuales pende la parra, que las cubre como un manto y ostenta, suavemente trepadora y frondosa, sus purpúreos racimos».[70]

En esta última década del siglo XX, reconocemos tal extensión beatífica como una propiedad delimitada poseída por los ricos, vista y visitada por invitados y turistas o expuesta con regularidad ante nuestros ojos, los del resto de la población, en los productos y las promesas que venden los distintos medios. Imaginada en exceso. Perfectamente disponible, si no en la realidad sí, desde luego, como deseo común y nada excepcional. Analicemos las características del paraíso físico (esto es, la belleza, la abundancia, el descanso, la exclusividad y la eternidad) para ver cómo se entienden en 1996.

La belleza es, por descontado, una réplica de lo que ya conocemos, intensificada y refinada. O lo que nunca hemos conocido expresado. La naturaleza beatífica y benevolente combinada con metales preciosos y joyas. Lo que no puede ser es una belleza que supere la imaginación.

La abundancia, en un mundo de excesos al servicio de la codicia que dirige los recursos hacia quienes tienen y obliga a quienes no tienen a buscar una recompensa entre lo que ya han adquirido quienes tienen, es una característica casi indecente del paraíso. En este mundo de recursos desnivelados, de riquezas escandalosas y desvergonzadas que se acumulan, se imponen y se pavonean ante los desposeídos, la idea misma de la abundancia, de la suficiencia como utopía, debería hacernos temblar. La abundancia no debería regularse para crear un estado paradisíaco, sino una vida humana normal y cotidiana.

El descanso, es decir, el hecho de que sea superfluo trabajar o luchar para obtener como recompensa alimentos o lujos, ha perdido valor en los últimos tiempos. Es una ausencia de deseo que apunta a una especie de muerte sin morir.

La exclusividad, sin embargo, sigue siendo un rasgo atractivo e incluso irresistible del paraíso, dado que determinadas personas, los indignos, no entran en él. Las fronteras son impermeables; hay perros guardianes, puertas y vigilantes para garantizar la legitimidad de sus habitantes. Los enclaves de ese tipo están volviendo a aflorar, como fortalezas medievales con sus fosos, y no parece posible o deseable concebir una ciudad donde tengan cabida los pobres. La exclusividad no es simplemente un sueño accesible para los pudientes, sino una solución cada vez más extendida entre la clase media. Se considera que las «calles» están ocupadas por gente indigna y peligrosa; se obliga a los jóvenes a abandonarlas por su propio bien. Sin embargo, se lucha por el espacio público como si fuera privado. ¿Quién puede disfrutar de un parque, una playa, un centro comercial o una esquina? El término «público» es en sí motivo de disputa. Así pues, el paraíso como terreno exclusivo despierta un interés muy real en la sociedad moderna.

La eternidad, dado que nos evita el dolor de volver a morir y rechaza los argumentos científicos y seculares, probablemente sea lo que presente mayor atractivo. Y los recursos médicos y científicos dirigidos a ofrecer una vida más larga y más saludable nos recuerdan que lo que se anhela es una eternidad terrenal, más que una vida eterna en el más allá. Se sobrentiende que esto es todo lo que hay. En cualquier caso, el paraíso como proyecto terrenal y no celestial tiene serias limitaciones intelectuales y visuales. Dejando a un lado el «solamente yo o nosotros para siempre», ya casi no se presta a una descripción.

Es cierto que esa podría ser una aseveración injusta. Es difícil no percatarse de que siempre se ha prestado mucha más atención al averno que al cielo. El *Infierno* de Dante supera con creces al *Paraíso* en todos los aspectos. El mundo preparadisíaco plasmado con brillantez por Milton, conocido como el Caos, está muchísimo más logrado que su paraíso. El lenguaje visionario de la antítesis alcanza cotas de pasión lingüística con las que el lenguaje de la tesis pocas veces rivaliza. Hay numerosos motivos por los que en los siglos XII, XV y XVII las imágenes de los horrores infernales estuvieran pensadas para suscitar una intensa repulsión. El argumento para evitarlo debía ser visceral, debía revelar que una eternidad en él era muchísimo peor que el infierno de la vida cotidiana. Y esa necesidad se ha mantenido, en nuestros días, con un añadido significativo. Existen muchísimos libros dedicados a la consternación por la ausencia del concepto del mal (cuando no del concepto del infierno) y la pérdida de vergüenza en el mundo contemporáneo.

Una se plantea cómo explicar la melancolía que acompaña a esas exhortaciones ante nuestra falta de atención, nuestro silencio y nuestra insensibilidad con respecto a la experiencia decididamente antiparadisíaca. El mal se considera, con toda razón, algo generalizado, si bien por algún motivo ha perdido la capacidad de sobrecogernos. No nos atemoriza. Es puro entretenimiento. ¿Por qué no nos asusta su perspectiva hasta el punto de hacernos volver sobrecogidos al bien? ¿Acaso cualquier tipo de vida después de la muerte resulta demasiado simple para nuestra inteligencia moderna, compleja y refinada? ¿O quizá sea que, más que el paraíso, el mal necesita disfraces que se repongan y se restauren sin cesar? ¿Literariamente? El infierno siempre se ha prestado al glamour, a los titulares, al esmoquin, a la astucia, a una máscara espantosa o seductora. Puede que requiera sangre, cieno y rugidos solo para llamarnos la atención, para hacernos gracia, para estimular nuestro ingenio, nuestra imaginación, nuestra energía, nuestras altas cotas de rendimiento. En contraposición, el paraíso es simplemente su ausencia, una carencia sin límites, y por consiguiente vana, que se llena con un paisaje ya percibido, ya reconocible: grandes árboles que den sombra y frutos, prados, palacios, metales preciosos, joyas, cría de animales. Aparte de luchar contra el mal, de declarar la guerra a los indignos, no parece que sus habitantes tengan nada que hacer. Un paraíso no exclusivista, no delimitado, con las puertas abiertas a todos, que no espante, sin némesis, no es paraíso alguno.

En esas circunstancias, el problema literario es servirse del lenguaje contemporáneo para sacar a la luz no solo la complejidad intelectual del paraíso, sino el lenguaje que se adueña de la imaginación no como *amicus curiae* ante una vida ingenua o psicótica, sino como vida cuerda e inteligente en sí. Si pretendo ser testigo de la población profundamente religiosa de este proyecto y hacerle justicia, si pretendo conseguir que su arraigado sistema moral demuestre su lado afectivo en estos tiempos de aislamiento poco inspirados y poco inspiradores (en los que se considera que la religión cubre todo el espectro desde el fundamentalismo denostado e ininteligible hasta el liberalismo culto y bien intencionado, pasando por el marketing televangelista, el racismo militarista y la fobofilia), tengo serios problemas.

Históricamente, el lenguaje de la religión (me refiero al cristianismo, pero estoy bastante segura de que es cierto en todas las religiones con un respaldo textual) depende de los textos bíblicos o sagrados, de los que extrae su fuerza, su belleza y su cualidad de inexpugnable. El lenguaje religioso contemporáneo, esto es, el discurso y la escritura que pretenden traducir las traducciones divinas al habla «popular» o «común y cotidiana», parece funcionar mejor en forma de canto, de anécdota y de floritura retórica oportuna. Soy consciente de que el motivo para modernizar la redacción tradicional de la Biblia es un intento de crear vínculos y hacer proselitismo entre una población indiferente o insensible al lenguaje que emocionaba a nuestros antepasados. Competir por la atención de un sector cuyo discurso se ha formado a partir de la lengua de los medios de comunicación y del comercio, y que espera imágenes afines que acompañen y aclaren el texto, es una empresa difícil. Y parece razonable adaptarse a las circunstancias cambiantes con otros modos discursivos. A pesar de que no puedo corroborar el éxito de tales iniciativas, sospecho que la «modernización» del lenguaje de Dios ha sido satisfactoria, ya que de otra manera esas tentativas no serían tan numerosas.

Publicitar la religión requiere nuevas estrategias, nuevos atractivos y una pertinencia inmediata, no contemplativa. Así, el lenguaje moderno, pese a su éxito respecto a la obtención de conversos y al mantenimiento espiritual de los convencidos, se ve obligado a doblegarse ante el denominador más accesible, a llevar a la quiebra su sutileza, su misterio, con el fin de hacer efectivo su efecto. No obstante, parece un pobre sustituto de la lengua cuyo lugar pretende ocupar, no solo porque sacrifica ambigüedad, profundidad y autoridad moral, sino también porque sus técnicas consisten en reforzar más que en liberar.

No pretendo insinuar que no haya sermones brillantes, ensayos de una inteligencia portentosa, poemas reveladores, elogios emocionantes o argumentos elegantes. Por supuesto que los hay. Tampoco pretendo insinuar que no exista un lenguaje personal o una oración que no sea deslumbrante por su creatividad, sus propiedades sanadoras, su mera fuerza intelectual. Pero esas formas retóricas no son adecuadas para una narración en prosa continuada. La literatura contemporánea anglófona está desprovista de un lenguaje religioso que no extraiga la mayor parte de su esencia de citas de la Biblia del rey Jacobo o de alusiones a ella. Dos ejemplos de ficción que combina de forma deliberada y acertada el lenguaje moderno y el bíblico son las novelas de Leon Forrest y los relatos de Reynolds Price.

Las preguntas que me planteo son varias. ¿Es posible escribir un texto narrativo marcado por la religión que no se base por completo o en gran medida en el lenguaje bíblico? ¿Es posible hacer de la experiencia y el viaje de la fe algo nuevo, tan nuevo y tan desprovisto de cargas lingüísticas como lo fue para los primeros creyentes, que no podían apoyarse en ninguna serie de libros?

Si he asumido esta tarea, esta obligación, ha sido en parte porque me preocupa mucho la degradación del lenguaje religioso en la literatura; su expresión repleta de tópicos, su apatía, su rechazo a renovarse con vocabulario no comercial (o «su empeño en renovarse con vocabulario comercial»), su reemplazo de la claridad filosófica por la terminología de la psicología popular; su triunfalismo patriarcal, su praxis dictatorial moralista y testaruda, el placer inmerecido que extrae de la viabilidad de su milagro y no por su contenido; su baja estima de sí mismo.

¿Cómo puede una novelista representar la dicha en términos no sexuales y no orgiásticos? ¿Cómo puede una novelista, en una tierra de abundancia, representar un amor inmerecido e ilimitado, ese amor «que sobrepuja todo entendimiento»,[71] sin aludir al placer mercantilizado de quien gana la lotería? ¿Cómo invocar el paraíso en una era de parques temáticos?

Por desgracia, la respuesta es que de momento no soy capaz.

Mientras tanto, me he decantado por otra cosa, otra estrategia que me permita concretar esas pasiones y esos conflictos anticuados y determinantes. No para recurrir a términos laudatorios, arrebatados, grandilocuentes, etcétera, sino para revelar sus consecuencias.

Y ahora me gustaría hacer lo que he hecho siempre cuando las preguntas solo pueden tener respuesta en el acto de la narración. Dar inicio a la historia.

«Disparan primero contra la chica blanca. Con las demás, pueden tomarse el tiempo que quieran.»[72]

Gréndel y su madre

Espero que coincidan conmigo en que la obra literaria a la que quiero referirme es, como dice uno de sus traductores al inglés moderno, «equivalente a nuestro conocimiento de la realidad en los tiempos actuales». Y que descubran, en las asociaciones que establezco con una sensibilidad medieval y otra moderna, un terreno fértil en el que podamos valorar el mundo contemporáneo.

Voy a contarles una historia. En primer lugar, porque la narración probablemente sea la forma más eficaz de estructurar el conocimiento y, en segundo lugar, porque soy narradora. La práctica de la escritura me impone exigencias que no tengo en ningún otro lado. La búsqueda del lenguaje, ya sea a partir de la labor de otros autores, ya sea desde cero, constituye una misión. Hurgar en la literatura no es ni una huida ni una ruta infalible para alcanzar la comodidad. Para mí, ha supuesto una conexión constante, en ocasiones violenta y siempre provocadora, con el mundo contemporáneo, con los problemas de la sociedad en que vivimos. Por ello, no deberá sorprenderlos que extraiga el texto de fuentes antiguas, aunque en absoluto remotas. La historia es la siguiente. A medida que la cuente, quizá vayan recordando los acontecimientos, la retórica y las acciones de numerosos combates militarizados y levantamientos violentos de la actualidad.

Había una vez un monstruo devorador de hombres, de crueldad sin precedentes y apetito sin parangón, que por lo general atacaba de noche y se cebaba sobre todo con los habitantes de un reino en particular, pero solo porque así lo prefería. Sin duda, podía matar a quien quisiera y donde quisiera. Se llamaba Gréndel y durante una docena de años se dedicó a desmembrar, masticar y tragar el ganado, a los thanes y a los ciudadanos de Escandinavia.

El caudillo del país asediado vivía en un gran palacio con su reina, su familia, sus amigos, sus guardias, sus consejeros y un nutrido ejército de héroes. Todas las noches, cuando el caudillo se retiraba, se apostaban guardias y guerreros para proteger el palacio y a sus habitantes de la destrucción y tratar, en la medida de lo posible, de matar a su enemigo nocturno. Y todas las noches Gréndel se los llevaba uno por uno como si fueran cerezas maduras de un árbol eternamente cargado de frutos. El reino estaba sumido en el duelo y la impotencia; desgarrado por la aflicción provocada por los muertos, por el lamento del pasado y el miedo al futuro. Sus habitantes se hallaban en la misma situación que los frisones de una de sus sagas: «Atrapados en la gran rueda de la necesidad, cautivos de un código de lealtad y valor, obligados a buscar la gloria en el ojo del mundo de los guerreros. Las pequeñas naciones se agrupan en torno a su señor, las más grandiosas persiguen la guerra y amenazan a las pequeñas, un señor muere, aparece la indefensión, el enemigo ataca, la venganza por los muertos se convierte en la ética de los vivos, el derramamiento de sangre provoca más derramamiento de sangre, la rueda da vueltas, las generaciones avanzan, avanzan y avanzan».

Sin embargo, lo que nunca parecía inquietarlos ni preocuparlos era la identidad de Gréndel y el motivo por el que los había incluido en su dieta. En ningún momento de la historia se plantean esas preguntas. Y si no aparecen es por una simple razón: el mal no tiene padre. Es sobrenatural y existe sin explicación. Los actos de Gréndel los dicta su naturaleza, la naturaleza de una mente foránea, de una deriva inhumana. Gréndel es la esencia de quien no solo nos detesta, de quien nos quiere no solo muertos, sino de un modo nutritivo, de forma que nuestra muerte procure un beneficio a su ejecutor: alimento, tierras, riquezas, agua, lo que sea. Lo mismo que el genocidio, la limpieza étnica, las matanzas o las agresiones individuales motivadas por la búsqueda de beneficio. No obstante, Gréndel escapa a esas razones: nadie lo había atacado u ofendido; nadie había tratado de invadir su hogar ni desplazarlo de su territorio; nadie le había robado ni había proyectado su ira sobre él. Era evidente que ni se defendía ni buscaba venganza. En realidad, nadie sabía quién era. No estaba enfadado con los daneses; no quería gobernar su país, saquear sus recursos ni violar a sus mujeres, por lo que no se podía razonar con él. Ningún soborno, ninguna negociación, ninguna súplica, ningún trato podía detenerlo. Los seres humanos, incluso en sus momentos de mayor corrupción, egoísmo e ignorancia, son susceptibles de entrar en razón, son educables, reformables y, lo que es más importante, comprensibles. Los seres humanos tienen palabras para designar la locura, explicaciones para el mal y un sistema de desagravio para quienes cometen infracciones o se consideran proscritos. Gréndel, en cambio, era incomprensible, impenetrable. El monstruo supremo: absurdo y sin habla inteligible. En las ilustraciones que lo imaginan y en el lenguaje que lo describe se nos presenta feo: peludo, con el cuerpo doblado sobre sí mismo, pestilente, cómodo y a gusto a cuatro patas. De todos modos, incluso sin garras ni hileras de dientes dignos de un tiburón, incluso si hubiera sido hermoso, el horror no habría menguado; su sola existencia era una afrenta para el mundo.

Al final, por descontado, un héroe valeroso y a la altura de la empresa, un héroe llamado Beowulf, se presenta voluntario para librar al reino de tal azote. Llega junto a su destacamento de guerreros, anuncian su propósito y son recibidos con entusiasmo. La primera noche, tras una celebración destinada a animar a los hombres e infundirles valor, ganan la guerra... o eso parece. Cuando aparece el monstruo, sufren una única baja antes de que Beowulf le arranque un brazo a Gréndel y lo mande, sangrando y herido de muerte, renqueando y gimiendo, encorvado, a reunirse con su madre en su cueva, donde muere.

Sí, su madre. Antes he apuntado que el mal no tiene padre, pero no debería sorprender que Gréndel tuviera madre. De acuerdo con la épica folclórica tradicional, la portadora del mal, de la destrucción, es de sexo femenino. Al parecer, los monstruos sí que nacen; y, al igual que sus hermanas (Eva, Pandora, la mujer de Lot, Helena de Troya y la criatura femenina sentada a las puertas del infierno de Milton que no deja de dar a luz a perros feroces que se devoran entre sí para ser sustituidos por camadas y camadas surgidas del vientre de su madre), resulta que la madre de Gréndel es más repugnante y más «responsable» del mal que su hijo. Es interesante señalar que carece de nombre y no sabe hablar (me gustaría ahondar en esas imágenes, pero será en otro momento). En cualquier caso, esa hembra muda y repulsiva es madre y, a diferencia de Gréndel, sí tiene un motivo para matar: sale de inmediato a vengar a su hijo. Se dirige al palacio, interrumpe a los guerreros en plena celebración de su victoria y llena la bolsa que lleva con sus cuerpos mutilados. Su venganza provoca una segunda incursión de Beowulf, aún más resuelto, esta vez en el territorio del monstruo y en su hogar. El héroe nada por aguas infestadas de demonios, es capturado y, al entrar en la guarida de la madre, desarmado, se ve obligado a luchar con las manos desnudas. Combate con denuedo, pero sin éxito. De repente, por fortuna, se hace con una espada perteneciente a su contrincante y con su propia arma la decapita y a continuación decapita también el cadáver de Gréndel. Entonces sucede algo curioso: la sangre de la víctima derrite la espada. Según la lectura convencional, la sangre de los demonios es tan nauseabunda que funde el acero, si bien la imagen de Beowulf con la cabeza de una madre en una mano y una empuñadura inútil en la otra da pie a interpretaciones en distintos niveles. Una de ellas es que tal vez la violencia contra la violencia (con independencia de si se trata del bien y el mal, de lo bueno y lo malo) es de por sí tan nauseabunda que la espada de la venganza se deshace de agotamiento o de vergüenza.

Beowulf es una epopeya clásica de la victoria del bien sobre el mal, de una brutalidad inimaginable vencida con fuerza bruta. El arrojo, el sacrificio, el honor, el orgullo y las recompensas tanto en reputación como en riqueza: todo eso cierra un círculo en este conmovedor cuento medieval. En tales relatos heroicos, la gloria no reside en los detalles; las fuerzas del bien y del mal son evidentes, flagrantes, el triunfo del primero sobre el segundo es merecido, justificado y grato. Dice el propio Beowulf: «¡Más cumple en el hombre vengar al amigo que mucho llorarlo. [...] ¡Levántate ahora, oh, señor de tu reino! ¡De la madre de Gréndel el rastro sigamos! Una cosa te digo: que no escapará, ya se meta en la tierra, ya corra a los bosques o al fondo del mar, donde quiera que sea».[73]

Sin embargo, la sociedad contemporánea no se siente cómoda con el concepto del mal puro, carente de motivación, frente a la virtud piadosa, inmaculada, y los escritores y los estudiosos actuales buscan algo más.

En su novela *Gréndel*, John Gardner, autor contemporáneo ya desaparecido, lanza un desafío a las expectativas necesarias pero limitadas de ese relato heroico. Contada desde el punto de vista del monstruo, es todo un logro y una gran empresa intelectual y estética que casi podría ser el asunto, mencionado en voz baja, de gran parte de los intentos actuales de afrontar esa especie de guerra mundial permanente en la que nos encontramos inmersos. La novela plantea la pregunta que la epopeya omite: ¿quién es Gréndel? El autor nos pide que penetremos en su mente y cuestionemos la hipótesis de que el mal es manifiestamente ininteligible, gratuito e indescifrable. Al asumir la voz de Gréndel, su punto de vista, Gardner deja claro de entrada que, a diferencia del personaje del poema, Gréndel no carece de pensamiento y no es una bestia. De hecho, lo vemos reflexionar justo sobre bestias auténticas de la realidad en cuanto se le presenta al lector. Al empezar la novela, está observando a un carnero y rumia: «No vayáis a creer que tengo aprisionados los sesos, como los del morueco, entre las raíces de una cornamenta». Y: «¿Por qué esas criaturas no descubrirán lo que es la dignidad?».[74]

La versión de Gardner coincide en cuanto a argumento, personajes, etcétera, con el original y se apoya en descripciones y convenciones similares: cuando se refiere a las mujeres, por ejemplo, solo las reinas tienen nombre. Si también lo tiene la madre de Gréndel, es tan innombrable como todo lo que ella no alcanza a decir. La introducción de Seamus Heaney a su traducción al inglés contemporáneo de *Beowulf* hace hincapié en el paso del mal de ahí fuera a aquí dentro, de los márgenes del mundo al interior del castillo, y se centra en el esplendor artístico del poema, en los «hermosos ardides de su lengua». Gardner, por su parte, pretende penetrar en la vida interior (emocional, consciente) del mal encarnado y da prioridad al poeta como ente organizador del desorden del mundo que reúne historias dispares para otorgarles sentido. En la novela de Gardner descubrimos que Gréndel se considera diferente del carnero, que no conoce o no recuerda su pasado. Descubrimos que Gréndel, en un principio, es presa del odio, lo cual ni lo enorgullece ni lo avergüenza. Que rebosa desdén por los supervivientes de sus matanzas. Al ver a los thanes enterrar a sus muertos, describe la escena del siguiente modo: «En la falda de la colina comienza el fúnebre y pausado traspaleo. Levantan un montículo para la pira funeraria, para aquellos brazos o piernas que en mi apresuramiento me he dejado atrás. Entretanto, en la demolida mansión, los constructores prosiguen con sus martillazos, restituyendo la puerta, [...] industriosos y necios como hormigas, aunque los cambios que hacen son insignificantes y ridículos, añadiendo algunas clavijas de metal, más tiras metálicas, con infatigable dogmatismo».[75] Ese desdén se amplía al mundo en general. «Comprendí que el mundo no era nada, un mecánico caos de despreocupada y brutal enemistad sobre el cual imponemos estúpidamente nuestras esperanzas y temores. Comprendí, por fin y absolutamente, que solo yo existo. Todo lo demás, según vi, es únicamente lo que me empuja, o contra lo que yo empujo, ciegamente —tan ciegamente como todo lo que no es yo empuja a su vez—. Yo creo el universo con cada parpadeo.»[76]

No obstante, el tema fundamental de la novela está en las posibilidades de Gréndel: en primer lugar, su encuentro con un lenguaje forjado, estudiado y artístico (en contraste con el ruido, los gruñidos, los gritos, los alardes) y, en segundo lugar, su diálogo con el dragón aposentado en la cima de la montaña de oro que protege desde hace siglos. Lo primero, el encuentro con el poeta, que se llama Shaper ['Formador'], le ofrece la única posibilidad de transformación. Gréndel sabe que el canto de Shaper está repleto de mentiras, de ilusión. Ha observado con atención las batallas de los hombres y sabe que no son la gloria en que las transforma. Aun así, sucumbe al lenguaje de Shaper debido a la capacidad de este de transformar, de elevar, de desincentivar la bajeza. Describe así la potencia del poeta: «Él reforma el mundo. [...] Ya lo indica su nombre. Contempla con ojos extraños el insensato mundo y convierte ramas secas en oro».[77] Si Gréndel es capaz de contemplar la belleza, reconocer el amor, sentir piedad, anhelar misericordia y experimentar vergüenza es gracias a ese lenguaje forjado, elevado y estructurado. Si se plantea la identificación de la calidad con el significado es gracias a la imaginación de Shaper. En pocas palabras: surge en él un anhelo desesperado de llevar la vida de un ser por entero humano. «Mi corazón —dice— se regocijaba con la bondad de Hrothgar y se dolía por mis maneras sedientas de sangre.»[78] Abrumado por esas reflexiones sobre la bondad y la luz, se dirige al palacio para pedir misericordia entre lágrimas, muriendo de ganas de que la comunidad ponga remedio a su absoluta soledad. «Salí y subí hacia la mansión con mi carga, gimiendo: "¡Piedad! ¡Paz!". El arpista se detuvo, las gentes chillaban. [...] Unos borrachos se lanzaron contra mí, blandiendo hachas de guerra. Yo caí de rodillas, exclamando: "¡Amigo! ¡Amigo!". Me atacaron con sus hachas, aullando como perros».[79] Y entonces regresa al páramo profundo de su odio, si bien sigue siendo presa de la confusión, «desgarrado entre lágrimas y una exclamación de desprecio».[80] Acude a ver al dragón para encontrar respuesta a las preguntas cósmicas que se formula: ¿por qué estoy aquí?, ¿qué es Dios?, ¿qué es el mundo?

Al final de una discusión larga y fascinante, rebosante de cinismo, amargura e indiferencia por parte del dragón, Gréndel recibe de él una recomendación: «Mi consejo [...] es que busques oro y te sientes encima».[81] Entre la sospecha de Gréndel de que el lenguaje noble engendra una conducta noble (del mismo modo que el lenguaje poco convincente engendra una conducta poco convincente y vacua) y la opinión que tiene el dragón de la estupidez, la banalidad y la insignificancia del hombre, su negación del «libre albedrío y la intercesión»,[82] precisamente ahí se encuentra el plano en que la vida cívica e intelectual reposa, se agita y rueda. El dilema de Gréndel es también el nuestro. Es el nexo entre Shaper y el dragón; entre san Agustín y Nietzsche, entre el arte y la ciencia; entre el Antiguo Testamento y el Nuevo, entre las espadas y las rejas de arado. Es el espacio del pensamiento y al mismo tiempo su acto; es un espacio magnético que nos arranca de la reacción para conducirnos al pensamiento. Rechaza las respuestas fáciles y la violencia perpetrada porque, en período de crisis, es lo único que sabemos hacer.

Las respuestas absolutas, como las que buscaba Gréndel, las preguntas mantenidas en suspenso a base de cinismo, como las planteaba el dragón, pueden diluir y desviar el proyecto educativo. En este país, donde se rinde culto a la competencia, donde la crisis es la fuerza motriz de la información aderezada por los medios, donde la homogeneidad y la diferencia, o la diversidad y la conformidad, se consideran el ideal nacional, se nos pide al mismo tiempo que rehuyamos la violencia y la adoptemos; que vacilemos entre ganar a toda costa y ayudar a nuestro vecino; entre el miedo a lo extraño y la tranquilidad de lo conocido; entre la enemistad tribal de los escandinavos y el anhelo de instrucción y comunidad. La atracción de esos contrarios es lo que acabó con Gréndel y también lo que perturba e invalida el discurso nacional, magistral y personal.

Una crisis es una confluencia intensificada, en ocasiones sangrienta, manifiestamente peligrosa y siempre tensa de hechos y opiniones sobre esos hechos. En tiempos de crisis, la volubilidad, la teatralidad y la amenaza se arremolinan. Una crisis, como la guerra, exige «respuestas definitivas», una actuación rápida y concluyente para extinguir las llamas, hacer correr la sangre y aplacar las conciencias.

A veces la exigencia de una actuación rápida y concluyente es tan intensa que toda la energía se moviliza para eludir la crisis de una crisis inminente. La consecuencia de militarizar casi todas las situaciones fluidas y todos los problemas sociales ha sido una inercia invasora, cuando no una parálisis consolidada. Esa situación también ha dado lugar a una sed creciente de presentaciones de la crisis cada vez más emocionantes y más intensas. (Fijémonos en la plétora de entretenimientos televisivos dedicados a sucedáneos de crisis, a falsas crisis: la supervivencia en los países del Tercer Mundo entre gente para quien la supervivencia es una condición vital ordinaria.) Esa sed no es diferente de una insensibilidad entumecedora; de hecho, la expresa vivamente. Una vez se introduce el gusto por las imágenes sangrientas de la conquista, puede no resultar fácil de aplacar.

Me he explayado en esa versión mediática de las crisis para distinguirlas de los conflictos. Y es que el conflicto es el enfrentamiento de fuerzas incompatibles, Shaper contra el dragón; un desacuerdo que reclama una adaptación, un cambio o un compromiso. El conflicto reconoce oposiciones legítimas, interpretaciones de datos sinceras pero diferentes, teorías contrapuestas. Esas oposiciones pueden ser militarizadas, pueden tener que serlo, aunque en el mundo académico no deberían, no deben. De hecho, es necesario aceptarlas si queremos que se produzca la educación. El conflicto de las aulas académicas no es como el de los centros comerciales, los salones recreativos o un campo de batalla. En la oposición entre aulas académicas y galerías comerciales, el conflicto no es un videojuego con un fin en sí mismo, ni una torpeza social que evitar a toda costa. Si tiene mala reputación es simplemente porque nos han enseñado a vincularlo a la victoria y la derrota, a la necesidad desesperada de estar en lo cierto, de ser alfa. A la violencia. El conflicto no es sinónimo de crisis, de guerra o de competencia. El conflicto es una condición para la vida intelectual y, en mi opinión, para su disfrute. Activar la mente para que actúe es ni más ni menos hacer que cumpla su función; no tiene otra. Del mismo modo que el cuerpo lucha sin cesar para repararse tras el maltrato al que se somete, para seguir con vida, la mente ambiciona el conocimiento. Cuando no está ocupada tratando de saber algo, se encuentra en mal estado.

La mente es en realidad, un palacio. No solo por su percepción de lo simétrico y de lo escandalosamente hermoso, sino también porque puede inventar, imaginar y, sobre todo, puede escarbar.

Me gusta pensar que el planteamiento de John Gardner perdurará: que el lenguaje (determinado, forjado, razonado) se convertirá en la mano que mantenga a raya la crisis y deje espacio para respirar al conflicto creativo y constructivo, provocando así sobresaltos en nuestra vida y reacciones en cadena en nuestro intelecto. Sé que vale la pena luchar por la democracia. Sé que por el fascismo no. Para conquistar lo primero es necesario un combate intelectual. Para conquistar lo segundo no es necesario nada. Basta con cooperar, estar callado, asentir y obedecer hasta que la sangre de la madre de Gréndel aniquile su propia arma y de paso la del vencedor.

La escritora ante la página

Hace mucho tiempo conocí a una mujer que se llamaba Hannah Peace. Digo que la conocí, pero el verbo no podría ser menos acertado. Debía de tener yo cuatro años cuando aquella señora era vecina de nuestra ciudad. No sé dónde vive ahora (ni siquiera si vive) ni de quién era pariente. Ni siquiera era conocida de mi familia. Y no sería capaz de describirla de un modo que permitiera identificarla en una fotografía y tampoco la reconocería si ahora entrara en esta sala. Sin embargo, conservo un recuerdo de ella y es el siguiente: el color de su piel, con aquel tono mate, y algo morado que la envolvía, y unos ojos que no abría del todo. Irradiaba una actitud distante que me parecía que encerraba una predisposición afable. Pero sobre todo recuerdo su nombre o, mejor dicho, cómo lo decía la gente. Nadie la llamaba «Hannah» ni «la señora Peace». Siempre «Hannah Peace». Y había algo más. Algo oculto, cierta intimidación tal vez, aunque sin duda también cierta indulgencia. Cuando la gente (las mujeres y los hombres) decía su nombre, le perdonaba algo.

No es gran cosa, ya lo sé: los ojos entornados, la ausencia de hostilidad, la piel maquillada con polvo de lilas. Pero me bastaba y me sobraba para evocar a un personaje; en realidad, más detalles habrían impedido por completo (en mi caso) que llegara a aparecer un personaje de ficción. Lo que resultaba útil (definitivo) era la galaxia de emociones que acompañaba a aquella mujer mientras yo perseguía el recuerdo que tenía de ella, que no a ella.

En el ejemplo de Hannah Peace que acabo de dar lo que me llamó la atención fue esa capacidad para obtener indulgencia con facilidad; y esa cualidad, ese «perdón fácil» que creo recordar vinculado a la sombra de una mujer que mi madre conocía, es el tema de *Sula*. Las mujeres se perdonan mutuamente... o aprenden a perdonarse. Una vez quedó clara esa pieza de la constelación, empezó a dominar a todas las demás. El siguiente paso era descubrir qué hay que perdonar entre mujeres. Ahora toca abordar e inventar esas cosas, puesto que voy a hablarles del perdón en formato narrativo. Lo que hay que perdonar son errores graves y fechorías violentas, pero lo importante no era tanto eso como la naturaleza y la calidad del perdón entre mujeres; esto es, la amistad entre mujeres. Lo que se tolera en una amistad depende del valor afectivo de la relación. De todos modos, *Sula* no trata (simplemente) la amistad entre mujeres, sino la amistad entre mujeres negras, y las responsabilidades artísticas de ese adjetivo calificativo corresponden a la parte previa al acercamiento a la página. Antes de que empiece el acto de la escritura, antes del bloc de notas por estrenar o del folio en blanco están los principios que determinan la idea narrativa. Los abordaré dentro de un momento.

Lo que pretendo que haga mi literatura es animar al lector a participar de forma activa de la experiencia no narrativa y no literaria del texto. Y, al ponerle trabas, impido que ese lector se quede confinado con facilidad en una aceptación fría y distante de una serie de datos. Cuando se mira un cuadro especialmente bueno, la experiencia de la contemplación es más profunda que el conjunto de datos acumulados en ese proceso. Lo mismo sucede, en mi opinión, al escuchar buena música. De igual modo que el valor literario de un cuadro o una composición musical es limitado, también lo es el valor literario de un libro. A veces pienso en lo espléndido que debía de ser escribir dramas en la Inglaterra del siglo XVI, o poesía en Grecia antes de Cristo, o narraciones religiosas en el año 1000 de nuestra era, cuando la literatura era necesidad y no existía una historia crítica que restringiera o redujera la imaginación del escritor. Debía de ser extraordinario no depender de las asociaciones literarias del lector (su experiencia como tal), que pueden empobrecer su imaginación en la misma medida que la del autor. Es importante que lo que escribo no sea meramente literario. En mi trabajo soy muy consciente de la excesiva atención que pongo para asegurarme de no adoptar ninguna postura literaria. Evito, quizá con demasiada diligencia, las menciones de nombres conocidos, las listas o las referencias literarias, siempre que no sean indirectas y se basen en el folclore escrito. En mi obra, la elección de un relato o un elemento del folclore se adapta a los pensamientos o los actos del personaje de un modo que al marcarlo produce un efecto irónico o, en ocasiones, humorístico.

Lechero, a punto de conocer a la mujer negra más anciana del mundo, la madre de madres que ha dedicado su vida a cuidar de seres indefensos, entra en su casa pensando en un cuento europeo, «Hansel y Gretel», en que unos padres abandonan a sus propios hijos en un bosque y una bruja pretende incluirlos en su dieta. En ese momento se pone en evidencia la confusión del personaje, su ignorancia y su confusión raciales y culturales. También se connota la cama de Hagar al describirla como la que elegiría Ricitos de Oro. En parte por la obsesión del personaje por el pelo y en parte porque, al igual que Ricitos de Oro, la allanadora de moradas por antonomasia, es codiciosa, hace caso omiso del derecho de propiedad o del espacio ajeno y, en lo afectivo, es egoísta y además está confundida.

Evitar de manera deliberada las referencias literarias ha llegado a ser en mi caso una costumbre firme, si bien tediosa, no solo porque lleva a adoptar poses y no solo porque niego las credenciales que eso confiere, sino también porque no son adecuadas para el tipo de literatura que deseo escribir, los objetivos de esa literatura y la disciplina de la cultura específica que justo a mí me interesa. Las referencias literarias, en manos de escritores a los que admiro, pueden resultar sumamente reveladoras, pero también procurar una comodidad que no quiero ofrecer al lector, porque prefiero que responda en el mismo plano al que se vería limitado un lector iletrado o preliterario. Quiero subvertir su comodidad tradicional para que sea capaz de experimentar otra no ortodoxa: la de estar en compañía de su propia imaginación solitaria.

Mis inicios como novelista se centraron en gran medida en crear esa incomodidad y ese malestar y así insistir en que el lector se apoye en otro corpus de conocimiento. No importa la calidad de esos inicios, en 1965, sino el hecho de que me orientaran hacia el proceso que me ocupa en 1982: confiar en la memoria y extraer de ella tema y estructura. En *Ojos azules* el recuerdo de lo que sentí y vi cuando una niña de mi edad dijo que rezaba para tener los ojos azules fue lo que aportó el primer elemento, la primera pieza. Luego traté de distinguir entre parte y pieza (en el mismo sentido en que una parte del cuerpo humano no es lo mismo que un elemento del cuerpo humano equivalente a una pieza).

A medida que empezaba a conformar partes gracias a las piezas, descubría que prefería que no estuvieran conectadas, que estuvieran relacionadas, pero que no se tocaran, que formaran círculos sin alinearse, dado que la historia de aquel rezo era la historia de una percepción quebrada, fracturada, que surgía de una vida quebrada, hecha astillas. La novela resultó ser una composición de distintas partes que se circunvalaban, como la galaxia que acompaña al recuerdo. Me inquieta pensar en ese carácter dividido y fragmentado del recuerdo, ya que con demasiada frecuencia lo queremos todo entero. Cuando despertamos de un sueño, deseamos recordarlo por completo, por mucho que el fragmento que ya recordamos pueda ser (muy probablemente sea) la pieza más importante. La designación de los capítulos y las partes, según se utilizan en las novelas de acuerdo con la convención, nunca me han ayudado demasiado al escribir, y tampoco los esquemas (permito que se utilicen para ayudar al maquetista y para que resulte más fácil hablar del libro; por lo general se definen en el último momento).

Puede existir un factor de juego y de arbitrariedad en la forma en que aflora el recuerdo, pero no en la organización de la composición, en especial cuando pretendo recrear el juego y la arbitrariedad en el desarrollo de los acontecimientos. La forma deviene la interpretación exacta de la idea que la historia debe expresar. No hay nada más tradicional, aunque las fuentes de las imágenes no son las fuentes novelísticas ni lectoras tradicionales. La imagen visual de un espejo rajado o del pasillo de espejos rajados en ojos azules es al mismo tiempo la forma y el contexto de *Ojos azules*.

La narración es una de las maneras de organizar el conocimiento. Siempre he creído que era la forma más importante de transmitirlo y recibirlo. Ahora ya no estoy tan segura, pero, si nos guiamos por el hecho de que la pasión por la narración nunca haya disminuido, debemos concluir que sigue existiendo una sed literaria igual de insaciable que en el monte Sinaí, en el Calvario o en mitad de las ciénagas. (Incluso cuando los novelistas la abandonan o se cansan de ella por considerarla una forma memética obsoleta, los historiadores, los periodistas y los intérpretes se encargan de explotarla.) Sin embargo, la narrativa no basta y nunca ha bastado, igual que el objeto trazado en un lienzo o en la pared de una cueva nunca es meramente mimético.

Mi convenio con el lector es no revelar una realidad (literaria o histórica) ya establecida que hayamos acordado de antemano. No quiero asumir ni ejercer una autoridad de ese tipo. Lo considero paternalista, aunque para mucha gente es una solución carente de peligros y reconfortante. Y dado que me dedico a lo negro, las exigencias artísticas de la cultura negra son tales que no puedo ser paternalista, controlar ni pontificar. En la cosmología del Tercer Mundo, según yo la percibo, la realidad no está preconstituida por mis antecesores literarios de la cultura occidental. Si mi trabajo consiste en plantar cara a una realidad distinta de la recibida de Occidente, debe centralizar y animar información desacreditada por Occidente; desacreditada no porque no sea cierta o útil o incluso tenga cierto valor racial, sino por ser información ofrecida por gente desacreditada, información desechada por ser «saber popular», «chismorreo», «magia» o «sentimiento».

Si mi trabajo consiste en recoger fielmente la tradición estética de la cultura afroamericana, debe emplear de manera consciente las características de sus modalidades artísticas y traducirlas en el texto impreso: la antifonía, la naturaleza colectiva del arte, su funcionalidad, su carácter improvisador, su relación con la reacción del público, la voz crítica que defiende la tradición y los valores comunitarios y que también ofrece al individuo la oportunidad de trascender o desafiar las restricciones colectivas, o ambas cosas.

Al trabajar de acuerdo con esas normas, si el texto debe tener en cuenta la improvisación y la participación del público, no puede erigirse en la autoridad, sino que debe ser el mapa. Debe encontrar una forma de que el lector (el público) participe en el relato. Si la lengua debe permitir la crítica tanto de la rebelión como de la tradición, debe ser al mismo tiempo indicador y máscara, mientras que la tensión entre los dos tipos de lenguaje se convierte en su liberación y su poder. Si mi obra debe ser funcional para la comunidad (para la aldea, si se prefiere), debe cumplir el papel de testigo e identificar el peligro, así como posibles refugios frente al peligro; debe identificar lo útil del pasado y lo que conviene desechar; debe hacer posible la preparación para el presente y su disfrute, y debe hacerlo no eludiendo problemas y contradicciones, sino analizándolos; no debe intentar siquiera resolver los problemas sociales, sino, por descontado, intentar aclararlos.

Antes de tratar de ilustrar algunos de esos puntos utilizando *La isla de los caballeros* a modo de ejemplo, permítanme decir que existen escritores negros eminentes y poderosos, lúcidos e inteligentes, que no solo reconocen la literatura occidental como parte de su propia herencia, sino que han recurrido a ella tan provechosamente que han beneficiado a ambas culturas. Ante su obra y sus opiniones no pongo objeciones ni me siento indiferente. La disfruto del mismo modo que disfruto todo un mundo de literatura procedente de otras culturas.

No se trata de decidir si un punto de vista es legítimo o «correcto», sino de analizar la diferencia entre mi punto de vista y el suyo. Nada me resultaría más odioso que una prescripción monolítica de lo que es o debería ser la literatura negra. Lo único que he pretendido ha sido escribir una literatura que fuera irrevocable e incontestablemente negra, pero no porque lo fueran sus personajes o porque lo fuera yo, sino porque lo asumía como labor creativa y buscaba como credenciales los principios reconocidos y verificables del arte negro.

LA ISLA DE LOS CABALLEROS

Rememorar la historia ya contada.

Negarme a leer una versión moderna u occidentalizada.

Seleccionar los elementos o piezas inquietantes o sencillamente memorables: el miedo, el alquitrán, la indignación del conejo ante la pérdida de los modales tradicionales (el muñequito de alquitrán no habla). ¿Por qué se formó el muñequito de alquitrán, con qué objetivo, qué pretendía proteger el granjero y por qué creyó que el muñeco resultaría atractivo para el conejo (qué sabía y cuál fue su gran error)? ¿Por qué coopera el muñequito de alquitrán con el granjero y las cosas que el granjero desea proteger desean que las proteja? ¿Por qué es el trabajo del granjero más importante que el del conejo, por qué cree que arrojarlo a un arbusto de espinos es castigo suficiente y qué representa el arbusto de espinos para el conejo, para el muñequito de alquitrán y para el granjero?

LA CREACIÓN

Combinar las piezas anteriores para conformar las distintas partes.

Concentrarme en el alquitrán como parte. Qué es y de dónde surge; sus usos sagrados y profanos, el análisis de lo cual conduce a un motivo director: la tierra ahistórica y la tierra histórica. Cómo se plasma ese tema en la estructura.

1. El acto de surgir del mar (lo que existía antes que la tierra) es el principio y también el final del libro, y en ambos casos Son emerge del agua en un apartado que no está numerado como capítulo.
2. La tierra salida del mar y su conquista por parte del hombre moderno; esa conquista vista por los pescadores y las nubes. El dolor provocado a las formas de vida conquistadas.
3. El paso de la tierra al hogar: sus habitaciones, su condición de refugio. La actividad para la que se concibieron las habitaciones: comer, dormir, bañarse, practicar el ocio, etcétera.
4. Las casas perturbadas precisamente cuando la tierra era perturbada. El caos de la tierra duplicado en la casa concebida para el orden. La perturbación es provocada por el hombre nacido del vientre del mar acompañado de los olores a amoníaco del nacimiento.
5. El conflicto que sigue enfrenta a fuerzas ahistóricas (lo inmaculado) e históricas (o sociales) inherentes a los usos del alquitrán.
6. El conflicto enfrenta, asimismo, a dos tipos de caos: el civilizado y el natural.
7. La revelación es, pues, la revelación de secretos. Todo el mundo, con una o dos excepciones, tiene un secreto: secretos de actos cometidos (como sucede con Margaret y Son) y secretos de pensamientos tácitos pero a pesar de ello motores (como sucede con Valerian y Jadine). Y a continuación el secreto más profundo y más antiguo: que del mismo modo que nosotros observamos otra vida, otra vida nos observa.

A quienes no conozcan mi obra les pido perdón por recurrir a ella a modo de ilustración, pero, de haber elegido material de otros autores, las posibilidades de que tampoco lo conocieran serían igual de altas.

Mi incapacidad para entender el mundo en términos que no sean verbales supone que no pueda dejar de pensar en la escritura. Para mí es el «mundo coherente». Por ello, la aprensión y el pavor con que algunos escritores afrontan el proceso me desconciertan. Asimismo, el espacio dedicado a la muerte de la narrativa, cuando el entierro está durando más que la vida misma del arte, me aburre; podemos dar por sentado sin temor a equivocarnos que el cadáver es inmortal. El «adiós» ha cumplido al menos ciento diez años.

En realidad, los críticos que escriben la necrológica de la narrativa responden al peligro que corre la literatura. Un peligro que puede clasificarse en tres bloques:

1. En primer lugar, está la sospecha (o el hecho, no lo tengo claro) de que las mejores mentes jóvenes no se sienten atraídas por la escritura, de que la tecnología, la arquitectura posmoderna, la «nueva» música, el cine, etcétera, son mucho más exigentes y apasionantes.

2. En segundo lugar, tenemos la convicción (por lo menos en el mundo académico) de que la narrativa como relato se ha quedado obsoleta por haber sido dictatorial, burguesa y autocomplaciente en su intento de mantener el *statu quo*.

3. Y la tercera categoría de peligro es la necesidad de crecimiento de los editores: las exigencias del mercado reducen las posibilidades de que los nuevos escritores encuentren editorial.

Existen, por descontado, otros peligros quizá más inmediatos (la inestabilidad global, la pobreza, el hambre, el amor, la muerte), por lo que en efecto no es buen momento para escribir. Y ante esa observación una solo puede decir: ¿y qué? ¿Cuándo ha sido buen momento? ¿La Inglaterra azotada por la peste para Chaucer? ¿La Segunda Guerra Mundial para Eudora Welty? ¿La Primera Guerra Mundial para Virginia Woolf? ¿La brutalidad de Suráfrica para Nadine Gordimer? ¿El noventa y cuatro por ciento de población esclava para Platón?

Como escritores, lo que hacemos es recordar. Y recordar este mundo es crearlo. La responsabilidad del escritor (con independencia de su época) es cambiar el mundo, mejorar su época. O, siendo menos ambiciosos, ayudar a comprenderla. Simplemente para descubrir que hay muchas formas de comprenderla. Y no una sola. ¿Qué sentido tendría que dos mil millones de personas pensaran lo mismo?

Soy lo bastante mayor para haber visto la aurora boreal en (creo) 1938 y recordar ese acontecimiento tan sorprendente y tan profundo en el cielo de Lorain, en el estado de Ohio. Después de aquello, ¿cómo iba a contentarme con un simple color? ¿O con una simple Hannah Peace?

El problema del paraíso

Me gustaría empezar esta reflexión sobre el problema del paraíso con algunas observaciones sobre el entorno en el que trabajo y en el que también trabajan otros muchos escritores. La construcción de la raza y su jerarquía tienen amplias repercusiones en el lenguaje expresivo, del mismo modo que el lenguaje metafórico e interpretativo repercute fuertemente en la construcción de una sociedad racializada. El intercambio íntimo entre la atmósfera del racismo y el lenguaje que la reafirma, la borra, la manipula o la transforma es inevitable entre los escritores de narrativa, que deben arreglárselas para dirigir una mirada imperturbable al terreno de la diferencia. Nos sentimos constantemente forzados y atraídos por un imaginario de vidas que jamás hemos llevado, emociones que jamás hemos sentido y a las que no tenemos acceso emocional, y hacia personas a las que jamás hemos invitado a nuestros sueños. Nos imaginamos a ancianos cuando somos jóvenes, escribimos sobre los ricos cuando no poseemos nada, sobre géneros que no tienen nada que ver con el nuestro, gente que no existe en ningún sitio más que en nuestra cabeza y defiende opiniones que no solo no compartimos, sino que podemos incluso detestar. Escribimos sobre nacionalidades de las que tenemos meramente un conocimiento superficial. La buena voluntad, la necesidad y la emoción de deambular por terreno desconocido constituyen tanto el riesgo como la satisfacción del trabajo.

De las distintas esferas de la diferencia, la que más cuesta imaginar de manera convincente es la diferencia racial. Su testarudez es consecuencia de muchísimo tiempo de insistencia política y engranajes sociales. Y pese a que tiene una fuerza casi categórica en la vida política y doméstica, la esfera de la diferencia racial ha disfrutado de un peso intelectual que no merece. Se trata, en el fondo, de una esfera que no es esfera alguna. Es una vacuidad devoradora cuya dificultad declaratoria no mengua con el descubrimiento de que una está narrando algo a un tiempo fundamental y fraudulento, común y extraño. Existe un lenguaje crítico enérgico para aclarar ese descubrimiento del abismo que no es tal, así como la aprensión producida por el descubrimiento. Sin embargo, una cosa es identificar la aprensión y otra muy distinta aplicarla, narrarla, dramatizar su juego. Las incursiones literarias en esos terrenos me resultan infinitamente intrigantes y también instructivas en su modo de plasmar la fuerza de la diferencia racial. Esas exploraciones de la imaginación pueden ser complejas, ingeniosas, apasionantes en su éxito o frágiles e infundadas. Pero ninguna es accidental. Para muchos escritores no basta con indicar o representar la diferencia, su falla y su solidez. Su proyecto consiste más bien en emplearla con objetivos metafóricos y estructurales. Con frecuencia, realzar o decorar la diferencia racial se convierte en una estrategia para hacer una genuflexión ante la propia raza, que provoca desasosiego.

Siento una implicación profunda y personal en el análisis de la forma de manipular, mutar y controlar el lenguaje imagista y metafórico para dar con algo que podría denominarse prosa racializada y arracial: una literatura liberada de las restricciones imaginativas que me impone el lenguaje marcado por la raza a mi disposición. Para el proyecto de *Paraíso* en primer lugar tuve que reconocer e identificar el lenguaje connotado racialmente y sus estrategias, para a continuación desplegarlos con el fin de lograr el efecto contrario, desactivar su poder, invocar otros poderes opuestos y liberar lo que soy capaz de inventar, consignar, describir y transformar partiendo de la camisa de fuerza con la que una sociedad puede subyugarnos y con frecuencia nos subyuga.

Es importante recordar que, además de la poesía y la narrativa, el discurso racial impregna todas las disciplinas académicas: la teología, la historia, las ciencias sociales, la crítica literaria, el lenguaje del derecho, la psiquiatría y las ciencias naturales. Con eso no me refiero solo a los rastros de racismo que perduran en el lenguaje como algo normal e inevitable, por ejemplo, los insultos; los privilegios dérmicos (la identificación de lo negro con lo malvado y lo blanco con la pureza); la falta de respeto al reflejar fonéticamente el habla de los afroamericanos; la seudociencia desarrollada para desacreditarlos, etcétera, y tampoco me refiero solo a los planteamientos desvergonzadamente racistas que se fomentan en parte de la práctica académica de esas disciplinas. Me refiero sobre todo al margen de acción y la licencia ilimitados que el discurso racial ofrece a los intelectuales para, al mismo tiempo, hacer fructificar y bloquear el conocimiento sobre la raza de la que depende ese discurso. Una de las características más malévolas del pensamiento racista es que da la impresión de que nunca produce nuevos conocimientos. Da la impresión de que solo es capaz de reformularse y reconfigurarse en aseveraciones diversas pero estáticas. No tiene referente en el mundo material. Como el concepto de la sangre negra, blanca o azul está pensado para crear y utilizar un campo autónomo, para erigir fronteras artificiales y mantenerlas contra toda razón y contra toda evidencia.

El problema que implica escribir en una lengua que tiene muy arraigados los códigos de la jerarquía y el desprecio raciales se exacerbó cuando empecé *Paraíso*. En esa novela estaba decidida a centrar el asalto en la infraestructura metafórica y metonímica sobre la que descansa esa lengua y en la que se deleita. Soy consciente de cómo madura la blancura y asciende al trono del universalismo manteniendo su capacidad para describir y para imponer sus descripciones. Plantar cara a esa concepción del universalismo, exorcizar, alterar y desarmar el enfrentamiento blanco/negro y concentrarse en los residuos de esa hostilidad me parecía un proyecto amedrentador y también liberador desde un punto de vista artístico. Hacía un tiempo que el material me interesaba sobremanera: las poblaciones negras fundadas por afroamericanos en el siglo XIX ofrecían un fértil terreno para la exploración del lenguaje racializado/arracial. Daba por sentado que el lector estaría acostumbrado a pocas formas de abordar la literatura afroamericana: (1) leerla como sociología y no como expresión artística; (2) leerla anticipando el placer o la crisis, con el escalofrío de un encuentro con lo exótico o la familiaridad sentimental con lo romántico, o (3) leerla prestando atención a los códigos raciales, reconociéndolos como algo familiar y estableciendo una dependencia de ellos. Mi intención era superar esas suposiciones e inutilizarlas.

Paraíso sitúa una comunidad negra, elegida por sus habitantes, al lado de otra arracial, también elegida por sus habitantes. Los fundamentos de las hostilidades tradicionales entre negros y blancos se trasladan a la naturaleza de la exclusión, los orígenes del chauvinismo, las fuentes de la opresión, el ataque y la matanza. La comunidad exclusivamente negra se basa por completo en la raza: en preservarla, en engendrar robustos mitos originarios y en mantener su propia pureza. En el convento femenino, dejando a un lado a las monjas, la raza es indeterminada. Todos los códigos raciales quedan eliminados, se silencian de forma deliberada. Intenté ofrecer una descripción tan plena de las mujeres que conocer su identidad racial resultara irrelevante.

Sin interés en la tensión entre lo negro y lo blanco que se espera como elemento fundamental de cualquier obra literaria de un autor afroamericano, el libro se permite un lienzo más amplio. Sin las limitaciones del vocabulario agotado y agotador de la dominación racial, fuera de los confines de un debate ya definido, la novela pretende librarse de las fronteras que las representaciones de un lenguaje racializado imponen a la imaginación y, al mismo tiempo, normalizar la cultura de una raza determinada. Para muchos lectores estadounidenses, eso resultó perturbador: algunos reconocieron haberse obsesionado con descubrir cuál de las chicas era la blanca;

otros se lo preguntaron al principio y luego desistieron; algunos no llegaron a preocuparse por el descubrimiento por considerarlas a todas negras o, en el caso de los afortunados, por considerarlas a todas personas con entidad propia. En el inglés estadounidense, eliminar los marcadores raciales es complejo. Son cuestiones de descripción física, de diálogo, de suposiciones sobre orígenes o categorías sociales, de diferencias culturales. Los problemas técnicos quedaron reducidos al desarrollarse la acción en los años setenta, cuando las mujeres se desenvolvían por su cuenta y la cultura afroamericana alcanzó una especie de apogeo en cuanto a influencia en la cultura estadounidense en general. Los conflictos del texto tienen que ver con los sexos; también con las generaciones. Son combates por la historia: ¿quién va a contar y por tanto controlar el relato del pasado?, ¿quién va a determinar el futuro? Son conflictos de valor, de ética. De identidad personal. ¿Qué es la condición de hombre? ¿Y la condición de mujer? Y lo que es más importante, ¿qué es la condición de persona?

Plantear esas preguntas me parecía más apasionante si se intensificaban con anhelos de libertad y seguridad; de plenitud, de descanso, de belleza; con contemplaciones de lo temporal y lo eterno; con la búsqueda del espacio propio, del respeto, del amor, de la dicha. En resumen, del paraíso. Y eso pone de relieve el segundo problema de *Paraíso*: cómo representar un lenguaje religioso expresivo con credibilidad y eficiencia en la narrativa posmoderna sin someterse a un igualitarismo impreciso, a una especie de espiritualismo ecologista de finales del siglo XX, a la escuela moderna/feminista de adoración del cuerpo de la diosa ni al escolasticismo bíblico/político de las alas más radicales y dictatoriales de las instituciones religiosas contemporáneas, ya que nada de eso representa, en mi opinión, las prácticas cotidianas de los afroamericanos del siglo XIX y de sus hijos ni se presta a las estrategias narrativas posmodernas. ¿Cómo expresar una fe profunda e inspiradora en y para un mundo científico secularizado? En otras palabras, ¿cómo reimaginar el paraíso?

El paraíso ya no puede imaginarse o, más bien, se ha imaginado en exceso (lo que viene a ser lo mismo), de modo que ha pasado a ser familiar, común y hasta trivial. Históricamente, las imágenes del paraíso, en poesía y en prosa, pretendían ser grandiosas pero accesibles, superar la rutina, aunque siendo inteligibles por la imaginación, seductoras justo por nuestra capacidad de reconocerlas, como si de algún modo «recordáramos» las escenas. Milton habla de «los mejores árboles, cargados de los más bellos frutos, flor y fruto a un tiempo de doradas tintas, mezcla esmaltada de alegres y diversos colores»; de «perfumes naturales»; de «esa fuente de zafiro» de la que salían «los riachuelos encrespados que corrían sobre perlas de Oriente y áurea arena»; de «néctar, bañando cada planta, y nutriendo las flores dignas de este paraíso»; «el don de la naturaleza se vertió en abundancia sobre valle, colina y llano»; «sotos cuyos árboles lloraban bálsamos y resinas olorosas, otros cuyos frutos de oro bruñidos colgaban atractivos y tenían un sabor delicioso; de ser ciertas las fábulas que se cuentan de Hesperia, solamente aquí podrían serlo. Se abrían entre ellos prados de césped, ligeras hondonadas, y rebaños dispersos se veían que pastaban entre la tierna hierba»; «flores de matices variados y de rosas sin espinas»; «grutas y cuevas que aseguran un retiro fresco, encima de las cuales pende la parra, que las cubre como un manto y ostenta, suavemente trepadora y frondosa, sus purpúreos racimos».[83]

En esta última década del siglo XX, lo reconocemos como una propiedad delimitada poseída por los ricos, vista y visitada por invitados y turistas, expuesta con regularidad ante nuestros ojos, los del resto de la población, en los productos y las promesas que venden los distintos medios. Imaginada en exceso. Perfectamente disponible, si no en la realidad sí, desde luego, como deseo común y nada excepcional. Analicemos las características del paraíso físico (esto es, la belleza, la abundancia, el descanso, la exclusividad y la eternidad) para ver cómo se entienden en 1995.

La belleza es, por descontado, una réplica de lo que ya conocemos, intensificada por lo que nunca hemos conocido expresado. La naturaleza beatífica y benevolente combinada con metales preciosos y joyas. Lo que no puede ser es una belleza que supere la imaginación.

La abundancia, en un mundo de exceso al servicio de la codicia que dirige los recursos hacia quienes tienen y obliga a quienes no tienen a buscar una recompensa entre lo que ya han adquirido quienes tienen, es una característica casi indecente del paraíso. En este mundo de recursos desnivelados, de riquezas escandalosas y desvergonzadas que se acumulan, se imponen y se pavonean ante los desposeídos, la idea misma de la abundancia, de la suficiencia como utopía, debería hacernos temblar. La abundancia no debería regularse para crear un estado paradisíaco, sino la vida humana normal y cotidiana.

El descanso, es decir, el hecho de que sea superfluo trabajar o luchar para obtener como recompensa alimentos o lujos, ha perdido valor en los últimos tiempos. Es una ausencia de deseo que apunta a una especie de muerte sin morir.

La exclusividad, sin embargo, sigue siendo un rasgo atractivo e incluso irresistible del paraíso, dado que algunos, los indignos, no entran en él. Las fronteras son impermeables; hay perros guardianes, puertas y vigilantes para garantizar la legitimidad de sus habitantes. Los enclaves de ese tipo están volviendo a aflorar, como fortalezas medievales con sus fosos, y no parece posible o deseable concebir una ciudad donde tengan cabida los pobres. La exclusividad no es simplemente un sueño accesible para los pudientes, sino una solución cada vez más extendida entre la clase media. Se considera que las «calles» están ocupadas por gente indigna y peligrosa; se obliga a los jóvenes a abandonarlas por su propio bien. Sin embargo, se lucha por el espacio público como si fuera privado. ¿Quién puede disfrutar de un parque, una playa, un centro comercial o una esquina? El término «público» es en sí motivo de disputa. Así pues, el paraíso despierta un interés muy real en la sociedad moderna.

La eternidad, dado que nos evita el dolor de volver a morir y rechaza los argumentos científicos y seculares, probablemente sea lo que presente un mayor atractivo. Y los recursos médicos y científicos dirigidos a ofrecer una vida más larga y más saludable nos recuerdan que lo que se anhela es una eternidad terrenal, más que una vida eterna en el más allá. Se sobrentiende que esto es todo lo que hay. En cualquier caso, el paraíso como proyecto terrenal, en contraste con el cielo, tiene serias limitaciones intelectuales y visuales. Dejando a un lado el «solamente yo o nosotros para siempre», ya casi no se presta a una descripción.

Es cierto que esa podría ser una aseveración injusta. Es difícil no percatarse de que siempre se ha prestado mucha más atención al averno que al cielo. El *Infierno* de Dante supera con creces al *Paraíso* en todos los aspectos. El mundo preparadisíaco plasmado con brillantez por Milton, conocido como el Caos, está muchísimo más logrado que su paraíso. El lenguaje visionario de la antítesis alcanza cotas de pasión lingüística con las que el lenguaje de la tesis pocas veces rivaliza. Hay numerosos motivos por los que en los siglos XII, XV y XVII las imágenes de los horrores infernales estuvieran pensadas para suscitar una intensa repulsión. El argumento para evitarlo debía ser visceral, debía revelar que una eternidad en él era muchísimo peor que el infierno de la vida cotidiana. Y esa necesidad se ha mantenido, en nuestros días, con un añadido significativo. Existen muchísimos libros dedicados a la consternación por la ausencia del concepto del mal (cuando no del concepto del infierno) y la pérdida de vergüenza en el mundo contemporáneo.

Una se plantea cómo explicar la melancolía que acompaña a esas exhortaciones ante nuestra falta de atención, nuestro silencio y nuestra insensibilidad con respecto a la experiencia antiparadisíaca. El mal se considera, con toda razón, algo generalizado, si bien por algún motivo ha perdido la capacidad de sobrecogernos. No nos atemoriza. Es puro entretenimiento. ¿Por qué no nos asusta su perspectiva hasta el punto de hacernos volver al bien? ¿Acaso cualquier tipo de vida después de la muerte resulta demasiado simple para nuestra inteligencia moderna, compleja y refinada? ¿O quizá sea que, más que el paraíso, el mal necesita disfraces que se repongan y se restauren sin cesar? El infierno siempre se ha prestado al glamour, a los titulares, al esmoquin, a la astucia, a una máscara espantosa o seductora. Puede que requiera sangre, cieno y rugidos solo para llamarnos la atención, para hacernos gracia, para estimular nuestro ingenio, nuestra imaginación, nuestra energía, nuestras altas cotas de rendimiento. En contraposición, el paraíso es simplemente su ausencia, una carencia sin límites, y por consiguiente vana, que se llena con un paisaje ya percibido, ya reconocible: grandes árboles que den sombra y frutos, prados, palacios, metales preciosos, joyas, cría de animales. Aparte de luchar contra el mal, de declarar la guerra a los indignos, no parece que sus habitantes tengan nada que hacer. Un paraíso no exclusivista, no delimitado, con las puertas abiertas a todos, que no espante, sin némesis, no es paraíso alguno.

El problema literario es servirse del lenguaje contemporáneo para sacar a la luz no solo la complejidad intelectual del paraíso, sino el lenguaje que se adueña de la imaginación no como *amicus curiae* ante una vida ingenua o psicótica, sino como vida cuerda e inteligente en sí. Si pretendo ser testigo de la población profundamente religiosa de este proyecto y hacerle justicia, si pretendo conseguir que su arraigado sistema moral demuestre su lado afectivo en estos tiempos de aislamiento poco inspirados y poco inspiradores (en los que se considera que la religión cubre todo el espectro desde el fundamentalismo denostado e ininteligible hasta el liberalismo culto y bien intencionado, pasando por el marketing televangelista, el racismo militarista y la fobofilia), tengo serios problemas.

Históricamente, el lenguaje de la religión (me refiero al cristianismo, pero estoy bastante segura de que es cierto en todas las religiones con un respaldo textual) depende de los textos bíblicos o sagrados, de los que extrae su fuerza, su belleza y su cualidad de inexpugnable. El lenguaje religioso contemporáneo, esto es, el discurso y la escritura que pretenden traducir las traducciones divinas al habla «popular» o «común y cotidiana», parece funcionar mejor en forma de canto, de anécdota y de floritura retórica oportuna. Soy consciente de que el motivo para modernizar la redacción tradicional de la Biblia es un intento de crear vínculos y hacer proselitismo entre una población indiferente o insensible al lenguaje que emocionaba a nuestros antepasados. Competir por la atención de un sector cuyo discurso se ha formado a partir de la lengua de los medios de comunicación y del comercio, y que espera imágenes afines que acompañen y aclaren el texto, es una empresa difícil. Y parece razonable adaptarse a las circunstancias cambiantes con otros modos discursivos. A pesar de que no puedo corroborar el éxito de tales iniciativas, sospecho que la «modernización» del lenguaje de Dios ha sido satisfactoria, ya que de otra manera esas tentativas no serían tan numerosas.

Publicitar la religión requiere nuevas estrategias, nuevos atractivos y una pertinencia inmediata, no contemplativa. Así, el lenguaje moderno, pese a su éxito respecto a la obtención de conversos y al mantenimiento espiritual de los convencidos, se ve obligado a doblegarse ante el denominador más accesible, a llevar a la quiebra su sutileza, su misterio, con el fin de hacer efectivo su efecto. No obstante, parece un pobre sustituto de la lengua cuyo lugar pretende ocupar, no solo porque sacrifica ambigüedad, profundidad y autoridad moral, sino también porque sus técnicas consisten en reforzar más que en liberar.

No pretendo insinuar que no haya sermones brillantes, ensayos de una inteligencia portentosa, poemas reveladores, elogios emocionantes o argumentos elegantes. Por supuesto que los hay. Tampoco pretendo insinuar que no exista un lenguaje personal o una oración que no sea deslumbrante por su creatividad, sus propiedades sanadoras, su mera fuerza intelectual. Pero esas formas retóricas no son adecuadas para una narración en prosa continuada. La literatura contemporánea anglófona está desprovista de un lenguaje religioso que no extraiga la mayor parte de su esencia de citas de textos sagrados o de alusiones a ellos.

¿Es posible escribir un texto narrativo marcado por la religión que no se base por completo o en gran medida en el lenguaje bíblico? ¿Es posible hacer de la experiencia y el viaje de la fe algo nuevo, tan nuevo y tan desprovisto de cargas lingüísticas como lo fue para los primeros creyentes, que no podían apoyarse en ninguna serie de libros?

Si he asumido esta tarea, esta obligación, ha sido en parte porque me preocupa mucho la degradación del lenguaje religioso en la literatura; su expresión repleta de tópicos, su apatía, su rechazo a renovarse con vocabulario no comercial (o «su empeño en renovarse con vocabulario comercial»), su reemplazo de la claridad filosófica por la terminología de la psicología popular; su triunfalismo patriarcal, su praxis dictatorial moralista y testaruda, las felicitaciones inmerecidas que se dedica por su viabilidad y no por su contenido; su baja estima de su misión.

¿Cómo puede una novelista representar la dicha en términos no sexuales y no orgiásticos? ¿Cómo puede una novelista, en una tierra de abundancia, representar un amor inmerecido e ilimitado, ese amor «que sobrepuja todo entendimiento»,[84] sin aludir al placer mercantilizado de quien gana la lotería? ¿Cómo invocar el paraíso en una era de parques temáticos?

Por desgracia, la respuesta es que de momento no soy capaz. Me he decantado por otra cosa, otro medio de renovar la búsqueda. Me he decantado por no solo explorar la idea del paraíso, sino también interpelar la imaginación limitada que la ha concebido.

Pero creo que ese es tema para otra conferencia completamente distinta.

Sobre *Beloved*

Empecé a pensar en *Beloved* en 1983. Como había sucedido desde mis primeros años como escritora, lo que me atrajo fue mi compleja relación con la historia. Una relación prudente y recelosa, pero preparada para dejarse convencer y abandonar las dudas. Si iba con pies de plomo se debía a mis primeros años de estudios, una época en que había sido profundamente consciente de las expulsiones, las ausencias y los silencios de la historia escrita que estaba a mi disposición. Y tomaba esos silencios por censura. En aquello se basaba, al parecer, la historia. Y si yo o alguien que me representara éramos mencionados alguna vez en una obra de ficción, por lo general se trataba de algo que habría preferido saltarme. No solo en las obras de Harriet Beecher Stowe o Mark Twain y su inadmisible humillación de un adulto a manos de unos niños; durante aquellos años no había respiro ni siquiera en la enciclopedia o los libros de historia. Si bien yo mantengo las distancias al leer textos históricos, no son distancias mayores que las que mantienen y deberían mantener los historiadores al leer narrativa. No obstante, y a pesar de mi cautela, de mi escepticismo, siento una dependencia firme y continua de la historia, en parte por los datos que me ofrece, pero sobre todo precisamente por esas lagunas, esas expulsiones, esa censura. Suele ser en los intersticios de la historia documentada donde encuentro la «nada», «lo insuficiente» o la información «vaga», «incompleta», «desacreditada» o «enterrada» que me resulta importante. Por ejemplo, en 1963, mi primera novela, *Ojos azules*, fue consecuencia de mi pesadumbre ante el menosprecio indiscriminado a determinada parte de la población (a la que yo pertenecía) en los libros de historia y la literatura. Entre todos los personajes elegidos para someterlos a examen artístico, ya fuera con empatía o desdén, las jóvenes negras vulnerables brillaban por su ausencia la mayoría de las veces. Cuando en alguna ocasión aparecían, eran objeto de burla o lástima (de lástima desinformada). Daba la impresión de que nadie echaba en falta su presencia en el centro del escenario y de que nadie se las tomaba en serio salvo yo. Tengo que decir que no culpaba a la literatura. Los escritores escriben lo que les gusta y les interesa. E incluso los autores afroamericanos (en su mayoría hombres, aunque no todos) dejaban claro que, excepto como figuras de segundo plano, las jovencitas negras prepúberes eran incapaces de mantener su atención o estimular su curiosidad. A pesar de eso, la falta de curiosidad de los escritores no era la cuestión. Para mí, el silencio forzado o elegido, la forma en que se escribía la historia, controlaba y determinaba el discurso público en Estados Unidos.

Por mucho que el análisis histórico haya cambiado (enormemente) y se haya ampliado en los últimos cuarenta años, los silencios relativos a determinadas poblaciones (las minorías), cuando por fin se articulan, siguen considerándose relatos secundarios de una experiencia marginal, una crónica secundaria desvinculada de la historia convencional; una nota a pie de página alargada, por así decirlo, que resulta interesante pero en modo alguno es fundamental para el pasado de este país. La historia racial, por ejemplo, sigue existiendo en gran medida de forma paralela a los principales textos históricos; pocas veces se considera su urdimbre y raramente se entreteje en su trama. Esos textos subordinados y paralelos van ganando una amplia base de lectores sin dejar de ser objeto de una polémica considerable. (Los debates sobre el material de lectura estaban a la orden del día en muchos colegios de secundaria.) Si bien los silencios han estimulado la práctica totalidad de mi obra, habitarlos con la propia imaginación es fácil de decir y no tan fácil de hacer. Tengo que encontrar el gancho, la imagen, el artículo de periódico que dé lugar a una cavilación prolongada, a un «¿Y si...?» o un «¿Cómo debió de ser?».

Beloved surgió de una interpelación general que prendió con un recorte de prensa. Esa interpelación general (recuerden que estábamos a principios de los años ochenta) se centraba en cómo definía el movimiento de liberación de la mujer (dejando a un lado la igualdad de derechos, de acceso, salarial, etcétera) la libertad que perseguía. Uno de los principales campos de encendidos debates era el control del propio cuerpo, un tema igual de polémico hoy que entonces. Muchas mujeres estaban convencidas de que esos derechos incluían la decisión de ser o no madre, lo cual implicaba que no serlo no era una deficiencia y que el rechazo a la maternidad (con independencia de su duración) podía añadirse a una lista de libertades; es decir, que podía elegirse llevar una vida ajena a la reproducción, o liberada de la reproducción, sin que nadie tuviera que hacer un juicio negativo o de valores.

Otro aspecto de ese movimiento implicaba un fomento enérgico del apoyo mutuo de las mujeres. Que la relación de una mujer con otra no quedara subordinada a una relación con un hombre. Que el tiempo pasado con una amiga no era tiempo perdido, sino tiempo que había que apreciar.

La conclusión de ese debate entrañó más dificultades (llevaba involucrado un amplio conflicto de clase), pero esos eran los temas que destacaban con ímpetu. El segundo (la importancia de la amistad femenina) lo abordé en *Sula*, pero el primero (la libertad como carta de propiedad del cuerpo, la decisión de no tener hijos como señal de libertad) me seducía profundamente.

Y de nuevo en ese caso los silencios del relato histórico y la marginación de las poblaciones minoritarias en el debate reclamaron mi atención y resultaron ser un rico ente que explorar. Desde el punto de vista de las esclavas, por ejemplo. ¿Y si tener hijos, recibir la etiqueta de madre, fuera el acto de libertad supremo y no lo contrario? ¿Y si, en lugar de verse obligada a tener hijos (por ser mujer, por ser esclava, por rentabilidad), una eligiera responsabilizarse de ellos; reivindicarlos como propios; ser, en otras palabras, no criadora, sino madre? En el régimen de esclavitud de Estados Unidos, tal reivindicación no solo era inaceptable desde un punto de vista social, sino ilegal, anárquica. Y también una expresión de independencia femenina intolerable. Era la libertad. Y si esa reivindicación abarcaba además el infanticidio (por el motivo que fuera, por nobleza o delirio), podía llegar a ser, como en efecto sucedió, una situación explosiva en un contexto político.

Esos razonamientos confluyeron cuando recordé un artículo de periódico que había leído hacia 1970, el relato de un famoso caso abolicionista centrado en una esclava llamada Margaret Garner que en efecto había hecho esas reivindicaciones. Los detalles de su vida eran fascinantes, aunque seleccioné y manipulé determinados fragmentos para ajustarlos a mis pretensiones. Sin embargo, experimentaba una reticencia a adentrarme en aquel período de la esclavitud que me desarmaba. La necesidad de reexaminarlo e imaginarlo me resultaba repulsiva. Asimismo, creía que nadie más estaría dispuesto a indagar a fondo en la vida interior de los esclavos, salvo para evocar su nobleza o su condición de víctimas, para escandalizarse o dejarse llevar por la lástima mojigata. Ninguna de las dos cosas me interesaba. El acto de la escritura es una especie de acto de fe.

En ocasiones, lo que ya existe (lo que ya está escrito) es perfecto y la imitación resulta absurda e intolerable. No obstante, la perfección no lo es todo. Se requiere algo más, algo distinto. Unas veces, lo que ya existe sencillamente no basta; otras, es vago o incompleto, incluso es erróneo o está soterrado. En ocasiones, por descontado, no hay nada. Y eso es lo que de verdad entusiasma al novelista. No lo que existe, sino lo que no existe.

Una gran puerta se alza en esa nada; su armazón es pesado, resistente. No hay timbre que invite a llamar, así que una se queda allí plantada, tal vez, o se aleja y luego, al meter la mano en el bolsillo, descubre una llave que sabe que encaja (o espera que encaje) en la cerradura. Antes incluso de que el pasador se retire, una sabe que encontrará lo que anhelaba: una o dos palabras que transformen el «lo insuficiente» en algo más; la frase que encaje en la nada. Con la frase adecuada, ese sentido se enturbia, se ilumina, se ilumina de otro modo. Detrás de esa puerta aguarda una especie de libertad que puede asustar a unos gobiernos, respaldar a otros y desembarazar a países enteros de la confusión. Sin embargo, lo más importante es que el escritor que cruza ese umbral con el lenguaje de su propio intelecto y su propia imaginación penetra en un territorio sin colonizar que puede reclamar por derecho como propio, al menos durante un tiempo.

El esfuerzo compartido a fin de evitar imaginar la vida esclava en primera persona pasó a ser el subtema, la estructura de la obra. Olvidar el pasado era el motor, y los personajes (todos excepto una) estaban decididos a olvidar. La única excepción era quien tenía sed de un pasado, quien estaba desesperada no solo porque la recordaran, sino porque la trataran, la confrontaran. Ese personaje sería el único capaz de emitir un juicio exacto sobre su propio asesinato: la niña muerta. *Beloved*. Así, tras seguir una serie de pistas en busca de la estructura, decidí que lo menos polémico que podía decirse sobre la institución de la esclavitud con respecto a la época contemporánea es que nos persigue a todos. Que en muchos sentidos todas nuestras vidas están enredadas en el pasado, con sus manipulaciones, y, temerosos de sus garras, hacemos caso omiso de él o lo desdeñamos o distorsionamos según nos convenga, pero jamás podemos borrarlo. Cuando por fin comprendí la naturaleza de lo que nos persigue, que es al mismo tiempo lo que ansiamos y lo que tememos, alcancé a distinguir en determinados detalles concretos, aunque también esquivos, el rastro de una presencia fantasmal, el residuo de un pasado reprimido. En las pisadas, sobre todo. Las pisadas desaparecen y regresan para volver a desaparecer. He de tener claro en la cabeza el final de mis novelas antes de empezarlas, de modo que pude describir esa persecución antes incluso de saber todo lo que iba a conducir hasta ella.

Chinua Achebe

Es para mí un enorme placer tener la oportunidad de decir en público cosas que nunca he dicho en privado a la persona objeto de estos comentarios, Chinua Achebe. Mi deuda con el señor Achebe es del mejor tipo posible. Inmensa, sin plan de amortización y sin intereses. Permítanme que se la describa.

En 1965 empecé a leer literatura africana o, más bien, a devorarla. Era una literatura que antes no había estado a mi alcance, pero por esa época descubrí en Nueva York una librería, llamada Africa House, que vendía, entre otras cosas, números atrasados de *Transition* y *Black Orpheus* y obras de un amplio abanico de escritores africanos de todo el continente. Amos Tutuola, Ayi Kwei Armah, Ezekiel Mphahlele, James Ngugi, Bessie Head, Christina Ama Ata Aidoo, Mongo Beti, Léopold Senghor, Camara Laye, Ousmane Sembène, Wole Soyinka, John Pepper Clark: la sacudida que me provocaron esos autores fue explosiva. La confirmación de que la literatura africana no se limitaba a Doris Lessing y Joseph Conrad fue tan impresionante que me llevó a reclutar a dos universitarios para que me ayudaran a preparar una antología. En aquella época, la literatura africana no se enseñaba en los colegios de Estados Unidos. Ni siquiera en los supuestos cursos de literatura del mundo gozaba de reputación ni de presencia. Sin embargo, yo estaba decidida a canalizar el placer, la trascendencia y la fuerza de aquella literatura en mi trabajo de editora. La publicación en 1972 de *Contemporary African Literature* ['Literatura africana contemporánea'] marcó el principio de mi historia de amor.

No obstante, la consecuencia más profunda y más personal fue la influencia que tuvieron las novelas de Chinua Achebe en mis inicios como escritora. Había leído en las páginas de *Transition* su texto sobre las dificultades para definir la literatura africana y sabía lo que ello implicaba para los autores afroamericanos. En aquel artículo, Achebe citaba los comentarios de James Baldwin sobre la elección y la manipulación de la lengua al definir las literaturas nacionales y culturales, así como su repercusión entre los autores marginados. «Mi lucha con la lengua inglesa —decía Baldwin— se ha centrado en el hecho de que no reflejaba en absoluto mi experiencia. [...] Era posible que [...] nunca hubiera tratado de utilizarla, que solo hubiera aprendido a imitarla. En ese caso, quizá podría moldearla para soportar la carga de mi experiencia si reunía el vigor necesario para someterla, y someterme a mí mismo, a semejante prueba.» De todos modos, teorizar una definición es una cosa y ejecutar una teoría, otra. La «respuesta» de Achebe, por así llamarla, se encontraba en su obra. Junto con Camara Laye, Bessie Head y otros autores, constituyó para mí una educación plena. Aprendí a desmontar la mirada con la que forcejeaba (la escritura habitual, aunque cohibida y dirigida a un lector no negro, que amenazaba e impregnaba gran parte de la literatura afroamericana) y descubrí cómo eliminar el ojo eurocéntrico, cómo manipularlo, para ampliar y sondear mi propia imaginación, y atribuyo esas lecciones a Chinua Achebe. En las páginas de *Todo se desmorona* no estaba el argumento, sino el ejemplo; en las páginas de *Me alegraría de otra muerte* o *Termiteros de la sabana*, abundaba la aceptación de la autenticidad, de la fuerza y de los valles de la belleza. La obra de Achebe liberó mi inteligencia artística de un modo que nada más había logrado. Gracias a ella fui capaz de volver a penetrar y habitar mi entorno sin recurrir a los servicios de un guía nativo.

Así pues, lo que empezó en 1965 no era una deuda. Era un don.

Presentación de Peter Sellars

Peter Sellars me ha advertido contra cualquier idea que pudiera ocurrírseme para esta presentación. Me ha propuesto con insistencia que me limite a decir dos frases: «Gracias por venir» y «Con ustedes, Peter Sellars».

Lo desobedezco por mi cuenta y riesgo, aunque apelando a lo que es, seguramente para gran sorpresa de Peter, «una autoridad superior».

Resulta que conozco a la madre de Peter Sellars. La he visto varias veces en distintos países. Es, en una palabra, encantadora. Y sospechando la difícil alegría de criar a un hijo como Peter, ya sea en Pensilvania, donde nació, o en Denver, donde dirigió a Beethoven desde el podio que le construyó su padre, o en la Phillips Andover, o en Harvard dirigiendo *Coriolano*, recibiendo una insignia de la Phi Beta Kappa y una invitación para dirigir en el American Repertory Theater del Loeb; o estudiando en Japón, en China y en la India; o siendo el director de la Boston Shakespeare Company, el American National Theater o el Kennedy Center; o recogiendo un Premio MacArthur; como decía, sospechando su difícil alegría de madre, estoy convencida de que ella disfrutaría igual que yo al escuchar una presentación de su hijo algo más extensa. Así pues, por el cariño que profeso a la señora Sellars, que es catedrática de inglés, voy a rendirme a su autoridad y espero que a su deseo de que añada unas pocas frases más a las dos que con tanta seriedad me ha recomendado su hijo.

A veces recurrimos al arte en busca de seguridad, de un remanso de orden, de serenidad; en busca de una belleza reconocible, incluso tradicional; porque prevemos con toda certeza que la expresión artística nos hará salir de nuestro yo mundano y nos conducirá a una profundidad en la que también residimos.

Recurrimos al arte, a veces, en busca del peligro; para que nos cautive la experiencia de lo extraño, la comprensión repentina de lo asombroso que es lo familiar. Recurrimos a él para que nos estimule, para que nos zarandee hasta el punto de hacernos reevaluar ideas que hemos dado por sentadas, para aprender otras formas de ver y oír. Para que nos estimule. Nos remueva. Nos inquiete.

Por suerte para nosotros, entre los artistas contemporáneos Peter Sellars es singular: nunca nos pide que tomemos esas decisiones, no nos exige que elijamos el botón rojo/verde, comida/no comida de los ratones de laboratorio, el que selecciona una de dos clases opuestas de placer, poder o genialidad. Su obra siempre ha ofrecido al mismo tiempo seguridad y peligro, al mismo tiempo el abrigo de lo reconocible y el terreno inexplorado de lo desfamiliarizado.

Su devoción casi piadosa por la partitura original, el libreto íntegro, la duración poco comercial (que dedica al público el cumplido de dar por sentado que su capacidad de atención, su banco de memoria, es superior al de una mosca). En su fidelidad, en su respeto por la obra en sí, hallamos seguridad, consuelo.

Su firme convicción de que el arte profundo, con independencia de su fecha de origen, siempre es contemporáneo nos permite un nuevo acercamiento a ese remedio secreto cuando le retira las costras dejadas por el tiempo y el uso para exponer su verdad. Da igual que se trate de *Las bodas de Fígaro*, *Don Juan* o *Così fan tutte* de Mozart, de *Julio César en Egipto* de Händel, de *Los siete pecados capitales* de Kurt Weill, de *El mercader de Venecia* de Shakespeare, de *El anillo del nibelungo* de Wagner o de *El inspector general* de Gógol, él reúne interpretaciones de la obra de arte que en otro caso se excluirían mutuamente: fidelidad y regeneración, seguridad y peligro, análisis académico riguroso y escenotecnia innovadora hasta lo escandaloso, lectura personal asombrosamente incisiva y una confianza casi impertinente en el instinto de los actores. Gracias a su capacidad para abordar dos interpretaciones a la vez, nos damos cuenta de lo irresistible que es el arte. Nos damos cuenta de cómo venera Peter sus posibilidades, para mantenernos cuerdos o para que lleguemos a serlo por primera vez. Nos damos cuenta de su amor absoluto por el arte. De su fe plena en el arte. Y en nosotros.

Gracias por venir. Con ustedes, Peter Sellars.

Homenaje a Romare Bearden

Para llegar a la esencia de mis opiniones sobre el arte de Romare Bearden, y sobre el discurso del arte afroamericano en general, he de remontarme en el tiempo por mi bien, cuando no por el de ustedes, lo que me permitirá contextualizar mis observaciones.

En los años sesenta pasaban cosas extraordinarias en la comunidad afroamericana. La esfera del cambio político producido en aquel período ha recibido, como no podía ser menos, una atención minuciosa, incluso exhaustiva. Sin embargo, y a pesar de algunas críticas aisladas al arte afroamericano en el momento de su origen y de algunas más desarrolladas posteriormente, la exploración de las artes plásticas en relación con otros géneros de la cultura afroamericana parece escasa. (No pude asistir a la mesa redonda del sábado sobre Bearden y otras artes y disciplinas, de modo que es muy posible que las siguientes observaciones estén de más.) Cuando sí existe un análisis de ese aspecto interdisciplinar, se basa en términos como «inspiración», «similitudes», «espíritu», «dinamismo», «intensidad», «dramatismo», «vivacidad», valores culturales compartidos. Ese vocabulario emocional tan impreciso responde a una serie de razones: es bien sabido que los artistas se muestran evasivos al hablar de su proceso creativo; un académico tiene que hacer acopio de valor, cuando no de fe, para establecer conexiones y ecos entre distintas disciplinas si no se considera un experto; las ramificaciones estéticas son muy difíciles de reflejar.

Y, lo que es más importante, en un principio el interés académico por la expresión afroamericana en la literatura y otras artes se concentró en la formación de un canon, siguiendo los pasos del formato convencional preestablecido para clasificar la producción artística. El canon alternativo por el que abogaban los nuevos críticos negros tenía distintos objetos (el nacionalismo, el éxito revolucionario, la hegemonía cultural), incluida una estética al servicio de unas prioridades políticas muy marcadas o un florecimiento cultural cohesionado. La estética se entendía como un «correctivo» de la «contaminación del arte convencional estadounidense»; una «hermana» del movimiento en defensa del poder negro. Los artistas eran objeto de ánimos y juicios en función de los «usos» a los que podían someterse sus obras dentro del proceso de construcción nacional. La conmoción de quienes veían en ello la obra de su obra es legendaria, como puede comprobarse en cualquier crítica de poesía de los sesenta. Y no cabe duda de que las cuestiones relativas a la «autenticidad» (a la representación de la vida vivida y las inquietudes de los negros) siguen siendo la condición *sine qua non* de casi toda expresión artística afroamericana, desde la música rap hasta el cine pasando por la novela o las artes plásticas. El grado de satisfacción, distorsión o incluso triunfo que expresa esa autenticidad es todavía en gran medida lo que azuza a la crítica.

Si bien en los años sesenta la explosión de energía creativa fue abrumadora, su crítica no supo o no pudo negarse a forcejear con el argumento eterno y eternamente irrelevante de si (y hasta qué punto) la producción de un artista negro podía o debía considerarse «universal», esto es, «convencional», «arracial», «apolítica», etcétera. En su esencia, el argumento implicaba que si lo que se producía era solo político no era arte; si era solo hermoso, no era relevante. Así pues, las críticas se centraban en la precisión de la sociología o en el valor inspirador, de autoayuda, de la pieza. Unas obras se defendían por considerarse representativas, auténticas; otras se juzgaban inaceptables si no eran edificantes; algunas más se desdeñaban por ser burdas protestas o propaganda. Se ha apelado a casi todos los escritores afroamericanos del pasado reciente o remoto (James Baldwin,

Zora Neale Hurston, Ralph Ellison, Richard Wright, Gwendolyn Brooks, Phillis Wheatley), o casi todos se han sentido apelados, para explicar lo que significa ser artista negro. La solemne estupidez de la pregunta ha bastado para obligarlos a responder (con rabia o enfado, sospecho). Romare Bearden trabajaba ya mucho antes de los años sesenta y había viajado mucho y estudiado con detenimiento lo antiguo y lo nuevo. Algunos de sus distintos hogares eran el sur, el norte, Europa, el Caribe, los paisajes rurales, los porches, las calles urbanas, los clubes y las iglesias. Así pues, leí con cierto placer un comentario suyo sobre el tema de la raza o los factores sociales en su producción:

> Me temo que, a pesar de mis intenciones, en algunos casos los comentaristas han tendido a insistir en exceso en lo que consideraban los elementos sociales de mi obra. Sin embargo, y a pesar de que mi respuesta a determinados elementos humanos es tan evidente como inevitable, también me complace señalar que, después de reflexionar, numerosas personas han descubierto que les preocupaban tanto las implicaciones estéticas de mis cuadros como lo que podría ser mi compasión humana.

La clave está, en mi opinión, en «mi respuesta a determinados elementos humanos es tan evidente como inevitable». ¿Cómo (se pregunta) puede no reaccionar un artista humano a las cosas humanas, que son sociales por naturaleza? Bearden da por sentada la humanidad de su materia de trabajo y, como se ha señalado, eso es de por sí un acto radical en un país que posee una historia de deshumanización deliberada y sistemática de la población negra. Bearden también se da el gusto de referirse a las «implicaciones estéticas»; es decir, que hay información, verdad, poder y belleza en su elección de colores y formas, en la ubicación estructural y estructurada de las imágenes, en los fragmentos construidos a partir de superficies planas, un ritmo implícito en la repetición y en el propio medio: cada paso determina los siguientes y permite la apariencia y la realidad de la espontaneidad, de la improvisación. Ese es el lenguaje adecuado para describir su obra y para aludir a su relación con otro género: la música. Y eso resulta muy interesante, dado que, sea cual sea la visión que tenga de la estética, la crítica tradicionalmente se ha limitado a estudiar una única expresión artística, no varias. Teniendo en cuenta lo mucho que influyen en los artistas las demás disciplinas, no deja de ser curioso que ese planteamiento, que se parece tanto a la crítica tradicional, persista a pesar de la insistencia del propio arte en beber de amplias fuentes y mantener diálogos mucho más interdisciplinares. El intercambio de ideas entre artistas dentro de un mismo género se ha estudiado ampliamente, a diferencia de los casos en que las fronteras entre los géneros son implícitas.

La influencia y la representación de la música afroamericana constituyen los pilares de los comentarios sobre la obra de Romare Bearden, lo mismo que la relación entre el teatro y la sensibilidad de August Wilson. La influencia de la música y la convergencia con ella son también observaciones habituales en la crítica de mi obra, al igual que en mis propias declaraciones al respecto. Lo que pretendo describir esta tarde son otras formas en que artistas de disciplinas dispares incorporan, impulsan y trasladan mutuamente sus estéticas.

Permítanme detenerme por un momento en algunos aspectos de mi proceso creativo que responden, sin duda, a la influencia de la obra de Romare Bearden. Debo reconocer que he sido generosa conmigo misma al adoptar ideas de otros pintores que no son Bearden, aunque suele tratarse de escenas o disposiciones figurativas sobre el lienzo. En el caso de Bearden, lo que me fascina es la sensualidad táctil de su producción, la pureza del gesto y, en especial, el subtexto de humanidad enérgica y colosal del tema que trata. La última de esas cosas no es baladí cuando el apremio por destruir estereotipos es tan fuerte que puede llevar con facilidad a la sensiblería. El filo de la navaja encastrada en la obra de Bearden impide o debería impedir las evaluaciones fáciles y gratificantes de su tema. Entre los aspectos de su obra que me atraen ese es el principal: la falta de condescendencia.

Otro aspecto de mi propio proceso de creación tiene que ver con la composición del texto. Un ejercicio en distintos niveles al que me someto repetidamente y que posee más elementos en común con la pintura que con la literatura.

Para concluir una narración, en ocasiones incluso para empezarla, necesito tres tipos de información. Una vez me he decantado por una idea y por la historia que va a permitirme abordarla, necesito la estructura, el sonido, la paleta. No hace falta que sea en ese orden. El sonido de un texto encierra, como es evidente, el componente musical del diálogo y de la lengua elegida para contextualizarlo. Me he referido con anterioridad a la elección del inicio de *Beloved* y repito aquí esas observaciones. En las primeras palabras del libro («En el 124 había un maleficio: todo el veneno de un bebé»)[85] puse cuidado en ilustrar el ritmo que consideraba necesario y el tono de un texto oral: «Por otro lado, en este contexto las cifras tienen algo que lleva a que se pronuncien, a que se escuchen, pues en un libro una espera encontrar palabras que leer, no números que decir ni que escuchar. Y el sonido de la novela, en ocasiones cacofónico, en ocasiones armónico, debe estar situado en el oído interno o fuera del campo de audición, para impregnar el texto de un acento musical que a veces las palabras consiguen reflejar incluso mejor que la música». A continuación, pasaba a explicar por qué la segunda frase no es tal, sino en realidad una subordinada que adquiere la categoría de frase solo para que el énfasis caiga en la palabra «todo», en un intento de restar importancia a la anomalía de que aparezca un fantasma infantil, para que el lector considere su presencia tan normal como los habitantes de la casa. Y lo extraordinario es su potencia («todo»), más que su existencia. Al describir con tanto detalle la naturaleza crucial del sonido para mi trabajo, mi intención era destacar no una especie de poesía o lirismo forzados, sino el significado que puede extraerse y comunicarse gracias al sonido, al carácter auditivo del texto. Lo único que pretendo es señalar que se trata de algo más que de una influencia del blues o el jazz. Se trata de sondear la música en busca del significado que contiene. En otras palabras: las «implicaciones estéticas» de las que hablaba Romare Bearden deberían incluir lo que suele estar ausente en el análisis estético. La mayoría de las veces, ese análisis se centra en si la técnica logra suscitar placer, una respuesta emocional sorprendente, conmovedora o gratificante.

Raramente se centra en la información, en el significado que comunica el artista mediante su estilo, gracias a su estética. Puede decirse y se ha dicho que Bearden ha llevado a nuevos niveles las técnicas de collage empleadas por distintos artistas modernos (Matisse, por ejemplo) y ha reflejado con ellas la vida «fracturada» que pretendía representar (por medio de una intervención en la superficie plana que la rechaza, ya que construye a partir del cubismo de períodos anteriores). Y ese collage era representativo del impulso moderno de la vida afroamericana, así como de su insurrección. Esa elección es tanto estructurada como improvisada, igual que la esencia misma de la música afroamericana. Lo que me atrae de esa técnica es la forma en que las interrupciones abruptas y la fluidez inesperada realzan el relato de un modo imposible para una ordenación lineal con un principio, un nudo y un desenlace. Así, reconozco que en mi caso el abandono de la secuencia temporal tradicional («y entonces, y entonces») obedece a un intento de explotar esas tendencias de la modernidad. Y de decir algo sobre la vida estratificada, no la vida fracturada o fragmentada de la sociedad negra, sino la vida estratificada de la mente, de la imaginación, y sobre la forma en que se percibe y experimenta en verdad la realidad.

En tercer y último lugar, la paleta o el color es una de mis decisiones más tardías y cruciales al desarrollar un texto. No recurro al color para embellecer o complacer ni para dar ambiente, sino para insinuar y dibujar los temas dentro de la narración. El color dice algo directa o metafóricamente. Los trazos en rojo, blanco y azul del principio de *La canción de Salomón* deberían permanecer con sosiego en la mente del lector a modo de telón de fondo formado por la bandera estadounidense y comentado por la acción. Y en *Beloved* se silencia el color, se rechaza todo color hasta que posee un significado profundo para el personaje: la forma en que Baby Suggs lo anhela; el sobresalto de Sethe cuando por fin lo deja aparecer; el dramatismo de dos cuadrados anaranjados en una colcha de lúgubres grises. Esas distribuciones estudiadas del color o de su ausencia, la meticulosa introducción del blanco por sus distintas connotaciones (el vestido blanco casi de novia de la figura que reza al lado de Sethe; los vestidos de las matronas que vigilan la mesa de los pasteles del sótano de la iglesia en *La isla de los caballeros*), o la repetición de una serie de colores elegidos para dirigir al lector de *Paraíso* hacia escenas concretas relacionadas entre sí, no remedan las decisiones de alguien como Romare Bearden, si bien se ajustan con claridad al proceso.

Estoy convencida de que, entre los motivos por los que Bearden debe incluirse ampliamente en las salas de exposiciones y debe ocupar la atención en aumento de los especialistas centrados en el arte afroamericano, la formación del canon solo figura en parte, la satisfacción del deseo nacionalista es únicamente un factor mínimo y el homenaje a su genialidad, algo complementario. La razón más determinante para la exploración de las reverberaciones, las convergencias, las conexiones y las fuentes interdisciplinares del arte afroamericano es el rotundo diálogo estético entre los artistas. Separar las expresiones artísticas y compartimentarlas es práctico para el estudio, la instrucción y las instituciones, pero no resulta nada representativo de la verdadera forma de trabajar de los artistas. El diálogo entre Bearden y la música y los músicos de jazz es un principio evidente. La influencia reconocida por los escritores es un paso más. Las fronteras fijadas para facilitar el estudio no solo son, en mi opinión, porosas, sino incluso fluidas. Identificar los ejemplos de esa fluidez es decisivo para que el arte afroamericano se entienda como el trabajo complejo que es y por el profundo significado que encierra.

Un día, en un avión, Romare Bearden me dijo que me mandaría algo. Y así fue. Un retrato extraordinario, absolutamente deslumbrante, de un personaje sacado de uno de mis libros. No era su *Pila-*

te de 1979, sino la Pilatos de *La canción de Salomón*; me imagino que formaba parte de una serie. Imagínense mi sorpresa ante lo que había visto el artista. Cosas que yo no había percibido ni sabido en el momento de inventarla. Lo que Bearden hizo con su pendiente, su sombrero y su saco de huesos superó con creces mi descripción limitada por la palabra, exudaba la vida que le daba energía a Pilatos y al mismo tiempo la silenciaba; solitaria, desafiaba a cualquiera a arrebatarle sus símbolos, su historia, su propósito. Yo ya sabía de la determinación del personaje, de su sabiduría y su seductora excentricidad, pero no de la ferocidad que detectó y plasmó Bearden.

Más adelante compré una de sus acuarelas, una hilera de músicos como los que tocaban en el Preservation Hall colocados delante de una embarcación fluvial, todos de blanco con sus tradicionales fajas de color. Por primera vez en una representación de músicos de jazz negros vi inmovilidad. No había rastro del movimiento físico activo, frenético y desenfrenado que suele aparecer en las imágenes de músicos, sino una calma que todo lo ocupaba. Era, en esencia, una obra sacra, contemplativa. Una mirada a un aspecto por lo general oculto de su arte.

Esa clarividencia es muy poco habitual. Mostrarla, subrayarla y analizarla es mucho más apasionante que limitarse a disfrutarla. Ese legado nos exige a todos pensar más detenidamente en lo que nos ha dado Romare Bearden y en lo que el arte afroamericano nos suplica descubrir.

Faulkner y las mujeres

Tengo sentimientos encontrados sobre lo que me dispongo a abordar. Por un lado, quiero hacer lo que quiere hacer cualquier escritor, es decir, explicárselo todo al lector de antemano, de modo que cuando lea el texto no surjan problemas. La otra posibilidad es salir aquí corriendo, leerlo y luego irme corriendo otra vez, con lo que no habría necesidad de situarlo en un marco. Ya he leído en tres o cuatro ocasiones extractos del libro que estoy escribiendo y en el transcurso de la lectura siempre he aprendido algo, cosa que no me había sucedido con ninguna de mis otras obras. Así pues, cuando me llegó la invitación para venir a Oxford a hablar en este congreso sobre algún aspecto de la relación de Faulkner con las mujeres, la rechacé con el argumento de que no podía concentrarme lo suficiente para reunir ideas sobre ese tema al estar sumida en la escritura de un libro, proceso en el que no quería la más mínima distracción. Y entonces, muy amablemente, los organizadores del congreso me invitaron a leer de ese borrador que tanto me obsesionaba, de forma que pudiera asistir a las sesiones e implicarme de algún modo real con el Centro para el Estudio de la Cultura Sureña y de paso visitar Mississippi y quedarme a dormir, como suele decirse. Así pues, por un lado, les pido disculpas por leer algo que no está terminado sino a medias, pero ha sido una forma de satisfacer mi interés por visitar la Universidad de Mississippi y espero que cuando termine haya dejado alguna satisfacción entre el público. Otra cosa que me hace dudar es, sencillamente, que una parte de lo que voy a leer podría no aparecer publicada, dado que la redacción de una obra literaria es un proceso en constante cambio. Antes de leer ante un grupo reunido para hablar de Faulkner y las mujeres, también me gustaría añadir que en 1956 pasé muchísimo tiempo pensando en el señor Faulkner, ya que le dediqué una tesis que escribí en la Universidad de Cornell. Tras un análisis tan exhaustivo de un autor, resulta imposible para un escritor volver a él durante un tiempo, hasta que la energía se ha disipado de alguna otra forma. Sin embargo, debo decir, antes de empezar a leer, que no solo tenía un interés académico en Faulkner, sino que de un modo muy muy personal, de un modo muy personal como lectora, William Faulkner surtió un enorme efecto en mí, un enorme efecto.

El título del libro es *Beloved* y empieza así:

[La autora lee un extracto del borrador de su obra y luego responde a las preguntas del público.]

TONI MORRISON: Me interesa contestar preguntas de quienes puedan tenerlas. Si se ponen de pie para que los identifique antes de preguntar, lo haré lo mejor que pueda.

PREGUNTA: *Señora Morrison, ha mencionado que escribió una tesis sobre Faulkner. ¿Qué influencia ha ejercido ese autor en su carrera literaria?*

TONI MORRISON: Bueno, no sé si ha ejercido influencia. Creo que soy un ejemplo típico de todos los escritores convencidos de que son totalmente originales y de que, si reconocieran una influencia, la abandonarían lo antes posible. Pero, como lectora, en los años cincuenta y más tarde (he citado 1956 porque fue entonces cuando trabajé en la tesis sobre él), me concentré en Faulkner. No creo que mi reacción fuera distinta en absoluto a la de cualquier otro estudiante de aquella época, en la medida en que en Faulkner había una gran fuerza y un gran valor, el valor de un escritor, un valor especial. Creo que los motivos por los que me interesé por todos los temas que abordaba y me emocioné hondamente con ellos estaban relacionados con mi deseo de descubrir algo sobre este país y sobre esa articulación artística de su pasado que no aparecía en los libros de historia, que es lo que pueden lograr el arte y la narrativa, aunque a veces la historia se niegue. Supongo que la historia también humaniza el pasado, pero con frecuencia se niega por motivos absolutamente lógicos. A pesar de eso, había un par de autores que ofrecían un análisis elocuente de una época concreta y, sin duda, Faulkner estaba en la cúspide de esa búsqueda. Y además tenía otra cosa que solo puedo llamar «una visión». Tenía una visión distinta. En aquella época me parecía algo similar a una mirada, incluso a una especie de contemplación, a la actitud de quien en su trabajo se niega a apartar los ojos, y en mi opinión resultaba admirable. Por entonces, en los años cincuenta o sesenta, ni se me había pasado por la cabeza escribir libros, pero luego empecé, lo cual me sorprendió mucho a mí misma, y sabía que lo hacía por motivos que no eran necesariamente propios de un escritor. Lo cierto es que no encuentro una clara relación entre mi obra y la de Faulkner. En la vida existen momentos de inflexión literarios, lo cual es algo extraordinario y en el fondo memorable. En la mía hay cuatro o cinco y espero que todos satisfagan los criterios generales con respecto a quién hay que leer, a pesar de que algunos en realidad no encajan ahí. Hay libros que son absolutos desastres en cuanto a técnica y sin embargo resultan extraordinarios: son demasiado buenos para ser correctos. En Faulkner siempre había algo que sacar a la superficie. Además, lograba enfurecerte de varias formas maravillosas. No era simplemente el placer total, encerraba también esa otra cualidad que es igual de importante que la devoción: la indignación. La clave está en que, con Faulkner, una nunca era indiferente.

PREGUNTA: *Señora Morrison, ¿podría hablar un poco sobre la creación del personaje de Sula?*
TONI MORRISON: Surgió como muchos personajes, pero no todos, bastante formada y acabada casi de inmediato, incluido el nombre.

Sentí una intimidad tremenda. Quiero decir que sabía muy bien quién era, aunque me costara darle forma. Quiero decir que tuve problemas al intentar hacer de ella una de esas personas que irritan a todo el mundo, una de esas personas que dan dentera, pero sin hacerla tan antipática que no pudiera resultar atractiva al mismo tiempo: buscaba una naturaleza que fuera seductora y a la vez desagradable. Y ese tira y afloja me resultó difícil porque quería describir las cualidades de determinadas personalidades que la gente convencional puede explotar. Una proscrita y una aventurera, no en el sentido de quien parte en busca de fortuna, sino de esa forma en que una mujer es aventurera, que tiene que ver con su imaginación. Y la gente así siempre es memorable y por lo general atractiva. Claro que ella es conflictiva. Y en el momento en que acabé el libro, *Sula*, empecé a echarla de menos. Conozco la sensación de echar de menos a personajes que, para entonces, son mucho más reales que la gente real.

PREGUNTA: *Señora Morrison, ha dicho antes que leer el borrador de una obra le resulta útil como escritora. ¿Podría explicar en qué la ayuda la lectura?*

TONI MORRISON: Todo esto de leer el texto en que estoy trabajando en busca de información es bastante nuevo en mi caso. Al escribir no me imagino, jamás, a un lector o un oyente. La lectora y la oyente soy yo misma, y me considero una excelente lectora. Leo muy bien. Quiero decir que sé de verdad qué sucede. Al principio el problema era ser tan buena escritora como lectora. Pero tengo que aceptar que no solo escribo libros, también los leo. Y no me refiero a mirar lo que he escrito; me refiero a que sé mantener la distancia entre mi papel de escritora y lo que está en la página. Hay quien tiene esa capacidad y quien debe adquirirla. Y hay quien carece de ella; se nota en el hecho de que, si esos autores hubieran leído su obra, jamás la habrían escrito así. El proceso es la revisión. Es una especie de proceso de lectura prolongado y tengo que hacerme a la idea de que también soy una lectora muy crítica, muy meticulosa y muy escéptica que es lo bastante inteligente para participar mucho en el texto. No me gusta leer libros en los que todo el trabajo ya está hecho y no hay lugar para mí. Así, lo que pretendo es escribir de modo que pase algo entre mis dos yoes, entre la escritora que soy y la lectora que soy. También es cierto que, en algunos casos, me siento satisfecha escribiendo cierto tipo de libros sin leérselos a un público. Pero ha habido otros (como este en concreto, porque es distinto) en los que me parecía que, como lectora, lo que sentía no bastaba, que necesitaba un pedazo mayor del pastel, por así decirlo, puesto que las posibilidades son infinitas. No busco la ayuda de nadie en cuanto a técnicas de escritura, no es eso. Me refiero simplemente a matices de sentido; no a la partitura, sino al énfasis aquí y allá. Esas son las cosas que quiero descubrir, si en este libro mi oído es tan de fiar como he creído siempre en mis demás obras. En consecuencia, acepto enseguida leer fragmentos de este borrador. Con todos los demás que he escrito ni siquiera negocié el contrato hasta tenerlo todo casi acabado, para evitar la sensación de que pertenecían a otras personas. En el caso actual, negocié el contrato en una primera fase. Por eso, creo que tal vez las lecturas podrían ser una especie de reapropiación de lo que ya tiene el editor. El texto ha de ser mío y he de estar dispuesta a no hacerlo o a quemarlo, o a hacerlo, según el caso. Pero sin duda me meto en la piel del lector, y en el pasado, cuando he dudado, si he tenido problemas, a la gente a la que he recurrido para que me ayudara a comprobar alguna frase o alguna palabra o lo que fuera ha sido la gente del libro. Quiero decir que me limitaba a invocar a los personajes y a preguntarles, no sé, por esto o aquello. Y por lo general suelen ser muy cooperativos si están completamente formados y si sabes cómo se llaman. Si no lo sabes, no hablan mucho.

PREGUNTA: *Señora Morrison, ¿podría comentar el empleo de los mitos y el folclore en su literatura?*

TONI MORRISON: Lo que voy a decir no va a quedar bien, pero tengo que decirlo de todos modos. Hay infinitamente más pasado que futuro. Puede que en tiempo cronológico no, pero en términos de datos sin duda sí. Y es que en cada paso hacia atrás hay otro mundo y luego otro. El pasado es infinito. En el caso del futuro no lo sé, pero en el del pasado sí. Las leyendas, en muchísimos casos, no solo tienen que ver con el pasado, sino que también indican cómo funcionar en la época contemporánea y aluden al futuro. Así pues, para mí nunca han sido simples, jamás. He tratado de incluir las características míticas que en mi opinión han sido rasgos muy marcados de todo el arte negro, ya fuera en la música, en las narraciones, en la pintura o en cualquier otra disciplina. Sencillamente, consideraba que había que incorporarlas a la literatura negra si tenía que seguir siéndolo. No bastaba con escribir sobre los negros, porque eso puede hacerlo cualquiera. Para mí, como escritora, era importante intentar que la obra fuera irrevocablemente negra. Eso me ha exigido recurrir al folclore como punto de partida; así sucede, por ejemplo, en este libro, *Beloved*, que empezó con una historia sobre una esclava, Margaret Garner, a la que apresaron junto con sus hijos poco después de haber huido de una granja. Y en lugar de someterlos a una existencia invivible e insoportable, los mató o, mejor dicho, lo intentó. No lo consiguió y los abolicionistas prestaron mucha atención a su caso. Esa historia, junto a algunas otras cosas, me daba vueltas por la cabeza desde hacía mucho mucho tiempo. ¿Se imaginan a una esclava que no poseyera a sus hijos? ¿Que los quisiera tanto como para matarlos? ¿Se imaginan la audacia y también las recriminaciones, la mortificación, el sabotaje, el autosabotaje, de quien ama tanto que no puede soportar ver mancillado lo que ama? Es mejor verlo muerto que mancillado. Porque eres tú misma. Es la mejor parte de ti y era la mejor parte de aquella mujer. Era algo tan serio que prefería que sus hijos dejaran de existir. Y el sujeto de esa reclamación era ella misma. Eso es solo una pequeñísima parte de lo que cuenta el libro, pero era lo que tenía entre ceja y ceja, como suele decirse, cuando empecé. Así pues, en este caso en concreto comencé con un hecho histórico que integré en el mito, en lugar de hacerlo al revés.

PREGUNTA: *Señora Morrison, antes ha dicho que cuando empezó a escribir no tenía ninguna intención de ser escritora. ¿Podría explicar a qué se refería?*

TONI MORRISON: Me encontraba en una situación que no me correspondía, pero como no pensaba quedarme así mucho tiempo, no pretendía mejorarla en absoluto. Y no quería conocer a nadie; nadie me caía bien y yo tampoco les caía bien a los demás, pero me daba igual; aunque me sentía sola. Era desgraciada. Mis hijos eran pequeños y escribí un relato. Ya había escrito otro cortito antes, en las horas que podía reservarme para trabajarlo por las noches. (Bueno, los niños se acuestan a las siete si una los acostumbra. Se despiertan a las cuatro de la madrugada, pero se acuestan a las siete.) Así pues, después de acostarlos me ponía a escribir y me gustaba. Me gustaba darle vueltas. Me gustaba conseguir ese tipo de orden a partir de algo que, en mi mente, estaba desordenado. Además, tenía la impresión de que se trataba con enorme indiferencia a esa gente, a mí, a usted, a las jóvenes negras. Era como si esas personas no tuvieran vida, no existieran en absoluto en la mente de nadie, salvo periféricamente. Y cuando me puse manos a la obra, de repente fue como si la escritura fuera lo más importante del mundo. Terminar aquel primer libro me costó una eternidad: casi cinco años para escribir un librito. Como me gustaba tanto, hacía solo un trocito, ¿sabe?, y luego reflexionaba. Por aquel entonces era editora de libros de texto. Ni siquiera pretendía ser escritora y no le conté a nadie que estaba escribiendo aquel libro porque creía que me despedirían, y lo habrían hecho. Quizá no de inmediato, pero no les interesaba que me dedicara a eso. De todas formas, se sintieron traicionados. Se supone que la función de una editora es adquirir libros, no producirlos. Existe una relación de ligero antagonismo entre editoriales y autores que en mi opinión quizá funciona de un modo eficaz. Por eso no hablaba en absoluto de lo que hacía. Y no sé qué me llevó a escribir. Supongo que simplemente quería concluir el relato para disfrutar de su lectura. Pero el proceso me hizo pensar que debía repetir y me di cuenta de que así era como me apetecía vivir. Mientras escribía aquel libro me sentí muy coherente, pero aún no me consideraba escritora. Hasta que llegó mi tercera novela, *La canción de Salomón*, no empecé a decir por fin (y no por iniciativa propia, aunque me dé vergüenza reconocerlo, sino ajena): «Me dedico a esto». Había escrito tres libros. Tuve que haber terminado *La canción de Salomón* para poder pensar: «A lo mejor quiero dedicarme en exclusiva a esto». Porque hasta entonces siempre decía que era editora y además escribía libros, o que era profesora y además escribía. Nunca me definía como escritora. Jamás. Y no era solo por todos los motivos que podrían pensar. También era porque todos los escritores, en el fondo, en realidad, tienen que darse permiso para ganar. Eso es muy difícil, sobre todo para las mujeres. Tienes que darte permiso, incluso cuando ya estás en ello. Estás escribiendo todos los días, acabando libros, y aun así tienes que darte permiso. Sé de escritoras hijas de escritoras que también tuvieron que pasar por un largo proceso en compañía de alguien más (un hombre, un editor, un amigo o quien fuera) para llegar por fin al momento en que pudieran decir: «Ya está. No pasa nada». La comunidad dice que no pasa nada. Tu marido dice que no pasa nada. Tus hijos dicen que no pasa nada. Tu madre dice que no pasa nada. Al final todo el mundo dice que no pasa nada y por fin tienes el visto bueno general. Eso es lo que me sucedió: incluso en mi caso tuve que esperar a haber escrito el tercer libro para poder decirlo de verdad. Pasas por el control de pasaportes y te preguntan: «¿Profesión?». Y lo escribes en letra de imprenta: ESCRITORA.

La fuente de la autoestima

Me gustaría hablar de dos libros partiendo de lo que considero una especie de progresión producida en mi obra, hablar un poco de *Beloved* y un poco de una novela nueva, señalarles algunos de los obstáculos que me he creado al trabajar en esos libros y, tal vez, presentarles, ilustrándolas con ejemplos muy cortos de ambas novelas, algunas formas de abordar esa labor.

En una universidad pública muy muy grande alguien me dijo: «¿Sabe usted que aquí se la estudia en veintitrés clases distintas?». No se refería a veintitrés grupos de alumnos distintos, sino a veintitrés asignaturas. Aquella noticia me halagó sobremanera y también me interesó mucho, pero por otro lado me sentí algo abrumada al pensar que, bueno, dejando a un lado, digamos, la literatura afroamericana o el feminismo o, ¿quién sabe?, tal vez incluso los departamentos de Inglés y demás, ¿cómo podía haber veintitrés? Resultó que algunas eran asignaturas de Derecho y otras de Historia, y también las había de Ciencias Políticas o de Psiquiatría, de todo tipo de estudios. Y, aparte de algunas cosas evidentes que podría afirmar acerca de *Beloved*, me dio la impresión de que se había convertido en una especie de fuente multiuso sumamente útil para el discurso de distintas disciplinas, de distintos géneros y de distintos campos.

Y entonces me dije que tal vez no existía solo una sed de información, sino que el libro podía ser una especie de sustituto, de versión más íntima de la historia, y que en ese sentido resultaba útil de un modo que quizá nunca habían conocido las demás novelas que he escrito. *La canción de Salomón* no se lee así, *Sula* no se lee así, pero *Beloved* sí, y a lo mejor por eso se había propagado tanto por una universidad que podía acoger una cantidad ingente de disciplinas, géneros y propuestas. Así pues, concluí que tenía que ver con la intimidad, aunque quizá también con una especie de hatajo para llegar a la historia. Y precisamente quiero hablarles de cómo se trata la historia en *Beloved* o de cómo tuve que tratarla al escribir la novela. Y a partir de ahí, a partir de las consecuencias de la historia en ese texto narrativo, me gustaría pasar a la cultura de un período posterior, los años veinte, y ver cómo ha influido eso en la construcción de mi nueva obra, *Jazz*.

Hace algunos años, con la idea de analizar a fondo cómo se enfrenta una a algo tan imponente y tan bien documentado como la historia, y cómo puede transformarla, dejarla de lado, romper sus límites o lo que sea para crear una novela, di una charla en Tulsa, en el estado de Oklahoma, ante un público formado por bibliotecarios, vecinos, estudiantes y muchos profesores de centros de secundaria públicos y privados. Durante el coloquio posterior a la lectura y la conferencia, una de las profesoras me hizo una pregunta. Quería saber si, como autora de *Beloved*, podía darle algún consejo para explicar en clase esa novela, para la que, según señaló, no existía ninguna guía de lectura como las de la colección CliffsNotes. Lo cierto es que su pregunta me dejó bastante perpleja. Quiero decir que no me habría sorprendido si me lo hubiera preguntado un alumno, pero me desconcertó viniendo de ella, de modo que contesté: «Bueno, la verdad es que no sabría cómo explicar *Beloved* y desde luego no sabría explicarle a usted cómo hacerlo, aunque, ya que me dice que no existe una guía de CliffsNotes, quizá una de las formas de trabajar el libro en clase sería que sus alumnos la confeccionaran». Y sonrió vagamente y me miró como si no me hubiera tomado su pregunta en serio, pero fue lo mejor que pude decir dadas las circunstancias.

Y lo interesante es que más adelante, seis o siete meses después, recibí un gran paquete de aquella profesora que contenía tres ejemplares o ediciones, supongo que podrían llamarse así, de CliffsNotes. Resultó que se había tomado mi respuesta al pie de la letra y había encargado a sus mejores alumnos la confección de una guía de lectura de la novela. Los había dividido en tres grupos y cada uno de ellos había elaborado un librito con su cubierta, su prólogo, sus agradecimientos y su índice, seguidos de esos supuestos análisis tan largos que se ven en las guías de CliffsNotes. Los tres grupos habían recibido un premio, del primero al tercero, y los alumnos me mandaban las fotos de su equipo mostrando un cartel con su nombre. Y me habían escrito cartas.

Por supuesto, para hacer todo aquello habían tenido que leerse el libro con mucha atención, habían tenido que recurrir a distintas fuentes secundarias, habían tenido que establecer referencias literarias y referencias cruzadas, etcétera. En consecuencia, acabó resultando, estoy segura, un trabajo muy interesante. Leí sus cartas con suma atención. En su mayoría eran elogiosas, pero ya saben ustedes que lo maravilloso de los escolares es que no están obligados a hacer elogios y, sobre todo después de haber hecho todo aquel trabajo, se sentían con mucha autoridad y no tenían por qué elogiarme en absoluto. Así pues, me formularon preguntas que no habían podido responder de un modo satisfactorio por su cuenta. A lo que pretendo llegar es a la que resultó ser una de sus quejas principales. La que aparecía más a menudo, la que resumía en una sola idea todas las quejas que en el fondo querían expresar, era que estaban o alarmados u ofendidos por la sexualidad explícita de *Beloved*, por la franqueza con la que se describían algunas de las escenas de carácter sexual, y no entendían la necesidad de tanta claridad. Por un lado, era alentador encontrar a estudiantes que todavía se escandalizaran ante la descripción de la sexualidad, así que eso me animó bastante, pero por el otro me inquietó que nadie se hubiera sentido ofendido, confundido ni incapaz de comprender el contexto en el que se desarrolla la historia, que es la esclavitud. La sexualidad los preocupaba, pero la violencia, el atropello y el libertinaje de aquella institución ni los alarmaba ni los ofendía.

Me pareció que eso apuntaba a uno de los problemas de las novelas basadas en hechos históricos: no se cuestiona la historia. Ni se analiza de verdad ni se confronta en modo alguno que contradiga la versión dada por el historiador o incluso el novelista. Es como si se recibiera, se engullera y se aceptara. No se pone nada en duda. Y eso que, en realidad, si había escrito el libro había sido para abordar aquel período histórico desde un punto de vista completamente distinto del de la historia convencional: no en función de datos o información, sino en función de lo que pudiera provocar en el lector. Me dio la impresión de que aquellos estudiantes tan inteligentes analizaban cuanto contenía el texto con una única excepción: sus hipótesis fundamentales. Así pues, o había hecho muy bien mi trabajo o lo había hecho muy mal.

Sin embargo, en realidad el problema estribaba en la naturaleza misma de la empresa, en la naturaleza de aquel proyecto consistente en tratar de acercar un momento histórico concreto sumamente familiar y al mismo tiempo distanciador. La clave estaba en la forma de suscitar el pensamiento crítico y extraer una creación artística válida de los silencios, las distorsiones y las evasiones que se dan por sentados en la historia y al mismo tiempo expresar y vincular una historia tan cargada de emoción y tan cargada y recubierta de una aversión y una repugnancia profundas. Y supuse que todo el mundo comprendería, racionalizaría, defendería o rechazaría aquella historia. Por ello, mi trabajo como novelista era tratar de hacerla creíble y al mismo tiempo, en cierto modo, arrebatarle sus derechos. Lo que me preocupaba era aunar historia y ficción, o más bien la idea de desclavar las garras de la historia y quedarme en la palma de su mano, por así decirlo. En especial con aquel período histórico en concreto y con aquella novela en concreto.

Para seguir adelante con esta charla, me gustaría que acordáramos que en toda nuestra educación, ya sea reglada o no, en casa, en la calle o cualquier otro lado, ya sea académica o surgida de la experiencia, existe cierta progresión. Pasamos de los datos a la información y luego al conocimiento y a la sabiduría. Y separar esos factores, ser capaz de distinguirlos, es por lo general, sabiendo las limitaciones y el peligro del ejercicio de uno de ellos sin los demás y sin dejar de respetar las distintas categorías de la inteligencia, el objeto de una educación seria. Y si aceptamos la existencia de una progresión significativa, entenderán de inmediato lo desalentador que puede ser este proyecto de esbozar, trazar o construir ficción a partir de la historia, o bien que es fácil, o tentador, aceptar que los datos son realmente conocimiento. O que la información es, en el fondo, sabiduría. O que el conocimiento puede existir sin datos. Y lo fácil y lo sencillo que resulta pavonearse y disfrazarse de otro. Y la rapidez con la que podemos olvidar que la sabiduría sin conocimiento, la sabiduría sin dato alguno, no es más que una simple corazonada.

Al escribir *Beloved*, todo eso se hizo muy evidente, dado que cuestionaba los datos a mi disposición y tenía la impresión de estar plenamente informada. No necesitaba saber detalles menores, podía inventármelos con facilidad; había leído los mismos libros que ustedes sobre la esclavitud, los libros históricos como *Slavery to Freedom* ['De la esclavitud a la libertad'], *Roll, Jordan, Roll* ['Fluye, Jordán, fluye'], *Slavery and Social Death* ['Esclavitud y muerte social'], las recopilaciones de documentos de Aptheker, etcétera. Había leído *Black Family in Slavery and Freedom* ['La familia negra en la esclavitud y la libertad'] de Gutman, pero sobre todo conocía las autobiografías de los propios esclavos y, en consecuencia, contaba con información de primera mano de gente que había vivido aquella situación en su propia piel. Si a eso suman mi intuición personal se darán cuenta de la forma que tomó mi confianza y la trampa a que me condujo, esto es, a confundir datos e información, conocimiento y corazonadas, etcétera. Estaba convencida de que sabía muchísimo sobre el tema. Y esa arrogancia fue el primer obstáculo.

Lo que necesitaba era imaginación que respaldara los hechos, los datos, sin dejar que me abrumaran. Imaginación que personalizara la información, que la volviera íntima sin ofrecerse como sustituta.

Si podía depender de la imaginación para eso, se abría la posibilidad del conocimiento. La sabiduría, por descontado, no la abordaba: la dejaba en manos de los lectores.

Así pues, me apropié de una vida histórica, la de Margaret Garner, a partir de un artículo de prensa entre fiable y no fiable y no investigué más sobre aquella mujer, pero sí, y mucho, sobre lo que la rodeaba. Entre otras cosas, acerca de la situación en aquella parte del país entre 1865 y 1877, durante el período de reconstrucción posterior a la guerra de Secesión, de modo que no faltara ningún detalle. Sin embargo, también era consciente de que, al abordar aquellos acontecimientos históricos, algo del proceso de imaginación estaba relacionado con el hecho de que, en el artículo, el pastor que la entrevistaba y contaba su historia con buena dosis de estupefacción se negaba a juzgarla. Se reservaba su opinión. Y esa fue más o menos la reacción de todo el mundo: aunque mucha gente escribió duros artículos de fondo en los que, entre otras cosas, se criticaba la ley que regulaba la captura de los esclavos huidos, existía esa especie de rechazo a juzgar. Y ese dato concreto me parecía fundamental; esa incapacidad para juzgar lo que había hecho aquella mujer. Reservarse la opinión, negarse no a saber, sino a sacar conclusiones. Ahí podía tener el embrión de algo.

¿Por qué no juzgarla? Todos los demás lo habían hecho. Sus actos eran, sin duda, atroces. Eso era un juicio. Era inadmisible, evidentemente. Lo que había hecho era espeluznante. Monstruoso. Pero lo más interesante era que, pese a ser algo espeluznante, pese a ser algo monstruoso, horrendo e inhumano, no era ilegal. En absoluto. La ley no reconocía la relación de parentesco, de modo que no había ningún supuesto legal que lo contemplara. A Margaret Garner no la acusaron de asesinato; la acusaron de lo que la ley podía aplicar en su caso, lo que la ley podía juzgar, lo que consideraba «ilícito», es decir, el robo de una propiedad.

A partir de ahí me dije: «Bueno, si la ley no está dispuesta a juzgarla moralmente y su suegra tampoco puede juzgarla, ¿quién puede? ¿Quién está en situación de condenarla, decididamente, por el acto que los tribunales ni siquiera admiten como merecedor de imputación?». Era necesario que el dedo acusador tuviera mucha fuerza si Margaret Garner debía hacerle caso. Y solo podía pertenecer, por descontado, a su hija, a la hija que había podido matar (con éxito, si la palabra tiene sentido) antes de que la apresaran. Aunque la idea de adentrarme en ese terreno no despertaba en mí ni ganas ni entusiasmo, pensé: «Bueno, si ella pudo hacer lo que hizo, supongo que yo podría intentar imaginármelo, planteármelo, y ver qué pasaría al introducir en el texto a la hija muerta». Y, por descontado, lo que sucedió fue que ese factor lo desestabilizó todo, reformuló su propia historia y luego cambió el lenguaje por completo.

El otro problema de la empresa (que se sumaba al tratamiento de hechos históricos, al bosquejo o la trama de la vida de Margaret Garner y a mis modificaciones para adaptarla a mis propósitos) era el de la esclavitud. Para mí habría sido maravilloso que Margaret hubiera cometido aquel acto en otra época, por ejemplo hace diez años, porque habría podido abordarla sin problemas, pero lo cierto era que había sucedido durante la esclavitud. Así pues, la pregunta era: «¿Cómo acometer algo así? ¿Cómo adentrarse en esa circunstancia sin someterse a ella? Sin convertirla en el tema principal de la novela, dejando a un lado a los propios esclavos». El problema era cómo alejar el poder de la imaginación, el control artístico, de la institución de la esclavitud para situarlo donde le correspondía, en manos de los individuos que la conocían, que desde luego la conocían mejor que nadie: los esclavos. Y al mismo tiempo, sin arrinconarla y sin menospreciar su horror. Y es que el problema es siempre la pornografía. Es muy fácil escribir sobre algo así y meterse en la piel de un voyeur, en cuyo caso la violencia, las monstruosidades y el dolor y el sufrimiento acaban convirtiéndose por sí mismos en el pretexto de la lectura. Existe una especie de placer en la contemplación del sufrimiento ajeno. No quería entrar en ese terreno y resultaba difícil (difícil e importante) descubrir dónde estaban los límites, dónde parar y cómo obtener una respuesta visceral e intelectual sin caer en las redes de esa institución y hacer de ella su propio pretexto para existir. No quería adentrarme en esa maldad y conferirle una autoridad que no merecía, conferirle un prestigio que no tenía en absoluto; quería devolver el mando a los esclavos, que siempre habían sido bastante anónimos, o personajes planos, me parecía, en gran parte de la producción literaria, cuando no en toda.

Había, por descontado, tres o cuatrocientos años que analizar con detenimiento, lo cual fue sin duda una lección de humildad. Descubrí que la documentación en sí (lo histórico) era abrumadora. Demasiado voluminosa, demasiado horripilante, demasiado investigada, demasiado antigua, demasiado reciente, demasiado defendida, estaba demasiado racionalizada, estaba demasiado excusada, demasiado refutada, era demasiado conocida y demasiado desconocida, y también apasionada y demasiado esquiva. Y si lo que pretendía era explicar otros tipos de opresión, como la de la mujer, también era demasiado apropiada.

En consecuencia, sabía que me encontraba ante un terreno ya sobreexplotado y al mismo tiempo infraexplotado; atractivo en un sentido malsano y repugnante, oculto y reprimido en otro. Lo que me hacía falta, pues, para abordar lo que se me antojaba ingobernable era algún detalle, algo concreto, alguna imagen procedente del mundo de lo concreto. Algo doméstico, algo de lo que en cierto modo pudiera depender todo el libro, que dijera cuanto quería decir en términos muy humanos y personales. Y para mí esa imagen, ese algo concreto, fue el freno.

Había leído referencias a ese objeto que se metía en la boca. Los relatos de esclavos se parecían mucho a las novelas del siglo XIX, ya que había determinadas cosas en las que no ahondaban, pero también, dado que se dirigían a un lector blanco al que querían convencer de que se hiciera abolicionista o de que cumpliera una labor de tipo abolicionista, no profundizaban en ciertos aspectos, no dedicaban mucho tiempo a contarle a ese lector lo terrible que era todo.

Sus autores no querían insultar a nadie, necesitaban el dinero de la gente a la que se dirigían y por eso creaban un relato optimista: «Nací, fue horroroso, salí de allí y todavía hay gente en esa situación a la que usted debería ayudar a rescatar». No se detenían a explayarse demasiado; había muchas insinuaciones y muchas referencias, pero nada explícito que quedara al descubierto. Así, a veces una podía leer que Equiano entraba en una cocina en Nueva Inglaterra, veía a una mujer cocinando con esa cosa metida en la boca y le preguntaba: «¿Qué es eso?». Y alguien contestaba: «Oh, es un freno». Y él decía: «Nunca había visto nada tan horrible en la vida», y a continuación se iba y no volvía a mencionarlo. Después había visto muchas referencias, por ejemplo, algunas anotaciones, algunas anotaciones muy concretas del diario de William Byrd, escrito en Virginia a principios del siglo XVIII, entre 1709 y 1712. Sus editores lo describían como «el caballero más refinado y elegante de Virginia, [...] un amo bondadoso [que] en algunas de sus cartas lanzaba invectivas contra los brutos que maltratan a sus esclavos».

8 de febrero: *Jenny y Eugene azotados.* Abril: *Anaka azotada.* Mayo: *La señora Byrd ha azotado a la nodriza.* Mayo: *Moll azotada.* Junio: *Eugene* [que era un niño pequeño] *azotado por escaparse; se le coloca el freno.* Septiembre: *Apaleo a Jenny.* Septiembre: *Jenny azotada.* Septiembre: *Apaleo a Anama.* Noviembre: *Eugene y Jenny azotados.* Diciembre: *Eugene azotado ayer por no hacer nada.* Luego, al año siguiente, en julio: *La negra ha vuelto a escaparse con el freno puesto.* De nuevo en julio: *Encontrada la negra y atada posteriormente, pero por la noche ha vuelto a escaparse.* Siete días después: *En contra de mi voluntad, mi mujer ha hecho que se quemara a la pequeña Jenny con una plancha caliente.* Al mes siguiente: *He tenido una fuerte riña con la pequeña Jenny y la he apaleado en exceso, de lo que me arrepiento.* El mismo mes: *Eugene y Jenny apaleados.* Octubre: *He azotado a tres esclavas.* Noviembre: *La negra ha vuelto a escaparse.*

Hay tres o cuatro páginas más así. Y es cierto que, en comparación con otras conductas, la de Byrd no estaba tan mal. Sin embargo, las dos referencias al freno, que el autor en ningún caso explica o describe, eran similares a muchas otras que ya había leído. Me costó mucho dar con detalles de ese artilugio, imágenes, descubrir qué aspecto tenía, para qué servía, etcétera. Fue dificilísimo, pero al final tuve mucha suerte, en cierto modo: encontré varias ilustraciones.

No obstante, en última instancia me pareció que en realidad no era necesario describirlo. Si hubiera contado exactamente cómo era y hubiera hallado las palabras para explicar con exactitud qué aspecto tenía, habría dado al traste con lo que pretendía. Bastaba con indicar que no podían encargarse a un almacén, que había que hacerlos en casa. Bastaba con saber que aquel invento (aquella cosa hecha a mano) no era restrictivo, en el sentido de que no era como una picota, la cual impedía trabajar. Con el freno tenías que seguir trabajando. Es importante saber que no solo se utilizaba con esclavos, sino también con muchas mujeres blancas, que supongo que a veces necesitaban, o alguien creía que necesitaban, el mismo tipo de correctivo. El freno es simplemente algo que se mete en la boca y hace daño, me imagino, es molesto, pero ¿saben qué provoca? Obliga a callar. No se puede mover la lengua. Y en el caso de las mujeres, ya lo sabemos, eso debía de ser un instrumento de tortura primordial.

No describirlo técnica y físicamente adquirió más importancia, porque yo quería que siguiera siendo indescriptible pero no desconocido. Así, lo fundamental era explicar no cómo era, sino su sensación y su significado desde un punto de vista personal. Y en eso había un paralelismo con mi actitud ante la historia, ante la institución de la esclavitud, mejor dicho: no quería describir qué aspecto tenía, sino qué sensación y qué significado encerraba. En consecuencia, eliminé todos los datos de la documentación que había leído (São Paulo, el *Harper's Weekly*, Equiano y los diarios de esclavistas) y traté de formar un lenguaje que nos ayudara a conocer aquello a mí y, esperaba, al lector. A conocerlo, sin más. En ningún momento de *Beloved* se describe el artilugio, pero esto es lo que escribí cuando decidí intentar que se conociera a fondo o reflejar una idea de la sensación o el significado que encerraba.

En este momento de la historia, en este breve pasaje, Sethe ha descubierto que su marido probablemente no llegó a abandonar aquella granja, Sweet Home, y debió de ver lo que le pasaba a ella, según cree Paul D. Cuando este se lo cuenta, Sethe se enfurece y pretende que este le diga por qué, si vio a su marido derrumbado, no lo ayudó, por qué no le dijo nada, por qué se marchó sin más sin decir nada, y él le contesta que no podía porque tenía una cosa en la boca. Al final, ella le pide no que hable de lo que siente sobre su marido, su exmarido, sino que le cuente lo que pasó él.

«Quiere decírmelo —pensó Sethe—. Quiere que le pregunte cómo fueron las cosas para él... Lo ultrajada que se siente la lengua apretada por un hierro, la profunda necesidad de escupir que te hace llorar.» Ella ya lo sabía, lo había visto repetidas veces en la casa anterior a Sweet Home. Hombres, chicos, niñas, mujeres. El frenesí que asaltaba el ojo en el momento en que los labios tironeaban hacia atrás. Días después de quitarlo había que frotar grasa de ganso en las comisuras de los labios, pero no había nada que aliviara la lengua ni anulara el frenesí del ojo.

Sethe levantó la mirada hasta los ojos de Paul D para ver si le habían quedado rastros.

—La gente que vi de niña y que había tenido puesto el freno parecía frenética. Ningún remedio funcionaba, porque marcaba un frenesí donde antes no lo había. Pero te miro a ti y no lo veo. No hay frenesí en tus ojos.

—Hay una forma de ponerlo y hay una forma de quitarlo. Conozco las dos y todavía no sé qué es peor.

Se sentó a su lado. Sethe lo miró. Bajo aquella luz opaca el rostro de Paul D, cobrizo y reducido a huesos, ablandó su corazón.

—¿Quieres contármelo? —le preguntó.

—No sé. Nunca lo he contado. A nadie. A veces lo he cantado, pero no lo he hablado con nadie.

—Adelante. Soy capaz de oírlo.

—Es posible. Quizá tú puedas oírlo. Pero yo no estoy seguro de poder decirlo. Me refiero a decirlo bien, porque no se trataba del freno... No era eso.

—¿Qué era, entonces? —quiso saber Sethe.

—Los gallos —dijo él—. Pasar junto a los gallos y mirar cómo me miraban.

Sethe sonrió.

—¿En aquel pino?

—Sí. —Paul D sonrió con ella—. Debía de haber cinco posados allí, y como mínimo cincuenta gallinas.

—¿También estaba Mister?

—Al principio, no. Pero no había dado veinte pasos cuando lo vi. Bajó por el poste de la valla y se posó en la tina.

—Le encantaba esa tina —dijo Sethe al tiempo que pensaba: «No, ahora no hay modo de parar».

—¿Verdad que sí? Como un trono. Fui yo quien lo sacó del cascarón, ya sabes. De no ser por mí habría muerto. La gallina se había alejado con todos los polluelos detrás. Pero quedó un huevo. Parecía vacío, pero lo vi moverse, le di unos golpecitos para abrirlo y apareció Mister, con las patas torcidas. Vi crecer a ese cabrón y tragarse todo lo que había en el patio.

—Siempre fue detestable —comentó Sethe.

—Sí, era detestable. Un puñetero malvado. Las patas torcidas y aleteando. Una cresta grande como mi mano y encarnada. Se posó en la tina y me miró. Te juro que sonrió. Yo tenía la cabeza ocupada con lo que había visto de Halle poco antes. Ni siquiera pensaba en el freno. Solo en Halle y antes en Sixo, pero cuando vi a Mister supe que también era yo. No solo ellos, yo también. Uno chiflado, uno vendido, uno desaparecido, uno quemado y yo lamiendo hierro con los brazos sujetos a la espalda. El último de los hombres de Sweet Home.

»Mister parecía tan... libre. Mejor que yo. Más fuerte, más duro. El malparido ni siquiera consiguió salir por su cuenta del cascarón, pero era un rey, y yo...

Paul D se interrumpió y se apretó la mano izquierda con la derecha. La retuvo el tiempo suficiente para que la mano y el mundo se serenaran y le permitieran seguir adelante.

—A Mister se le dejó ser lo que era y estar donde estaba. Pero a mí no se me permitió ser lo que era y estar donde estaba. Incluso si lo cocinaras, estarías cocinando a un gallo llamado Mister. En cambio yo nunca volvería a ser Paul D, ni vivo ni muerto. Maestro me cambió. Yo era otra cosa y esa otra cosa era menos que un gallo tomando el sol posado en una tina.

Sethe le puso una mano en la rodilla y frotó.

Paul D solo había empezado. Lo que le estaba contando solo era el principio cuando sus dedos sobre las rodillas, suaves y tranquilizadores, lo hicieron callar. Daba igual. Daba igual. Agregar algo podía llevarlos a ambos a un sitio sin retorno. Guardaría el resto en el lugar que le correspondía: la lata de tabaco enterrada en su pecho, donde antes latía un corazón rojo. Con la tapa oxidada. No la abriría ahora, delante de aquella mujer dulce y fuerte, pero si ella olía su contenido, él se avergonzaría. Y a ella le dolería saber que dentro de él no latía un corazón rojo brillante como la cresta de Mister.[86]

Cuando me aparté de aquel proyecto, que consideraba algo incompleto, empecé a pensar en otro aspecto importante de la vida en Estados Unidos que también era sumamente importante para la vida de los afroamericanos y sobre el que quería escribir, pero en esa ocasión el problema no estribaba en cómo abordar factores históricos, sino en cómo abordar factores culturales. No se había escrito demasiada historia sobre los años veinte, el período que yo denomino «jazz» o que denominamos «jazz». Había aparecido una cantidad enorme de libros, una cantidad enorme de películas, una cantidad enorme de imágenes, una cantidad enorme de todo, pero la idea de lo que había sido aquella cultura seguía siendo un ente inmenso, potente y amorfo.

Si digo la palabra «jazz», estoy segura de que piensan en algo, en algo muy concreto o quizá en algo menos definido, tal vez solo en la música, en un tipo de música determinado. Si sigo insistiendo en la idea de la música jazz, no sé, podrían aparecer algún pasaje o un músico o un arreglo o una canción o algo, o quizá simplemente los clubes, la radio, una idea cualquiera. Los lugares en los que se tocaba esa música determinada que denominamos «jazz». O a lo mejor simplemente el hecho de que ese estilo musical en particular les guste, les disguste o les resulte indiferente. Con independencia de lo que piensen de esa música, la palabra «jazz» tiene como trasfondo el recuerdo, o incluso el rasgo principal de su memoria o de su asociación, de que el jazz es una música que tocan los negros, o que crearon o a la que dieron forma, pero no la tocan ni la disfrutan en exclusiva ellos, al menos no es así hoy ni lo ha sido durante mucho mucho tiempo. Y está también el hecho de que la apreciación del jazz es uno de los pocos dominios en que resulta posible cierta superación de la raza o una fusión que supera la raza. Eso no significa que no hubiera explotación, pero incluso esa explotación era posible solo por el interés, la pasión y la fusión surgidos del jazz, que tuvieron lugar interracialmente, por así decirlo.

En los diccionarios, las definiciones de «jazz» suelen recoger tres o cuatro acepciones relacionadas con la música: hablan de su origen en Nueva Orleans hacia el inicio del siglo XX y luego por lo general pasan a describir la música con términos muy interesantes. «Irrefrenable», por ejemplo, se utiliza mucho. «Compleja.» «Improvisada con libertad.» Y después, en ocasiones, trazan la trayectoria del jazz desde el diatonismo hasta el cromatismo y hasta la atonalidad, para luego enumerar otras acepciones en las que el jazz no es música, sino un tipo de baile al son de esa música y con algunas de las características de esa música. Pero se distingue por los gestos y los movimientos «violentos». A continuación, siguen las definiciones de jerga, puesto que en inglés la palabra alude a términos como «vigoroso», «vivacidad», «animado» e «insinceridad», «exageración» o «afectación». Y luego «todo ese jazz» quiere decir «todas esas otras cosas»: «No me vengas con todo ese jazz». No sé, a veces no hace falta prestar atención porque todo es una exageración, pero algo que es *jazzy* es sumamente energético y terriblemente activo.

No creo que a nadie le hagan falta esas definiciones de diccionario para aclarar las ideas, dado que uno de los atractivos del término es su asociación imprecisa con la energía y la sensualidad. Y la libertad. Y la liberación. Y la complejidad. Todo eso. Todo en el marco de una música reconocible que crearon y a la que dieron forma los negros. Personalmente, no suelo pensar en la música en primer lugar, pero de las muchas imágenes que podrían surgir, una correspondería a un período histórico reciente, los años veinte, lo que se conoce como la «era del jazz». Y junto al concepto podría ir el sonido de la música, dado que influyó en aquella época o en la generación que vinculamos a aquella época o que le sirvió de telón de fondo. Al hablar de la «era del jazz» evocamos imágenes más concretas: la ley seca, un cambio en la moda que fue inquietante y bastante apasionante en algunos aspectos, el pelo corto y las faldas con las que las mujeres podían andar, trabajar y moverse sin dificultad. Y bailar. Además, se alude asimismo, en cierto modo, a la despreocupación, al libertinaje y a la sexualidad.

Por otro lado, si doblegamos la era del jazz según acabo de describirla para adaptarla a intereses más literarios, establecemos la asociación con escritores que alcanzaron la madurez, que empezaron e hicieron algo maravilloso o que tuvieron algún tipo de influencia o de fama en los años veinte y principios de los treinta, y empezamos a pensar en las maravillosas poesías, obras de teatro y novelas de todo un grupo de artistas de Estados Unidos posteriores a la Primera Guerra Mundial: Dos Passos, Fitzgerald, Hemingway, Stein y Pound y, bueno, ya conocen esa lista y les resulta familiar, pero también son familiares toda la constelación de cosas y de personas, el tono, la música y la historia evocados por la palabra «jazz», y todo eso se considera puramente estadounidense. Es una actitud puramente estadounidense. Y apunta a una modernidad que en este país se mantuvo y se mantuvo y se mantuvo hasta que llegó algo posterior a la modernidad, y luego, claro, algo posterior y luego algo más.

Es un fenómeno cultural estadounidense y, como tal, es más que ninguna de las definiciones o connotaciones que he mencionado. En realidad es un concepto. Y en calidad de escritora me resulta interesante porque rebosa contradicciones. Es estadounidense, indiscutiblemente estadounidense, y al mismo tiempo marginal desde un punto de vista étnico. Es negro y es libre. Es complejo y es desenfrenado. Es espontáneo y es ensayado. Es exagerado y es sencillo. Se reinventa sin cesar, siempre es nuevo, pero al mismo tiempo familiar y conocido. Vaya adonde vaya una en el mundo, si menciona el jazz la gente contesta: «Ah, sí, sí. Me acuerdo». O: «Lo entiendo». O: «Lo conozco». Y no sé si piensan en Josephine Baker o en qué, pero dicen: «Ah, sí, sí. El jazz. Lo conozco». Se entiende de inmediato que todas las explicaciones son superfluas.

Bueno, he tenido muy presentes esas contradicciones porque pretendía reflexionar con detenimiento sobre otros conceptos relacionados con esa transición tan sumamente importante, en mi opinión, una transformación de la historia de los afroamericanos y en gran medida de la historia de este país. Mi planteamiento era no abordar la historia, sino la cultura del jazz, que es mucho más indescriptible y vaporosa, y pretendía desmitificar y revalorizar la idea del jazz. Y hacerlo desde una óptica previa a su apropiación (ya me entienden, el momento en que pasó a ser de cualquiera, de todo el mundo) que reculturiza y desculturiza esa idea.

Esa visión, esa contemplación de un período determinado de la vida negra, forma parte de una labor bastante prolongada que empecé con *Beloved* y que supone analizar el amor propio en términos tanto de raza como de género y ver cómo evoluciona ese amor propio o cómo se distorsiona, se desarrolla o se derrumba y en qué circunstancias. En *Beloved* lo que me interesaba era qué contribuía de un modo más significativo al amor propio de una mujer esclava. ¿Qué autoestima tenía esa mujer? ¿Qué valor se daba a sí misma? Y me convencí, con la investigación como apoyo a mi corazonada, a mi intuición, de que para ella lo importante era su identidad como madre, su capacidad de ser exactamente lo que la institución decía que no era y seguir siéndolo. Después de la esclavitud, en el período de la reconstrucción y con posterioridad, por muy difícil que resultara funcionar como madre con control sobre el destino de los propios hijos, no dejaba de ser, por descontado, una responsabilidad legal. Así pues, esa era para Margaret Garner o para Sethe la fuente de la autoestima. Y está exagerado porque es así de importante, así de ajeno, así de extraño y así de vital. Pero, cuando Sethe se pregunta «¿Yo? ¿Yo?»[87] al final de *Beloved*, es un avance real hacia un reconocimiento de la autoestima.

De todos modos, tengo la impresión de que la respuesta a su pregunta se presentó o estuvo disponible una o dos generaciones después, cuando pudo alcanzarse la posibilidad de la libertad personal, así como de la libertad interior, imaginativa (no la libertad política o económica, ya que esas seguían estando lejos, por mucho que hubiera habido algunos cambios). Así pues, me pareció que, aunque la información histórica, los datos de los historiadores tradicionales, documentaba y negaba ese cambio en la vida y la cultura negras, la información que tenía a mi disposición gracias a los indicadores culturales apuntaba a alteraciones de las formulaciones y las fuentes de la autoestima. Para mí, la música, sus letras y sus intérpretes marcaban, en primer lugar, ese cambio cultural. Los movimientos, las migraciones de las zonas rurales a las urbanas, encerraban otro tipo de información. La literatura, la lengua, la costumbre, la postura: todo eso era lo que iba a analizar.

Tenía la sensación de que los años veinte, con el nacimiento de aquel arrollador lenguaje del jazz, eran una época tan diferenciada precisamente por ese cambio. La era del jazz fue un período en que la gente negra intervino de forma activa en el mundo cultural. Y esa intervención, que pasó inadvertida en términos económicos y políticos, es lo que determina mi proyecto. Y todos los términos que he mencionado antes («resistencia», «violencia», «sensualidad», «libertad», «complejidad», «invención» e «improvisación») se insinuaban en la expresión de la palabra «jazz» en un sentido amplio. Las relaciones amorosas subjetivas, exigentes y profundamente personales. El único lugar que los afroamericanos podían dominar y ceder por elección. Donde no se casaban con quien elegían para ellos o con quien vivía unas casas más allá o en la de al lado. Donde podían ejercitar la más amplia elección posible, al decidir enamorarse. Al reivindicar a otro como el ser amado. No por relaciones de consanguineidad ni por proximidad, sino porque era algo propio, fortuito y predestinado, pero no predecible.

Y donde esa autoafirmación, esa intervención creativa, me parecía más evidente era en la música, el estilo y la lengua de aquella época posterior al período de la reconstrucción que representaba una transición y una transformación. ¿Saben una cosa? Al igual que una vida dedicada a llenar sacos de harina o a la monótona y aburrida recogida del algodón despierta una sed, un anhelo desesperado de color y estampados, de colores primarios e intensos, lo mismo sucede tras cientos de años de emparejamientos forzados, de matrimonios decretados, de permisos para poder unirse a otra persona, de tener que tomar medidas drásticas y extraordinarias para mantener unida a una familia, para vivir como una familia, y todo eso entre enormes tensiones, con muy pocos indicios de que algo fuera a cambiar un día. Si se daba a los esclavos la más mínima esperanza de que podrían quedarse a sus hijos, era posible obligarlos a hacer cualquier cosa, a soportar cualquier cosa. Hacían lo que fuera. Todo impulso, todo gesto, todo lo que hacían era para salvar a sus familias.

Pues bien, con esas presiones históricas, el deseo de elegir pareja y el deseo de amor romántico funcionaban como un lugar, un espacio, apartados de la reclamación individual del yo. Eso conforma una parte, quizá la mayor parte, sin duda una parte importante, de la reconstrucción de la identidad. Parte de ese yo tan tímidamente articulado en *Beloved*. Eso es lo que tiene que descubrir Sethe. Eso explica la satisfacción en las letras o el fraseo del blues, da igual si la relación lleva a buen puerto o no (y la mayoría de las veces no es así). Por lo general, en esas letras alguien se ha marchado y no va a volver o algo terrible ha sucedido y no volveremos a ver a la persona amada. No importa si el sentimiento es mutuo o no, si el ardor por el ser amado es correspondido o no: quien ama, quien canta, ya ha conseguido algo, ha logrado algo con el simple acto de haberse enamorado. Resulta imposible oír ese grito del blues sin reconocer en él la resistencia, la grandiosidad y la diligencia que con frecuencia disfrazan el lamento del amor desengañado.

Tal vez esa diligencia, esa confianza en uno mismo aún más enérgica surgida de lo que llamamos «jazz», que recurre a todos esos gestos, sea la fórmula para que el compromiso se transforme en reconciliación. Así es también como la imaginación fomenta posibilidades reales: lo que no se puede imaginar no se puede tener. Y hay una tercera cosa que surge donde puede haber habido desesperación o incluso donde el pasado conservaba su integridad y se negaba a desaparecer. Y esa tercera cosa que el jazz crea y que se crea en esos espacios e intersecciones de la raza y el género es lo que me interesa y lo que me ha influido y me ha empujado a escribir este libro titulado *Jazz*. Me gustaría leer solo un par de páginas a modo de ilustración de ese gesto de elección y de amor:

Es bonito que unas personas adultas se hablen en susurros bajo la colcha. Su éxtasis es el suspiro de un pétalo, nunca el rebuzno de un asno, y el cuerpo es el medio, no el fin. Anhelan, los adultos, algo que está más allá, más allá y muy muy hundido por debajo del tejido. Mientras susurran recuerdan las muñecas de feria que ganaron y los barcos de Baltimore en que no navegaron nunca. Las peras que dejaron colgar de la rama porque si las cogían desaparecían de allí

¿y quién más gozaría de aquellos frutos maduros si ellos se las llevaban para su exclusivo provecho? ¿Cómo podrían, quienes pasaran por el lugar, verlas e imaginar para sus adentros cuál sería su aroma? Respirando y murmurando bajo la colcha que ambos han lavado y colgado a secar, en una cama que eligieron juntos y juntos han conservado sin que importe que una pata se apoye sobre un diccionario de 1916 a manera de cuña y cuyo colchón, curvado como la palma de la mano de un predicador que pide testimonio en nombre de Dios, los ha acogido cada noche, todas las noches, y ha envuelto su susurrante y antiguo amor.

Están debajo de la colcha porque ya no tienen que mirarse; no hay ya ojos de semental ni mirada de hembra casquivana que los trastornen. Están cada uno dentro de la mente del otro, unidos y atados por las muñecas de feria y los navíos que zarparon de puertos que ellos no llegaron a ver. Esto es lo que hay debajo de sus murmullos confidenciales.

Pero hay también otra parte no tan secreta. La parte que hace que se rocen los dedos de ambos cuando uno pasa la taza o el platillo al otro. La parte que cierra el broche del escote de ella mientras esperan la llegada del tranvía; y que sacude con la mano alguna mota de su traje de sarga azul cuando salen del cine a la luz del atardecer.

Yo envidio su amor público. Yo misma solo lo he conocido en secreto y he deseado con ansia, oh, con qué ansia, exhibirlo, poder decir en voz muy alta lo que ellos no necesitan ni decir. Que te he amado únicamente a ti, que he entregado todo mi ser atolondrado a ti y a nadie más. Que quiero que tú también me ames y me lo demuestres. Que adoro la forma en que me abrazas, lo cerca de ti que me dejas estar. Me gustan tus dedos que se mueven y vuelven a moverse, levantando, volviendo, revolviendo. He mirado tu cara durante muchísimo tiempo y echaba de menos tus ojos cuando te alejabas de mí. Hablarte y escuchar tu respuesta: ahí está el cosquilleo del placer.

Pero esto yo no puedo decirlo en voz alta; no puedo contarle a nadie que llevo esperándolo toda mi vida y que haber sido elegida para esperar es precisamente la razón de que me haya sido posible esperar tanto. Si fuera capaz te lo diría. Diría que me creas, que me recreases. Eres libre de hacerlo y yo soy libre de permitírtelo porque mira, mira. Mira dónde están tus manos. Ahora.[88]

Rememorar

Albergo la sospecha de que mi dependencia de la memoria como detonante fidedigno es más angustiosa que en la mayoría de los autores de narrativa, y no porque yo escriba (o quiera escribir) de un modo autobiográfico, sino porque tengo una aguda conciencia de que escribo en una sociedad completamente racializada que puede poner trabas a la imaginación y de hecho se las pone. Etiquetas que designan la centralidad, la marginalidad o la minoría, gestos de culturas y herencias literarias apropiadas y apropiadoras, presiones para adoptar una postura: todo eso emerge cuando me leen o me critican y cuando redacto. Es un estado intolerable e inevitable al mismo tiempo. Me hacen preguntas que es inconcebible plantear a otros escritores: «¿Cree que algún día escribirá sobre los blancos?», «¿No es terrible que la llamen "escritora negra"?».

Anhelaba una imaginación con las mínimas trabas y el máximo de responsabilidad. Quería moldear un mundo al mismo tiempo concentrado en una cultura y liberado de la raza. Y todo ello se me antojaba un proyecto repleto de paradojas y contradicciones. Los escritores occidentales o europeos creen o pueden decidir creer que su obra es por naturaleza ajena a la raza o que trasciende la raza. Que sea cierto o no ya es otra historia; lo importante es que el asunto no los preocupa. Pueden dar por sentado que es cierto porque el «racializado» es el otro, no el blanco. O eso asegura la sabiduría convencional. La verdad es, por descontado, que todos estamos «racializados». Persiguiendo esa misma soberanía, tuve que concebir mis proyectos novelísticos de una forma que, esperaba, nos liberase a mí, a la obra y a mi capacidad de escribirla. Tenía tres opciones. Uno, podía prescindir de la raza por completo, o intentarlo, y escribir sobre la Segunda Guerra Mundial o sobre un conflicto doméstico sin hacer referencia a ese aspecto. Claro que con eso borraría un factor sumamente influyente en mi existencia y mi inteligencia, aunque no el único. Dos, podía ser una observadora fría y «objetiva» y dedicarme a escribir sobre el conflicto o la armonía raciales. Sin embargo, en ese caso me vería obligada a ceder el papel protagonista a ideas recibidas sobre la jerarquía existente y el tema sería en todo momento y para siempre la raza. O tres, podía adentrarme en un nuevo terreno: encontrar un modo de liberar mi imaginación de las imposiciones y limitaciones de la raza y explorar las consecuencias de su centralidad en el mundo y en la vida de la gente sobre la que ansiaba escribir.

Lo primero fue esforzarme en sustituir la historia por la memoria, de fiarme más de la segunda que de la primera, pues sabía que no podía, que no debía, confiar en la historia documentada si quería adentrarme en la especificidad cultural que perseguía. En segundo lugar, decidí reducir, excluir e incluso marginar toda deuda (explícita) a la historia literaria occidental. Ninguno de los dos empeños ha tenido un éxito absoluto, aunque tampoco debería haber recibido parabienes en caso de que hubiera sido así. No obstante, intentarlo me parecía importantísimo. Comprenderán lo descabellado que habría sido para mí fiarme de Conrad, de Twain, de Melville, de Stowe, de Whitman, de Henry James, de James Fenimore Cooper o, ya puestos, de Saul Bellow, de Flannery O'Connor o de Ernest Hemingway en la búsqueda de información sobre mi propia cultura. Y habría sido igual de estúpido, además de devastador, fiarme de Kenneth Stampp, de Lewis Mumford, de Herbert Gutman, de Eugene Genovese, de Moynihan, de Emerson o de cualquiera de esos sabios de la historia de Estados Unidos en las pesquisas destinadas a instruirme sobre los asuntos que estudiaron. No obstante, existía y existe otra fuente a mi disposición: mi propia herencia literaria de relatos de esclavos.

Para una entrada imaginativa en este territorio, insté a la memoria a metamorfosearse en la clase de asociaciones metafóricas e imagísticas que describía al principio de esta charla con Hannah Peace.

Sin embargo, escribir no es simplemente recordar o rememorar, ni siquiera tener una epifanía. Es hacer: crear una narración impregnada (en mi caso) de rasgos culturales legítimos y auténticos.

Con actitud atenta y rebelde ante las expectativas y las imposiciones culturales y raciales que mi ficción pudiera fomentar, consideré importante no revelar (es decir, reforzar) una realidad (literaria o histórica) preestablecida que el lector y yo acordáramos de antemano. No podía, sin implicarme en otra clase de proceso cultural totalizador, asumir ni ejercer una autoridad de ese tipo.

A pesar de todo, en mi caso fue con *Beloved* cuando todas esas cuestiones confluyeron de un modo nuevo y trascendental. La historia frente a la memoria y la memoria frente a la ausencia de memoria. Rememorar como recuperar y recordar como reunir los miembros dispersos del cuerpo, la familia, la población del pasado. Y fue esa lucha, la batalla campal entre el recuerdo y el olvido, lo que acabó siendo el mecanismo de la narración. El esfuerzo simultáneo para recordar y no saber se convirtió en la estructura del texto. En el libro, nadie soporta ahondar demasiado en el pasado; nadie puede eludirlo. Los personajes no cuentan con una historia literaria, periodística o académica fiable que los ayude, puesto que viven en una sociedad y un sistema en que los conquistadores son quienes escriben el relato de su vida. Se habla de ellos y se escribe sobre ellos: son objetos y no sujetos de la historia. Por consiguiente, reconstituir y recordar un pasado utilizable no es solo la principal preocupación de los protagonistas (Sethe, para saber lo que le sucedió y para no saberlo, con el fin de justificar la violencia que cometió; Paul D, para mantenerse inmóvil y ser consciente de lo que ha contribuido a construir su yo; Denver, para desmitificar su nacimiento y penetrar en el mundo contemporáneo en el que se resiste a participar), sino también la estrategia narrativa a la que recurre el argumento para abordar la tensión surgida al apelar a la memoria, su inevitabilidad, las posibilidades de liberación existentes dentro del proceso.

[Lectura.]

En las últimas páginas, la memoria es insistente, pero deviene la mutación de la realidad en ficción, luego en folclore y al final en nada.

La novela en la que trabajé después de terminar *Beloved* presentaba, en ese sentido, un contexto distinto. Una de las circunstancias que rodearon la escritura de *La canción de Salomón* fue una vía que, según creo, se me abrió gracias a la contemplación de la figura de mi padre. Y el proyecto se hizo realidad porque pude contar con mi madre. Los hechos ocurren en 1926, la época de su infancia. Así, el recuerdo de aquellos años que me transmitió era, por un lado, un velo que ocultaba determinados pasados y, por el otro, un desgarro que su relato abría en él. Creo que esa breve sección es para mí la esencia de la memoria convertida en nostalgia y remordimiento para, al final, avanzar hacia la posibilidad, escasa pero no demasiado frágil, de una esperanza en el presente.

Memoria, creación y literatura

> No basta con que una obra de arte tenga planos y
> líneas ordenados. Si alguien tira una piedra a un
> grupo de niños, se dispersan corriendo. Se ha lo-
> grado un reagrupamiento, una acción. Eso es la
> composición. Ese reagrupamiento, presentado me-
> diante color, líneas y planos, es un motivo artístico
> y pictórico.
>
> EDVARD MUNCH

Me gusta esa cita, como me gustan muchas de las observaciones de
los pintores sobre su trabajo, porque me aclara un aspecto de la creación que como escritora me interesa. Apunta a que esa parte interior
del crecimiento del escritor (la parte que es al mismo tiempo algo
independiente e indistinguible del oficio) está vinculada no solo a
series de estímulos puramente locales y localizados, sino también
a la memoria: el pintor puede copiar o reinterpretar la piedra (sus líneas, planos o curvas), pero debe recordar esa piedra que provoca
algo entre los niños, porque ese algo sucede y se desvanece. Sentado
ante su cuaderno de dibujo, recuerda cómo era la escena, pero sobre
todo el entorno concreto que la envolvía.

Junto con la piedra y los niños dispersados hay toda una galaxia
de sentimientos e impresiones, con un movimiento y un contenido
que de buenas a primeras pueden parecer arbitrarios e incluso incoherentes.

Debido a que en la vida pública y académica existen muchas
cosas que nos prohíben tomarnos en serio el entorno de los estímu-

los sepultados, con frecuencia resulta sumamente difícil identificar tanto el estímulo como su galaxia y después reconocer su valor cuando aparecen. Para mí la memoria siempre es algo fresco, con independencia de que el objeto recordado haya desaparecido en el pasado.

La memoria (el acto deliberado de recordar) es un ejemplo de creación voluntaria. No se trata de descubrir cómo pasaron las cosas realmente: para eso está la investigación. El objetivo es indagar en la apariencia que tenía y en por qué tenía esa apariencia en concreto.

Hace mucho tiempo conocí a una mujer que se llamaba Hannah Peace. Digo que la conocí, pero el verbo no podría ser menos acertado. Debía de tener yo cuatro años cuando aquella señora era vecina de nuestra ciudad. No sé dónde vive ahora (ni siquiera si vive) ni de quién era pariente. Ni siquiera era conocida de mi familia. Y no sería capaz de describirla de un modo que permitiera identificarla en una fotografía y tampoco la reconocería si ahora entrara en esta sala. Sin embargo, conservo un recuerdo de ella y es el siguiente: el color de su piel, con aquel tono mate, y algo morado que la envolvía, y unos ojos que no abría del todo. Irradiaba una actitud distante que me parecía que encerraba una predisposición afable. Pero sobre todo recuerdo su nombre o, mejor dicho, cómo lo decía la gente. Nadie la llamaba «Hannah» ni «la señora Peace». Siempre «Hannah Peace». Y había algo más. Algo oculto, cierta intimidación tal vez, aunque sin duda también cierta indulgencia. Cuando la gente (las mujeres y los hombres) decía su nombre, le perdonaba algo.

No es gran cosa, ya lo sé: los ojos entornados, la ausencia de hostilidad, la piel maquillada con polvo de lilas. Pero me bastaba y me sobraba para evocar a un personaje; en realidad, más detalles habrían impedido por completo (en mi caso) que llegara a aparecer un personaje de ficción. Lo que resultaba útil (definitivo) era la galaxia de emociones que acompañaba a aquella mujer mientras yo perseguía el recuerdo que tenía de ella, que no a ella. (Sigue asom-

420

brándome la capacidad —e incluso el deseo— de «utilizar» a los conocidos, los amigos o los enemigos como personajes de ficción. Para mí no hay levadura alguna en una persona real, o quizá haya tanta que no resulta útil: es un pan ya hecho, ya cocido.)

Las piezas (y solo las piezas) son lo que en mi caso da inicio al proceso creativo. Y la creación es el proceso mediante el cual los recuerdos de esas piezas se funden en una parte (y hay que saber la diferencia entre pieza y parte). Así pues, la memoria, por muy pequeña que sea la pieza recordada, exige de mí respeto, atención y confianza.

Dependo en gran medida de la estratagema de la memoria (y en cierto modo funciona en efecto como una estratagema literaria creativa) por dos motivos. En primer lugar, porque prende un proceso de invención; en segundo lugar, porque no puedo confiar en que la literatura y la sociología de los demás me ayuden a descubrir la verdad de mis propias fuentes culturales. También impide que mis preocupaciones se hundan en la sociología. Dado que el debate sobre la literatura negra en términos críticos se centra indefectiblemente en la sociología y casi nunca en la crítica de arte, para mí es importante apartar esas consideraciones de mi trabajo desde un buen principio.

En el ejemplo de Hannah Peace que acabo de poner lo que me llamó la atención fue esa capacidad para obtener indulgencia con facilidad, no la infancia de una niña negra, y esa cualidad, ese «perdón fácil» que creo recordar vinculado a la sombra de una mujer que mi madre conocía, es el tema de *Sula*. Las mujeres se perdonan mutuamente... o aprenden a perdonarse. Una vez quedó clara esa pieza de la galaxia, empezó a dominar a todas las demás. El siguiente paso era descubrir qué hay que perdonar entre mujeres. Ahora toca abordar e inventar esas cosas, puesto que voy a hablarles del perdón en formato narrativo. Lo que hay que perdonar son errores graves y fechorías violentas, pero lo importante no era tanto eso como la naturaleza y la calidad del perdón entre mujeres; esto es, la amistad entre mujeres. Lo que se tolera en una amistad depende del valor afectivo de la relación. De todos modos, *Sula* no trata simplemente la amistad entre mujeres, sino la amistad entre mujeres negras, y enseguida voy a abordar las responsabilidades artísticas de ese adjetivo calificativo.

Pretendo que mi literatura anime al lector a participar de forma activa de la experiencia no narrativa y no literaria del texto, de modo que, al ponerle trabas, impido que ese lector se quede confinado con facilidad en una aceptación fría y distante de una serie de datos. Cuando se mira un cuadro especialmente bueno, la experiencia de la contemplación es más profunda que el conjunto de datos acumulados en ese proceso. Lo mismo sucede, en mi opinión, al escuchar buena música. De igual modo que el valor literario de un cuadro o una composición musical es limitado, también lo es el valor literario de un libro. A veces pienso en lo espléndido que debía de ser escribir dramas en la Inglaterra del siglo XVI, o poesía en la antigua Grecia, o narraciones religiosas en la Edad Media, cuando la literatura era necesidad y no existía una historia crítica que restringiera o redujera la imaginación del escritor. Debía de ser extraordinario no depender de las asociaciones literarias del lector (su experiencia como tal), que pueden empobrecer su imaginación en la misma medida que la del autor. Es importante que lo que escribo no sea meramente literario. En mi trabajo soy muy consciente de la excesiva atención que pongo para asegurarme de no adoptar ninguna postura literaria. Evito, quizá con demasiada diligencia, las menciones de nombres conocidos, las listas o las referencias literarias, siempre que no sean indirectas y se basen en el folclore escrito. En mi obra, la elección de un relato o un elemento del folclore se adapta a los pensamientos o los actos del personaje de un modo que al marcarlo produce un efecto irónico o, en ocasiones, humorístico.

Lechero, a punto de conocer a la mujer negra más anciana del mundo, la madre de madres que ha dedicado su vida a cuidar de seres indefensos, entra en su casa pensando en un cuento europeo,

«Hansel y Gretel», historia en que unos padres abandonan a sus propios hijos en un bosque y una bruja pretende incluirlos en su dieta. En ese momento se pone en evidencia la confusión del personaje, su ignorancia racial y cultural. También se connota la cama de Hagar al describirla como la que elegiría Ricitos de Oro. En parte por la obsesión del personaje por el pelo y en parte porque, al igual que Ricitos de Oro, la allanadora de moradas por antonomasia, es codiciosa, hace caso omiso del derecho de propiedad o del espacio ajeno y, en lo afectivo, es egoísta y además está confundida.

Evitar de manera deliberada las referencias literarias ha llegado a ser en mi caso una costumbre firme, si bien tediosa, no solo porque lleva a adoptar poses y no solo porque niego las credenciales que confieren, sino también porque no son adecuadas para el tipo de literatura que deseo escribir, los objetivos de esa literatura y la disciplina de la cultura específica que justo a mí me interesa. Las referencias literarias, en manos de escritores a los que admiro, pueden resultar sumamente reveladoras, pero también procurar una comodidad que no quiero ofrecer al lector, porque prefiero que responda en el mismo plano al que se vería limitado un lector iletrado o preliterario. Quiero subvertir su comodidad tradicional para que sea capaz de experimentar otra no ortodoxa: la de estar en compañía de su propia imaginación solitaria.

Mis inicios como novelista se centraron en gran medida en crear esa incomodidad y ese malestar y así insistir en que el lector se apoye en otro corpus de conocimiento. No importa la calidad de esos inicios, en 1965, sino el hecho de que me orientaran hacia el proceso que me ocupa en 1984: confiar en la memoria y extraer de ella tema y estructura. En *Ojos azules* el recuerdo de lo que sentí y vi cuando una niña de mi edad dijo que rezaba para tener los ojos azules fue lo que aportó el primer elemento, la primera pieza. Luego traté de distinguir entre parte y pieza (en el mismo sentido en que una parte del cuerpo humano no es lo mismo que un elemento del cuerpo humano equivalente a una pieza).

A medida que empezaba a conformar partes gracias a las piezas, descubría que prefería que no estuvieran conectadas, que estuvieran relacionadas, pero que no se tocaran, que formaran círculos sin alinearse, dado que la historia de aquel rezo era la historia de una percepción quebrada, fracturada, que surgía de una vida quebrada, hecha astillas. La novela resultó ser una composición de distintas partes que se circunvalaban, como la galaxia que acompaña al recuerdo. Me inquietan las piezas y los fragmentos del recuerdo, ya que con demasiada frecuencia lo queremos todo entero. Cuando despertamos de un sueño, deseamos recordarlo por completo, por mucho que el fragmento que ya recordamos pueda ser, y muy probablemente sea, la pieza más importante. La designación de los capítulos y las partes, según se utilizan en las novelas de acuerdo con la convención, nunca me han ayudado demasiado al escribir, y tampoco los esquemas (permito que se utilicen para ayudar al maquetista y para que resulte más fácil hablar del libro; por lo general se definen en el último momento).

Puede existir un factor de juego y de arbitrariedad en la forma en que aflora el recuerdo, pero no en la organización de la composición, en especial cuando pretendo recrear el juego y la arbitrariedad en el desarrollo de los acontecimientos. La forma deviene la interpretación exacta de la idea que la historia debe expresar. No hay nada más tradicional, aunque las fuentes de las imágenes no son las fuentes novelísticas ni lectoras tradicionales. La imagen visual de un espejo rajado o del pasillo de espejos rajados en ojos azules es al mismo tiempo la forma y el contexto de *Ojos azules*.

La narración es una de las maneras de organizar el conocimiento. Siempre he creído que era la forma más importante de transmitirlo y recibirlo. Ahora ya no estoy tan segura, pero la pasión por la narración nunca ha disminuido y la sed literaria es igual de insaciable que en el monte Sinaí, en el Calvario o en mitad de las ciénagas. Incluso cuando los novelistas la abandonan o se cansan de ella por considerarla una forma mimética obsoleta, los historiadores, los periodistas y los intérpretes se encargan de explotarla. Sin embargo, la narrativa no basta y nunca ha bastado, igual que el objeto trazado en un lienzo o en la pared de una cueva nunca es meramente mimético.

Mi convenio con el lector es no revelar una realidad (literaria o histórica) ya establecida que hayamos acordado de antemano. No quiero asumir ni ejercer una autoridad de ese tipo. Lo considero paternalista, aunque para mucha gente es una solución carente de peligros y reconfortante. Y, dado que me dedico a lo negro, las exigencias artísticas de la cultura negra son tales que no puedo ser paternalista, controlar ni pontificar. En la cosmología del Tercer Mundo, según yo la percibo, la realidad no está preconstituida por mis antecesores literarios de la cultura occidental.

Si mi trabajo consiste en plantar cara a una realidad distinta de la recibida de Occidente, debe centralizar y animar información desacreditada por Occidente; desacreditada no porque no sea cierta o útil o incluso tenga cierto valor racial, sino por ser información ofrecida por gente desacreditada, información desechada por ser «saber popular», «chismorreo», «magia» o «sentimiento».

Si mi trabajo consiste en recoger con fidelidad la tradición estética de la cultura afroamericana, debe emplear de manera consciente las características de sus modalidades artísticas y traducirlas en el texto impreso: la antifonía, la naturaleza colectiva del arte, su funcionalidad, su carácter improvisador, su relación con la reacción del público, la voz crítica que defiende la tradición y los valores comunitarios y que también ofrece al individuo la oportunidad de trascender o desafiar las restricciones colectivas, o ambas cosas.

Al trabajar de acuerdo con esas normas, si el texto debe tener en cuenta la improvisación y la participación del público, no puede erigirse en la autoridad, sino que debe ser el mapa. Debe encontrar una forma de que el lector (el público) participe en el relato. Si la lengua debe permitir la crítica tanto de la rebelión como de la tradición, debe ser al mismo tiempo indicador y máscara, mientras que la tensión entre los dos tipos de lenguaje se convierte en su liberación y su poder. Si mi obra debe ser funcional para la comunidad (para la aldea, si se prefiere), debe cumplir el papel de testigo e identificar lo útil del pasado y lo que conviene desechar; debe hacer posible la preparación para el presente y su disfrute, y debe hacerlo no eludiendo problemas y contradicciones, sino analizándolos; no debe intentar siquiera resolver los problemas sociales, sino, por descontado, intentar aclararlos.

Antes de tratar de ilustrar algunos de esos puntos utilizando *La isla de los caballeros* a modo de ejemplo, permítanme decir que existen escritores negros eminentes y poderosos, lúcidos e inteligentes, que no solo reconocen la literatura occidental como parte de su propia herencia, sino que han recurrido a ella tan provechosamente que han beneficiado a ambas culturas. Ante su obra y sus opiniones no pongo objeciones ni me siento indiferente. La disfruto del mismo modo que disfruto todo un mundo de literatura procedente de otras culturas. No se trata de decidir si un punto de vista es legítimo o «correcto», sino de analizar la diferencia entre mi punto de vista y el suyo. Nada me resultaría más odioso que una prescripción monolítica de lo que es o debería ser la literatura negra. Lo único que he pretendido ha sido escribir una literatura que fuera irrevocable e incontestablemente negra, pero no porque lo fueran sus personajes o porque lo fuera yo, sino porque lo asumía como labor creativa y buscaba como credenciales los principios reconocidos y verificables del arte negro.

En el proceso de escritura de *La isla de los caballeros*, la memoria equivalía a rememorar la historia ya contada. Me negué a leer una versión moderna u occidentalizada de esa historia ya contada y preferí seleccionar los elementos o piezas inquietantes o sencillamente memorables: el miedo, el alquitrán, la indignación del conejo ante la pérdida de los modales tradicionales (el muñequito de alquitrán no habla). ¿Por qué se formó el muñequito de alquitrán, con qué objetivo, qué pretendía proteger el granjero y por qué creyó que el muñeco resultaría atractivo para el conejo (qué sabía y cuál fue su gran error)? ¿Por qué coopera el muñequito de alquitrán con el granjero y las cosas que el granjero desea proteger desean que las proteja? ¿Por qué es el trabajo del granjero más importante que el del conejo, por qué cree que arrojarlo a un arbusto de espinos es castigo suficiente y qué representa el arbusto de espinos para el conejo, para el muñequito de alquitrán y para el granjero?

La «creación» equivalía a combinar las piezas anteriores para conformar las distintas partes, en primer lugar, concentrándome en el alquitrán como parte. Qué es y de dónde surge; sus usos sagrados y profanos, el análisis de lo cual conduce a un motivo director: la tierra ahistórica y la tierra histórica. Ese tema se plasma en la estructura según estas etapas:

1. El acto de surgir del mar (lo que existía antes que la tierra) es el principio y también el final del libro, y en ambos casos Son emerge del agua en un apartado que no está numerado como capítulo.
2. La tierra salida del mar, su conquista por parte del hombre moderno y el dolor provocado a las formas de vida conquistadas vistos por los pescadores y las nubes.
3. El paso de la tierra al hogar: sus habitaciones, su condición de refugio. La actividad para la que se concibieron las habitaciones: comer, dormir, bañarse, practicar el ocio, etcétera.
4. La casa perturbada precisamente cuando la tierra era perturbada. El caos de la tierra duplicado en la casa concebida para el orden. La perturbación provocada por el hombre nacido del vientre del mar acompañado de los olores a amoníaco del nacimiento.
5. El conflicto que sigue enfrenta a fuerzas ahistóricas (lo inmaculado) e históricas (o sociales) inherentes a los usos del alquitrán.
6. El conflicto, asimismo, entre dos tipos de caos: el civilizado y el natural.

7. La revelación es, pues, la revelación de secretos. Todo el mundo, con una o dos excepciones, tiene un secreto: secretos de actos cometidos (como sucede con Margaret y Son) y secretos de pensamientos tácitos pero a pesar de ello motores (como sucede con Valerian y Jadine). Y a continuación el secreto más profundo y más antiguo: que del mismo modo que nosotros observamos otra vida, otra vida nos observa.

Adiós a todo eso
Raza, sustitución y despedida

Hace unos años, cuando me invitaron a un programa de televisión para entrevistarme, pregunté si sería posible que la conversación eludiera cualquier pregunta o cuestión relacionada con la raza. Albergaba la sospecha de que, si se aplicaba esa exclusión voluntaria, podrían surgir otros temas igual de interesantes para mantener una conversación poco habitual en los medios de comunicación, ajena a la palabrería a la que una se ve obligada a recurrir inevitablemente en esos lugares, al hablar de esos asuntos. Me pareció que aquel experimento, inédito para mí, me permitiría exponer mis opiniones sobre lo que constituye mi vida de escritora; o analizar la relación entre enseñanza y escritura, o entre edición y enseñanza, hablar de cómo el placer y la desesperación de ser madre habían influido en mi obra, liberándola o limitándola; de mi opinión sobre los problemas de transcripción y de reflejo de la información oral en los relatos de esclavos, de la cautivadora mezcla de lengua vernácula, estándar, callejera y lírica en un escritor estadounidense, de la importancia que han tenido para mí Gerard Manley Hopkins y Jean Toomer; de cómo la pobreza, hace tiempo representada de un modo idealizado y sentimentalizado en la literatura de Estados Unidos, ha regresado a sus antecedentes decimonónicos como metáfora de la enfermedad, la delincuencia y el pecado; de mi trabajo con las cartas de los abolicionistas James McCune Smith y Gerrit Smith. Todos esos son temas, o retazos de temas, relacionados con mi vida de pensamiento y escritura. El entrevistador se mostró de acuerdo, pero, cuando nos vimos unos minutos antes del programa, cambió de idea con el argumento de que el aspecto racial era demasiado interesante para dejarlo de lado. No estoy nada segura de si la conversación que yo pretendía mantener habría tenido el más mínimo interés para nadie más. Probablemente no. El juicio del periodista fue acertado, aunque previsible: la diferencia racial es un tema sumamente comercial. Sin embargo, lo que pretendo señalar es que ni a él ni a su público les interesaban otros aspectos de mi persona más que los relacionados con la raza. Decepcionada y molesta, recurrí una vez más al discurso racial que solía presentar en los medios de comunicación: tataranieta de africanos, tataranieta de esclavos; bisnieta de aparceros; nieta de inmigrantes; beneficiaria del sueño americano. Acabé arrastrándome como una sonámbula por un diálogo lánguido, inconexo y aburridísimo.

Tal era mi anhelo de un entorno en el que pudiera hablar y escribir sin que todas mis frases se entendieran como meras protestas, como meros alegatos. En modo alguno debería malinterpretarse ese deseo como un respaldo a la desracialización o a ese concepto tan de moda de la «superación de la raza», ni como ejemplo del declive de la repercusión de la política racial. Un simple vistazo a los datos del censo estadounidense del año 2000, en el que las identificaciones raciales más refinadas son también más marcadas; la más mínima curiosidad por las recomendaciones de moratorias en condenas a muerte; una vaga idea de la amarga privación de derechos a los afroamericanos en las últimas elecciones presidenciales; la cifra récord de casos de discriminación y de actuación policial con sesgo racial: ninguno de esos vectores llevaría a concluir que la política racial sea algo inofensivo. Ni preveo ni deseo un entorno que no preste atención al color, que se muestre neutral ante la raza. Eso ya tuvo su momento en el siglo XIX. Ahora es demasiado tarde. Nuestra cultura racializada no solo existe, sino que prospera. La cuestión es si prospera como un virus o como una abundante cosecha de posibilidades.

Desde un principio he reclamado un territorio insistiendo en que se me identificara como escritora, mujer y negra interesada en exclusiva en distintas facetas de la cultura afroamericana. Siempre he hecho esas declaraciones categóricas para dejar claras a todos los lectores la visibilidad y la necesidad de la cultura afroamericana en mi obra, precisamente con el objetivo de fomentar la creación de un vocabulario crítico más amplio que aquel en el que me eduqué. Quería que ese vocabulario se extendiera hasta los márgenes para aprovechar la abundancia allí existente y con ello no abandonar sino reconfigurar lo que ocupaba el centro. Me parecía una forma de enriquecer el diálogo intercultural. Quería imposibilitar la existencia del papel del escritor blanco temporal u honorario; frustrar la etiqueta de escritor casualmente negro. Ese escritor que «resulta que es negro». Mi propósito era descubrir qué provocaba y qué podía provocar el tema negro en la práctica lingüística. Buscaba una lengua que pudiera existir al menos en dos niveles: la identidad racializada de manera patente junto a la no racializada que debía desenvolverse dentro de un discurso ya codificado racialmente. Sin embargo, nunca se me han dado muy bien los manifiestos, por lo que mis intentos resultaron un ejercicio de funambulismo, de equilibrio, que confundió a algunos lectores, entusiasmó a otros, decepcionó a unos cuantos y provocó a los suficientes para dejarme claro que el trabajo no siempre era en vano. Aquello me llevó a probar estrategias y emplear estructuras y técnicas surgidas de la cultura afroamericana mano a mano con otras ante las que se mostraban receptivas.

Ese esfuerzo por equilibrar las exigencias de la particularidad cultural con las del registro artístico es para mí una condición más que un problema. Un desafío más que una preocupación. Un refugio más que un campo de refugiados. Un territorio propio, no un país extranjero. Habitar y manipular esa esfera me ha entusiasmado como en ningún otro caso. Por descontado, desde que Phillis Wheatley dio a entender que la esclavitud le había hecho un favor los escritores afroamericanos han meditado, escrito, concentrado su lucha y tomado posiciones sobre el debate concerniente a la política o al arte, la raza o la estética. Jean Toomer trató de escapar por completo de sus grilletes inventando una raza estadounidense. Langston Hughes, Zora Neale Hurston, James Baldwin, Ralph Ellison, Richard Wright, algunos académicos afroamericanos y toda una serie de autores posteriores al movimiento por los derechos civiles se han manifestado respecto a la cuestión. Y desde el siglo XIX es o ha sido una preocupación debatida con ahínco por todos los grupos de escritores inmigrantes de Estados Unidos. De Henry James a Changrae Lee; de William Faulkner a Maxine Hong Kingston; de Isaac Bashevis Singer a Frank McCourt; de Herman Melville a Paula Marshall. Sigue costándome creer que se haya exigido con tanto ruido y tanta insistencia una respuesta a lo que se percibe como la condición de «intruso» por parte de cualquier grupo que no fuera el de los artistas afroamericanos. Para mí, la pregunta implícita o incluso explícita «¿Es usted un escritor negro o un escritor estadounidense?» no solo significa «¿Subvierte el arte para hacer política?», sino también «¿Es usted un escritor negro o un escritor universal?», lo que da a entender que esas dos categorías son, evidentemente, incompatibles. Al parecer, la conciencia racial nunca puede desgajarse de la política. Es resultado de un matrimonio de conveniencia impuesto en origen por los blancos, mientras se culpabiliza y se fustiga a los artistas afroamericanos (en el dominio público y académico) por enfrentarse a las consecuencias de tal enlace. Y se los obliga a gritar de por vida ante las críticas blancas: «Esa no es mi política racial, es la suya». Las batallas contra esa mentalidad son agotadoras y sobre todo debilitantes, ya que quienes instigaron el combate solo tienen que contemplarlo, no participar en él. Solo tienen que malinterpretar las exigencias de la particularidad cultural como políticas identitarias o como ataques al canon, o como una súplica específica o cualquier otro gesto amenazador. Y los que más implicados están en la disputa suelen ser quienes ya han recogido los beneficios.

Supongo que en un principio abordé el debate entre la política y el arte y entre la raza y la estética con mentalidad académica: buscaba la combinación de ingredientes que convirtiera la escoria en oro. Pero esa fórmula no existe. En consecuencia, mi proyecto pasó a ser otro: conseguir que el mundo históricamente racializado fuera indisoluble de la visión artística que lo contempla y con ello fomentar lecturas que los diseccionaran a los dos. Y eso equivale a decir que reivindiqué el derecho y la envergadura de la autoría. Para interrumpir la historia periodística con otra metafórica; para imponer a una historia retórica otra imagista; para leer el mundo, leer incorrectamente; para escribirlo y desescribirlo. Para promulgar el silencio y la libertad de expresión. En resumen, para hacer lo que todos los escritores aspiran a hacer. Quería que mi trabajo consistiera en invalidar el enfrentamiento entre arte y política, que diera lugar a la unión entre estética y ética.

Me impresionan la fecundidad y la relevancia de las empresas académicas y literarias que buscan más formas de señalar y desarmar la raza, de reconocer su trascendencia y limitar su efecto corrosivo sobre la lengua; esto es, el trabajo que evita el cisma contra natura de la esfera política, en la que la raza tiene importancia, y la esfera artística, en la que se supone que carece de ella.

Los estudios que dejan a un lado las propiedades fortalecedoras de ese falso debate y reciben con los brazos abiertos los desafíos de los debates liberadores ocultos en su interior empiezan a reflejar que las cosas han cambiado. El lenguaje que requiere la exclusión mutua de x e y, o el dominio de x sobre y, va perdiendo poco a poco su magia, su fuerza. Sin embargo, es la literatura la que ensaya y aplica ese cambio de modos mucho más avanzados e inquisitivos que el lenguaje crítico que la sigue. Tal vez esa despedida mía a todo ese enfrentamiento entre arte y política y entre cultura y estética sea el motivo por el que las separaciones literarias (los momentos en que se dice adiós a la raza) me parecen un dominio tan prometedor para analizar el cambio radical sufrido por el lenguaje expresivo del encuentro racial, un cambio radical que ofrece oportunidades para realizar exploraciones más sustanciosas y matizadas. Con el tiempo, los ritos de despedida entre las razas según se han representado en algunos ejemplos concretos de la literatura estadounidense han pasado de un modo espectacular de suposiciones flagrantes de jerarquía racial a otras menos descaradas, a una representación codificada y por último a descodificaciones matizadas de esas suposiciones; del control al rechazo, luego a la inquietud y al final a una especie de tranquilidad bien informada. Y quiero insistir para que no haya lugar a una mala interpretación, para no insinuar que la neutralización de la raza sea la función de la literatura, su trabajo, por así decirlo. No lo es. Sin embargo, en la literatura puede encontrarse la forma del discurso racial, una forma que campa a sus anchas por el texto y, en consecuencia, por nuestra imaginación cuando lo leemos. Si bien incluso esta somera investigación podría y debería ampliarse, voy a limitar mis observaciones a las escritoras, puesto que la intimidad, la alienación y la ruptura entre mujeres suele estar exenta de la competencia sexual implícita entre los escritores del sexo masculino que abordan el mismo tema, y además las ansiedades sobre la dominación sexual pueden desdibujar, así como exacerbar, la ecuación racial (como bien saben Shakespeare o Hollywood). Un adiós es un momento ideal para grandes efectos literarios, para intensas revelaciones emocionales rebosantes de significado. Me interesa la despedida entre dos desconocidas, una negra y la otra blanca, que han (o pueden haber) compartido algo significativo o que representan el fin de algo de mayor envergadura que ellas, un momento en que la separación simboliza pérdida o renovación, por ejemplo. Hay alejamientos entre una mujer negra y otra blanca cuyas historias quedan enmarañadas de por vida. Muchas de esas relaciones, cuando no la mayoría, son de sustitución: una madre sustituta en el trato niñera-niña; una madre, una tía u otra familiar sustituta en la categoría de criada-señora; hermanas sustitutas para las que la amistad pasa a una sustitución, algo ilegal, precisamente porque la dinámica de poder entre señora y empleada está marcada de forma ineludible por la raza, y en ocasiones, aunque pocas, hay despedidas entre dos mujeres adultas, una negra y una blanca, en las que la equidad no está racializada. *Meridian* de Alice Walker es uno de los primeros ejemplos.

Permítanme empezar con una escena de despedida de una buena y prolífica escritora que no es estadounidense, pero que sí era una extranjera lejos de su país y tenía la posibilidad de formarse opiniones sobre las relaciones raciales de primera mano, Isak Dinesen. En *Lejos de África* hay una escena inolvidable que recoge el discurso racial convencional, así como las presunciones sobre la patria del forastero. Es el pasaje en el que la autora abandona un lugar, Kenia, que ha sido su hogar durante gran parte de su vida adulta. La necesidad de alejarse de África y su melancolía afloran a lo largo de todo el proceso de retirada.

Hacia el final hay un párrafo que reza así:

Ahora las ancianas se dolían de que yo las dejara. De esos últimos tiempos conservo la imagen de una mujer kikuyu, sin nombre, porque yo no la conocía bien, creo que era de la aldea de Kathegu y debía ser la esposa o viuda de uno de sus hijos. Venía hacia mí por un sendero en la pradera llevando sobre las espaldas una carga de las largas y pesadas varas que los kikuyus empleaban para construir los techos de sus cabañas —lo cual es un trabajo femenino para ellos—. Las varas debían tener quince pies de largo; cuando las mujeres las cargaban las ataban por los extremos y los altos y cónicos fardos le daban a quien los llevaba, cuando caminaba, la silueta de un animal prehistórico o de una jirafa. Los palos que llevaba aquella mujer estaban todos negros y chamuscados, tiznados por el humo de la cabaña durante muchos años; eso significaba que había desmontado su casa y llevaba los materiales de construcción hacia el nuevo suelo. Cuando nos encontramos se quedó quieta, obstaculizándome el paso por el sendero, me miraba como una jirafa en una manada, que te encuentras en la llanura y que vive, siente y piensa de forma inconcebible

435

para ti. Después de un momento rompió a llorar, las lágrimas corrían por su rostro como una vaca que se pone a hacer aguas en la llanura delante de ti. No dijo ni una palabra, ni yo tampoco, y al cabo de unos minutos cedió el paso y nos separamos, caminando en direcciones opuestas. Pensé que después de todo llevaba consigo algunos materiales con los cuales comenzar su nueva casa y me la imaginé, poniéndose a trabajar, atando los palos y haciendo un techado.[89]

Muchos otros kenianos lloraron y lamentaron la marcha de Dinesen: por el afecto que le tenían o tal vez porque perdían un empleo remunerado y una protección, por la desesperación de deber buscar otro cobijo. Sin embargo, el recuerdo que he citado me atormenta por otros motivos. ¿Qué significa la frase «obstaculizándome el paso por el sendero»? No dice «obstaculizando el paso por el sendero», sino «obstaculizándome». ¿Acaso el sendero es de uso exclusivo de Dinesen? ¿Está esa mujer kikuyu fuera de lugar? La sintaxis es curiosa. Además, se nos presenta una especulación prolongada sobre su cometido: carga madera para construir, reconstruir o reparar su techado. Para hacerse una casa en esa tierra, que es su patria, pero en la que se la hace sentir como una intrusa, mientras que la verdadera forastera, la autora, abandona una falsa patria con respecto a la cual experimenta sentimientos encontrados. La descripción que de la mujer africana ofrece Dinesen resulta instructiva. Las varas que lleva a la espalda le recuerdan a la escritora a «un animal prehistórico». Asimismo, esa mujer silenciosa la observa con unas emociones que no podemos conocer, ya que ha quedado relegada al reino animal, donde la emoción, el pensamiento y la vida misma escapan a nuestro discernimiento. La mujer es como una jirafa de una manada, muda, inescrutable; y, cuando manifiesta una intensa emoción que podría ser tristeza, rabia, repugnancia o soledad, o incluso alegría, no logramos distinguirla, dado que sus lágrimas recuerdan la evacuación de orina de una vaca en público. La de esa desconocida sin nombre es una imagen, nos dice Dinesen, que conserva. Se trata sin duda de una sustituta, de un símbolo, de Kenia y de lo que la autora opina del mundo que deja atrás. En esos pasajes, un hermoso lenguaje «estético» sirve para socavar los términos: la nativa, la forastera, el hogar, la falta de hogar en una oleada de imágenes preventivas que legitiman y oscurecen sus hipótesis racistas al tiempo que ofrecen abrigo frente a una comprensión posiblemente más dañina.

Si dejamos atrás el África de los años treinta para trasladarnos a la América de esa misma época de la mano de otra escritora que recoge relaciones íntimas con la población negra, nos topamos con más lecciones.

En *Lo que el viento se llevó*, relato clásico sobre la feminidad, la conexión entre la mujer negra y la blanca es la que aprendimos de Harriet Beecher Stowe, entre otros: una tata negra omnipresente cuya devoción y cuyos cuidados destilan tanta virulencia como lealtad. Esas madres sustitutas son más útiles que las de verdad no solo por su constancia, sino también porque, en contraste con las madres biológicas, se les pueden dar órdenes y se las puede despedir sin mayores consecuencias. A pesar de su presencia en el texto, siempre llega un momento en que esas sustitutas se marchan: o bien abandonan el relato en sí porque dejan de resultar relevantes o bien abandonan la vida de sus señoras porque su valor como maestras queda reducido cuando sus pupilas maduran o si las circunstancias cambian: una mudanza, una insubordinación o una muerte. Lo que me interesa es cómo se desarrolla esa separación. ¿Se recurre a un lenguaje protector para hacer asumible la desaparición de la mujer negra? ¿Se produce una dependencia de una ecuación metafórica con el mundo animal, que ni siente ni piensa? ¿Se dan silencios profundos o incómodos para acompañar su destitución? ¿Se dan lágrimas o un empeño testarudo en una vinculación permanente?

Dejando a un lado la diferencia evidente en cuanto al nivel de los logros literarios, la tata negra de Mitchell es como la mujer kikuyu de Dinesen en varios aspectos importantes. Las comparaciones elegidas para presentarlas proceden del reino animal; ambas se quedan mudas de pesar cuando la partida es inminente; la separación se percibe en ambos casos como un trauma, una privación demoledora para la mujer negra y, en el caso de Mitchell, también para la blanca. Si la keniana no dice «ni una palabra», en el segundo caso estamos ya ante el balbuceo incoherente de una mujer negra (que tras sesenta años de conversaciones con su señora no ha llegado a aprender a pronunciar bien la palabra «blanco») y un reproche silencioso cuando su joven ama llora.

De esas primeras relaciones entre mujeres de distintas razas, con frecuencia maternales, amistosas y cariñosas, hoy ya clásicos, se hace eco la obra de Willa Cather *Sapphira y la joven esclava*, donde nos encontramos una fascinante escena en que una mujer yace en su lecho de muerte junto a otra sustituta, de nombre Jezebel, con quien su ama ha mantenido una amistad estrecha y mutuamente satisfactoria. El diálogo es significativo:

—Debes comer para no perder las fuerzas.

—No tengo gana, señora.

—¿No se te ocurre nada que pudiera apetecerte? Vamos, piensa un poco y dímelo. ¿No hay nada?

La anciana soltó una risilla traviesa entre dientes. Un párpado de papel se cerró en un guiño y sus ojos despidieron un brillo de humor macabro.

—No, señora, no se me ocurre nada que me apetezca, como no sea, quizá, la mantita de un niño negrito.

[...]

Se volvió de nuevo hacia la cama, tomó en sus manos la fría zarpa gris de Jezebel y le dio unas palmaditas.

—Adiós, tía, hasta otro rato. Ahora debes recostarte y dormir un poco.[90]

Por muy evocadora que sea esa escena, por mucho que abunde en recuerdos placenteros y denote una cosmogonía compartida, su serenidad se desintegra bajo los efectos del lenguaje útil pero siniestro del antagonismo racial: la insinuación del canibalismo (entendido como algo «natural» para los africanos) y las palmaditas dadas no a una mano, sino a «la fría zarpa gris».

No obstante, algo más empezaba a suceder en la literatura: cambios que por lo general se atribuían al clima social; el signo de los tiempos. Sea como fuere, los diálogos permisibles en el siglo XIX y los inicios del XX resultan vulgares en nuestros días. Claro que eso quizá no sea todo. Sin duda, la aparición en el panorama político y literario de la voz de las minorías tras el Renacimiento de Harlem desempeñó un papel en ese cambio. Quizá diera lugar a unos lectores y unos críticos intolerantes ante el rechazo fácil de los demás. En todo caso, encontramos menos ejemplos de exoneraciones irreflexivas; análisis más profundos de esas relaciones; observaciones más precisas de esas salidas y esas perturbaciones de las relaciones. Carson McCullers publicó *Frankie y la boda* en 1946; y, aún antes, *El corazón es un cazador solitario*.

En ambas novelas hay mujeres negras que abandonan la vida de la protagonista. La escena entre Berenice y Frankie en *Frankie y la boda* es una lucha por el control en la que somos testigos de los celos de la madre sustituta ante la huida de la joven. Asimismo, tenemos *Matar a un ruiseñor* de Harper Lee, donde es evidente que la autora pretende alejarse de ciertas presuposiciones sobre lo que no puede conocerse. Si bien Calpurnia solo se revela a sí misma en conversaciones con otros negros y con niños, nunca con adultos blancos, es evidente la lucha por encontrar un lenguaje con el que abordar esos complejos asuntos. En la novela no hay momentos de despedida, como tampoco los hay en la obra autobiográfica de Lillian Hellman, que incluye varios recuerdos de su sirvienta, Caroline Ducky. Aun así, el trabajo de esas autoras es pertinente por su búsqueda de una seriedad que no se da en casos anteriores. Entre esas escritoras blancas parece existir la sospecha creciente de que el pensamiento complejo, la ambigüedad y los matices son realmente posibles para sus personajes negros y de que su forma de hablar no requiere la transcripción extraña y creativa de la cual ningún otro personaje tiene necesidad.

Lucille Clifton, por su parte, da inicio a sus maravillosas memorias, *Generations* ['Generaciones'], de 1976, con una conversación entre dos desconocidas, una de cada raza, que bascula entre lo que se puede decir y lo que no.

De todos modos, dos años antes Diane Johnson ya había llenado las lagunas existentes en la autobiografía de Clifton y en otras obras. Su novela *The Shadow Knows* ['La sombra lo sabe'] explora en profundidad ese tipo de relaciones. La narradora tiene dos sirvientas decisivas en su vida: una perturbadora, vengativa, grotesca; la otra benevolente, alentadora, alegre. El tono reflexivo de la prosa hace que valga la pena citarla: «Pero lo que pretendo es confesar que, en realidad, creo que no siento que Osella sea un ser humano. [...] Y habían creído que estaba muerta y la habían llevado, solitaria y afligida, lejos de su hogar, hasta nuestro zoo, como un animalillo cualquiera, insignificante y apenas perceptible para la encargada, yo, que se preocupaba más por el sufrimiento de la delicada gacela: yo».

En este caso, las características animales se reparten de manera equitativa y la más lírica «gacela» se asigna con ironía. Más adelante, la narradora reflexiona: «He observado que, siempre que describo a Osella o pienso en ella, recurro a metáforas no de personas, sino de cosas o de animales entrados en carnes. Es como si no considerase humana a una mujer como yo con quien he compartido a mis hijos, mi hogar y muchas horas. [...] No había en ella nada que le impidiera sentarse como una hermana y compartir conmigo una receta, pero sí había algo en mí». No estamos ante un lenguaje resuelto e indolente como el de Margaret Mitchell: Osella está rematadamente loca, por mucho que su locura sea comprensible. Y la muerte de Ev, su sucesora, es motivo de profundo dolor personal para la narradora.

La lengua rebota en esas escenas de despedidas racializadas. En *Beloved* hay también un momento de separación de una chica blanca y una negra. La narración avanza hacia el alejamiento que debe producirse entre ellas, sí, pero la escena también pretende reflejar un adiós en los impedimentos de raza en medio de un diálogo sumamente racializado. Las dos empiezan hablando en la lengua de la época. Las relaciones de poder se manifiestan en los comentarios racistas despreocupados de Amy y en la aceptación deshonesta de Sethe. Tras la aventura compartida del parto de Denver, acaban hablando no de la despedida, sino del recuerdo; de cómo reparar el recuerdo de una en la mente de la otra o, en el caso de Sethe, de cómo inmortalizar el encuentro más allá de su propia vida temporal. A pesar de la que acción es una separación, un alejamiento, la lengua pretende dejarla a un lado, pretende invitar a reflexionar sobre su necesidad. Arrastrada hasta a orilla del río Ohio queda nuestra conciencia de que, si las dos mujeres hubieran sido de la misma raza (las dos blancas o las dos negras), habrían podido seguir juntas, quizá habrían permanecido juntas y compartido su fortuna. Ninguna de las dos se siente en su sitio en ninguna parte. Las dos viajan por un territorio extraño y desconocido en busca de un hogar. Así pues, la lengua está pensada para insinuar que la soledad de su despedida es en cierto modo humillante.

En las últimas décadas del siglo XX, la desintegración de las restricciones impuestas por la conciencia racial al lenguaje expresivo empieza a surtir efecto, como vemos en *La Biblia envenenada* de Barbara Kingsolver. En lugar de suprimir, haciendo caso omiso de las posibilidades de esas relaciones, en lugar de la comodidad del tópico y de la seguridad ofrecida por una imaginación indolente, una comienza a oír no el silencio de Dinesen ni el balbuceo de Mitchell, sino un duelo verbal; no la devoción absoluta ni la desobediencia de los criados, sino el combate por el sentido del hogar; el análisis de celos sutiles, de formas complejas de resistencia, de odio, de amor, de rabia; el intercambio aprendido y obtenido de percepciones mutuas.

Creo saber por qué las escritoras afroamericanas eludieron la tentación de ensanchar la división racial en lugar de comprenderla. No estoy segura de por qué las escritoras blancas se sintieron obligadas a lo contrario. No pudo ser una elección fácil entre estetizar la política o politizar la estética. Y tampoco un anhelo juvenil de granjearse los términos «humanitaria» y «universal». Esas etiquetas, tan corrompidas por el borrado de la raza, ya no resultan adecuadas. Dejo en manos de otros la tarea de dar nombre al equilibrio existente hoy en la literatura, en especial en la escrita o protagonizada por mujeres, cuando no en el discurso público que aspira a incluirlo.

Existe ya el material del que puede surgir un nuevo paradigma de lectura y escritura sobre literatura. Los autores ya se han despedido del antiguo. Del ancla racial que frenaba la lengua y sus posibilidades imaginativas. Qué novedoso sería que, en este caso, la vida imitara al arte. Que hubiera podido conceder esa entrevista televisiva en la que reflexionar sobre el verdadero trabajo de mi vida. Que, en realidad, no hubiera sido una forastera (racializada), sino una jovencita de este país que ya formara parte de la raza humana.

Tinta invisible
Leer la escritura y escribir la lectura

Hace tiempo escribí un artículo para una conocida revista que contaba con una pequeña sección cultural intermitente. Querían algo elogioso sobre el valor o tal vez el placer de la lectura. Ese segundo concepto, el del «placer», me molestaba porque se asocia sistemáticamente a la emoción: el regocijo acompañado de intriga. La lectura es algo fundamental porque en gran medida es diversión. O al menos, por supuesto, en el discurso popular se entiende como una actividad edificante e instructiva que, en el mejor de los casos, fomenta una reflexión profunda.

Empecé a preocuparme muy pronto por la práctica de la lectura como persona dedicada a escribir/imaginar, además de como persona que se empapaba de lo que leía.

Empecé a leer a los tres años, pero me resultaba muy difícil. No porque fuera una actividad compleja, sino en el sentido de que me costaba buscar el significado aparente y oculto de las palabras. La frase del libro de lectura de primero de primaria «Corre, Jip, corre» me llevaba a preguntarme: «¿Por qué corre? ¿Es una orden? En ese caso, ¿adónde? ¿Persigue alguien al perro? ¿O es él quien persigue a alguien?». Más adelante, cuando hinqué el diente a «Hansel y Gretel», me asaltaron preguntas más serias. Y lo mismo sucedía con las canciones y los juegos infantiles: «Alrededor de la rosa, el bolsillo lleno de flores». Tardé bastante en comprender que la cancioncilla, el juego, hablaba de la muerte en tiempos de la peste bubónica.

Y así, en el artículo para aquella revista decidí tratar de distinguir le lectura como habilidad y la lectura como arte.

Una de las cosas que incluí fue esta:

Al despertar, el señor Head descubrió que la habitación estaba inundada de la luz de la luna. Se sentó y miró la madera del suelo —del color de la plata— y luego el cutí de su almohada, que parecía brocado, y al cabo de un instante vio la mitad de la luna a dos metros, en el espejo de afeitarse, parada como si estuviera esperando permiso para entrar. Rodó hacia delante y proyectó una luz que dignificaba cuanto tocaba. La silla pegada a la pared parecía erguida y solícita, como si esperara una orden, y los pantalones del señor Head, colgados del respaldo, tenían un aire casi noble, como una prenda que un gran hombre hubiese tirado a su sirviente.[91]

En esas frases iniciales del relato «El negro artificial», Flannery O'Connor optó por dirigir la atención de sus lectores hacia la fantasía del señor Head, hacia sus esperanzas. El cutí de una almohada, sin la funda, es como brocado; denso, trabajado. La luna transforma la madera del suelo en plata y proyecta por todas partes una luz que dignifica. La silla, «erguida y solícita», parece esperar una orden suya. E incluso los pantalones colgados en el respaldo proyectan «un aire casi noble, como una prenda que un gran hombre hubiese tirado a su sirviente». Así pues, el señor Head tiene sueños intensos, tal vez incontrolables, de esplendor, de control de criados para que cumplan sus órdenes, de autoridad legítima. Hasta la luna se detiene en el espejo de afeitarse «como si estuviera esperando permiso para entrar». Nosotros no tenemos que esperar demasiado (apenas unas frases) para ver su despertador sobre un balde puesto del revés o preguntarnos por qué ese espejito está a dos metros de la cama; para saber mucho de él (de sus pretensiones, sus inseguridades, sus tristes anhelos) y anticipar su conducta a medida que avanza la historia.

En el artículo traté de señalar las características de la escritura impecable que nos permitían releer sin cesar una obra narrativa, adentrarnos en su mundo convencidos de que prestar atención siempre será una fuente de maravilla. Cómo hacer que la obra funcione mientras me lleva a hacer lo mismo a mí.

Me pareció que mi ejemplo era adecuado en la medida de sus posibilidades, pero lo que no supe reflejar con claridad fue la participación del lector en el texto; no cómo lo interpreta, sino cómo contribuye a su escritura. (Se parece mucho al canto: tenemos la letra, la música y luego la interpretación, que es la contribución del individuo a la pieza.)

La tinta invisible es lo que reside debajo de las líneas, entre ellas, fuera de ellas, lo que se esconde hasta que el lector indicado lo descubre. Al referirme a un lector «indicado» quiero decir que, como es evidente, determinados libros no son para todo el mundo. Es posible admirar a Proust pero no implicarse ni emocional ni intelectualmente en su lectura. Incluso alguien que esté fascinado con el libro podría no ser el mejor lector o el más indicado. El lector «hecho» para el libro es el que está en armonía con la tinta invisible.

En la crítica literaria, la díada habitual consiste en colocar el texto estable al lado del o frente al lector materializado. El lector y sus lecturas pueden cambiar, pero el texto no. Es estable. Dado que no puede variar, se desprende que una relación próspera entre el texto y el lector solo se producirá mediante cambios en las proyecciones del lector. En mi opinión, la cuestión pasa a ser si esas proyecciones latentes son producto del lector o del escritor. Lo que intento sugerir es que no siempre tiene que ser así necesariamente. Si bien se entiende que la responsabilidad de la interpretación se traslada al lector, el texto no es siempre un paciente silencioso al que el lector confiere vida. Me gustaría introducir un tercer elemento de la ecuación: el autor.

Algunos escritores de narrativa conciben sus textos para perturbar, y no solo con argumentos cargados de intriga, con temas provocadores, personajes interesantes o incluso caos. Conciben su narrativa para que perturbe, agite e implique todo el entorno de la experiencia lectora.

Abandonar las metáforas y los símiles es tan importante como elegirlos. Pueden escribirse frases relevantes para encerrar información enterrada que complete, invada o manipule la lectura. Lo no escrito es tan importante como lo escrito. Y cuando las llena el lector «indicado», las lagunas deliberadas, y deliberadamente seductoras, producen el texto en su integridad y dan fe de su existencia vital.

En ese sentido, pensemos en *Benito Cereno*, obra en que el autor elige el punto de vista del narrador para manipular de forma deliberada la experiencia lectora.

Existen varias suposiciones sobre las categorías que se emplean sistemáticamente para provocar tal perturbación. Me gustaría ver escrito un libro en el que el sexo del narrador no se especificara, no se mencionara. El sexo, como la raza, comporta un amplio abanico de certezas, todas ellas desplegadas por el escritor para suscitar determinadas respuestas y, tal vez, poner otras en tela de juicio.

La raza, como demuestran los ejemplos de O'Connor, Coetzee y Melville, contiene y engendra más certezas. He escrito en otra parte sobre los usos metafóricos a los que se someten los códigos raciales, a veces para aclarar y a veces para asentar hipótesis que puedan tener los lectores. Virginia Woolf con sus lagunas y Faulkner con sus demoras controlan al lector y al mismo tiempo lo llevan a actuar dentro del texto. Sin embargo, ¿es cierto que el texto no formula ni expectativas ni su modificación? ¿O que esas formulaciones son el terreno del lector y permiten que el texto se traduzca y se transfiera a su propia mente?

Reconozco haber recurrido a ese despliegue deliberado en casi todos mis libros. A exigencias manifiestas de que el lector no solo participe de la narración, sino que contribuya de forma expresa a escribirla. A veces con una pregunta. ¿Quién muere al final de *La canción de Salomón*? ¿Tiene importancia? A veces silenciando el sexo de un modo calculado. ¿Quién empieza a hablar en *Amor*? ¿Es una mujer o un hombre quien dice: «Las mujeres se abren mucho de piernas, así que tararearé»?[92] O en *Jazz*, ¿es un hombre o una mujer quien afirma: «Me fascina esta ciudad».[93] Para quien no es el lector indicado, esas estrategias se antojan irritantes, como impedir untar mantequilla en una tostada. Para otros, es una puerta entornada que les suplica que crucen el umbral.

No soy la única que se ha centrado en la raza como elemento no significativo. John Coetzee lo ha hecho con bastante maestría en *Vida y época de Michael K.* En ese libro damos por sentadas de inmediato una serie de cosas a partir del hecho de que la acción se desarrolla en Suráfrica y el protagonista es un trabajador pobre y en ocasiones itinerante al que la gente tiende a rehuir. Y tiene un labio leporino muy marcado que podría ser el motivo de su mala suerte. En ningún momento del libro se menciona la raza de Michael. Como lectores, la suponemos o no. ¿Y si leyéramos la tinta invisible del libro y descubriéramos que no es lo que parece, que está hablándonos de las tribulaciones de un surafricano blanco y pobre (que son legión)?

Por descontado, la primera frase de *Paraíso* es un ejemplo flagrante de tinta invisible. «Disparan primero contra la chica blanca. Con las demás, pueden tomarse el tiempo que quieran».[94]

¿En qué medida se dedicará la imaginación del lector a desentrañar quién de las chicas es la blanca? ¿Cuándo se convencerá de que la ha identificado? ¿Cuándo quedará claro que, por mucho que esa información sea crucial para los justicieros del pueblo, puede ser irrelevante para el lector? En ese caso, sea cual sea la decisión tomada, obligo al lector a contribuir a la escritura del libro, lo invoco con tinta invisible, desestabilizando el texto y reorientando a quien lo tiene en las manos.

Desde «No temas», la frase inicial de *Una bendición*, que calma al lector, que le jura que no va a hacerle daño, hasta lo que se dice en el penúltimo capítulo: «¿Tienes miedo? Deberías».[95]

Escribir la lectura implica seducción, atraer al lector a ambientes externos a la página. Descalificar la idea de un texto estable y sustituirla por la de un texto dependiente de un lector activo y activado que escribe la lectura... con tinta invisible.

Permítanme concluir con unas palabras de un libro que considero otro buen ejemplo.

«Se alzaron como hombres. Los vimos. Como hombres se pusieron en pie.»[96]

Procedencia de los textos

«Riesgos»: observaciones con motivo de la recepción del Premio a los Servicios Literarios PEN/Borders 2008, Nueva York, 28 de abril de 2008.

«Los muertos del 11 de septiembre»: honras fúnebres, Universidad de Princeton, 13 de septiembre de 2001.

«La patria del forastero»: Ciclo de Conferencias Alexander, Universidad de Toronto, 27 de mayo de 2002.

«El racismo y el fascismo»: *The Nation*, 29 de mayo de 1995. Extracto de «La primera solución»: discurso de celebración de aniversario, Universidad de Howard (Washington, DC), 3 de marzo de 1995.

«La patria»: discurso de graduación, Universidad Oberlin (Ohio), 23 de abril de 2009.

«El lenguaje bélico»: Universidad de Oxford, 15 de junio de 2002.

«La guerra contra el error»: conferencia organizada por Amnistía Internacional, Edimburgo, 29 de agosto de 2004.

«La mención de una raza. La prensa en acción»: Congreso de la Asociación de Periódicos de Estados Unidos, San Francisco, 27 de abril de 1994.

«Habitantes morales»: respuesta a «En busca de una base para el entendimiento mutuo y la armonía racial» de James Baldwin, en «La naturaleza de una sociedad humanitaria. Simposio sobre el bicentenario de Estados Unidos de América», Iglesia Luterana de América, Sínodo del Sureste de Pensilvania, Universidad de Pensilvania, 29-30 de octubre de 1976.

«El precio de la riqueza, el coste de la asistencia»: Medalla Nichols y del Rector, Universidad Vanderbilt, Nashville, 9 de mayo de 2013.

«El hábito del arte»: presentación de Toby Devan Lewis, Premios ArtTable, Nueva York, 16 de abril de 2010.

«El artista original»: Consejo Nacional de las Artes, Washington, DC, 14 de febrero de 1981.

«La defensa de las artes»: archivo personal de la autora.

«Discurso de graduación de la Universidad Sarah Lawrence»: Universidad Sarah Lawrence, Bronxville (Nueva York), 27 de mayo de 1988.

«El cuerpo esclavo y el cuerpo negro»: Museo del Holocausto Negro de Estados Unidos, Milwaukee, 25 de agosto de 2000.

«*Harlem en la cabeza*»: Museo del Louvre, París, 15 de noviembre de 2006.

«Las mujeres, la raza y la memoria»: Universidad de Queens, 8 de mayo de 1989.

«La literatura y la vida pública»: Universidad de Cornell, Ithaca (Nueva York), 17 de noviembre de 1998.

«Discurso de aceptación del Premio Nobel de Literatura»: Estocolmo, 7 de diciembre de 1993.

«Las hermanastras de Cenicienta»: discurso de graduación de la Universidad Barnard, Nueva York, 13 de mayo de 1979.

«El futuro del tiempo»: 25.ª Conferencia Jefferson de Humanidades, Washington, DC, 25 de marzo de 1996.

«Interludio. Materia(s) negra(s)»: gala del 75.º aniversario de la revista *Time*, Nueva York, 5 de marzo de 1998.

«La raza es importante»: conferencia magistral del congreso «La raza es importante», Universidad de Princeton, 28 de abril de 1994.

«Materia(s) negra(s)»: *Grand Street*, núm. 40 (1991), pp. 204-225. Conferencias Clark, 1990. Conferencias Massey, 1990.

«Cosas innombrables sin nombrar»: Conferencias Tanner sobre Valores Humanos, Universidad de Michigan, Ann Arbor, 7 de octubre de 1988.

«Susurros académicos»: Universidad Johns Hopkins, Baltimore, 10 de marzo de 2004.

«Gertrude Stein y la diferencia que establece»: Estudios de Africanismo Americano, Conferencia Charter, Universidad de Georgia, Athens (Georgia), 14 de noviembre de 1990.

«Espinosas, ciertas y duraderas»: Conferencia Robert y Judi Prokop Newman, Universidad de Miami, 30 de agosto de 2005.

«Elegía por James Baldwin»: Catedral de San Juan el Divino, Nueva York, 8 de diciembre de 1987.

«El yacimiento de la memoria»: en William Zinsser (ed.), *Inventing the Truth. The Art and Craft of Memoir*, Boston, Houghton Mifflin, 1987.

«El lenguaje de Dios»: Conferencia Moody, Universidad de Chicago, Chicago, 10 de mayo de 1996.

«Gréndel y su madre»: Ciclo de Conferencias Alexander, Universidad de Toronto, Toronto, 28 de mayo de 2002.

«La escritora ante la página»: Congreso de Escritores Generoso Pope, Universidad de Manhattanville, Purchase (Nueva York), 25 de junio de 1983.

«El problema del paraíso»: Conferencia Moffitt, Universidad de Princeton, 23 de abril de 1998.

«Sobre *Beloved*»: archivo personal de la autora.

«Chinua Achebe»: Premio del Instituto África América, Nueva York, 22 de septiembre de 2000.

«Presentación de Peter Sellars»: Conferencia Belknap, Universidad de Princeton, 14 de marzo de 1996.

«Homenaje a Romare Bearden»: simposio «El mundo de Romare Bearden», Universidad de Columbia, Nueva York, 16 de octubre de 2004.

«Faulkner y las mujeres»: en Doreen Fowler y Ann J. Abadie (eds.), *Faulkner and Women*, Ciclo Faulkner y Yoknapatawpha, Universidad de Mississippi, Oxford (Mississippi), University Press of Mississippi, 1986.

«La fuente de la autoestima»: Ciclo de Conferencias Portland Arts, Portland, 19 de marzo de 1992.

«Rememorar»: archivo personal de la autora.

«Memoria, creación y literatura»: Conferencia Gannon, Universidad de Fordham, Nueva York, 31 de marzo de 1982.

«Adiós a todo eso. Raza, sustitución y despedida»: Ciclo de Conferencias Inaugurales Radcliffe, Instituto Radcliffe de Estudios Avanzados, Cambridge (Massachusetts), 3 de abril de 2001.

«Tinta invisible»: Ciclo de Conferencias Magistrales de la Residencia Wilson, Universidad de Princeton, 1 de marzo de 2011.

Notas del traductor

PRIMERA PARTE
La patria del forastero

LA PATRIA DEL FORASTERO

1. Joseph Conrad, *El corazón de las tinieblas*, traducción de Miguel Temprano García, Barcelona, Literatura Random House, 2015, p. 33.

EL LENGUAJE BÉLICO

2. Ernest Hemingway, Adiós a las armas, traducción de Miguel Temprano García, Barcelona, Círculo de Lectores, 2014, p. 200.

HABITANTES MORALES

3. Annie Dillard, *Una temporada en Tinker Creed*, traducción de Teresa Lanero Ladrón de Guevara, Madrid, Errata Naturae, 2017, pp. 257-258.
4. *Ibid.*, p. 20.

LA LITERATURA Y LA VIDA PÚBLICA

5. Perry Anderson, *Los orígenes de la posmodernidad*, traducción de Luis Andrés Bredlow, Barcelona, Anagrama, 2000, p. 73.
6. Michel Ignatieff, *El honor del guerrero. Guerra étnica y conciencia moderna*, traducción de Pepa Linares, Madrid, Taurus, 1999, p. 30.
7. *Ibid.*, p. 31.
8. *Id.*
9. *Ibid.*, p. 35.

10. Martha C. Nussbaum, *El cultivo de la humanidad. Una defensa clásica de la reforma en la educación liberal*, traducción de Juana Pailaya, Barcelona, Andrés Bello, p. 121.

11. Michel Ignatieff, *El honor del guerrero...*, *op. cit.*, p. 61.

12. Toni Morrison, *Beloved*, traducción de Iris Menéndez, Barcelona, Ediciones B, 1993, pp. 315-316.

13. Toni Morrison, *Jazz*, traducción de Jordi Gubern, Barcelona, Ediciones B, 1994, p. 275.

EL FUTURO DEL TIEMPO: LA LITERATURA. LAS EXPECTATIVAS MERMADAS

14. Henri Bergson, *La evolución creadora*, traducción de María Luisa Pérez Torres, Barcelona, Planeta-Agostini, 1985, p. 18.

15. Umberto Eco, *La isla del día antes*, traducción de Helena Lozano Miralles, Barcelona, Lumen, 1995, p. 414.

16. Peter Høeg, *El siglo de los sueños. Una novela*, traducción de Ana Sofía Pascual, Barcelona, Tusquets, 1995, pp. 399-400.

17. Salman Rushdie, *El último suspiro del Moro*, traducción de Miguel Sáenz, Barcelona, Plaza & Janés, 1995, p. 475.

18. *Ibid.*, p. 482.

19. Ben Okri, *La carretera hambrienta*, traducción de José Luis López Muñoz, Madrid, Espasa, 1994, p. 539.

20. Ben Okri, *Canciones del encantamiento*, traducción de Hernán Darío Caro Amorocho, Barcelona, La Otra Orilla, 2008, p. 283.

21. *Ibid.*, p. 11.

22. *Ibid.*, p. 280.

INTERLUDIO
Materia(s) negra(s)

LA RAZA ES IMPORTANTE

23. Toni Morrison, *Beloved*, *op. cit.*, p. 317.

24. Toni Morrison, *Jazz*, *op. cit.*, p. 13.

25. *Ibid.*, p. 265.

26. Toni Morrison, *Paraíso*, traducción de Carmen Francí, Barcelona, Punto de Lectura, 2000, pp. 19-20.

27. Toni Morrison, *Jazz, op. cit.*, p. 265.

MATERIA(S) NEGRA(S)

28. Se ha unificado a lo largo de todo el libro la traducción del término inglés *nigger* por el español «moreno», que, sin ser un equivalente perfecto en la totalidad de los casos, no presenta problemas diacrónicos y ha sufrido variaciones en su carácter peyorativo a lo largo de la historia, lo mismo que *nigger*.

COSAS INNOMBRABLES SIN NOMBRAR. LA PRESENCIA AFROAMERICANA EN LA LITERATURA DE ESTADOS UNIDOS

29. Del *fodder* de *canon fodder* a *father*.

30. Milan Kundera, *El arte de la novela*, traducción de Fernando Valenzuela y María Victoria Villaverde, Barcelona, Tusquets, 1987, pp. 16 y 160.

31. Martin Bernal, *Atenea negra. Las raíces afroasiáticas de la civilización clásica*, traducción de Teófilo de Lozoya Elzdurdía, Barcelona, Crítica, 1993, p. 30.

32. *Ibid.*, p. 287.

33. *Ibid.*, p. 311.

34. Herman Melville, *Moby Dick o la ballena blanca*, traducción de Enrique Pezzoni, Madrid, Debate, p. 272.

35. *Ibid.*, p. 88.

36. *Ibid.*, p. 274.

37. *Ibid.*, p. 279.

38. *Id.*

39. *Id.*

40. *Ibid.*, p. 282.

41. Toni Morrison, *Ojos azules*, traducción de Jordi Gubern, Barcelona, Ediciones B, 1994, p. 11.

42. *Id.*

43. Toni Morrison, *Sula*, traducción de Mireia Bofill, Barcelona, Ediciones B, 1993, p. 13.

44. Toni Morrison, *La canción de Salomón*, traducción de Carmen Cuadrado, Barcelona, Argos, 1978, p. 11.

45. *Ibid.*, p. 16.

46. *Ibid.*, p. 331.

47. Toni Morrison, *La isla de los caballeros*, traducción de Mireia Bofill, Barcelona, Ediciones B, 1993, p. 11.

48. *Ibid.*, p. 325.

49. Toni Morrison, *Beloved, op. cit.*, p. 11.

SUSURROS ACADÉMICOS

50. Toni Morrison, *Jugando en la oscuridad. El punto de vista blanco en la imaginación literaria*, traducción de Pilar Vázquez, Guadarrama, Ediciones del Oriente y del Mediterráneo, 2019, p. 91.

GERTRUDE STEIN Y LA DIFERENCIA QUE ESTABLECE

51. Gertrude Stein, *Tres vidas*, traducción de Marta Pérez, Barcelona, Fontamara, 1982, p. 55.

52. *Id.*

53. *Ibid.*, p. 134.

54. *Ibid.*, p. 55.

55. *Ibid.*, p. 57.

56. *Ibid.*, p. 121.

57. *Ibid.*, p. 58.

58. *Ibid.*, p. 55.

59. *Ibid.*, p. 23.

60. *Ibid.*, p. 66.

61. *Ibid.*, p. 147.

SEGUNDA PARTE
El lenguaje de Dios

ELEGÍA POR JAMES BALDWIN

62. James Baldwin, «En busca de una mayoría. Una conferencia», en *Nadie sabe mi nombre*, traducción de Gabriel Ferrater, Barcelona, Lumen, 1970, p. 149.

63. James Baldwin, «La prisión masculina», en *Nadie sabe mi nombre, op. cit.*, p. 167.

64. James Baldwin, *El blues de la calle Beale*, traducción de Enrique Pezzoni, Barcelona, Versal, 1987, pp. 123-124.

EL YACIMIENTO DE LA MEMORIA

65. Olaudah Equiano, *Narración de la vida de Olaudah Equiano, «el Africano», escrita por él mismo*, traducción de Celia Montolío, Madrid, Miraguano, 1999, pp. 229-230.

66. Immanuel Kant, *Observaciones acerca del sentimiento de lo bello y de lo sublime*, traducción y notas de Luis Jiménez Moreno, Madrid, Alianza, 1990, p. 109.

67. Olaudah Equiano, *Narración de la vida de Olaudah Equiano...*, *op. cit.*, p. 55.

68. Harriet A. Jacobs, *Memorias de una esclava*, traducción de María José Bacallado, Madrid, Grijalbo Mondadori, 1992, p. 12.

69. Simone de Beauvoir, *Una muerte muy dulce*, traducción de María Elena Santillán, Barcelona, Edhasa, 1982, pp. 149 y 148.

EL LENGUAJE DE DIOS

70. John Milton, *El Paraíso perdido*, traducción de Esteban Pujals, Madrid, Cátedra, 1986, pp. 185, 189-190.

71. Filipenses 4, 7 (Reina Valera Antigua).

72. Toni Morrison, *Paraíso, op. cit.*, p. 11.

GRÉNDEL Y SU MADRE

73. Luis Lerate (ed.), *Beowulf y otros poemas épicos antiguogermánicos*, traducción de Luis Lerate, Barcelona, Seix Barral, 1974, p. 109.

74. John Gardner, *Gréndel*, traducción de Camila Batlles, Barcelona, Destino, 1975, pp. 11-12.

75. *Ibid.*, p. 20.

76. *Ibid.*, pp. 29-30.

77. *Ibid.*, pp. 57-58.

78. *Ibid.*, p. 57.

79. *Ibid.*, pp. 60-61.

80. *Ibid.*, p. 116.

81. *Ibid.*, p. 84.

82. *Ibid.*, p. 73.

EL PROBLEMA DEL PARAÍSO

83. John Milton, *El Paraíso perdido*, op. cit., pp. 185, 189-190.

84. Filipenses 4, 7 (Reina Valera Antigua).

HOMENAJE A ROMARE BEARDEN

85. Toni Morrison, *Beloved*, op. cit., p. 11.

LA FUENTE DE LA AUTOESTIMA86. *Ibid.*, pp. 90-92.

86. *Ibid.*, pp. 90-92.

87. *Ibid.*, p. 314.

88. Toni Morrison, *Jazz*, op. cit., pp. 273-275.

ADIÓS A TODO ESO. RAZA, SUSTITUCIÓN Y DESPEDIDA

89. Isak Dinesen, *Lejos de África*, traducción de Barbara McShane y Javier Alfaya, Madrid, Alfaguara, 1985, pp. 397-398.

90. Willa Cather, *Sapphira y la joven esclava*, traducción de Alicia Frieyro, Madrid, Impedimenta, 2014, p. 86.

91. Flannery O'Connor, «El negro artificial», traducción de Marcelo Covián, en *Cuentos completos*, traducción de Marcelo Covián, Celia Filipetto y Vida Ozores, Barcelona, Lumen, 2005, p. 381.

92. Toni Morrison, *Amor*, traducción de Jordi Fibla, Barcelona, Debolsillo, 2005, p. 9.

93. Toni Morrison, *Jazz*, *op. cit.*, p. 17.

94. Toni Morrison, *Paraíso*, *op. cit.*, p. 11.

95. Toni Morrison, *Una bendición*, traducción de Jordi Fibla, Barcelona, Lumen, 2009, pp. 9 y 179.

96. Toni Morrison, *Volver*, traducción de Amado Diéguez, Barcelona, Lumen, 2012, p. 11.

Este libro terminó
de imprimirse
en Barcelona
en marzo de 2020

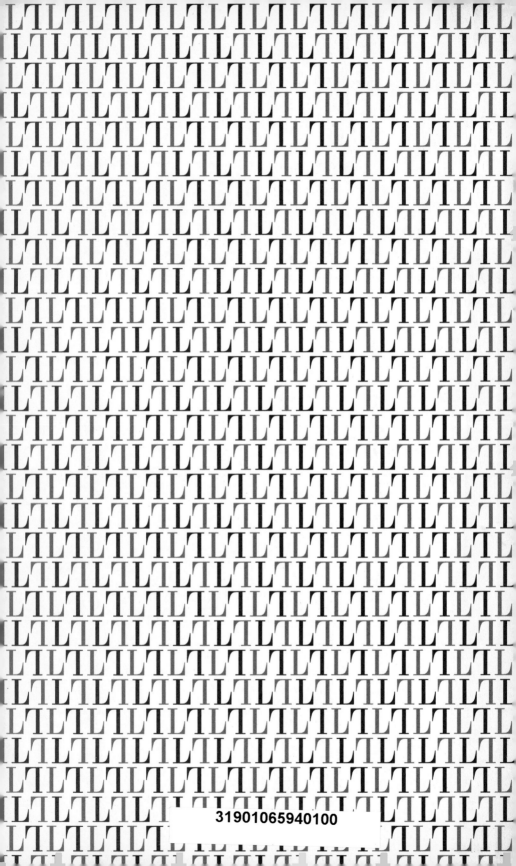